어느
독립운동가의
조국

나남
nanam

엮은이 약력

김현주(金賢柱)

광운대 미디어영상학부 교수(현)
서울 출생(1956)
서울대 신문학과 졸업(학사, 석사)
미국 미시간주립대 졸업(박사, 1989)
한국방송학회 회장(2009~2010)
문화방송 시청자위원(2006~2008)
MBC-TV 옴부즈맨 프로그램 진행(1995~2000)

나남신서 · 1745

어느 독립운동가의 조국
회령, 중경 그리고 보스턴

2014년 3월 1일 초판 발행
2014년 7월 1일 초판 2쇄

저자 · 尹在賢
발행자 · 趙相浩
발행처 · (주)나남
주소 · 413-120 경기도 파주시 회동길 193
전화 · 031) 955-4601(代)
FAX · 031) 955-4555
등록 · 제1-71호(1979.5.12)
홈페이지 · http://www.nanam.net
전자우편 · post@nanam.net

ISBN 978-89-300-8745-2
ISBN 978-89-300-8001-9(세트)

책값은 뒤표지에 있습니다.

어느
독립운동가의
조국

회령, 중경 그리고 보스턴

윤재현 지음   김현주 엮음

나남
nanam

윤재현 약력

1948	《사선을 헤매며》출간 도미
1948~1949	미국 미시간 알마 칼리지(Alma College) 학사
1950~1951	미국 유타 주립농업대 (Utah State Agricultural College) 석사
1951~1953	미국 오하이오주립대 (Ohio State University) 박사
1956~1958	미국 펜실베이니아 라이코밍 칼리지 (Lycoming College) 조교수(Williamsport, PA)
1958~1959	미국 매사추세츠 커리 칼리지 (Curry College) 조교수(Milton, MA)
1959~1985	미국 보스턴 칼리지(Boston College) 생물학 교수 유전학 분야(유전자 변이 연구) 논문 수십 편 발간
1979. 5	일본 동경 고단샤(講談社)에서 《동토의 청춘》(凍土의 靑春) 발간
1990. 8. 15	건국훈장 애국장(국가보훈처) 수훈
1994. 4	향년 74세로 미국 로스앤젤레스에서 별세 유족으로는 미국에 부인과 2녀 있음

1

1 1970년대 말 서울에서 학병 시절 친구들과 찍은 사진이다. 한국에 올 때마다 자주 모였다고 한다.

1 1950년대 초 미국에서 대학원 재학시절.

2 직접 작성한 이력서. 회령 출신, 광복군 복무 경험 등을 기재했다.

3 1970년대 후반 뉴햄프셔 별장에서 가족들과 단란한 시간을 보내고 있다.
   쥐 실험으로 유명한 잭슨 연구소가 있는 메인 주에도 가끔 들르곤 했다. 왼쪽부터 둘째 딸 캐롤 윤
   (Carol Yoon), 부인 윤준 씨, 50대 후반의 윤재현.

1 윤재현은 특히 소설, 역사, 인류학 분야의 책을 탐독했다고 한다. 남편의 서재에서 윤재현의 부인 윤준 씨의 모습.

2 1970년대 셔번(Sherborn) 집 앞마당에서 윤재현과 부인 윤준.

3 1972년, 보스턴 칼리지(Boston College) 실험실에서 대학원생들과 찍은 사진.
   윤재현은 매 학기가 끝날 때마다 학생들이 위스키 같은 것을 선물하곤 했던 인기교수였다.
   유전자변이 쥐 연구로 유명한 그의 논문들은 오늘날까지도 〈사이언스〉(Science)와 〈네이처〉(Nature) 등
   저명 학술지에 인용되고 있다.

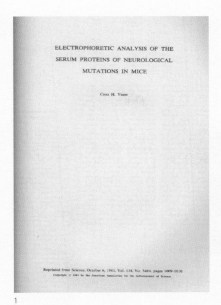
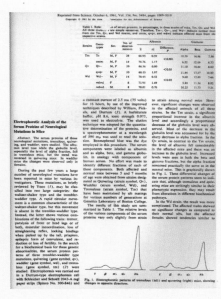

1 미국 보스턴에서 유전학자로 활약한 그는 유전자변이로 인하여 술 취한 것처럼 걷는 이상 증세를 보이는 쥐를 관찰하면서 뇌의 변화와 보행 능력 사이의 관계를 탐구했다. 보스턴 칼리지 그의 실험실에는 돌연변이 쥐 사육실이 있었다. 특히 그의 핵심 분야인 유전자변이 쥐의 소뇌(小腦) 연구는 오늘날 파킨슨씨병 연구자들에게 귀중한 참고자료가 되고 있다.

2 윤재현의 둘째딸 캐롤 윤의 저서. 캐롤 윤은 예일대 학부를 나와 코넬대에서 생물학 박사학위를 받고 과학 칼럼니스트로 활동하고 있다. 2010년에 펴낸 《자연 이름짓기: 본능과 과학의 충돌》 (Naming Nature: The Clash Between Instinct and Science)은 아버지에게서 물려받았을 작가적 상상력과 과학자로서의 방대한 지식을 결합한 독특한 저서로 인정받고 있다.

1   50대 중반의 윤재현(왼쪽)이 보스턴 소재 그의 집에서 손님들을 맞고 있다. 세계 각 지역 연구자들이
    윤재현의 집에 자주 방문했다. 특히 아시아 지역 출신 연구자들이 그의 집을 즐겨 찾았다.

2   1990년 윤재현의 건국훈장 애국장 서훈이 미주 중앙일보에 실렸다.

3   건국훈장을 받을 즈음의 윤재현. 60대 후반의 사진이다.

1   1987년 가족 여행으로 프랑스 파리를 방문해 베르사유 궁에서. 윤재현은 여행을 좋아했고,
    조카의 증언에 의하면 프랑스어도 구사했다고 한다.

2   1980년대 말, 보스턴 칼리지 정년퇴직 후 저자는 캘리포니아 LA 지역으로 이사 갔다.
    캘리포니아 집에서 여유로운 한때를 보내고 있다.

소설 〈동토의 청춘〉의 배경이 되는 주요 도시

산해관(산하이관) ●

북경(베이징) ●

천진(텐진) ●

석가장(스좌장) ●

황하(황허)

서안(시안) ●

회양(화이양) ●

부양(푸양) ●

임천(린텐) ●
정주(정저우) ●

남경(난징) ●

상해(상하이) ●

무한
(우한) ●

양쯔강(양쯔강)

항주(항저우) ●

중경(충칭) ●

곤명(쿤밍) ●

광주(광저우) ●

홍콩 ●

중국의 주요 도시

어느 독립운동가의 조국

회령, 중경 그리고 보스턴

차 례

엮은이 머리말

책 소개

이 책은 서로 성격이 비슷해 보이면서도 다른 3권의 책을 합본한 것이다. 저자는 학병 출신 광복군, 엮은이의 외삼촌 윤재현(尹在賢)이다. 《우리 임시정부》(서울: 광창각, 1946)는 중국 상해에서 수립되어 해방까지 면면히 이어온 대한민국 임시정부를 소개하는 소책자이다. "주위 조선사람들 중에는 믿을 수 있는 선배를 한 사람도 찾을 수 없었다"며 극한의 비관에 사로잡힐 즈음 저자는 임시정부를 가슴에 품기 시작했다. "태어나서 처음으로 자신의 진정을 아무 두려움 없이 얘기할 수 있는 사람들을 임시정부에 가서야 처음 만났다"고 저자는 서문에서 고백하고 있다. 그런 맥락에서, 해방후 1945년 11월 환국하자마자 저자가 가장 먼저 심혈을 기울인 작업이 《우리 임시정부》 집필이었음은 당연한 일이다.

《사선을 헤매며》(서울: 국제문화협회, 1948)가 사실에 바탕을 둔 학병(學兵) 탈출의 자전적 기록이라면, 《동토의 청춘》(凍土の 青春, 東京: 講談社, 1979)은 일제 치하 독립운동에 몸 바쳤던 젊은이들의 삶과 사랑을 그린 일본어 소설을 우리말로 번역한 것이다. 《사선을 헤매며》를 먼저 읽고 《동토의 청춘》을 읽는 것이 더 나은 순서이다. 《동토의 청춘》은 사실에 약간의 허구를 섞은 것으로서 저자는 후기에서 "이 소설은 자서전이자 친구와 지인들의 이야기를 극화한 것"이라고 설명했다.

세 가지 책 중 어느 것이 되었든 단지 개인사에 머무르는 기록만은 아니다. 개인의 기록이 쌓여 공동체의 역사가 된다고 본다면 모두 우리나라 독립운동사의 한 흐름으로서도 손색이 없을 것이다. 학병으로서의 경험을 기록한 책은 김준엽의 《장정》, 장준하의 《돌베개》 등 여럿 있으므로 엮은이는 개인사에 기초한 문헌들을 되도록 많이 참고하려고 노력했다.

그러는 과정에서 분명히 확인한 것은 서로 다른 관점에서 기록했지만 워낙 비슷한 운명의 길을 걸었기 때문에 유사한 내용을 많이 발견할 수 있었다는 것이다. 개인의 기록과 공동체의 역사가 만나는 많은 접점을 확인할 수 있었다. 바꾸어 말하면 이 책에 등장하는 대부분의 사건들은 튼튼한 사실적 근거를 가지고 있음을 의미한다. 《동토의 청춘》의 경우, '픽션 같은 논픽션' 쯤으로 받아들이고 읽기를 권한다. 엮은이 머리말을 작성하기 위하여 나름대로 관련 서적과 기록들을 탐독한 관점에서 판단해 보니 그렇다는 뜻이다.

저자 윤재현은 애석하게도 《동토의 청춘》을 그의 조국에서가 아니라 일본에서 일본어로 먼저 펴냈다. 35년이 지나서야 한국어 번역판을 출간하게 되어 감회가 새롭다. 번역 초고를 처음 접한 날 나는 다음 이야기가 궁금해서 단숨에 모두 읽어버렸을 정도로 흥미로운 이야기였다.

참고로, 《우리 임시정부》와 《동토의 청춘》은 각각 1946년, 1948년에 출간된 책인 만큼 독자들의 편의를 위해서 원본을 현대문화(化) 했다. 우선 일본어체로 쓰인 문장을 우리말체로 바꾸었고 일본어 단어도 많아 가급적 현대 우리말 단어로 대체하였다. 현대의 국문표기 체제가 확립되지 않았던 시절에 쓰인 글이라서 오늘날 통용되는 문법과 표기 체제에 맞추어 가다듬었다. 주로 척관법(尺貫法, 자, 척, 간, 리 등)으로 표기된 도량형은 될 수 있는 대로 미터법 표기로 바꾸었다. 또 하나, 《사선을 헤매며》의 경우 원본에는 아라비아 숫자로만 구분한 모두 22개의 장(章)이 있는데 이번에 현대문 개정본을 내면서 각 장에 제목을 붙였다. 장 제목이 생기니 글의 분위기가 한결 잘 살아나는 것 같지만 혹시 저자의 원래 의도를 오해했거나 과장한 부분이 있을까봐 조심스럽다.

저자 윤재현

저자는 엮은이 어머니의 오빠, 즉 엮은이의 외삼촌이다. 저자는 1920년 함경북도 회령에서 태어나서 상업고등학교(회령상고)를 마친 후 일본 교토(京都) 도시샤대학(同志社大學)에 유학갔던 영문학도였다. 셰익스피어 문학을 탐독했고 역사 서적에 몰입했던 그가 스스로 세계사의 거대한 수레바퀴에 낀 희생물이 되어버린 아이러니가 바로 이 책에 담겨 있다. 그와 동시대를 살았던 인류는 동서양을 가릴 것 없이 원치 않는 시대의 선택을 강요받았고 그것은 동아시아에서 가장 극명했다.

식민지 조국에서 태어나 19살까지 살다가 일본 유학 3년, 중국 2년을 보냈고, 해방 조국에서 살았던 시간은 불과 3년이다. 그리고는 미국 유학길에 오른 후 일생의 대부분을 미국에서 살았다. 그의 미국행은 일차적으로는 해방 조국의 분단 현실과 좌우 양익의 격렬한 대립과 같은 사건들이 그에게 크나큰 낙담을 주었기 때문이었을 것이다. 꿈에도 그리던 고국 땅을 밟았으나 조국은 양분되어 북은 소련이, 남은 미국이 서로 자기 것이라고 주장하는 현실에서 통일조국의 위업에 몸 바쳤던 임시정부가 할 수 있는 일은 아무것도 없었다. 독립군은 무장해제되어 그 정체성과 정당성마저 의심받는 현실에 해방 조국의 혼란은 견디기 어려웠을 것이다.

식민지 시절 일본에 대해서 가졌던 온갖 억한 감정이 이번에는 조국을 향하여 다시금 솟구쳐 올라왔을지도 모른다. 그런 혼란 가운데 임시정부는 신탁반대와 통일을 위하여 전력을 다하며 좌익까지 참여시키려고 노력하지만 모든 것이 허망한 꿈으로 끝나버린다. 분단은 고착화되어 일본 군대에 끌려가느라 쫓기듯 떠난 고향조차 이제는 영영 갈 수 없는 땅이 되어버린 현실을 받아들이기 어려웠을 것이다. 해방에 대한 기대가 컸던 만큼 실망은 훨씬 더 컸던 것이다.

그럴 즈음 미국은 멋진 대안으로 떠올랐을 것이다. 미국이라는 나라에 대한 동경도 도미(渡美) 결정에 한몫을 했을 것으로 짐작된다. 《동토의 청춘》에 등장하는 성 사장의 미국 망명은 어쩌면 당시 저자뿐만 아니라 식민지 지식인들이 꿈꾸었던 것인지도 모른다. 물론 미국에 대한 저자의 동경은 맹목적이거나 일방적인 것만은 아니었다. 인종문제, 아메리칸 원주민 대학살 등 미국의 어두운 면이 주인공들의 대화 속에 섞여서 넌지시 언급되곤 한다. 1948년, 저자 나이 28살에 도미했는데 그 시절 아시아인으로서 겪어야 했던 미국 생활은 결코 쉽지 않았을 것으로 짐작이 간다. 그러한 현실을 애당초 모르는 바가 아니었을 텐데 학위를 마치고도 끝내 귀국하지 않고 미국에 남은 것은 지금까지도 풀리지 않는 의문이다.

일본과 중국이 당시 조선인들의 세계 인식의 전부였던 시대에 미국

20

을 알게 되고 미국인들을 만나게 된 것이 그에게는 충격이었다. 《동토의 청춘》의 주인공 철이는 중국 곤명(昆明) 미군부대 방문시 일본부대와는 너무나 차이가 큰 훌륭한 사병 식사를 보며 미국이라는 신흥 강대국의 힘을 느낀다. 결국 미국의 힘으로 해방을 맞고 남한에 미군정이 들어서면서 미국인들과의 접촉이 빈번해졌으리라 쉽게 추측할 수 있다. 해방후 저자는 적십자사에 근무했는데 아마도 그것을 인연으로 추천서 등 미국 유학에 필요한 구체적 도움을 받았을 것으로 추측한다.

또 하나, 단편소설에 소질이 뛰어났던 문학청년이 어느 날 갑자기 유전학자(遺傳學者)로 변신하게 된 것 또한 특이하다. 유학을 마친 후 미국에서 살기 위해서 언어적, 문화적 차이가 영향을 적게 미치는 자연과학을 전공으로 선택했던 것 같다. 무척 충격적인 변신이지만 그는 유전학자와 대학교수로서도 성공적인 삶을 살았다.

유전자 변이를 일으킨 쥐의 뇌와 이상행동〔예컨대 갈지자(之) 걸음〕사이의 관계를 탐구한 그의 연구성과는 이미 교수 초년시절에 〈네이처〉(Nature)나 〈사이언스〉(Science) 같은 세계적 과학저널에 실릴 정도로 인정받았다. 그의 연구는 오늘날까지도 파킨슨씨병 연구 등 관련 분야에서 자주 인용된다. 그렇다고 해서 저자가 꽉 막힌 과학자는 결코 아니었음을 엮은이가 미국 유학시절 그와 만나서 나누었던 대화, 그리고 저자의 여동생(엮은이의 어머니)을 통해서 간혹 전해 들었던 얘기를 종합해 보면 알 수 있다.

학병 탈출자들은 중국 안휘성(安徽省) 임천(臨泉) 소재 한국광복군 간부훈련반(한광반) 시절 3개월 훈련기간의 무료함과 배고픔을 잊고자 각자의 전공을 살려 문예잡지 〈등불〉을 펴냈다. 종이도 없고 인쇄시설은 더욱 없던 환경이라서 속옷을 벗어 그 위에 손으로 쓴 잡지였지만 그 강렬했던 기억은 김준엽의 《장정》에도, 장준하의 《돌베개》에도 여러 차례 언급된다. 저자 윤재현은 김준엽, 장준하와 함께 학병 출신 33인을 주도하여 잡지를 펴낸 3인방이다. 장준하는 특히 윤재현의 단편소설을 무척 좋아했다고 하면서 놀라운 수준이라고 술회했을 정도이다.

저자의 도미시 일화는 잡기(雜技)에도 능한 그의 또 다른 면을 보여준다. 항공노선이 없던 시절이라 인천항에서 화물선을 타고 떠난 미국 유학길에서 그는 함께 탄 선원 및 다른 승객들과 포커를 즐기며 지루한 항해를 견뎠다고 한다. 포커판에서 적지 않은 돈을 따서 미국행 여비와 유학비에 보탰다는 얘기는 내가 어머니로부터 수없이 들었던 바이다.

1970년대 후반, 저자는 50대 후반의 나이를 맞아 고국을 자주 방문했다. 학문적으로도 웬만큼 업적을 이루었고 대학교수 생활도 시간적으로 여유가 생기는 나이였던 것으로 보인다. 미국 동부 보스턴에서 한국까지는 그야말로 지구를 반 바퀴 도는 머나먼 길이었지만 나이 들어 시시각각 엄습해 오는 향수를 달래기 위해서 고국이 필요했을 것이다. 한국에 오면 언제나 학병 동지들을 만났고, 당시 거세게 일었던 한국 민주화 운동을 크나큰 기대 속에 격려하곤 했다. 그러면서도 마음속에 억누를 수 없는 외로움을 엮은이는 자주 엿볼 수 있었다. 혼자 있는 시간이면 그는 종종 이애리수의 〈황성옛터〉와 문주란의 노래 〈돌지 않는 풍차〉를 불렀는데 그 곡조가 그렇게 애절할 수 없었다.

그의 문학적 감수성과 과학자적 엄밀성은 그의 딸 캐롤(Carol Yoon)이 이어받았다. 캐롤은 예일대 학부를 나와 코넬대에서 생물학 박사학위를 받고 지금은 과학 칼럼니스트라는 독특한 직업을 가지고 〈뉴욕타

임스〉 등에 수백 편의 과학 피처(*feature*) 기사를 기고하고 있다. 특히 캐롤이 2010년에 펴낸 《자연 이름짓기: 본능과 과학의 충돌》(*Naming Nature: The Clash Between Instinct and Science*)은 그의 작가적 상상력과 과학자로서의 방대한 지식을 결합한 독특한 저서로 인정받고 있다. 언어와 문화의 차이로 저자가 미국에서 이루지 못한 작가로서의 꿈을 미국에서 태어나서 자란 그의 딸이 대신 이루었다고도 볼 수 있는 대목이다.

저자는 과학자로 지냈으나 그의 인생은 여기 엮은 3권의 책으로도 결실을 맺었다. 《동토의 청춘》 후기에 "평생 썼던 어느 유전학 논문보다도 이 소설을 사랑한다"는 저자의 고백이 등장함은 바로 그런 연유일 것이다.

《우리 임시정부》 해제

1919년 3·1 운동을 계기로 같은 해 4월 13일 중국 상해에 임시정부가 수립되었다. 3·1 운동의 실패는 조직적으로 저항을 전개할 조직이 없었기 때문이라는 인식이 바탕이 되어 생겨난 것이 상해 임시정부였다. 임시정부 요인들은 빈궁한 가운데 며칠씩 밥을 굶기도 하며 27년의 지난(至難)한 역사를 이어왔다. 임시정부 초기에는 열강과도 비공식적인 채널이지만 활발한 교류가 이루어졌다.

그러나 미국 윌슨(Wilson) 대통령의 민족자결주의를 신봉했던 임시정부는 식민통치 지속을 원하는 서구 열강과 이해관계 충돌로 힘을 잃기 시작했다. 1930년대 초반에는 인재 부족으로 겨우 명맥을 유지하기에 이른다. 학병 탈출자들이 1945년 초 임시정부에 도착했을 때 국무위원은 거의 대부분 60대 이상이었고 그나마 가장 젊은 엄항섭(嚴恒燮) 선전부장이 40대였을 정도였다.

그러다가 1937년 노구교(蘆溝橋) 사건으로 일본의 중국본토 침략이 시작되면서 임시정부의 중요성이 커졌다. 장개석의 중국 국민당정부는 임시정부를 항일운동의 파트너로 삼을 정도로 위상이 올라갔다. 재정적으로도 빈곤상태를 면했는데 임시정부에는 장개석 정부의 막대한 원조가 있었고, 심지어 하와이나 멕시코 교민들의 성금도 있었다. 사탕수수 농장 혹은 헤네켄삼(에네껜) 농장에서 인간 이하의 삶을 살면서 목숨과 바꿔 번 돈을 조국 해방을 위해 써달라고 보낸 해외교민들의 성금은 눈물겨운 것이었다.

꿈에도 그리던 해방을 맞이하였으나 대한민국 임시정부의 해방후 사정이 딱했다. 일본이 패망하면 조국은 온전히 임시정부 손에 맡겨질 것이라는 순진한 기대는 열강의 간섭으로 산산조각 난다. 해방 후 환국하는 것부터 시련이었다. 임시정부 요원들은 11월 초순까지 석 달을 더 기다려 미국이 제공한 비행기를 겨우 얻어 타고 고국 땅을 밟을 수 있었다. 그것도 임시정부 요원이나 광복군 지위를 모두 해제한 민간인 자격으로 귀국하는 조건이었다.

문제는 거기서 끝나지 않았다. 이제는 영토도 국민도 없는 임시정부의 설움을 딛고 영토도 국민도 생겼는데 사방에서 훼방을 놓는다. 개선장군들의 환대를 받으려 한 것이 아니라 과도정부 수립을 위한 최소한의 역할이라도 맡고 싶었다. 그러나 해방 후 조선 정국의 주도권을 잡기 위한 일대 격전이 벌어진 가운데 임시정부는 무력했다. 임시정부에 쏟아지는 한국 사회의 의혹과 비난, 신탁통치와 남북분단, 남한의 좌우대립 등 대혼란의 시기를 겪으며 윤재현은 무슨 생각을 했을까? 조금이나마 그 답을 찾기 위해서 펴낸 책이 바로 《우리 임시정부》이다.

이 책은 임시정부 시절 저자의 상관이었던 엄항섭 선전부장의 부탁으로 지은 것으로서 임시정부에 대한 모든 편견, 이해문제에 사로잡힌 모든 곡해에 대응하기 위한 임시정부 소개서이다. 임시정부를 싫어하고 그의 존재를 부정하려고 애쓰는 사람들을 향한 정당한 외침에 다름 아니다. 엄항섭 선생의 책 머리글 또한 훌륭한 읽을거리다. 1946년 4월에 발간한 것을 보면 해방 정국에서 임시정부의 정통성과 정체성을 세우는 일이 얼마나 시급한 과제였는지 짐작할 수 있다.

사사건건 임시정부를 폄훼하고 합법성 결여를 지적하며 임시정부를 고의로 무시하려는 자들에 대한 대응이 타당하고 논리정연하다. 독립군에 대한 시선은 더욱 따가웠을 것이다. 《우리 임시정부》 7장에는 일본에게 독립군이 어떤 존재였는지 실감나게 기술되어 있다. 일본군이 얼마나 독립군을 무서워하고 독립군 때문에 얼마나 큰 손실을 입었는지를 설명하기 위하여 일본군들이 고백한 내용이 무척 인상 깊다.

"독립군에 대항하려면 일본군인은 독립군 한 사람당 두 사람, 중국군인은 열 사람이 필요하다."

학병

두 번째 책인 《사선을 헤매며》를 더 잘 읽기 위해서 우선 학병에 관해서 간략히 정리해 본다. 군국주의 시절의 일본 군대는 그냥 군대가 아니었다. 일본군의 자기 병사에 대한 잔혹성은 전투에서 항복하거나 도망치는 병사는 사형에 처한다는 규정 하나만으로도 충분히 짐작할 만하다. 일본 군대는 졸병에게 필요 이상의 고통을 주는 것을 특징으로 하는 군대이기도 하다. 초년병에게는 되도록 육체적 고통을 많이 주고, 잡념을 갖지 못하도록 하루 종일 사역하고 기합이라는 이름의 폭행을 되도록 많이 가하는 것이 훈련의 철칙이었다. 일본 군대의 비합리성과 비효율성에 대한 저자의 원망과 증오는 《사선을 헤매며》 곳곳에서 잘 드러나고 있으니 눈여겨 읽어 보기 바란다.

이런 비열한 군대이지만 무서운 군율이 옥죄고 있으니 탈영을 한다는 것은 간단한 일이 아니었다. 한 병사의 군율위반은 본인은 물론 가족과 친척에게까지 영향이 미치는 현실에서 일본군 탈영을 앞두고 학병들이 겪어야 했던 고뇌는 상상하기 어렵지 않다. 일본을 위해서 개죽음 할 것인가? 그래도 조선을 대표하는 지식인인 내가 도망가면 부모형제가 박해에 시달릴 것이고, 조국은 조롱당할 것이고, 많은 동포들이 한층 더 심한 굴욕을 견뎌야 할 텐데 어떡한단 말인가? 학병에 끌려간 많은 청년들이 몇 번씩은 탈영을 생각해 보았겠지만 위와 같은 이유로 탈영을 결행한 자는 소수에 불과했다.

학병은 일제 말기에 갑자기 모습을 드러낸 희극 같은 비극이었다. 중일전쟁의 전면적인 확대 및 장기화와 함께 미국의 아시아태평양 전쟁 참전으로 다급해진 일본은 지금까지 일본인이 아니라고 차별했던 식민지 젊은이들까지 전쟁에 끌어들였다. 군대 내부에 조선인 혹은 대만인이 유입되는 것에 대한 경계심이 여전히 존재했고, 또한 일본의 지배에 반감을 가질 수 있는 무장한 식민지 출신 젊은이를 중국 전선에 대거 투입하는 것은 위험한 일이기도 했다. 그럼에도 불구하고 일본 정부는

1943년 10월 학도지원병제를 시작으로 1944년 4월에는 마침내 모든 조선 젊은이에 대한 징병제도를 실시한 결과 일본이 패전할 때까지 전쟁터로 끌려간 조선청년은 20만 명에 이르렀다.

조선인에게는 병역 의무를 부과하지 않는다는 여태까지의 방침을 접고 병력 확보를 위해 이른바 육군특별지원병제도(반도인 특별지원병제)를 도입하여 '지원'이라는 형태로 조선인을 전선에 투입한 것은 여러모로 모순적이다. 한편으로는 일본이 얼마나 침략전쟁에 광분했으면 온갖 위험부담을 안고 스스로의 논리를 뒤집어가며 조선 학생들을 전쟁에 동원해야만 했는가를 말해준다.

일본이 우리 민족의 정신, 특히 학병 해당자들의 반일심리와 항일의지를 모를 리 만무하다. 그렇기에 학병으로 끌고 가기 위하여 전 경찰력과 행정력을 총동원하여 해당 대학생들을 물샐틈없이 파악, 감시하는 한편 본인에게는 물론이고 가족과 부모에게 위협과 고통을 주어 군대지원을 강요하다시피 했다. 그래도 징병이 아닌 지원이니까 끝까지 거부하면 군입대를 면하는 것이 아니냐는 생각이 들 수도 있으나, 당시 상황은 그것이 가능하지 않았음을 수많은 기록들이 증언한다. 일제는 조선의 저명인사들까지 동원하여 전국을 순회하고 일본 각 지역 소재 대학까지 다니며 대학생들을 회유했다. 《사선을 헤매며》에서 저자는 "일본 군대에 가야하는 것보다 더 안타까운 현실은 바로 이러한 추태"라고 일갈하고 있다.

특별지원병제도는 조선, 대만 학생들의 애국의 열망에 부응하기 위한 특례로서 입대 후 소정 시험에 합격하면 간부후보생이 되어 하사관, 장교의 길이 열려 있다고 강조하기까지 했다. 제국 군인이 되기만 하면 이때까지의 차별이나 편견의 피해에서 완전히 벗어나 일본인과 동등한 대우를 받을 수 있고, 그것은 곧 가족과 동포의 영예라는 감언을 늘어놓기도 했다. 쫓기는 사람들에게 항상 마지막 한 가닥, 가냘픈 일루의 희망을 준비해 둠으로써 사람을 약하게 만드는 간교한 일본의 수법이 여기에도 여지없이 등장한다.

결국 조선과 해외의 대학 및 전문학생 전원이 신체검사의 대상이 되어 4,385명이 지원하는 결과를 낳았다. 조선인 학병은 전체의 52.2%(2,990명)가 본토 방위를 위해 일본 전투부대에, 34.7%(1,522명)가 중국 전선에 배치되었고, 나머지 13.1%(573명)가 조선에 배치되었다.

반란이나 폭동을 일으키는 일이 없도록 학병은 소수 인원으로 나누어져 각 전투부대의 내무반에 배치되어 감시의 대상이 되었고, 조선인이라는 이유로 일본인 학병보다 가혹한 체벌과 차별에 시달려야 했다.

조선인 학병 4,385명 가운데 640명(14.6%)이 중국, 동남아 혹은 만주에서 전사하고, 400명 이상이 탈출을 시도하여 절반은 성공하였고 절반은 실패하여 살해되거나 군법회의를 거쳐 복역했다고 한다. 살아서 일본의 패전을 맞이한 사람들도 해방 조국으로 돌아오는 길은 떠났던 길만큼 멀고도 멀었다. 임시정부에 있던 광복군이 귀국하는 데는 석 달이 걸렸고 더러는 일본군 전쟁포로 틈에 섞여 있다가 간신히 귀국선에 올랐다. 또 더러는 시베리아 동토의 러시아 전쟁포로 수용소에서 몇 년을 더 보내기도 했다. 유골조차 없이 아직도 일본 도쿄 야스쿠니신사(靖國神社)의 원혼(冤魂)이 되어 떠도는 이들도 있다.

조선인들이 학병에 끌려가던 때는 일본이 거의 전 세계를 상대로 힘에 겨운 전쟁을 이어가고 있을 때였다. 일본은 하와이 진주만에 있던 미국 태평양함대에 막대한 손실을 입혔기 때문에 함대의 재건에는 적어도 2~3년의 시간이 걸릴 것으로 내다보았다. 이 기간에 남방에서 확보한 자원을 바탕으로 미국과 맞서 싸우다가 유리한 조건으로 강화하는 것이 일본의 목표였다. 그러나 미국은 일본의 예상을 뒤엎고 의외로 신속히 반격을 개시하여 1942년 4월에 동경 공습을 감행하는가 하면, 6월에는 미드웨이 해역에서 일본 해군을 격파하면서 역전의 조짐을 보이기 시작했다. 바로 그러한 전황이 조선인들에게는 희망의 등불로 다가왔다. 영원할 것 같았던 일본 제국이 이제는 패전의 길로 가고 있음을 예감한 것이다.

《사선을 헤매며》와 《동토의 청춘》에는 고작 스물한둘 나이의 젊다 못해 어린 청년들이 이 세상에 나와서 처음으로 죽음에 대하여 심각하게 생각하는 장면이 곳곳에 나온다. 허무맹랑한 일본의 침략전쟁에서 제물로 사라질 운명 앞에서 절망하는 모습들이다. 몇 년 은둔으로 회피해 보려고 깊은 산속을 찾아들어가고, 입대를 피하고자 스스로 신체를 훼손하기도 하고, 만주로 도망치려고 두만강을 건너기도 하지만 일제의 치열하고 촘촘한 그물망을 피할 수 없었다. 당시 사회 일각에서는 학병을 떠나는 아들의 후손을 남기기 위하여 부모가 배우자를 맺어주는 '벼락 결혼식'이 만연했다니 씁쓸할 뿐이다.

《사선을 헤매며》 해제

《사선을 헤매며》는 우리나라 최초의 학병 탈출기이다. 1946년에 집필을 완성했지만 어떤 연유에서인지 발간은 1948년 광복절과 대한민국

정부수립에 맞추어 이루어졌다. 저자는 서문에서 책을 집필한 동기에 대해 "일본군에게 끌려간 후의 학병들의 행동을 가장 정직하게 동포 앞에 알리려 하기 위함"이라고 천명한다. 김규식(金奎植) 임시정부 부주석이 이 책의 앞에 붙인 예스러운 글이 함축적이고도 강하다. 《사선을 헤매며》를 읽는 데 조금이나마 도움이 되기를 바라는 마음에서 엮은이가 받은 느낌을 아래에 정리해본다.

이 책의 도입부는 '일본군 입영'이라는 받아들일 수 없는 현실 앞에 몸부림치며 불특정 대상에게 분노와 저주를 쏟아내는 저자의 심정을 솔직하게 서술했다. 앞장서서 학병지원제를 선전하고 다녔던 당시 조선의 최고 지식인들은 물론이고, 무력했던 조상과 무고한 동포들까지도 분노와 저주의 대상이 되니 까칠할 대로 까칠해진 저자의 심정이 읽힌다. 끝까지 버티지 못하고 학병에 지원한 것을 조국의 영예를 더럽힌 비굴하고 비겁한 행동으로 간주하는 저자의 양심적 고민을 솔직하게 풀어놓는다. 그러면서도 막상 현실에 부닥쳐서는 솔직해지지 못하고 아무렇지도 않은 양 점잖을 떨었던 자신의 모습에 크게 번뇌한다.

역사의 소용돌이에 얽혀버린 한 청춘의 눈으로 묘사한 잔인한 시대의 국경도시 풍경은 읽는 이를 서글픈 감회에 젖게 한다. 여동생 결혼식에 들렀다가 돌아가는 시골역에서 휩쓸려 다니는 식민지 군상(群像)들의 무덤덤한 삶의 모습을 보고 '슬픈 체관'(諦觀)이라고 표현한 부분이 입대를 앞둔 그의 심경을 가장 상징적으로 드러내는 듯하다.

서울 용산 제25부대에 입영한 이후 북지(北支, 북중국 화북지방) 행 군용열차로 압록강을 건너 중국 산해관에 발을 딛는 순간부터 가까이 들리기 시작한 조국의 부름, 그리고 더욱 강해진 탈출의 의지는 저자에게 두 개의 조국은 있을 수 없음을 분명히 일깨워 준다. 열차가 중국 대륙 깊숙한 곳으로 달려갈수록 와 닿기 시작하는 임시정부의 존재감, 그것은 막장까지 쫓겨 갔던 절망의 구렁텅이 속에서 발견한 새로운 세상의 열림이었을 것이다. 열차가 계속 이동하면서 시시각각 탈주의 기회가 주어지는 듯하지만, 아직 용기가 없었고 준비가 전혀 되어 있지 않았음을 저자는 고백한다. 탈출에 실패하면 어떤 결과가 있을지 귀에 못이 박히듯 들었을 것이기 때문이다.

윤재현의 저서를 읽는 맛의 하나는 곳곳에 등장하는 광활한 중국 대륙에 대한 묘사이다. 일본 병영에 배치를 받아 갈 때도, 탈출한 후에도, 안휘성 임천에서 중경 임시정부를 향해 가던 6천 리 장정에도 중국 대륙의 크기와 인구에 대한 묘사가 나온다. 표현이 섬세하고도 은유적이어서 독자들은 대륙의 산하가 눈앞에 펼쳐지는 느낌을 받게 된다. 반도에서 태어나서 자란 조선인들은 가늠할 수 없는 대륙의 시간과 공간 인식이 색다르게 펼쳐진다.

예컨대 중국인들에게 '바로 저 앞'이 몇십 리를 의미하고 '바로 어제'가 몇백 년 전을 의미한다면, 일본과 중국의 전쟁 또한 드넓은 공간과 긴 시간의 관점에서 보면 승자와 패자가 이미 정해져 있는 것 아니냐고 저자는 묻는다. 중국과 중국인들에 대한 문화인류학적 관찰조차도 일본과 중국의 전쟁 방정식에 대입시켜 풀어보려는 시도가 신선하다.

서울 용산에서 중국 배치부대로 이동하는 여정을 기록한 부분은 일본의 중국 통치가 허상에 가까웠음을 확인하게 한다. 이른바 '점(點)과 선(線)의 지배'라는 개념을 실증적으로 드러내주는 표현이 자주 등장하기 때문이다. 점과 선을 벗어나면 곧바로 펼쳐지는 드넓은 해방구에 대한 서술이지만 설명체가 아니라 대화체를 통해서 정보를 엮었기 때문에 감칠맛 나게 읽을 수 있다. 일본 병영생활에 대한 그의 묘사는 침착하면서도 정밀하다. 문학청년다운 솜씨다. 점과 선의 지배 덕분에 일본군 점령지역에서 5리(20km)만 나가면 해방구가 시작되기에 저자는 더욱더 탈출 의지를 갈고 닦는다.

하남성(河南省) 소재 회양(淮陽) 기마부대 배속을 기다리는 한가한 틈을 함께 지내던 6명의 조선인 내무반 병사들의 일상에 대한 기록이 눈에 선하다. 고향 노래를 부르며 망중한을 즐기고 철학과 문학을 논하기도 했다. 그래도 자나 깨나 그들의 유일한 소망은 살아서 고향으로 돌아가 어머니의 된장찌개를 먹는 것이었다. 그러는 사이 부대 주변의 조선인들을 만나게 된다. 청소나 주방 일을 하거나 술집 여자들이 전부다. 먹고 살기 위하여 일본 부대를 따라 중국 시골 깊은 곳까지 흘러들어온 조선인들을 통하여 새삼 식민지 백성의 딱한 삶을 엿보는 등 저자는 다양한 관찰을 책 속에 쏟아 놓는다.

살아있는 인간을 과녁으로 삼는 일본군의 총검술 연습장면에 이르러서는 소름이 끼친다. 저자는 과녁이 된 중국인 사형수 모습을, 탈출에 실패했을 때 자신의 모습에 투영시켜 보기도 한다. 그러던 중 별빛 총총한 어느 한적한 밤, 저자는 조선인 학병 친구와 함께 드디어 탈출을 결행한다. 탈출경과는 읽는 이의 손에 땀을 쥐게 할 정도로 상세히 설명되어 있다. 일단 병영탈출에 성공하고 그가 가장 먼저 한 일은 어깨에 붙은 별 하나 달린 일본군 일등병 견장을 떼어 버리는 일이었다. 얼마나 기다렸던 일인가! 그러나 거기서 끝이 아니었다. 사선을 넘나드는 아슬아슬한 탈주가 이어진다. '사선을 헤매며'라는 책 제목은 그렇게 지어진 것이다.

뒤로는 일본군에게 쫓기고 앞으로는 일본군의 통제하에 있는 비적단과 친일파 왕정위(汪精衛) 군대의 위협에 시달려야 했다. 마침내 격류에 휩쓸리며 겨우 황하를 건너 해방구에 도달함으로써 탈출에 온전히 성공하는 순간까지의 묘사가 리얼하고 섬세하여 마치 영화의 장면장면을 보는 듯하다. 저자의 관찰력과 문학적 재능 덕분에 그때의 감격에 조금은 동참할 수 있을 것이다.

어둡고 축축한 감방을 전전하기를 열흘, 하남성 남부 작은 마을을 전전하고 사하(沙河)를 따라 며칠 간 항행한 끝에 드디어 임천(臨泉)에 도착하여 한국광복군에 합류하는 순간은 가슴 벅차다. 임천에서는 다른 부대에서 탈출해 온 조선인 학병 동지들을 해후하는 감격을 누렸다. 그러나 먼저 탈출한 동지들이 벌써 여럿이어서 저자는 10번째 학병탈출자로 기록된다. 한광반(한국광복군 간부훈련반)에서 보낸 1944년 여름 3개월. 조국도 없는 가난한 청년들이고 늘 배고팠지만 행복했던 석 달에 관한 기록이 상큼했다.

그해 11월말 임천을 떠나 6천 리, 2,400km, 73일의 대장정 끝에 1945년 1월 31일, 일본 병영을 탈출한 지 8개월 만에 마침내 중경 임시정부에 도착했을 때의 감격은 이 책을 통틀어서 가장 큰 감격이다. 태어나서 처음으로 자기 나라 정부의 현관을 들어서는 순간을 기술한 부분에서는 나도 목이 멘다. 김구 주석이 학병들 앞에서 눈물을 흘리며 인사하던 장면, 임시정부 요인들과 조선의 옛 노래를 함께 부르며 목이 메는 순간이 저절로 그려진다.

저자를 포함한 33인 학병탈출자의 중경 도착 이후 무수한 청년들이 임시정부와 광복군을 찾아 중경으로, 임천으로, 서안으로 몰려들었고, 그에 따라 영토도 국민도 없이 원로들만 앉아 있던 임시정부에 대한 세계 각국의 인식이 달라지고 임시정부는 분주해지기 시작했음은 주지의 사실이다.

《동토의 청춘》 해제

이 소설의 주인공 철이는 1918년생쯤으로 보인다. 만약 그보다 몇 해 늦게 태어난 것으로 설정했더라면 주인공은 1943년 말부터 일제가 시행한 학병으로 입대했을 것이고, 그렇게 되면 저자가 31년 전 한국에서 펴낸 《사선을 헤매며》와 내용상 중복이 많아졌을 뻔했다.

시베리아에서 삭풍이 몰아치는 1930년대 중반 함경북도 회령의 겨울 풍경으로 시작되는 이 소설은 척박한 국경도시의 삶을 잘 그려냈다. 한일합방 후 20여 년, 조금씩 체념으로 채워져 가는 식민지 조선의 민심을 비유하는 것 같다. 회령은 삭막한 도시이지만 간도(만주)와 러시아를 가까이 둔 국경이기에 한반도 그 어느 곳보다 군사적으로 중요한 곳이었다.

또한 당시는 일본이 군국주의 파쇼 체제를 강화하며 민족말살통치를 시작했던 시기이기도 하다. 더욱 참혹해진 식민통치는 소설 초반부에 회령경찰서의 잔인한 고문 묘사를 통하여 상징적으로 드러난다. 과연 저 정도로 잔인할 수 있었을까 의심이 들기도 했지만 《동토의 청춘》이 1979년 일본어로 발행되어 일본인 독자들에게 먼저 읽혀졌다는 사실을 감안하면 이 부분은 오히려 실제보다 완곡하게 표현되었을 것이라고 짐작한다. 그 시대 조선인들의 얘기는 이것뿐이 아니다. 회령 외곽 제방 부근, 조선인 하층민들이 살았던 열악한 주거환경을 묘사하는 부분에 이르러서는 '참혹'이라는 단어가 저절로 떠오른다.

소설의 이야기 구성은 유럽, 미국, 동남아, 러시아, 중국을 훑는 입체적인 역사탐색으로 한층 더 탄탄해진다. 덕분에 20세기 중반 동양사 및 세계사를 개관하며 역사의 거대한 수레바퀴가 개인의 삶에 속속들이 영향을 미치고 있음을 발견한다. 비단 그 시대뿐이랴. 개인의 삶은 자신의 의지와는 상관없이 그가 속한 시대적, 지리적 조건과 결코 무관할 수 없음을 21세기 한반도에 사는 우리들도 깨닫고 있지 않은가.

장엄한 계절의 청춘들에게는 조국 광복을 위한 일 앞에는 결혼도, 부모도, 가정도, 개인사도 소중하지 않았고 그러는 가운데 수많은 이별이 있었고 그중 더러는 영원한 이별이었다. 《동토의 청춘》은 곧 좀더 좋은 시절에 태어났더라면 행복했을 연인, 부부, 가족들의 얘기이다. 시대를 잘못 타고난 것을 한탄하지만 한편으로는 시대의 조건을 조국애와 인간의 존엄성을 확인하는 기회로 승화시키는 식민지 청춘들의 긍정적 삶의 방식을 접하게 된다.

새삼스러운 얘기지만 임시정부와 독립군은 조선사람들에게는 절대 권위와 동경의 대상이었다. 《동토의 청춘》은 간도와 압록강, 두만강, 백두산을 넘나들며 거의 일제 말기까지 꺼지지 않는 저항의 투혼을 보여주었던 독립군 이야기 또한 중요한 테마로 삼는다. 저자는 회령에서 상업고등학교를 졸업한 후 일본 유학을 가기 전까지 청진에서 목재상에 근무했기 때문에 백두산 벌목장과 국경 너머 독립군이 어떻게 연결되고 있었는지 잘 알고 있었을 것이다. 그런 만큼 독립군의 활약에 대한 묘사는 섬세하고 사실적이다.

소설이 시작되는 1930년대 중반은 일제 식민치하 중에서도 가장 암울했던 시기이다. 일본은 1931년 만주합병, 1937년 중일전쟁을 시작으로 1940년 9월 프랑스령 인도차이나 진출에 이은 동남아 각 지역 진출은 물론 1941년 12월에는 하와이 진주만 기습, 1942년 2월에는 호주 북서부 폭격까지 감행하며 승승장구하였다.

이쯤 되자 1930년대 후반에 이르러서는 조선 사회에도 묘한 분위기가 나타났다고 소설은 전하고 있다. 파죽지세로 뻗어가는 군국 일제의 위세 앞에 조선인들은 스스로 자포자기에 빠지고 사회 전체적으로는 허무주의와 퇴폐주의가 만연했다. 설령 일본이 전쟁에서 패한다 하더라도 조선이 일본의 지배를 벗어나는 것은 영원히 불가능하다고 믿는 사람들마저 생겨나기 시작했을 정도였다. 이처럼 주인공들의 삶과 조선 사회와 동아시아와 세계를 넘나드는 입체적 스토리텔링이 《동토의 청춘》의 매력이다.

《사선을 헤매며》와 마찬가지로 《동토의 청춘》은 주인공들의 심리묘사와 공간 묘사가 섬세하다. 백두산 원시림, 두만강, 한만(韓滿) 국경, 청진과 동해바다 등이 손에 잡힐 듯 눈에 보일 듯 묘사되어 다시는 가볼 수 없는 땅에 대한 그리움을 키운다. 엮은이 입장에서는, 지금은 모두 돌아가신 부모님이 태어나서 자란 곳이기에 더욱 그렇다.

《사선을 헤매며》가 일본의 패망과 대망의 환국으로 끝맺는 것에 비해 《동토의 청춘》은 종전 이후 몇 번의 반전을 보여준다. 《동토의 청춘》에서 종전은 감격보다는 회한(悔恨)에 가깝게 그려지고 있다. 일본 항복의 소식을 접한 환희는 잠시뿐, 그날 한자리에 있던 미군들은 모두 뛰쳐나와 샴페인을 터뜨리며 서로 껴안고 야단법석이지만 주인공은 미군들처럼 기뻐서 날뛸 수만은 없었다. 오히려 환희와 함께 실망이 차올랐다. 해방 조국을 내 손으로 가꾸겠다는 꿈에 부풀던 광복군은 자기 임무를 달성하지 못한 채 전쟁이 끝나게 되었으니 그 실망을 무엇에 견주랴. 저자는 자신들 손으로는 아무것도 할 수 없었던 무력한 해방 조국의 모습을 보여주고 싶었던 것이다.

미국이 비행기를 내주지 않아 하염없이 중경에 발이 묶였던 현실에 분노하여 피 끓는 일부 젊은이들은 육로로 가겠다며 또다시 유랑의 길을 나서기도 했다. 조선 내 일본인 난민수용소 풍경도 뭉클한 메시지를 전한다. 분노에 치를 떨게 했던 일본이라 당장이라도 보란 듯이 앙갚음하고 싶지만 분노는 곧 동정으로 바뀐다. 일본인 소시민들 또한 군국주의의 희생물이기 때문이다. 그들도 이제야 인간의 자유와 존엄을 누릴 수 있게 되었음을 강조한다. 강력한 용서와 화해의 메시지에 다름 아니다.

해방 이후 조선의 상황도 상세히 그려졌다. 청진에 남은 주인공 철이의 가족들이 해방되던 해 가을 38도선을 넘는 장면에서 38도선 보초는 보고도 못 본 척했다고 기술한 부분에 눈길이 머물렀다. 엮은이의 부모도 그렇게 38선을 넘었고 그런 사연이 쌓인 끝에 내가 이 땅에 태어났음을 깨닫는다.

맺는 말

굳이 발 들여놓지 않았어도 되었을 가시밭길로 《동토의 청춘》의 주인공들을 내몬 것은 무엇인가? 일본 편에 줄을 섰더라면 출세의 길을 달릴 수도 있었을 조선의 최고 엘리트 젊은이들이 죽음을 두려워하지 않고 고난의 길에 들어선 것은 무엇 때문인가? 민족정신, 아니 그것을 넘어 인간으로서의 존엄을 누리고 싶은 자존심과 자유에 대한 갈망 의지였을 것이다.

소설을 읽다 보면 일본인과 한국인을 비교한 부분이 꽤나 자주 나온다. "일본인은 조선인과 꼭 닮아서 그 나쁜 점을 전부 가지고 있는 데다가 몇 가지를 더 가지고 있다"는 주장이다. 쓸개 없는 조선인들을 교묘히 이용하는 천재적 재능을 가진 일본인들은 바로 그와 같은 유사성 때문에 손쉽게 조선 식민통치를 했을 것이라는 가정도 성립한다. 자신들을 들여다보는 것 같은 조선인들이기에 다루기가 만만했다는 것이다.

《동토의 청춘》이 시대배경으로 삼았던 1930년대 이후 80년이나 지난 2014년 오늘, 한국 사회는 식민지 조선과 닮은 부분이 많은 것 같다. 크든 작든, 정의롭든 아니든 권력 앞에 노예 같은 자세는 권력의 주체만 바뀌었을 뿐 그때와 조금도 달라진 것이 없다.

식민지 청년들이지만 패기와 의리는 오늘날보다 훨씬 강해 보인다. 당시 대학생이라면 조선 최고의 엘리트 집단이었던 만큼 그들이 나누는 대화에는 깊이와 학식이 묻어 있다. 문학과 철학을 논하며 세계의 고전에 탐닉했던 모습은 낭만적이기까지 하다. 스펙 쌓기에 쫓겨 현실이니 사회문제니 조국이니 하는 것들에 신경 쓸 겨를이 없는 요즘 대학생들을 보면 미안하고 안쓰럽다.

《사선을 헤매며》에는 "조국 광복을 위해서 몸 던지는 것은 정신이 제대로 박힌 젊은이에게 주어진 유일한 선택"이라는 표현이 나온다. '인간으로서의 긍지가 그것 말고는 다른 선택을 허락하지 않는다'는 생각은 저자뿐만 아니라 동시대 젊은이들이 보편적으로 지녔을 것이라고 일반화해도 무리가 없을 것이다. 《동토의 청춘》에서는 주인공 철이의 상상 속에서 부친은 아들이 독립운동에 투신한 것을 보며 여러 해 동안의 일본 유학 뒷바라지가 헛되었다고 생각하며 억울해 한다. 하지만 철이는 대학교육을 받았기 때문에 조국을 생각하고 광복을 생각한 것이 아니냐고 스스로 달랜다. 좌절 끝에 오는 자기합리화가 결코 아니다. 인간답게 살아보려는 정당한 몸부림인 것이다.

어느 한국 젊은이의 불운을 연민하기에 앞서 자유와 정의를 향한 그의 고결한 의지가 이 시대를 사는 우리의 태만과 방종을 꾸짖는 것만 같다. 난데없이 '조국' 두 글자를 소리 내어 읽어 본다. 태어났지만 땅은 내 조국 것이 아니고 태어나면서부터 2류 시민, 불령선인(不逞鮮人)으로 낙인찍힌 채 평생을 살아야 하는 운명을 어찌 우리가 쉬이 헤아릴 수 있겠는가?

우리는 자기 나라가 없다는 것의 의미를 잘 모른다. 자기 나라를 건설하지 못했거나 남에게 땅을 빼앗기고 떠도는 민족들, 예를 들어 티베트족, 위구르족, 쿠르드(Kurd)족 등의 고난을 뉴스를 통해서 접하며 작은 동정을 보냈을 정도일 것이다. 작아도 조국은 조국이다. 동유럽을 여행해 보면 슬로바키아, 슬로베니아, 크로아티아, 코소보 등, 동아프리카에 가면 남수단, 에리트레아, 지부티, 소말리아 등 소국(小國)이 어지러울 정도로 복잡한 국경선을 만들고 있다. 스스로 국가경제를 유지할 수 없을 정도로 작은 나라들이지만 가난과 희생을 각오하고 독립하는 이유를 우리들은 잘 알고 있다.

우리나라처럼 작은 나라가 세계의 중심국이 되었음은 감격스러운 일이다. 대한민국 여권을 들고 세계를 다녀보면 우리나라가 얼마나 위대한지 깨닫게 된다. 나라를 잃은 후 수천 년 유랑의 길을 떠돌며 온갖 박해를 겪고 마침내는 홀로코스트의 희생까지 치른 유대인들이 만난(萬難)을 무릅쓰고 자기의 나라를 건설한 이유를 알고도 남는다.

외삼촌인 저자와 평소 깊이 있고 풍성한 대화를 나눈 기억이 별로 없어서 아쉽고 미안하고 부끄럽다. 얼마나 답답했을까? 지적으로나 정신적으로나 식민지 청년보다 나을 것이 하나도 없었던 나를 스스로 책망한다. 찬란하고도 서러웠던 그의 인생이 생각나 몇 번인가 눈시울이 뜨거워졌다. 알고 싶고 묻고 싶은 일들이 연거푸 떠올랐지만 이제는 만날수 없다. 그의 여동생, 즉 나의 어머니 또한 그리워진다. 오빠(저자)의 학병 지원을 놓고 경찰서에 가서 고등계 형사와 한바탕 대결했다는 여동생도 더 이상 이 땅에 없으니 이제는 누구와 이 기막힌 사연들에 대해서 이야기 나눌 수 있단 말인가?

이 책을 엮으면서 매 순간 스스로 던졌던 질문이 있다. 만약 나였다면 이 순간에 어떻게 생각하고 행동했을까? 학병에 지원했을까? 병영을 탈출했을까? 일본의 패망에 확신을 가졌을까? 아니면 당시 조선의 일부 지식인들이 그랬듯이 조국 해방의 실낱같은 희망을 접고 일본을 찬양하는 대열에 합류했을까? 출판사에 마지막 교정본을 넘기며 엮은 이 후기까지 탈고하니 이제야 나도 무언가 숙제를 마친 느낌이다.

그러나 내가 풀 수 없는 더 큰 숙제가 남아 있어서 개운치 않다. 세계 최대의 경제대국 중 하나로 부상한 일본이 여전히 과거의 군국주의적인 세계 제패의 망상에서 벗어나지 못하는 것 같다. 패전 후 정치지도자가 수십 번 바뀌어도 몰지각한 망언은 계속되고 있다. 일본이 진정한 뉘우

침 없이 과거의 잘못을 되풀이하는 시대이기에 이 책의 출판을 위해서 쏟은 노력과 시간이 한꺼번에 보상받는 보람을 느낀다.

책을 펴내는 일은 당초 생각했던 것보다 훨씬 힘든 작업이었다. 국립 중앙도서관에만 단 한 권 남아있는 1948년 발간 《사선을 헤매며》는 인쇄상태와 보존상태가 불량해서 해독하기 거의 불가능한 부분이 한두 곳이 아니었다. 게다가 지금은 사용하지 않는 어려운 한자어가 많이 섞여 있는 원본을 복원하느라 지난 몇 달을 바친 나남출판 편집진께 감사드린다.

1979년 발간 일본어판 《동토의 청춘》을 번역하는 것이 출발점이었다. 중국 지명이 많이 나오고 대화체로 이어지는 문장이 많은 일본어 원본을 깔끔하고도 정확하게 번역해준 장경환 박사께 감사드린다. 번역본을 처음 받은 날, 다음 장의 내용이 궁금해서 계속해서 책장을 넘기다 보니 동틀 무렵쯤 마지막 장에 다다른 것은 순전히 그의 매끈한 번역솜씨 덕분이다.

가장 큰 감사는 나남출판 조상호 회장 몫이다. 우연히 한두 번 나눈 짧은 대화 속에 스쳤던 저자 윤재현 박사에 관한 얘기를 소중히 간직해 두었다가 문득 먼저 출판 제의를 한 것으로 이 모든 작업은 시작되었다. 시장성이 없는 책이지만 역사를 기록한다는 출판인의 소명의식으로 선뜻 출판 제의를 한 '언론의병장' 조상호 박사의 높은 뜻에 경의를 표한다. 게다가 연말연시의 바쁜 출판사 일정 중에도 작업 최우선 순위를 허락해 주어 때맞춰 출간할 수 있었다.

나의 외삼촌에 관한 얘기를 넘어 평생 외국에서 외로운 삶을 사느라 고국에서는 존재감이 미약한 어느 독립운동가에 관한 얘기를 엮었으니 큰 보람이 아닐 수 없다. 국립중앙도서관에서 70년 가까이 잠자던 《우리 임시정부》와 《사선을 헤매며》, 남의 나라 언어로 쓰인 채 35년 동안 먼지를 머금던 《동토의 청춘》, 세 권의 책이 3 · 1절 95주년에 즈음하여 저자의 조국에 한꺼번에 선을 보이게 되었으니 기쁘기 한량없다.

2014년 2월
엮은이 김 현 주

참고문헌

국가보훈처(1991), 《대한민국 독립유공자 공훈록》, 제9권, 국가보훈처.
김준엽(1987 · 1989), 《장정 1 · 2: 나의 광복군 시절 상 · 하》, 나남출판.
오오누키 에미코(2006), 《죽으라면 죽으리라》, 우물이 있는 집.
장준하(2007), 《돌베개: 민족의 등불 장준하, 그 뜨거운 항일 기록》, 세계사.
1 · 20 동지회(1987), 《1. 20 學兵史記: 1권 시련과 극복》, 1 · 20 동지회.
_____(1988), 《1 · 20 學兵史記: 2권 저항과 투쟁》, 1 · 20 동지회.
_____(1990), 《1 · 20 學兵史記: 3권 광복과 흥국》, 1 · 20 동지회.
_____(1998), 《1 · 20 學兵史記: 4권 통일과 번영》, 1 · 20 동지회.

우리 임시정부

1944년 일본 교토(京都) 도시샤대학(同志社大學) 문학부(文學部)의 학창(學窓)에서 이른바 '학병'(學兵)이라는 일본정치의 기괴한 강압적 미명(美名)에 몰리어 이 시대에 삶을 받은 한국 젊은이로서 피치 못할 숙명(?)에 끌리어 용산으로 나와 다시 중국 하남성(河南省) 회양(淮陽)까지 끌려갔으나 마침내 조국을 달리할 수 없는 불덩이 같은 정열과 양심을 부둥켜안고 중경(重慶)으로 탈주해온 윤재현(尹在賢) 군!

그는 한국 젊은이의 불운(不運)의 고민을 스스로 고민하였고 젊은이의 순결한 양심의 발로인 정의와 자유를 갈망하는 정열을 펼칠 곳 없이, 사선(死線)을 넘어서 중경까지 고난의 길을 걸어온 존경할 만한 청년의 한 사람이다.

이른바 '학병'이라는 이 한국민족에게 있을 수 없는 명사(名詞)에 대하여 어느 종류의 자긍을 느끼는 젊은이들이 있다면 이는 실로 가엾은 일이다. 그것은 민족적으로 불가피한 숙명(?)이었을는지는 모르나 이것을 냉정히 생각할 때 우리 한국민족의 회욕(悔辱)과 수치가 아니었다고 누가 감히 단언하랴!

이 '학병'이라는 것에 한없는 회욕과 수치를 느끼고 양심적 고민에 가슴 좋이고 있는 윤 군의 겸허한 태도! 나는 그에게서 이 시대 젊은이의 가장 양심적인 한 인간형을 발견할 수 있다.

그가 지금 해방된 고토(故土)에 다시 돌아와서 용솟음치는 젊은이의 모든 감회를 누르고 냉정한 이지(理智)로 붓대를 가다듬어 이 소책자, 이름하여 《우리 임시정부》를 내놓는다. 나는 이 귀엽고 사랑스런 한 청년의 양심적, 학구적 태도에 경의를 표하며 서슴지 않고 붓을 들었다.

　윤 군 스스로 말하는 것과 같이, 가슴속을 털어놓고 속삭일 수 있는 조선사람을 찾고 싶은 마음! 젊은이로서 있음직한, 아니 있어야 할 동경(憧憬)이었다. 이런 동경과 정열을 곱게 부둥켜안고 중경까지 온 윤 군, 그의 앞에 임시정부란 과연 어떻게 비쳤던가?

　나는 이에 대하여 구태여 찬언(贊言)을 가(加)하고 싶지 않다. 이 소책자 안에 약동하는 윤 군의 본 대로, 겪은 대로의 속임 없는 인식을 결코 무조건으로 자랑하고 변호함이 아니요, 학구적 입장에서 양심과 정의에 비추어 본 임시정부의 자태, 이것은 비록 임시정부가 걸어온 고난의 길의 전모를 나타내지는 못한다 할 수 있지만 임시정부에 대한 모든 편견, 이해문제에 사로잡힌 모든 곡해에 대한 날카로운 칼날이 될 것을 굳게 믿으며 참된 의미에서 한 한국 젊은이로서 민족적 양심과 긍지를 버리지 않은 좋은 저작이 우리 윤 군의 진지한 붓끝을 통하여 뒤를 이어 나타나기를 고대하며 졸필(拙筆)을 멈춘다.

대한민국 28년(1946년) 3월
서울에서 엄항섭(嚴恒燮)

서(序)

우리는 일본이 투항하기 이전, 그들이 아직 조선에서 우리 민족을 노예와 같이 학대하던 시대를 생각하면 너무도 끔찍하여서 아슬아슬 몸서리쳐짐을 느낀다. 그러나 우리가 진실로 참을 수 없었던 것은 사실 그들의 학대보다도 오히려 그들의 우리에 대한 정신적 회욕(悔辱)이었다. 그야말로 일본의 학대 아래서 죽지 않고 사는 이상은 자기의 양심을 속이지 않을 수 없었기 때문이다.

지금 같은 형편에서는 아무리 애쓰고 아무리 힘을 써도 양심적으로 살기는 다 틀렸다. 조선사람인 이상은 감옥에 들어가지 않으면 죽어버리는 것밖에 자기 양심을 보존하는 방법이 없을 것이라는 것이 나의 한탄이었다. 그리고 이 한탄에는 털끝만 한 과장도 거짓도 없었다.

나는 나의 주위에 있던 조선사람들 중에서는 한 사람도 믿을 수 있는 선배를 찾을 수 없었다. 한 사람도 존경할 수 있는 나의 향도자(嚮導者)를 발견할 수 없었다. 나의 눈에는 무릇 조선사람으로서 죽지도 않고 감옥에도 아니 들어가고 적으나 크나 자기의 집과 자기의 무엇을 가지고 있는 사람은 비겁한 사람이 아니면 협잡꾼같이 보였던 것이다. 물론 나도 나의 이 견해가 다소 극단인 줄은 안다. 그러나 사실 이것이 나의 실감(實感)이었다.

그러던 나의 눈에 우리 임시정부와 우리 임시정부 요원들이 어떻게 비치었을까 함은 말할 바도 없다. 나는 자유로운 조선사람들 중에도 믿을 수 있는 사람, 존경할 수 있는 사람이 있는 것을 알았다. 나는 태어나서 처음, 조선사람의 귀에 나의 진정(眞正)을 아무 두려움 없이 속삭일 수 있었던 것이다.

나는 내가 처음 우리 임시정부를 찾던 날의 이상한 흥분을 잊을 수 없다. 중경(重慶) 거리의 한복판에 우리 임시정부가 있었던 것이다. 임시정부 선전부장(宣傳部長) 엄항섭 씨의 부탁으로 이 임시정부의 소개문을 쓰는 것은 나의 무엇보다도 큰 기쁨이었다. 홀망간(忽忙間)에 쓴 것이고 참고자료도 적어서 필자인 내 마음에도 흡족하지 않으나 그러나 이 소문(小文)은 쓸 때에나 쓴 후에도 나에게 가장 사랑스러운 것이다.

물론 나는 임시정부와 관계한 지 1년 좀더 될락 말락 하기 때문에, 이 기사(記事) 중에 혹은 착오된 점도 있을 것이고, 반드시 적혀야 할 것이 아니 적히고 그다지 중요치도 않은 점에 중점을 둔 경우도 있을 줄 안다. 나는 이런 점에 대하여 우리의 혁명선배 또는 우리의 학자제씨(學者諸氏)의 친절한 교시(敎示)를 희망하는 바이다.

또 마지막으로 이 소문을 두 번 세 번 읽어주시고 수정의 노(勞)를 아끼지 아니한 엄(嚴) 부장에게 감사하여 마지않는다.

대한민국 28년 3월 9일

필자지(筆者識)

1

제1차 세계대전도 오래지 않아 끝나려는 1918년 1월 8일, 그때의 미국 대통령 윌슨 씨는 마침 개회 중이던 의회에 몸소 출석하여 독일에 대한 강화(講和) 기초조건으로 유명한 14개조를 제창하고 그 가운데서 민족 자결주의(民族自決主義)를 높이 부르짖었다. 어떠한 민족이든지 그 민족의 일은 그 민족 자신의 손으로 결정하게 하자는 그의 시대를 '꿰뚫어 본' 이 주장은 머지않아 전 세계의 열렬한 지지와 환영을 받게 되었다. 특히 큰 국가의 '쇠사슬' 밑에서 오랫동안 자유를 잃고 허덕이던 작고 약한 민족에게는 어두운 밤의 등불과 같은 희망과 정열을 주었다. 나라가 망한 지 10년, 참으려야 참을 수 없었던 조선의 원한이 민족자결이라는 윌슨의 부르짖음에 호응하여 일대폭발을 보게 된 것은, 생각하건대 당연한 일이다.

2

그해 11월 11일, 윌슨의 위대한 주장은 마침내 독일의 염전기분(厭戰氣分)에 불을 붙여 기다려 마지않던 휴전의 나팔소리는 끝끝내 유량(嚠喨)하게 울리고 말았다. 불안과 졸이는 마음속에서 갈 길을 모르고 헤매던 당시의 불행한 인류에게 그 나팔소리가 얼마나 기쁘게 들렸을까

함은 더 말할 것도 없다. 그러나 남의 귀에는 기쁘게만 들렸던 이 휴전의 나팔소리도 독립을 잃고 울던 우리 민족에게는 좀 다른 의의를 가졌었다.

중국에서 망명생활을 보내고 있던 김규식(金奎植) 박사는 이 나팔소리를 듣자 곧 배에 몸을 싣고 평화회의의 회의장인 파리를 향하여 출발하였다. 민족자결을 주장한 것은 다시 말하면 조선의 독립을 약속한 것이다. 김 박사가 이 약속된 독립을 찾기 위하여 세계의 공판장(公判場)에 출석함은 삼천만의 갈망을 실행한 것이다. 중국에 있던 동포들은 다같이 돈을 모아 박사의 출정을 원조하였다.

3

김규식 박사가 탄 배가 아직 프랑스에 도착하기도 전에 조선에서도 일대운동(一大運動)이 폭발하였다. 즉, 삼일혁명이다. 천도교 교주 손병희(孫秉熙) 선생 이하 우리의 지도자 서른세 사람은 나라의 내외를 향하여 조선은 독립국임을 선언하는 동시에, 때마침 광무황제의 국장(國葬)에 참례(參禮)하려고 서울에 운집한 민중을 지도하여 일본에 대한 반항운동(反抗運動)을 전개하였다. 조선독립만세의 피 묻은 절규는 순식간에 삼천리의 방방곡곡에 퍼졌다. 조선사람이면 남녀노소 누구나 할 것 없이 태극기를 들고 가두에 뛰어나왔다. 애석한 피가 말로 흐르고 귀한 생명을 무수히 잃었다. 이 소식이 전파를 타고 멀리 파리의 김 박사의 귀에 들어가고, 다시 김 박사의 손과 입을 통하여 세계의 모든 정의와 용기를 사랑하는 인사(人士)의 피를 끓게 한 것은 말할 필요도 없는 바이다.

50

4

삼일혁명은 우리의 지도자들이 일본경찰에게 붙잡혀 감옥에 들어가게 된 후에도 요원(燎原)의 불과 같이 그칠 줄을 몰랐다. 비참하고도 용장 (勇壯)한 수없는 에피소드가 피로 쓰여 나갔고, 장려(壯麗)한 역사가 나날이 불어나갔다. 그러나 이 운동은 무리하게 눌리었던 민족본능이 한때의 자극에 분연(奔然)히 폭발한 것이기 때문에 본래 조직에 결함 (缺陷)이 없지 못하여 운동이 점점 진행함에 따라서는 이를 조직적으로 지도하는 어떤 기관이 긴급히 필요했다. 특히 서른세 사람의 지도자가 붙잡힌 후에는 이 느낌이 한층 더 절실하였던 것이다.

서울에서 삼일혁명이 폭발했다는 소식이 평양에 닿았을 때, 홍진(洪 震, 구한말의 독립운동가, 1877~1946) 씨는 마침 평양에 있었는데, 이 보도를 듣자 그날 밤차로 급히 평양을 떠나 서울에 올라왔다. 그의 주 장은 독립을 선언한 이상은 반드시 그 독립을 구체적으로 표현하는 조 선정부가 있어야 하며, 또 우리의 반항운동을 조직적으로 전개시키기 위하여서도 그것은 절대로 필요하다는 것이었다. 그는 먼저 서울에서 임시정부 수립운동에 정신(挺身)하던 지도적 인물들과 더불어 여러 가 지로 획책(劃策)하는 바 있어, 마침 13도 대표의 선정이 성공리에 끝났 다. 그후 이 대표들과 정부수립운동의 지도자들이 임시정부 수립의 초 안을 마련했다.

그러나 당시의 정세로 보아 임시정부와 같은 조직이 국내에서 활약 하기에는 일본 경찰의 탄압이 너무 심하였다. 이에 그는 13도 대표의 위촉을 받아 임시정부 수립의 초안을 품에 안고 고국을 뒤로 하고 상해 (上海)로 향하였다. 당시 상해에는 조선의 혁명에 용기를 얻어 저명한 해외의 지도자들이 구름같이 모이고 있었는데, 홍진 씨는 그 사이를 주선하기도 하였다. 드디어 상해에서는 조선에서 가져온 초안을 기초로 임시정부를 수립하게 되었다. 즉, 다시 선정한 각도대표(各道代表)로 대한민국 임시의정원(大韓民國 臨時議政院)을 조직하고, 이 의정원은 정부와 이를 구성하는 책임자를 선임하였다. 이것이 대한민국 임시정부의 성립 경과다.

5

임시정부는 상해에 자리 잡고 모든 국내운동을 지도하였다. 정부는 각 도에 도독변(道督辨), 각 군에 군감(郡監)을 두고 독립운동에 관한 혁명을 전달하는 일, 세금을 받아들이는 일 등을 명령하고 민중은 자진하여 이 정부를 지지하며 세금을 바치고 그 명령에 복종하였다.

6

정부에 세금을 바치고 정부를 경제적으로 원조한 것은 조선반도의 동포뿐이 아니다. 우리는 미주(美洲)의 동포들이 30년 동안 한결같이 정부에 충실한 일을 생각할 때 감격을 느끼지 않을 수 없다. 미주의 동포들은 일본의 압박 때문에 조선에서의 송금이 끊어진 후에도 여전히 10년이 하루와 같이 그 경제적 원조를 잊지 않고 꾸준히 송금을 계속하였다. 이 충성은 작년 일본이 무조건으로 투항할 때까지 변할 줄을 몰랐다.

7

동삼성(東三省, 만주)은 지리적 관계도 있겠지마는 역사적으로 조선과 깊은 관계가 있다. 조선이 망한 다음 유위(有爲)한 청년들이 많이 동삼성에 이주한 데는 깊은 원인이 있었던 것이다. 사실 망국 후 10년도 못 되어 동삼성의 조선인은 2백만에 이르렀다. 이들은 무수한 고난을 이겨가며 많은 피와 땀을 흘린 끝에 동삼성을 자기들의 제2의 고향으로 만들었다. 특히 삼일혁명을 계기로 나라와 명예를 사랑하는 젊은이들이 뒤이어 동삼성에 모이게 된 후로부터 이곳은 조선인의 유일한 자유천지(自由天地)가 되었다. 조선의 독립운동, 주로 군사운동이 동삼성을 중심으로 진행된 이면에는 이와 같은 이유가 있었다.

조선의 애국 영수(領袖)들은 계속하여 동삼성을 찾고 청년들을 부르며 군관학교를 창립하고 수만 명의 독립군을 길러내었다. 이 독립군은 임시정부의 영도 하에 압록강, 두만강의 연안은 말할 것도 없고 깊이 조선반도까지 침입하여 일본군과 혈투를 계속하였다. 그동안 우리의 용감한 독립군은 적에게 막대한 손실을 주었으며, 독립군이란 소리만 들어도 그들로 하여금 소름이 끼치게 하였다. 일본군이 얼마나 독립군을 무서워하고 독립군 때문에 수없이 큰 손실을 입었는가는 일본군 자신이 고백한 다음의 말로도 충분히 이해할 수 있다. "독립군을 대항하려면 일본군인은 독립군 한 사람당 두 사람, 중국 군인은 열 사람이 필요하다."

8

상해는 임시정부의 소재지였던 만큼 그 정치상 업적도 혁혁한 것이 적지 않다. 그러나 상해에서의 무장운동은 동삼성에서의 그것과 달라서

주로 공포(恐怖) 운동이었다. 그 이유는 상해와 동삼성의 지리적 환경이 같지 않았던 것이 제일 클 것이다. 상해의 공포운동 중에서도 윤봉길(尹奉吉) 의사의 홍구(虹口) 사건은 내외에 준 영향으로 보아서 제일 중요한 사건의 하나이다. 또 일본천황 히로히토(裕仁)에게 폭탄을 던져 그를 기절케 한 조선의 쾌남아 이봉창(李奉昌) 의사도 상해를 중심으로 공작(工作)을 준비하였다. 이 두 사건은 그 기도(企圖)의 굉장(宏壯)한 것과 결과의 찬란한 것으로 늘 우리 마음속에 새로운 감격을 빚어내는 바인데, 이 두 사건을 직접 준비하고 지도한 사람은 다른 이가 아닌 현재의 김구(金九) 주석 그분이었다.

9

임시정부의 사적(事蹟)이 점점 세계에 알려지고 정부 자신도 또 그것을 위하여 노력한 결과, 임시정부 승인문제는 오래지 않아 전 세계 각국에서 신중히 생각하는 바가 되었다.

에스토니아는 발트 연안에 있는 작은 나라이다. 이른바 '발트 삼국'이라 함은 이 에스토니아와 라트비아, 리투아니아를 가리키는 것인데, 지금은 소비에트 연방에 가입하여 작은 지도에는 독립국으로 실리지 않는다. 우리 임시정부를 제일 먼저 승인한 나라는 실로 이 에스토니아였다. 그 후 손문(孫文)의 중국비상정부(中國非常政府)도 이 정부를 승인하였고, 레닌의 영도하에 있던 소련 정부도 사실상으로 이 정부를 승인하고 모스크바에서 임시정부의 특사를 접견하며 2백만 루블의 차관을 승낙하였다. 최근에는 드골 장군이 영도하던 불란서 임시정부가 우리 임시정부를 사실상으로 승인하였다. 지난해 봄 중경에 있던 우리 임시정부 안에서는 이를 감사하는 파티가 열렸는데, 세계대전에서 팔을 하나 잃어버린 주화(駐華) 불란서 대사 페시코프 씨는 많은 수행원과 같이 이에 참석하여 조선의 세계열국(世界列國)에 대한 지위가 머지않아 높아질 것을 무엇보다도 명백히 상징하였다. 또 영국과 미국에서도 우리 임시정부의 승인문제가 국회에 올라 여러 번 토의를 벌였다.

10

이 동안에는 임시정부 내부에도 여러 가지 변천이 있었다. 특히 우리 정부가 경제적으로 받은 곤란은 도저히 붓이나 입으로 표현하기 힘들다. 정부를 지금까지 지키고 세계 사람으로 하여금 조선의 존재를 잊지 않게 하여온 혁명선배들을 상기할 때에 우리는 뜨거운 감사를 올리지 아니치 못한다. 단 두 푼, 즉 5리(厘)만 있으면 호떡 다섯 개로 한 끼를 때울 수 있을 때에 사흘, 나흘 굶지 않으면 안 되었던 당시의 우리 정부 환경은 지금은 상상하기도 곤란하다. 이러한 가운데서 정부가 27년의, 길다면 지긋지긋하게도 긴 역사를 하루도 끊지 않았다는 것은 차라리 기적이라 아니할 수 없는 것이다.

11

만약에 임시정부가 없었던들 우리는 무엇으로 세계를 향하여 우리가 지금까지 일본의 통치에 반대하여 왔다는 것을 증명할 것인가. 임시정부를 싫어하고 이를 없애버리려고 애쓰는 사람들 말과 같이 가령 임시정부가 그와 같이 무력하였다 할지라도, 그 임시정부나마 꾸준히 존재하여 내려왔기 때문에 세계의 여론 속에서는 '코리아'라는 소리가 그리 빈

빈(頻頻) 치는 못하였다 할지언정 하여튼 가끔은 들려왔던 것이다. 우리는 일본이 투항하고 조선 문제가 전 지구적 범위에서 해결되려고 할 때에, 특히 이 임시정부만이 조선의 유일무이한 영도기관이었고 이 임시정부만이 일본의 통치를 부인하는 혁명적 존재이었던 것을 느끼는 바이다.

12

임시정부를 고의로 무시하려는 사람들 중에는 임시정부가 토지도 인민도 없었던 것을 트집 삼고 그 비합법성을 강조하는 일도 있다. 그러나 과거의 임시정부는 한 덩어리의 토지도 없었고 사랑하는 동포들은 일본의 인민이라는 부끄러운 이름 아래에 있었으니 그렇게 주장하는 것도 머리 나쁜 사람으로는 할 수 없는 일이었으리라. 그러나 우리는 임시정부가 혁명정부요, 보통국가의 기성(旣成)정부는 아니었던 사실을 기억하여야 한다. 제2차 세계대전 중에 영국 수도 런던에는 아홉 개의 망국정부가 있었다. 이 아홉 개 망국정부 중에 토지와 인민을 가졌던 정부가 몇 개나 있었던 것인가. 그러나 그 정부들의 국민 자신도, 또 전 세계도 이들 망국정부의 합법성을 부인하지는 않았다.

13

칠칠사변(七七事變, 중일전쟁)이 일어나 일본군이 상해를 점령한 후 우리 정부는 중국정부와 같이 상해를 떠나 오지(奧地)로 이동을 시작하였다. 상해에서 남경(南京), 남경에서 한구(漢口), 한구에서 장사(長沙)

· 광주(廣州) · 유주(柳州)를 거쳐 귀양(貴陽)을 지나 중경에 이르기까지 정부는 망국 조선인과 같이 쓰라리고 어려운 여행을 계속하였다. 이리하여 우리 임시정부는 상해에서 중경으로 이동했던 것이다.

14

정부가 중경으로 이동한 지 오래지 않은 1940년, 중경에서는 임시정부의 지도하에 한국광복군(韓國光復軍)이 조직되었다. 우리 독립군은 망국 후 비록 그 명칭이나 지도자에는 변천이 있었지마는, 독립을 위한 군사행동은 하루도 그친 적이 없었다. 중경에서 조직된 광복군은 과거부터 내려오던 이 독립군을 조직적으로 다시 편성함에 지나지 않는다.

광복군이 조직된 지 5년 만인 1945년 1월 30일 중경에 있는 우리 임시정부 정내(庭內)에는 거지 차림의 광복군 일단(一團)이 도착하였다.

김구 주석은 그 앞에서 눈물을 흘리면서 인사하셨다. 잘 모르기는 하나 사람의 감정을 이상하게 흔드는 엄숙한 광경이었다. 이 거지의 일단(一團)이야 무엇일까. 다른 사람들이 아니다. 이른바 학병(學兵)이라는 미명이라면 미명이라고 할 수 있는 이름 아래에 강제로 일본 병영에 끌려갔다가 구사일생인 모험을 하고 도망쳐 나온 젊은이들이었다. 이것이 한 계기가 되어 그 후부터는 임시정부와 광복군을 찾아 무수한 청년들이 중경(重慶)으로, 임천(臨泉)으로, 서안(西安)으로 몰려들었다. 정부의 활약이 그에 따라 활발하여졌음은 물론이다.

15

임시정부의 지위가 점점 높아감에 정비례하여 일본은 차차 죽어가는 놈의 용모를 나타내기 시작하였다. 1945년, 즉 작년 4월에는 상항(桑港, 미국 샌프란시스코)에서 연합국 회의가 열려 투항 후의 일본 처리를 토의하게까지 되었다. 이 회의가 소집된다는 소식을 듣자 정부는 곧 주미 외교위원장인 이승만(李承晚) 박사에게 전훈(電訓)하여 이 회의에 조선대표의 참석을 요구하도록 했다. 이 박사는 전훈을 받고 직접 샌프란시스코로 가서 조선대표를 회의에 참석시키도록 백방(百方) 노력하였다. 박사의 이 노력은 불행하게도 실패하였지마는 이것이 국제사회에 준 영향은 적지 않았다.

16

이 회의가 끝난 후 몇 달 되지 않은 8월 10일, 우리 정부는 중경에서 일본이 무조건으로 투항하였다는 소식을 들었다. 독립운동은 한 단락을 지었다. 그러나 아직 완성하지는 않았다. 국내에서는 좌우양익(左右兩翼)이 대립하여 통일은 절실히 필요했다. 통일 성공은 어느 날에나 될는지 알 수 없는 형편에 있고, 국외에서는 조선 처리에 관하여 여러 가지 억측과 풍설이 들려왔다. 그러할 때에 임시정부는 중경을 떠나 11월 23일, 오랫동안 그리던 고국에 돌아왔다. 정부는 귀환한 날부터 통일을 위하여 전력을 다하게 되었으나 그와 동시에 해외의 동향에도 경계를 게을리 하지 않았다. 그것은 이전부터 조선의 전도(前途)에 관하여 불길한 예측 내지 의구(疑懼)가 있었던 까닭이다. 그러므로 임시정부의 통일에 대한 열정 속에는 남모르는 고민도 있었던 것이다. 우리의 통일이 늦으면 늦는 것만큼 그만큼 우리의 앞길에는 위험이 더하여질 것을 정부는 알았다.

아니나 다를까, 오래간만에 맞이하는 왜놈이 없는 설날의 기대에 부풀어 있던 조선의 가슴에 만뢰(萬雷)가 한시에 떨어졌다. 작년 12월 28일의 외전(外電)은 모스크바 삼상회의에서 조선을 5년간 신탁통치하기로 결정하였다고 보도했다. 전혀 예기치 못한 바는 아니었지마는 이 보도가 조선과 조선의 정부에 준 충격은 적지 않았다.

17

정부는 곧 조선의 각 방면 대표자들을 김구 주석 숙사(宿舍) '죽첨정'(竹添町)에 초청하여 대책을 연구하였다. 그 결과 정부요원 중에서 아홉 명의 지도위원을 내게 되고 그 지도위원 밑에 신탁통치반대 국민총동원위원회를 두게 되었다. 그리고 안재홍(安在鴻)씨가 국민총동원위원회의 의장에 취임하고 적극적인 국민운동을 전개하였다. 이 반탁운동이 국내외에 준 영향에 관하여서는 아직 세상 사람의 기억에 새로운 바이니 새삼스레 여기 적을 필요는 없을 것이다.

18

정부가 당면한 중요한 과제는 말할 것도 없이 하루바삐 통일을 완성하고 동시에 신탁통치를 배격하여 진정한 독립을 얻는 것이다. 신탁반대에 대하여는 지금 간단히 적었으나 그러면 통일공작에 대하여는 정부는 대개 어떤 일을 하였는가. 먼저 정부는 그 당면정책에 따라 좌우양익을 통일한 과도정권을 세우기 위한 비상정치회의를 소집하고 각계각층의 대표자 21명을 초청하여 지난 1월 20일 죽첨정 주석 숙사에서 제1차 주비(籌備)회의를 열었다. 이 회의에는 후에 이승만 박사가 주재하던 대한독립촉성 중앙협의회(大韓獨立促成 中央協議會) 도 합류하여 한층 더 활기를 띠게 되었으나 좌익은 참가하지 않았다. 이에 비상정치회의는 명칭도 비상국민회의로 변개(變改) 하는 동시에 참가단체도 그 수를 증가시켜 61단체 62명으로 하며 좌익의 참가를 적극적으로 꾀하였으나 좌익측은 이번에도 결국은 참가치 않아 완전한 통일은 끝내 이루지 못하였다. 그러나 정부는 시국이 급함에 따라 좌익의 참가는 후에도 계속하여 권유할 것을 전제로 이 회의를 준비하여 2월 1일에는 마침내 천주교 교당에서 제1차 회합을 하게 되었다. 대표원 수도 그 후 점점 불어, 제1차 회합 때에는 초청인원 전수(全數) 202명, 참가 170명이었다.

19

비상국민회의에서는 이승만 박사와 김구 주석을 영수(領袖) 로 추대하고 과도정권의 수립을 위탁하였다. 이 위탁을 맡은 두 영수는 그 후 밀접한 연락을 그치지 않으면서 연일 상의했는데, 그 결과 비상국민회의의 결의에 의해 최고정무위원 스물여덟 사람으로 조선국민대표 민주의원회의를 소집하게 되었다. 그리고 이 회의는 의장에 이승만 박사, 부의장에 김구 주석, 김규식(金奎植) 박사 두 분을 모시고 지난 2월 14일 군정청(軍政廳) 제1호 회의실의 역사 깊은 회장(會場) 에서 미국측 최고장관 등 내빈의 임석(臨席) 하에 성대히 개막되었던 것이다. 이 회의의 성격과 목적은 말할 것도 없이 자주 과도정권의 수립에 있다.

20

만약에 과도정부가 수립되면 임시정부는 발전적으로 해산한다. 성공 못하면 어떻게 되는가. 임시정부는 계속하여 자주독립의 완성을 위하여 투쟁할 뿐이다.

21

임시정부의 법적 기초는 대한민국 임시헌장(大韓民國 臨時憲章)이다. 임시헌장은 본래 약헌(約憲)이라고 불렀는데, 그 후 그 내용에 변천이 있음과 같이 명칭도 헌장으로 변경되었다. 지금 시행하는 임시헌장은 대한민국 26년, 즉 재작년 제36회 임시의회에서 수개(修改)한 것이다. 이 헌장에 보면 국명은 '대한민국'이고 정체(政體)는 '민주공화국'이다. 그리고 국가의 최고조직은 '임시의정원'인데, 이 임시의정원이라 함은 다른 나라의 국회에 상당하는 것이다. 그저 현재 세계열강이 대개 상하의 양원제인 데 비하여 이것은 단원제라는 상위(相違)가 있을 뿐이다.

임시의정원 의원은 경기·충청·전라·경상·평안·함경 각 도에서 각 6명, 강원·황해 각 도에서 각 3명, 중령(中領: 중국 영토)과 아령(俄領: 러시아 영토)에서 3명을 선출한다. 그러나 이제까지는 내지(內地) 선거구에서 선거할 수 없었기 때문에 헌장의 규정에 따라서 임시정부 소재지에 있는 독립운동자 중에서 선출하였다. 선거권은 만 18세부터 있고, 피선거권은 25세부터 있다.

22

현재 임시의정원 의장은 홍진 씨, 의원은 50명인데 그 가운데는 각당 각파의 대표자들이 다 소속되어 있다. 그 내용을 간단히 적어보면 다음과 같다. 정당으로는 한국독립당, 조선민족혁명당, 신한민주당, 조선

민족해방동맹, 조선무정부주의자 총연맹의 다섯인데, 그중에서 한국독립당은 절대다수당이고, 조선민족혁명당은 그 다음 가는 중요한 정당이다.

한국독립당은 국민들이 우익정당같이 인식하고 있으나 사실은 단순한 우익정당도 아니다. 그 당강(黨綱)이거나 당책(黨策)을 보면 누구나 다 알 수 있지만 신시대(新時代)의 조류에 항상 예민(銳敏)하고 어느 당에도 지지 않을 만큼 진보적 요소를 많이 가졌다. 이 당의 중앙집행위원장은 김구 씨고, 조소앙(趙素昻) 씨는 그 부위원장이다.

조선민족혁명당은 한국독립당과 정반대로 일반으로부터 좌익정당같이 생각하고 있으나 이 당 역시 단순한 좌익정당이라고는 할 수 없다. 그 당강 당책도 조선독립당과 유사한 점이 많다. 이 당의 주석은 김규식 박사고, 김원봉(金元鳳) 씨가 총서기장이었으나, 김 박사는 환국 후 탈당성명을 하였으니 현재 당의 총영도자는 김원봉 씨라고 할 수 있다.

신한민주당은 신민주주의(新民主主義)를 표방하는 당이고, 조선민족해방동맹은 김성숙(金星淑) 씨가 영도하는 좌익정당이다. 조선무정부주의자 총연맹은 당명이 명백히 표시하는 바와 같이 무정부주의정당인데 당수는 유림(柳林) 씨다. 현재 임시정부는 이와 같이 각당 각파의 연립정부다.

23

임시정부를 조직하는 국무위원회 국위원(國務委員會 國委員)은 의정원에서 연기식(連記式) 투표방법에 의하여 직접 선거한다. 국무위원회는 정부의 최고기관이다. 국무위원의 수는 현재 14명인데 전부 40세 이상

되는 분으로, 10년 이상 독립운동을 한 역사를 가진 이들이다. 국무위원회는 복국(復國)과 건국(建國)의 방안 의결, 선전강화 및 조약체결에 관한 사항 의결, 주요 관리의 임면(任免), 행정에 관한 중요사항의 의결 등 일반국무를 결정한다. 그러나 임시정부의 조직은 일본의 내각제도와 달라서 일반국무와 행정을 분리하고, 일반국무의 결정은 국무위원회에서 하되 그 결정을 집행하는 것은 각부 부장의 책임으로 되어있다. 현재의 국무위원은 다음과 같다.

　이시영(李始榮)・조성환(曺成煥)・황학수(黃學秀)・조완구(趙琬九)・박찬익(朴贊翊)・장건상(張建相)・조소앙(趙素昂)・성주식(成周寔)・유림(柳林)・김붕준(金朋濬)・김약산(金若山)・김성숙(金星淑)・조경한(趙擎韓)

24

국무위원회의 주석은 즉 임시정부의 주석인데, 이는 임시의정원에서 선거한다. 주석은 각부에 대하여 정부를 대표하며, 내부에 있어서는 국군을 통수하고 국무위원회에 각부 부장을 추천하며 그를 임면하고, 또 각부 정령(政令)이 위법될 때에는 그 명령을 정지하는 등의 권한을 가졌다. 현재의 주석은 다 아는 바와 같이 김구 씨다.

　부주석은 재작년 헌정 수개(修改) 시에 신설된 직위인데 이는 국무위원회에 출석하여 발언할 권리가 있으나 표결권은 없다. 부주석은 주석을 보좌하며 주석이 유고(有故)할 때에 그 직권을 대행한다. 현재의 부주석은 김규식 박사다.

각부 부장은 주석이 추천한다. 또 각부 부장은 행정연락회의(行政連絡會議)를 조직하고 행정일반을 토의 의결하는데, 주석은 이 행정연락회의를 책임지고 지도하며 회의의 주석으로 회의를 감독한다. 현재 정부에는 7부가 있는데 그 부명(部名)과 부장은 다음과 같다.

외무부장 조소앙(趙素昻), 내무부장 신익희(申翼熙), 군무부장 김약산(金若山), 법무부장 최동오(崔東旿), 재무부장 조완구(趙琬九), 문화부장 김상덕(金尙德), 선전부장 엄항섭(嚴恒燮)

국내외 동포에게 고함

친애하는 국내외 자매형제여

파시스트 강도의 최후의 누벽(壘壁)을 고수하던 일본 제국주의자는 9월 2일에 항서(降書)에 서명하였다. 일본 제국주의자의 패망으로 인하여 거세(擧世)가 기뻐 뛰는 중에 있어서, 조국의 해방을 안전(眼前)에 목도(目睹)하면서 삼천만 한국민족이 흔희작약(欣喜雀躍)하는 중에 있어서, 본 정부가 근 30년간에 주야로 그리던 조국을 향하여 전진하려는 전석(前夕)에 있어서, 일찍이 조국의 독립을 완성하기 위하여 본 정부를 애호하고 독려하던 절대다수의 동포와, 또 이것을 위하여 본 정부와 유리전전(流離轉轉)하면서 공동분투하던 동포의 앞에 본 정부의 포부(抱負)를 고(告)하려 할 때에 본 주석은 비상한 감분(感奮)을 금하지 못하는 바이다.

일국의 흥망과 일민족의 성쇠가 결코 우연한 것이 아니라 우리의 국운(國運)이 단절되는 데 있어 수치적(羞恥的) 인소(因素)가 허다(許多)하였다 하면 금일에 조국이 해방되는 데 있어 각고(刻苦)하고 장절(壯絶)한 노력이 있었을 것은 삼척의 동자도 알 수 있는 것이다. 만일 허다한 우리 선열(先烈)의 보귀(寶貴)한 열혈의 대가와 중, 미, 소, 영 등 동맹군의 영용(英勇)한 전공(戰功)이 없었으면 어찌 조국의 해방이 있을 수 있었으랴? 그러므로 우리가 조국의 독립을 안전(眼前)에 전망하고 있는 이때에 있어서는 마땅히 먼저 선열의 업적(業蹟)을 추상(追想)하여 만강(滿腔)의 경의를 올릴 것이며, 맹군(盟軍)의 위업(偉業)을 선양(宣揚)하여 열렬한 경의를 표할 것이다.

우리가 처한 현 단계는 건국강령에 명시한 바와 같이 건국의 시기로 들어가려 하는 과도적 단계이다. 다시 말하면 복국(復國)의 임무를 아직 완전히 끝내지 못하고 건국의 초기가 개시되려는 단계이다. 그러므로 현하(懸河) 우리의 임무는 번다(繁多)하고도 복잡하며 우리의 책임은 중대한 것이다. 따라서 우리가 우리 조국의 독립을 완성함에는 우리의 일언일구(一言一句)와 일거수일투족(一擧手一投足)이 모두 다 영향을 주는 것을 명백하게 인식하고 매사를 임할 때에 먼저 치밀하게 분석하여 명확한 판단을 내리고 명확한 판단 위에서 용기 있게 처리하여야 된다.

본 정부는 이때에 당면정책을 여좌(如左)히 제정(制定) 반포(頒布)하였다. 이것으로써 현 단계에 처한 본 정부의 포부(抱負)를 중외(中外)에 천명(闡明)하고자 함이며 이것으로써 전진노선(前進路線)의 지침을 삼고자 함이다. 또한 이것으로써 동포제위(同胞諸位)의 당면노선의 지침까지 삼으려 하는 것이다.

친애하는 우리 동포 자매형제여, 우리 조국의 독립과 우리 민족의 민주단결을 완성하며 국제간의 안전과 인류의 평화를 증진하기 위하여 본 정부의 당면정책을 실행하기에 공동노력하자.

66

임시정부당면정책

1. 본 임시정부는 최속(最速) 기간 내에 곧 입국할 것.

2. 우리 민족의 해방 및 독립을 위하여 혈전(血戰)한 중, 미, 소, 영 등 우방민족으로 더불어 절실히 제휴하고 연합국 헌장에 의하여 세계 일가(一家)의 안전 및 평화를 실현함에 협조할 것.

3. 연합국 중의 주요 국가인 중국, 미국, 소련, 영국, 프랑스 5강 (五强)과 먼저 우호협정을 체결하고 외교 도경(途徑)을 영벽(另闢)할 것.

4. 맹군(盟軍) 주재기(駐在期) 내에 일체 필요한 사의(事宜)를 적극 협조할 것.

5. 평화회의 및 각종 국제집회에 참가하여 한국의 응유(應有)한 발언권을 행사할 것.

6. 국외 임무의 결속과 국내 임무의 전개가 서로 접속됨에 필수(必需)한 과도조치를 집행하되, 전국적 보선(普選)에 의한 정무정권이 수립되기까지의 국내 과도정권을 수립하기 위하여 국내외 각 계층, 각 혁명당파, 각 종교집단, 각 지방대표와 저명한 각 민주영수회의를 소집하도록 적극 노력할 것.

7. 국내 과도정권이 수립된 즉시에 본 정부의 임무는 완료된 것으로 인(認)하고 본 정부의 일체 직능 및 소유물건은 과도정권에게 교환(交還)할 것.

8. 국내에서 건립된 정무정권은 반드시 독립국가, 민주정부, 균등사회를 원칙으로 한 신헌장에 의하여 조직할 것.

9. 국내의 과도정권이 성립되기 전에는 국내 일체 질서와 대외 일체 관계를 본 정부가 부책(負責) 유지할 것.

10. 교포의 안전 및 귀국과 국내외에 거주하는 동포의 구제(救濟)를 신속 처리할 것.

11. 적(敵)의 일체법령의 무효와 신법령의 유효를 선포하는 동시에 적의 통치 하에 발생된 일체 벌범(罰犯)을 사면할 것.

12. 적산(敵産)을 몰수하고 적교(敵僑)를 처리하되, 맹군(盟軍)과 협상 진행할 것.

13. 적군에게 피박출전(被迫出戰)한 한적(韓籍) 군인을 국군(國軍)으로 편입하되 맹군과 협상 진행할 것.

14. 독립운동을 방해한 자와 매국적(賣國賊)에 대하여는 공개적으로 엄중히 처분할 것.

대한민국 27년(1945년) 9월 3일
대한민국임시정부 국무위원회 주석　김 구

사선(死線)을 헤매며

자서(自序)

이화대학(梨花大學)에서 중경(重慶) 임시정부 요원의 환영회가 열렸을 때 김규식(金奎植) 박사는 롱펠로의 시를 인용하여 "…롱펠로는 '*Life is an empty dream*… 인생은 공허한 꿈'이라 하였으나, 나는 *Life is a happy dream*… 인생은 행복스런 꿈이라고 정정하련다" 라고 말씀하셨다. 그때 나는 김 박사와 함께 이 환영회에 출석했는데 박사의 이 말씀에 깊은 감명을 받았다.

인생은 물론 행복스러운 꿈만은 아니다. 그러나 행복을 느끼며 살 수도 있다는 것을 나는 잘 알고 있다. 진실하게 살아가려는 사람에게 인생을 어찌 불행하다고만 말할 수 있으랴. 불행하면 불행할수록 도리어 그 속에 커다란 행복도 있는 것이라고 나는 믿는다. 인생은 행복스러운 꿈만은 아닌 것이나 또한 불행한 꿈도 아닌 것이다.

작년 11월 2일, 나는 다시 돌아오리라고는 생각도 못했던 그리운 조국 땅을 살아서 밟았다. 그리고 내어버린 것으로만 생각하고 있던 온갖 것을 다시 눈으로 보고 손으로 만지고 하였다. 약간의 페이소스를 머금은 깨끗한 푸른 하늘, 눈에 익고 마음에 익은 작달막한 소나무, 붉은 산, 맑은 물…. 인생은 역시 행복스럽다고 나는 생각하였다.

1944년 1월 20일. 일본의 이른바 '학생특별지원병'으로서 용산(龍山)에 입영했을 때의 절망을 회고하면 실로 일장의 꿈이라고밖에는 말할 수 없다. 나는 나의 우유부단과 비굴이 조국의 영예를 더럽혔음을 이제, 조국 앞에 엎드려 사과하련다. 그러나 동시에 나는 나의 비겁을 얼마나 내 자신(自身) 괴로워했고 부끄러워했는가를 동포 여러분 앞에 솔직히 피력(披瀝)하려 한다.

용산 제25부대에 입영하였다가 일주일도 못 돼서 중지(中支) 하남성 (河南省) 회양(淮陽)으로 끌려가서 김춘정(金春鼎) 군과 더불어 회양 성(淮陽省)을 탈출하여 임천(臨泉)에 이르러, 거기서 한국광복군 제3 지대장(支隊長) 김학규(金學奎) 선생을 만날 때까지의 경과는 본문 속 에 자세히 적혀 있으므로 여기서 중언할 필요를 느끼지 않는다. 내가 이 책을 집필한 동기는 일본군에게 끌려간 후의 우리들의 행동을 가장 정직하게 동포 앞에 알리려는 데 있다. 이 책은 조국에 보내는 그 보고 서(報告書)이다.

그 후 나는 나대로 일본의 병영(兵營)을 탈출하고 임천에 모인 많은 학병(學兵) 출신들과 더불어 긴 괴로운 여행 끝에 중경(重慶)에 도착하 였다. 그 도중에서 겪은 고초를 간단하게나마 본문 속에 적어 두었다. 중경 생활 7개월, 우리는 임시정부의 선생들을 따라 고국으로 돌아왔 다. 나와 함께 탈주한 김춘정 군도 지금은 경성(京城)에 와 있으며, 이 책의 출판을 위하여 철소(徹宵, 밤을 지새는)의 원조를 아끼지 않았다. 그 외에도 여러분들에게 많은 후원을 받았다. 말미(末尾)에나마 기록 하여 삼가 감사의 뜻을 표한다.

1946년 10월

한미(韓美) 호텔 일실(一室)에서

저 자

서 문

우리 민족은 40여 년간 독왜이적(毒倭異敵)에게 사상(史上)에 볼 수 없는 불가형언의 압박과 고초와 희생을 당하였다. 우리의 혈루(血淚)는 산하(山河)를 물들이고 우리의 원한은 골수에 사무쳤었다.

그중에도 특히 통한(痛恨)을 금할 수 없는 사실은 이른바 대동아전쟁(大東亞戰爭)이라 하여 왜노(倭奴)가 강도적(强盜的) 침략전(侵略戰)을 개시했을 때 우리들 청소년을 징용이니, 징병이니, 학병이니 하여 애매하게 죽음의 길로 몰아넣었다는 사실이다. 울며 놓지 못하는 부모형제와 고국산천을 작별하고 원구(怨仇)의 군대의 앞잡이가 되어 우리의 우방과 싸우지 않을 수 없던 그들의 심신상의 고통은 이루 기록할 수도, 형언할 수도 없을 것이다.

그러나 윤(尹) 군은 능히 이 어려운 대사업(大事業)을 이루었다. 학병으로 끌려 나가서 적진(敵陣)을 탈출하여 중경에 이르러 광복군의 일원으로서 해방된 고국에 돌아오기까지의 일거일동(一擧一動)을 가장 충실하게, 한 점의 허식(虛飾)도 없이 이에 기록하여 놓았다.

이 기록의 문학적 가치라든가 사회적 영향이 어떠리라는 것은 아직 판단키 어려우나 그 생생한 사실과 불굴의 기백은 한 개의 보고(報告)의 역할을 넘어 독자에게 커다란 감동과 격려를 주고도 남음이 있으리라 믿는다. 이것은 윤 군의 가장 큰 공적이라 하겠다.

이 기록을 통하여 우리는 얼마나 많은 우리 청년이 본의 아닌 전장에서 헛된 죽음을 하였는가를 알 수 있다. 그와 동시에 주위나 환경이 비조난도(飛鳥難逃)의 역경에 처해 있다 하더라도 자존(自存)·자영(自榮)·자유(自由)의 민족정신이 불멸하고, 장지(壯志)가 심중에 항구불식(恒久不息)하는 사람에게는 불가능한 것이 없고, 유지자 사경성(有志者 事竟成: 뜻이 있는 곳에 길이 있다)이라는 진리를 철증(鐵證)하고 있다는 것을 깨달을 것이다.

이 교훈을 살릴 때 우리의 전도(前途)는 광명할 것이요, 또 우리가 주소(晝宵, 밤낮으로)로 기다리는 신국가건설(新國家建設)도 이 토대 위에서만 공고(鞏固)하리라고 확언하는 바이다.

단기 4279년 10월 (서기 1946년)
우사 김규식 (尤史 金奎植)

잔인한 계절의 청춘들

오라비가 집에 있는 동안에 빨리 해치우자고 허둥지둥 서둘러서 겨우 끝마친 누이동생 결혼식에서 돌아오면서도 나는 이렇다 할 감정의 움직임을 느낄 수 없었다.

한 번 가면 물론 다시 못 올 길인 줄 각오하고 있었다. 나는 모든 것에 실망하고 있었고 이미 조선에 대한 애착조차 잃었기 때문에 될 수 있으면 그대로 사라져 없어지고 싶었다. 그리고 십중팔구는 그렇게 될 것을 스스로 믿고도 있었다.

누이가 출가한 훈융(訓戎)이란 곳은 아주 두메였다. 석탄이 난다 해서 온갖 잡배들이 일시에 모여들어 만든 마을이라서 모두가 어설펐다. 훈융역도 넓은 들판 한구석에다 아무렇게나 갖다 지은 듯한 너절한 역이었다.

나는 텅 빈 플랫폼 위를 서성거리면서 전송하러 나온 사돈댁 사람들과 새색시가 된 누이와 덧없는 얘기를 주고받고 하였다. 사방이 탁 트인 벌판이라서 바람이 몹시 찼다. 역에 묶인 사람들은 모두 발을 동동 구르며 외투 깃을 올리고 깊숙이 턱을 파묻고 있다.

때때로 승객들이 웅숭그리고 개찰구 앞을 지나 우리들이 서 있는 플랫폼까지 와서는 기차 들어올 쪽을 기웃거리곤 했다. 모두가 괴나리봇 짐 한두 개씩을 팔 옆에 끼었거나 머리에 이었거나 했다. 모두가 행복스럽지는 않은 사람들인 것 같았다.

멋모르고 세상에 태어나서 그것을 깨달았을 젠 이미 가지각색의 무자비한 힘이 반석(磐石) 같이 그들을 짓누르고 있는 것이다. 갖은 애를 써서 그 압박 밖으로 뛰쳐나오려 노력하나 그때마다 그들은 그 경험에서 결국은 실패하고야 만다는 무쇠 같은 교훈을 배울 뿐이다. 이윽고 그들은 가장 그들의 처지에 적절한 철학을 몸에 지니고 살게 된다. 그 철학이란 참혹하게, 가느다랗게, 항상 전전긍긍 불안에 떨며 도적놈 모양으로 몰래 살아갈 수밖에 없다는 슬픈 체관(諦觀)이다.

나는 주머니를 뒤져 쓰다 남은 잔돈푼을 누이 손에 쥐여 주었다. 누이는 쓸데없다고 사양했으나 나는 누이보다 더 돈이 필요치 않은 몸이었다. 나는 그 돈이 20원도 못되는 것을 생각하고 이왕 주려면 어머니께 여쭈어 좀더 보태줄까 생각하였으나 다음 순간 모든 것이 우스꽝스럽게만 여겨져 입을 꽉 다물고 말았다.

기차가 도착하자 나는 어머니와 막내 누이를 앞세우고 올라탔다. 차(車) 속은 그리 붐비지는 않았으나 세 사람이 함께 앉을 자리는 없었다. 우리들은 제각기 따로 자리를 잡았다.

기차가 움직이자 마지막 인사를 주고받고 하였다. 나는 무표정한 얼굴로 울상이 된 누이의 모습을 물끄러미 바라보았다. 기차의 속력이 차차 빨라지고 우리들 사이의 거리가 차차 멀어짐에 따라 누이의 우는 얼굴도 차차로 멀어지고 아련하게 흐려졌다. 그러나 나는 나와는 아무 인연도 없는 딴사람을 대하듯이 그것을 허심하게 바라볼 뿐이었다.

대학(大學)의 폐쇄, 일본인 학생의 징병·징용, 조선유학생의 강제
지원, 위협, 도주, 기피, 체포, 징용영장의 배송 등 어지러운 파도 속
을 허우적거리며 헤엄쳐 나온 나의 운명도 결국은 입영이라는 것을 참
을 수 없었다. 고작 이러한 결말을 내리느라 보낸 과거 수(數) 주일 동
안을 회상할 때 비참하기 짝이 없는 노릇이었다. 나는 내 생명을 내걸
고 설계한 계획이 여지없이 끊어져 나가는 것을 뻔히 바라보면서 어찌
할 줄을 몰랐다. 나는 실망했고 다음엔 절망했다. 그 절망은 이어 다시
방심상태(放心狀態)로 이끌려 들어갔다.

'아무렇게나 되는 대로 되어라, 무슨 일이 일어나든 나는 알 바가 아
니다. …' 이러한 극단적 무관심 속에서 나는 구원을 얻으려 애썼다. 그
러지도 않고선 견디어낼 도리가 없었던 것이다.

일본군의 병사로 입영을 한다? 생각해본 적도, 상상해 본 일도 없는
이 기괴한 명제 앞에서 나는 다만 망연자실할 따름이었다. 이것은 가소
로운 희극임에 틀림없으나 그러나 한편 무섭도록 심각한 비극이기도 하
다. 나는 무슨 계속되는 악몽을 보는 듯이 이 명제 앞에 주춤거리고 서
있을 뿐이다.

병정(兵丁)이란 것과 나와의 관계만큼 인연이 먼 것이 또 있었을까.
회교(回敎)의 신(神)이 오히려 병정보다는 나와 인연이 깊었을 것이
다. 십여 년 동안 나는 카키색 복장을 한 개미새끼 같은 일본 병정들을
보아왔으나 지금까지 한 번도 그들이 사람이요, 나와 같은 일상 감정을
가졌으리라고는 꿈에도 생각지 못했다. 할 일 없는 인간이 틀에다 박아
낸 신기한 동물의 하나라고밖에 나는 그들을 생각한 적이 없다. 회색빛
병사(兵舍)와 요란스러운 소리를 내는 전차(戰車) 같은 것들이 새삼스

럽게 내 머릿속에 떠올랐다.

나는 지금부터 일본 병정이 될 참이다. 병사와 전차와 비행기와 대포가 언제부터는 직접 나와 관계를 맺게 된다. 나는 카키색 장난감이 되어 꼴사나운 모자를 쓰고 빨간 견장을 달고 기계 모양으로 절을 하련다. 장래의 일이 아니다. 지금 금방 나는 그것이 되어야만 했다. 그것을 생각하면 내 정신은 마비되고 만다. 그 다음에는 모든 조직이 활동을 정지하는 것이다.

나는 아무쪼록 아무것도 생각 안 하려 애썼다. 모든 것에 무관심해지려고 노력했다. 대대로 살아온 집과 친척들과 헤어질 것을 생각하면 슬펐을 것이요, 동무들의 낙담하는 모습도 생각하면 분하고 원통했을 것이다. 그러나 나는 눈을 가리고 아무것도 안 볼 작정이었다. 나는 돌과 같이 사고(思考) 하고 돌과 같이 행동하였다. 그리고는 자기와 자기 민족의 비겁과 무기력으로 인하여 빠지게 된 이 저주할 운명을 책임지는 사람으로서 달게 받고 조용히 굴복하리라 맘먹는 것이었다.

나는 술을 먹고 폭행하는 학생들을 볼 때마다 부끄러웠다. 노여움을 풀 줄 모르는, 자칭 지식계급의 천박한 행동이 슬플 뿐이었다. 그와 동시에 나의 무관심을 비웃는 예리한 비판의 바늘이 내 가슴을 찔렀다. 나는 내 자신과 내 동료들에게 한없는 저주를 보냈다. 조선 지식계급을 집어 삼킨 지옥이 이때처럼 뚜렷이 나타난 것은 일찍이 없었을 것이다. 그렇기 때문에 그러한 학생들의 꼴을 볼 때마다 나는 성도 내지 않고 슬퍼하지도 않으리라는 것이 그때의 나의 희망이었다.

신문은 우리들을 학병(學兵) 이라 부르고 매일 같이 대서특서(大書特書) 하였다. 나는 그러한 신문들이 모두가 일본인의 손으로 된 것만이 아니라는 것을 안다. 그러한 신문을 만들어 내는 사람들의 마음, 그 글을 쓰고 있는 사람들의 모습까지도 상상할 수 있었으나 정색(正色)하고 그것을 탓할 생각도 없었다.

　나는 극장 한구석에 가만히 숨어서 이 부끄러운 무대면(舞臺面)을 아무도 모르게 바라보고만 있었을 따름이다.

　정말 그때 나는 죽고 싶었다. 병정이 되고 싶지 않아서가 아니다, 내가 이다지도 못난 남자였던가를 절실히 깨닫게 된 그 사실이 괴로워서였다. 나는 아무도 만나고 싶지 않았다. 얘기하기도 싫었다. 그저 무턱대고 부끄럽기만 했다. 열 번이고 백 번이고 부끄러울 따름이었다. 그러한 광태(狂態)를 치료하려면 무관심만이 유일한 처방이었다. 물론 이 무관심이란 대부분이 방심상태에서 우러난 것이었으나 그러나 내게도 현명한 데가 전혀 없는 바도 아니었다.

미친 세월의 소용돌이치는 청춘

훈융(訓戎)에서 고무산(古茂山)까지는 결코 짧은 거리가 아니었다. 자리에 가만히 앉아 있기가 지루하여 나는 사람들 틈을 뚫고 객차 몇 개를 지나 식당차의 문을 열었다.

　식당차 안에서는 몇 패의 손이 술을 먹고 있었다. 나는 맥주도 술도 먹고 싶지가 않았다. 될 수 있으면 홍차나 커피 같은 것을 마시면서 조용히 혼자 앉아 있고 싶었다. 그러나 뽀이*에게 물어보니 차(茶)는 없다는 것이다. 애써 오기는 했으나 그만두고 나는 다시 자리로 돌아갈 작정이었다.

그때 반대쪽 문 옆 한구석에서 술을 먹고 있던 승객 중의 한 사람이 커다랗게 나를 불렀다.

"여보게 자네도 병정 나갈 테지… 이리 좀 오게."

얼른 이름은 생각나지 않았으나 낯익은 학생이었다. 나는 "오오, 난 누구라구…" 하면서 그들 앞으로 다가갔다. 대작을 하고 있는 또 한 사람의 학생은 와세다대학(早稻田大學)의 제복을 입고 있었다.

내가 가까이 가자 나를 부른 학생은 앉으란 말도 없이 불쑥 맥주 컵을 내밀었다. 그들은 제법 취한 모양이었다. 얼굴이 새빨갰다. 그리고 그 시뻘건 얼굴 위엔 눈물 흐른 자국이 있었다. 그것이 내게는 몹시 우습게 보였으나 그들은 그저 그대로 연거푸 술만 마시는 것이다.

먹을 줄도 모르는 술을 억지로 퍼먹는 듯싶었다. 한 모금 마시고는 한마디씩 더 지껄여 댄다. 한마디 하고 나서는 의논이나 한 듯이 둘이서 똑같이 눈물을 흘리는 것이었다. 마치 입으로 먹은 술이 금방 눈물이 되어 눈으로 흘러나오는 꼴이었다.

그들은 때때로 어색한 영어를 섞어 썼으나 대개는 국어(조선말)로 얘기했다. 아니, 얘기한다기보다는 악을 쓴다는 편이 옳을 것이다.

"흥, 죽는 게 무서워? 죽는 거야 무섭지 않지. 누구는 한 번 안 죽겠니. 그래 병정 나가겠다, 나가구 말구. 특별지원병! 참, 남 듣긴 좋다. 오냐, 병정 나가서 죽지. 아무 때라도 한 번은 죽을 거 아냐. 죽는 건 무섭지 않아도 나 죽는 건 상관없어도 아버지가, 아버지가 불쌍허시단

---

* 보이(boy). 식당이나 호텔에서 접대하는 남자. 웨이터.

말이야, 아버지가….”

와세다대학 제복을 입은 학생은 맥주 컵을 입에 대었다 떼고 나서 이렇게 말하며 울기 시작하였다. 그러니까 처음 나를 부른 학생도 함께 따라 울면서 손에 들었던 맥주를 꿀컥꿀컥 들이마시는 것이다.

“넌 너희 아버지가 불쌍허시댔지. 난 우리 어머니가 불쌍허셔서 못 견디겠다. 혼자 남으시는 우리 어머니 말이야. 그래, 어저께는 어머니 허구 아버지 산소에 갔다 왔단다, 아버지 산소에 말이야.”

그러면서 또 울기 시작하는 것이다. 손에는 다 쭈그러진 모자를 움켜 쥐고 있었다. 보니까 그것은 메이지대학(明治大學)의 모자였다. 나는 비로소 그가 누구인가를 깨달을 수 있었다.

나는 가만히 그의 등을 두드리며, “여보게, 이게 뭣들인가. 술을 먹으면 먹었지 울기는 왜들 우나, 창피하지 않은가” 이렇게 말렸다.

그랬더니 그는 무섭게 나를 노려보며 악을 쓰는 것이다. 그 노발대발한 폼이 당장 주먹으로 요절이라도 지을 듯한 기세였다.

“뭐 어째. 옳지, 너도 대학깨나 댕겼다고 형식주의자로구나. 슬퍼서 우는데 창피가 다 뭐냐. 슬퍼서 우는 게 왜 못 쓰느냐 말이다. 응? 아이구….”

그는 말을 마치고 나서 내 소매를 붙잡고 더욱 소리 높이 우는 것이다. 그 바람에 테이블이 흔들려 맥주 컵이 쓰러지고 술이 그의 무릎 위로 쏟아졌다.

“이 사람, 옷 젖네. 맥주가 엎질러졌어.”

“옷? 옷이 어쩐단 말이냐. 나는 어머니가 불쌍허셔서 못 견디겠단 말야.”

“그래 알았어, 그건 알았으니까 자, 이리 비키게.”

그러나 그는 자리를 비키는 대신 맥주가 흥건히 쏟아져 흐르는 테이블 위에 엎드리어 또 악을 써서 울기 시작하였다. 옆에는 몇 패의 일본인이 앉아 있었으나 모두 모르는 체 시치미를 떼고 있었다.

맞은편에서 이 꼴을 뻔히 바라보던 와세다대 학생은 한 학생이 엎드리고 말자 흥이 깨어졌다는 듯이 연거푸 혼자서 술을 따라 먹기 시작했다. 그러면서도 내 소매를 놓아 주지 않기 때문에 나는 그 자리를 떠날 수가 없었다.

그는 이렇게 연거푸 몇 잔을 먹고 나서 마지막 한 잔을 입에 물고는 잠깐 무엇을 생각하는 듯하더니 별안간 푸우 하고 누워 있는 학생의 머리를 향하여 맥주를 뿜었다. 술은 내 얼굴에까지 튀었다.

"이게 무슨 짓이야."

나는 약간 성을 내면서 붙잡힌 소매를 뿌리치고 일어섰다.

그러나 한번 엎드린 학생은 좀체 다시 일어나지 않았다. 물끄러미 그것을 바라보던 학생도 이윽고 또 쓰러지듯 먼저 학생과 머리를 맞대어 테이블 위에 쓰러져서 슬픔을 참을 수 없다는 듯이 흐늑흐늑 흐느껴 울기 시작하는 것이었다.

나는 울고 있는 그들을 내버려두고 그 자리를 떠날 수가 없었다. 나는 다시 의자에 가 앉았다. 그리고는 때때로 생각이 나면, "자, 인제 고만 두게, 고만 둬" 그러면서 그들의 등을 두드렸다. 그러나 그렇게 달래는 내 자신도 무엇을 '고만 두라'는 것인지 알 수가 없었다. 드디어 나는 천치 모양으로 입을 다물고 말았다.

이 두 사람의 우는 동무들을 바라보면서도 왜 나는 그때 공분(公憤)을 느끼지 못했는지 모른다. 그 식당차를 탄 일본인들에게만이라도 분풀이를 못한 게 무엇 때문인지 나는 모른다. 그러한 행동이 점잖지 못한 짓이라는 것을 알았기 때문은 아니었다. 그렇게 내 이성(理性)이 감성을 억누른 때문은 아니었다. 나는 요컨대 인간다운 감성을 이미 몸에 지니고 있지 않았기 때문이다.

양(羊). 그것은 한 마리의 불쌍한 양이었다.

양들은 싫다고 도리질을 하면서도 결국은 도살장으로 끌려가고 마는 것이다. 그러나 일본의 병영(兵營)이 만약 진실로 도살장이었더라면, 절체절명의 도살장이었더라면 조선은 그와 같은 큰 욕을 보지는 않았을 것이다. 일본인은 현명하게도 쫓기는 사람들에게 항상 마지막 한 가닥 혈로(血路)를 준비하여 두었었다. 가냘픈 일루(一縷)의 희망만큼 사람을 약하게 만드는 것은 없다.

대학생활의 일기장을 정리하며

훈융(訓戎)에서 돌아오자 나는 곧 신변정리에 착수하였다. 오랫동안 적조(積阻)했던 사람들에게 마지막 편지도 썼다. 나는 될 수 있는 대로 내 경우의 비참함을 강조하였다. 그렇게 내 절망을 과장한 이 편지를 읽으며 나를 사랑하여 준 사람들이 가슴 아파하리라는 것을 상상하고 상처를 쑤시는 듯한 쾌감을 느끼었다.

나는 문득 채 갚지 못한 빚이 있는 것을 생각해냈다. 그것은 돈으로 갚아선 안 될 성질의 빚이었다. 그러나 그러한 복잡한 수속을 취할 시간 여유가 없었다. 나는 하는 수 없이 우편으로 돈을 부치리라 결심하고 우체국으로 가는 도중에서 "이런 북새통에도 자네에게 진 빚을 결코 잊지는 않았네"라고 그에게 편지 쓴 것을 퍽 유쾌하게 생각하였다.

교토(京都)에서 온 짐은 열 궤짝이 넘었다. 그 속에서 소중하게 싸고 싼 신문지 뭉텅이가 하나 튀어나왔다. 내 손으로 싼 것이련만 얼른 무엇인지 생각나지 않았다.

겹겹이 싼 신문지 뭉텅이를 끄르고 또 끌러 드디어 속 물건이 눈앞에 나타났을 때 나는 고소(苦笑)를 금할 수 없었다. 그것은 파이프를 물고 아코디언을 연주하는 수부(水夫, 선원)의 석고상이었다.

교토에 있을 때 나는 이 석고상을 무척 소중이 여겼었다. 그러나 지금 생각하니 이것은 나와는 너무도 거리가 먼 존재였다. 나는 약간 서운함을 느끼면서 신문지 더미 위에 외로이 서 있는 석고상을 집어 들었다. 그 순간 커다란 모자를 쓴 석고상의 머리가 톡 부러져 굴러 떨어졌다. 동강 난 머리 밑에는 내가 교토에서 몇 번인가 풀칠해 붙인 자국이 누르스름하게 남아 있었다.

나는 책을 정리하여 다시 궤짝에 담아서 철도편으로 몇 사람의 친구들에게 부쳐주었다. 내게는 소용없는 것이었고 그들에게 기념이 되리라 생각했기 때문이다. 그 책궤를 역에 갖다 맡기면서 나는 조금도 아깝다거나 슬프다거나 하는 감정을 느껴보지 못했다. 그렇게 애를 써서 사들인 책들이었으나 마치 남의 물건 보는 듯하였다.

나는 또 그 책들 틈에다 양복 나부랭이와 넥타이 같은 것도 집어넣었다. 어머니에게 들키면 슬퍼하실 것 같아 몰래 눈을 피해가며 한 것이다.

이렇게 자질구레한 것들을 다 챙기고 나서 나는 일기 대신 쓰던 수첩을 꺼내 들었다. 그 속에다 나는 내 생활 감정의 하나하나를 골고루 적어 두었다.

돈이 오늘도 안 온다. 절망.

따뜻하다. 창 밑에서 대숲이 살랑살랑 소리를 낸다. 아무 이유 없이 행복스럽다. 돈은 오늘도 안 온다.

은각사(銀閣寺)를 보았다. 너절하다.

독일어 시험 실패했다.

이런 종류의 글발이었다. 남들은 이 속에서 아무 가치도 발견 못하고 아무 흥미도 느끼지 않겠지만 나에게는 내 젊은 날의 한 페이지를 장식할 귀중한 생활의 기록이었다. 강제지원병 문제가 일어났을 때 전후의 것을 보니 대개는 한 번 썼다 지운 것뿐이었다.

그때 내게 온 전보만 해도 열 장은 넘었을 것이다. 서장, 군수, 이장, 마을연맹 이사장, 또 무슨 장(長) 하는 사람들이 친 전보가 매일같이 내 하숙에 배달되었다. 집에서도 거의 매일 전보질이었다. 그러나 나는 함구무언(緘口無言)으로 끝내 답전한 일이 없었다.

어느 때 아버지께서 다음 같은 장문의 전보를 치신 일이 있다.

'만약 지원 안 하면 징용한단다. 곧 답장하여라….'

나는 화가 났다.

'죽어도 지원 않겠습니다. 맘대로 지원하셔도 전 모릅니다. 그리 아십시오….'

이렇게 회답했다. 나는 이 전보를 내 손으로 우편국에 가져갔었다. 전문을 읽은 국원(局員)은 기가 막힌다는 듯이 내 얼굴과 전문을 번갈아가며 훑어보았다.

나중에 들은 얘기지만 이 전보가 신참국(新站局)에 도착했을 때 국에서는 깜짝 놀라서 만약 이것을 주재소(駐在所)에서 알았단 야단이라고

국장 딸이 몰래 전보를 치마 밑에 감추고 아버지께 직접 전했다 한다.

나는 기어이 지원하지 않았기 때문에 징용을 가게 되었다. 내가 교토에서 조선으로 돌아왔을 때엔 지원병들의 신체검사로 야단법석을 할 무렵이었다. 커다란 역마다 수검자들 무리가 눈에 띄었다.

나는 기차표를 신참까지 샀을 뿐 아니라 징용날짜도 이왕 지났고, 또한 번 가면 좀체 나올 기회가 있을 성싶지도 않아, 전부터 가고 싶던 부여(扶餘)를 이 기회에 들러보리라 생각하였다. 기차를 대전에서 갈아타고 눈이 하얗게 쌓인 연선(沿線)의 풍경을 뻔히 바라보면서 나는 호남평야를 달렸다.

나는 논산에서 기차를 내려서 버스를 기다렸다. 그때까지도 정말이지 나는 병정으로 나갈 생각은 꿈에도 없었다. 내가 징용을 취소하고 지원할 생각이 든 것은 실로 이 논산역에서였다.

소조(蕭條)한 겨울 논산역전(論山驛前)을 걸으며 나는 문득 내가 지금 큰 과오를 범하고 있다는 것을 깨달았던 것이다. 나는 깊이 직면한 현실을 생각하였다. 그리고 그 현실에서 일탈하려는 자기를 꾸짖었다. 그 순간 과거 수주일 동안의 시끄럽던 사고가 잔잔히 가라앉고 나는 나대로의 해석과 판단을 내릴 수 있게 된 것이다.

그러나 말이 그랬다는 것이지 그때의 내 심경이란 이렇게 논리적인 것이 아니었다. 나는 모든 이론을 초월하고 곧장 '지원'이란 결론을 향하여 무의식적으로 달음질친 것이다. 아무런 타산적 의도도 없었고 아무런 감정의 변동도 없었다. 지원해라… 지원하자… 그것은 한 개의 천계(天啓)였고 나는 무조건하고 그에 순종했을 따름이다. 지원을 결심한 그 순간의 감정을 나는 이렇게밖에 설명할 도리가 없다.

일기를 정리하면서 지원까지의 이런 복잡한 경과를 생각하고 그 당시의 너무도 생각이 많았던 내 자신이 애처로워지는 것이었다. 하여간에 부산 토목공사장으로 가려던 나는 지금 병정이 되려 하고 있다. 나는 수첩을 애무하듯 어루만지며 잠시 감개무량하였다.

용산(龍山) 제25부대 입영

나는 용산(龍山) 제25부대에 입영하였다. 예술미라고는 꿈에도 모르는 자가 지은 듯한 회색 건물을 바라보았을 때 나는 새삼스러운 염증을 느꼈다. 그 속에서 장난감 같은 병정들이 아무 필요도 목적도 없는 일에 열중하고들 있는 것이다.

위병소 앞을 지날 때 정말이지 나는 이상한 생각이 들었다. 두 줄로 늘어놓은 기다란 의자에 병정 일고여덟 명이 교장선생 앞에 나간 소학교 아이들보다도 더 꼼짝 못하고 걸터앉아 있는 것이다. 나는 그 천치 같은 꼴이 하도 신기해서 발을 멈추고 한참동안 바라보았으나 그들은 눈알 하나 깜짝 안 했다. 별안간 요술에 걸려 산송장이 된 사람들처럼 움직이지를 않았다. 그러나 혹 상관이라도 그 앞을 지나든지 하면 그들은 마치 감전이나 된 듯이 놀라서 일제히 튀어 일어나는 것이다.

제25부대에는 50명의 조선학생이 입영하였다. 그 50명 중에는 각 학교 학생과 각 도(道) 출신이 다 섞여 있었다. 나와 같은 도의 출신이 둘이나 있었고 같은 중학을 나온 사람이 하나, 같은 예과(豫科)를 나온 사람이 하나 있었는데 알고 보니 모두 내 후배였다.

중학 동창생의 이름은 이동일(李東一)이었다. 얼굴이 시커멓고 키가 후리후리하고 약간 목소리가 탁한 편이다. 나는 그를 몰랐으나 그는 나를 알아보고 먼저 자기소개를 했다. 얘기를 듣고 보니 그는 바로 우리 집 근처에 살고 있었다. 내가 아는 사람을 그도 많이 알고 있었다. 또 내 일도 퍽 자세히 알고 있는 모양이었다. 그는 입영하는 날부터 내게 무척 친절했다. 그리고 틈만 있으면 내게 와서 이 얘기 저 얘기하는 것이었다.

목 쉰 소리이기는 하나 그의 화제는 대개 항일사건과 지하운동에 관한 것이었기 때문에 나는 점점 그의 좌담을 반기게 되었다.

그는 경성 학생들 사이에 어떤 조직이 있고 어떤 일을 하느니 어떤 계획이 있어서 어떤 사람들이 지도하느니 하는 것을 자신 있게 얘기했다. 또 동경 학생사정도 잘 알고 있는 모양이어서 그 지하운동 상태도 상세히 설명하곤 했다. 그리고 머지않아 일대폭동이 일어나서 치안이 근본적으로 교란될 터이니 그때는 병정이라는 입장에서 우리들도 일할 수 있다고 예언하는 것이었다.

입영한 지 이틀 후인지 사흘 후의 일이다. 예쁜 여자가 그를 면회하러 왔다. 그는 그 여자와 연병장(營庭) 뒤에서 무엇인지 소곤소곤 얘기하더니 그 여자가 간 뒤에 이렇게 말했다.

"경성여자의전(京城女子醫專) 학생인데요, 열렬한 민족주의자예요. 경성여의전은 저 여자가 쥐었다 폈다 한답니다. 일반사회에도 동지가 많은 모양이더군요. 반드시 무슨 큰일을 할 겝니다."

또 이렇게도 말했다.

"그 여자가 나를 찾아온 것은 장차 할 일을 의논하기 위해서예요. 때가 오면 학교와 병영이 호응해서 일대운동을 일으키자는 것입니다. 지금 내가 자세한 지령을 내려두었지요."

또 어떤 때는 이런 말도 했다.

"우리들을 이 병영에 오래 둘 까닭은 없습니다. 머지않아 남양(南洋)*이나 북지(北支)**로 보낼 것입니다. 그렇게만 되면 문제는 없어요. 나는 벌써부터 학교를 고만두고 그리로 갈 작정이었으니까요."

'그리로'라는 것은 우리 임시정부가 있는 중경(重慶)을 말함이다. 그는 언제든지 중경을 '거기'라는 대명사로 불렀다.

"거기 가기가 그렇게 쉬운 게 아닙니다. 산해관(山海關)*** 넘기가 문제지요. 그러니까 산을 걸어 넘어가느니보다는 일본군의 기차를 타고당당하게 넘어가는 게 상책이지요. 남양으로 가게 되면 좀 곤란하지만가기만 하면 또 어떻게 되겠지요. 하여간 지원 안 하고 버틴 사람이 손해를 본 셈이지요."

그는 모든 점에서 나보다 민첩했기 때문에 나는 밤낮 분주했으나 그는 늘 핀둥핀둥 놀고 있는 것 같았다. 그만치 약삭빠르고 영리했다.

그는 또 자기가 일찍이 비밀운동에 참가하여 오랫동안 형무소 생활을 한 것을 자랑삼고 있었다.

"고문에 몇 종류나 있는지 아십니까. 그렇지만 실제로 고문을 당해보지 않으면 그 괴로움은 도저히 이해하지 못합니다. 의자에다 붙들어 매고 물을 먹이는 것, 고춧가루를 코로 넣는 것쯤은 고문 속에 들지도 않

---

* 적도 부근 태평양과 동남아시아 도서지역.
** 중국 북부.
*** 하북성(河北省) 소재. 만주와 중국의 경계지점.

습니다. 손톱발톱에다 대를 꽂는 것, 못 위를 걷게 하는 것 같은 것도 약과랍니다."

그는 그렇게 말하고 자기가 특히 괴로웠던 고문의 가지가지를 설명하는 것이다.

"미용원에서 여자들이 파마 하는 거 보셨지요? 그때 뒤집어쓰는 쇠탈 같은 게 있지 않아요? 바로 그거예요. 그걸 머리에다 씌우고 거기다 전기를 통한답니다. 그건 참 못 견딥니다. 머리가 산산조각 나는 듯이 괴롭습니다."

그리고 또 '비행기'니 '가죽 조끼'니 하는 고문방법도 자세히 설명하여 주었다.

"고문방법은 일본이 세계에서 제일 발달했답니다. 그렇지만 아무리 지독한 고문을 당해도 나는 비밀을 말하지 않았지요."

이러해서 나는 그와 무척 가까워졌다. 나는 그를 신용했고 또 무슨 일이 있을 적엔 의지가 되리라 믿었다. 또 나이에 비해 사람 된 품이 신뢰감을 주기도 했다.

나는 대학의 제복과 학모 대신 카키색 군복과 모양 흉한 모자를 쓰고 차차 병정다워 갔으나, 이동일의 말을 믿고 있었기 때문에 머지않아 일대 폭동이 일어나고 나도 한몫 볼 수 있으리라고 여러 가지 꿈을 꾸곤 했다.

그러지 않더라도 불원간(不遠間)에 우리들은 틀림없이 전선(戰線)으로 이동할 것이다 믿었기 때문에 입영 후에는 도리어 실망이 적었다.

다만 나는 기병(騎兵)이었기 때문에 무거운 장화를 신지 않을 수 없는 것이 무엇보다도 괴로웠다. 신고 벗기가 불편할 뿐 아니라 걸음 걸을 때나 일할 때도 무척 불편했다. 더구나 아침엔 이 무거운 장화를 신고 달음박질해야 하는데 그것이 내게는 적지 않은 고통이었다. 군복도 학생복보다는 갑갑했고 또 방한용 셔츠가 무거워서 장화를 신지 않아도 행동이 부자유했다.

그러지 않아도 나는 몸이 무거운 편이라서 이런 차림차림으로 남보다 무슨 일을 먼저 한다는 것은 애당초 틀린 수작이었다. 밥 먹는 것도, 세수하는 것도, 집회에 나가는 것도 언제든지 나는 맨 꼴찌다.

다른 건 꼴찌라도 무관했지만 달음박질 꼴찌만은 견딜 수 없었다. 달음박질에서 지면 혼자서 그 넓은 연병장을 또 한 바퀴 돌아야 하기 때문이다. 그래서 달음박질할 때엔 모두 꼴찌가 안 되려고 죽을 애를 써서 달린다. 서로 잡아먹기였다. 물론 맨 꼴찌는 언제든지 나였지만.

생각하니 일본인만큼 미련한 인종도 드물다. 내가 일본 병정이 된 후 갖은 고초를 다 겪었지만 생각하면 실제로 그것이 병정에게 필요하고 또 소용된다고 여겨지는 것은 하나도 없다. 걸을 적에 무릎을 높다랗게 든다든가, 경례는 기계모양으로 한다든가, 아무리 더워도 절대로 단추를 못 끄른다든가, 상관이 오면 메뚜기 모양으로 발딱 일어서야 한다든가, 열은 장난감 모양으로 예쁘게 지어야 한다든가 하는 것이 병정의 목적을 위하여 얼마나 필요한 일인지 나는 아직도 이해 못한다.

그러나 용산에서의 병영생활에는 곧 종말이 왔다. 입영한 지 34일되는 날부터 우리들은 북지(北支)로 파견되게 되리라는 소문이 돌더니, 5일째 되는 날 오후에 정식으로 발표되었다. 부대장(部隊長)이라는 자가 높다란 데 올라서서 우리들을 정렬시켜 놓고 그것을 얘기했다. 부대장의 말에 의하면 우리들은 국가를 위하여, 또 어떤 고귀한 분을 위하여 지금부터 큰일을 하러 떠난다는 것이었다. 그것은 남자의 일생에 있어서 무엇보다도 명예스러운 일이요, 그 때문에 죽는다면 병정으로서의 제일가는 영광이라는 것이었다. 요컨대는 '때는 이미 늦었으니 단념하고 나가 죽어라' 하는 의미의 말이었다. 물론 그렇게 노골적으로는 말하지 않았으나 그의 태도가 그러했다.

나는 그날 취침 전에 잠깐 틈을 얻어 이동일을 만났다. 북지로 가기로 결정되었다면 펄펄 뛰며 좋아할 것이기 때문이다. 그러나 웬일인지 그는 의기소침해서 딴사람 모양으로 우울한 표정을 짓고 있었다.

그는 나를 보자마자,

"그래도 두서너 달은 용산에 둘 줄 알았는데 지독한 놈들예요. 놈들은 우리들을 빨리 북지로 보내서 총알받이를 삼을 셈이지. 죽일 놈들 같으니."

하고 이를 갈았다. 출발이 빨라져서 아마 그의 계획에 무슨 착오가 생긴 모양이었다.

일본 병정이 되어 설원을 달리는 열차에서

새벽 2시에 놈들은 우리들을 두들겨 깨웠다. 지금부터 북지로 간다는 것이다. 그저 막연하게 북지이지, 북지 어느 성(省)인지 어느 정(町)인지도 우리들은 물론 알 길이 없었다. 우리들은 이렇게 아무 데로나 가자면 가고 오자면 올 수밖에 없는 신세였다. 그리고 누구 하나 그것을 의심하려 하지 않았다.

많지도 않았으나 그래도 조금씩은 짐이 있었다. 그것을 먼저 트럭으로 역에 내보내고 병정들은 걸어가기로 하였다. 그러나 다섯 사람에 한 사람씩 총을 가지고 가게 되어 그 사람들만은 트럭을 탈 수가 있었다. 나도 그중의 하나였다.

깊이 잠든 용산 거리를 화물자동차에 실려 아무도 모르게 어딘지도 모를 곳으로 끌려간다. 그러한 내 꼴을 보고 있는 것은 주위를 에워싼 어둠뿐이다. 그러나 나는 그 어둠만이라는 것이 여간 반갑지 않았다. 만약 대낮이어서 아는 사람이라도 만나든지 하면 서로 얼마나 민망할 것인가. 못 본 체할 수도 없는 일이다. 그렇다고 정답게 인사하기도 어려운 처지였다. 다행히 깊은 밤과 암흑이 그러한 염려를 없애 주었다.

역에 도착해보니 걸어온 병정들이 먼저 와서 기다리고 있었다. 해산 명령을 받았는지 제멋대로들 그 근처를 서성거리고 있었다. 그러나 모두들 얘기할 사람도 없고 갈 데도 없다는 듯한 그러한 태도였다. 모두가 카키색 군복에 별 하나의 이등병들이다.

그들이 사오 일 전까지도 대학이나 전문학교의 학생이었고, 일본인과는 전연 색다른 이국인들이었다고 나는 도저히 생각할 수가 없었다. 지금 그들은 어느 모로 보아도 내가 늘 우스꽝스럽게 생각하던 일본 병정이요 장난감 인간들이다.

나는 내 자신을 돌아보았다. 역시 그들과 조금도 다름없는 일본 병정이었다. 그뿐 아니라 나는 기다란 군도까지 차고 있기 때문에 더욱 일본 병정다웠다.

역에서는 무척 오래 기다렸다. 일본 병정은 모든 것이 능률적이라고 생각하는 사람이 있을지도 모르나 내가 보기엔 일본군같이 비능률적인 조직은 없는 것 같았다. 이날만 하더라도 첫새벽부터 두들겨 깨워놓고서 결국은 용산역에서 오랜 시간을 허비시켰다. 겨우 기차가 들어오기는 했으나 웬일인지 좀체 태울 생각을 않는다. 한참만에야 겨우 집합하라는 명령이 있어 우리들은 역 대합실에 정렬하였다. 그래도 구내로 들어가지를 않는다. 수송지휘관은 정렬하고 있는 우리들 앞을 왔다 갔다 하면서 누구를 기다리고 있는 모양이었다.

이윽고 기다리던 사람이 나타났다. 카이젤 수염을 기른 키가 작달막한 군인인데 견장(肩章)을 보니까 소좌(少佐)였다. 수송지휘관의 호령, 경례, 보고, 쉬어, 이렇게 형식적 의례가 끝났다. 수송지휘관이 무엇이고 한마디 할 차례였다.

수송지휘관의 말에 의하면 이 키 작고 카이젤 수염을 기른 일본인은 사실은 조선사람이라는 것이다. 놀라지 않을 수 없었다. 그는 오랜 군인생활을 통하여 누구보다도 국가에 충성스러웠으므로 지금에는 조선사람이면서 소좌까지 진급했다는 것이다. 그리고 오늘은 특별히 우리들을 전송하기 위하여 나오신 것이라 한다.

나는 무척 고마워할 수밖에 없었다. 우리들 조선사람 사이에도 이렇게 훌륭한 일본 군인이 있고, 또 우리들을 불쌍히 여겨 이렇게 밤잠도 안 자고 역에까지 나와 준 친절에 감격하지 않을 수 없었다. 그러나 바른 대로 말한다면 내가 만일 맨 앞줄에 서 있었고 그리고 털끝만큼이라도 용기가 있었으면 그 소좌의 정강이는 그날부터 다시는 쓰지 못하게 됐을 것이다. 나는 미친개 모양으로 덤벼들어 이 난쟁이의 살덩이를 힘껏 물어뜯었으면 얼마나 통쾌할까 생각하였다. 하여간에 그 일본인이 조선사람이었다는 것은 실로 기묘한 사실이었다.

기차 속에서는 비교적 편했다. 병정 50명에 수송감시관이 3명, 모두 53명이 객차 한 칸을 차지했기 때문에 처음부터 내리 드러누워만 간 사람도 있었다. 그리고 기차 안에선 아무것도 할 일이 없었으므로 나는 나대로 아무것이고 생각해도 무관했다.

기차는 대동강을 건너고 압록강을 넘어 만주를 지났다. 눈에 띄는 것 하나하나를 생각하면 깊은 감개를 느꼈을 것이다. 나는 남의 일 모양으로 그저 무심히 바라만 보았을 뿐이다. 실상 내가 시인이었다 하더라도 그때의 내 심경은 시 속에 안주할 수는 없었다.

나는 시인이 아니었다. 조용하고 평화스러운 수송차 속에 들어앉아 있기는 하나 사실은 나는 한 마리의 굶주린 늑대였다. 내 가슴속에는 아무도 모르는 울분이 구름 모양으로 피어오르고 있었던 것이다.

산해관(山海關)에서 나는 물을 뜨겠다고 수통을 대여섯 개 맡아가지고 기차를 내렸다. 물 뜰 데는 가까웠으나 산해관이란 역명이 나를 유혹했다. 나는 물을 긷는 척하고 그 근처를 한 바퀴 돌아보았다. 플랫폼을 몇 개 지나 개찰구에도 가 보았다. 모두가 중국 사람뿐이요, 일본군 이등병인 나를 주시하는 사람은 없었다.

'여기서 달아난다면!' 하고 생각하였다. 이렇게 사람이 많으니까 잡힐 까닭은 없다. 밖에 나가서 중국옷으로 바꾸어만 입으면 그만이다. 달아날까? 그러나 나는 너무도 준비가 없었다. 산해관이 어디 가량에 붙어 있는 것쯤은 짐작한다. 그러나 거기서 한 걸음만 나서도 나는 캄캄했다. 물론 그대로라도 달아날 수는 있었고 또 달아나기만 했으면 성공했을 것이다. 그러나 기차는 결국 달아나지 못한 나를 다시 태우고 산해관을 등졌다.

기차가 떠나자 나는 무척 분했다. 달아났으면 좋았을걸! 그러나 산해관에서의 기회 같은 것쯤은 장차 얼마든지 있을 것이다. '예라, 좀더 두고 보자. …' 나는 제자리로 돌아와서 이렇게 내 자신을 위로하였다.

산해관을 넘어선 그날 밤이었다. 갑갑한 기차 안이라도 낮에는 떠들썩하지만 10시만 지나면 모두들 깊이 잠든다. 그리고 50명 중에서 두 사람씩 번갈아 가며 불침번을 선다. 불침번은 한 시간 교대요, 두 사람 중 한 사람은 차 앞에 서고 한 사람은 차 뒤에 섰다. 우리들이 탄 기차간은 맨 끝에 달려 있었으나 뒤에 보조기관차가 또 한 대 달렸기 때문에 결국 불침번은 차와 차 사이 데크 위에 서게 되었다.

그날 밤 나는 새벽 한 시부터 불침번이었다. 자고 있으려니까 시간이라고 먼저 당번이 흔들어 깨웠다. 나는 끌렀던 단추를 다시 끼우고 총을 집어 들고 차 앞 데크에 가 섰다. 뒤는 누구였는지 지금 생각나지 않는다. 아직 얼굴도 채 다 알지 못할 때라 기억하지 못하는가 싶다.

기차는 깊이 잠든 병정들을 싣고 중국 평원을 달린다. 수송지휘관도 보조하사관도 다 깊이 잠들었다. 나는 캄캄한 기차간 속에서 자유이다. 달아나거라! 하는 소리가 또 어디선지 들려오는 듯했다.

마침 눈이 내려서 연선(沿線)은 가도 또 가도 흰 설원(雪原)이다. 그 눈 쌓인 흰 벌판을 기차는 한 마리의 검은 뱀 모양으로 꿈틀거리며 달린다. 극히 때때로 연선 양옆에 작은 촌락이 보일 때도 있었으나 무주광야(無住曠野) 같은 대평원이라는 느낌에 변화를 주지는 못했다.

몇 리(里)만큼씩인지 선로(線路)지기의 집이 있었다. 게딱지만 한 목조가옥인데 기껏해야 한 사람밖엔 못 살 것 같았다. 그 집마다 털외투를 입고 깊숙이 모자를 눌러 쓴 불침번이 서 있었다. 그 꼴이 마치 산적(山賊) 같았다. 사실 무인지경(無人之境)에서 만나면 그들은 정말 산적으로 변할 종류의 인간들인지도 모른다.

눈은 몹시도 희고 몹시도 넓게 쌓여 있었다. 일망무제(一望無際)의 설원에는 고목조차 눈에 띄지 않았다. 풀 났던 흔적조차 깨끗이 감추었다. 눈에 보이는 것이라곤 차고 한없는 눈뿐이요, 그리고 그것이 영원히 계속될 것만 같았다.

흰 눈을 물끄러미 바라보고 있으려니까 내 가슴 속에는 또 달아나자는 유혹과 무섭다는 외포(畏怖)의 염(念)이 동시에 끓어올랐다. 지금 달아나지 않으면 이런 기회는 다시 안 올지도 모른다. 그러나 달아나서 어떻게 할 테냐. 한없이 계속되는 이 눈벌판과 당장에 알아볼 일본의 군복. 이성과 감성이 한참동안 어우러져 싸웠다.

기차는 무서운 속력으로 달린다. 뛰어 내린다는 것도 여간 모험이 아니었다. 자칫하면 죽을지도 모른다. 죽지는 않더라도 다리 하나쯤 부러질지도 모르는 일이다. 이 눈 쌓인 대평원 한가운데까지 누가 나를 살려주러 올 것이냐. 즉사(即死)하지는 않더라도 움직이지 못하면 동사(凍死)할 도리밖엔 없다. 여기는 또 아주 두메라 정말 내가 일본 병정인 줄 아는 중국인들은 나를 그냥 두지 않을 것이다. 그야말로 능지처참을 당할지도 모르는 일이다.

이렇게 주저하고 있는 동안에도 기차는 달린다. 나는 초조했다. 그러나 결국 나는 여기서도 또 달아날 기회를 붙잡지 못했다.

중국 서주에서 귀덕으로

천진(天津), 제남(濟南)을 지나 우리들은 서주(徐州)에 도착하였다. 서주는 이미 일본색이 상당히 농하게 좀먹고 있는 도시였다. 플랫폼 건너로 수병복(水兵服, 세일러복)을 입은 여학생까지 눈에 띄었다. 이리하여 일본은 조금씩 조금씩 중국을 잠식할 계획이었을 것이다. 내 눈에는 아무짝에도 쓸데없는 어린애 장난으로밖엔 보이지 않았다.

이후에라도 중국을 침략하려는 야심가는 우선 중국의 땅이 얼마나 넓은지, 중국의 인구가 얼마나 많은지를 계산에 넣지 않아서는 안 될 것이다. 중국 땅의 넓이란 흔히 말하는 넓다는 개념을 훨씬 초월한 것이다. 중국은 그저 무턱대고 넓다. 인구도 일본이나 조선에만 살던 사람으론 절대로 이해할 수 없을 만큼 많다. 4억 5천만이라면 3천만의 15배가 아니냐고 반문할지 모르나 그 15배라는 숫자가 실로 천문학적인 숫자인 것이다.

일본인이 아무리 기를 쓰고 덤벼들어도 중국은 그들이 집어삼키기엔 너무 컸다. 설혹 먹었다 치더라도 절대로 소화할 수는 없었을 것이다. 어떠한 민족을 막론하고 중국을 제 것으로 만드는 것은 불가능한 일이다. 큰 자활력(自活力), 중국이란 그런 것을 가진 나라이다.

중국인은 신사요 또 세련되었다. 때 묻은 옷을 입고 길가에서 이를 잡고 있다고 중국인을 얕보아서는 안 된다. 겉보기엔 그렇다 해도 그들의 마음은 대표적인 신사다. 친절하고 상냥스럽고 여간해선 성도 내지 않지만 또 좀처럼 기뻐하지도 않는다. 일본인의 침략을 중국인은 별로 침략이라고도 생각지 않는다. 가난뱅이가 그저 약간 큰 떼를 지어 몰려

들어 온 것쯤으로밖에는 생각지 않는다.

그러므로 일본의 침략에 별로 노하지도 않고 푸대접도 않는다. 그러나 그것을 굴복했다고 잘못 생각해선 큰일이다. 대체로 중국인에겐 굴복이라는 것이 없다. 굴복도 없거니와 정복도 없다. 그저 끝없는 점착력(粘着力), 그것이 중국인이다. 그들은 묵묵히, 그리고 놀랄 만큼 뿌리 깊게 자리 잡고 살아간다. 무한히 넓은 곳에서 무한히 길게. 시간도 공간도 중국에선 제한에서 해방되었다.

우리들은 서주에서 기차를 갈아타고 귀덕(歸德)에 도착했다. 서주에서 귀덕으로 가는 기차는 격도 떨어질 뿐 아니라 우리들의 전용차라는 것도 없었다. 중국인과, 일본 군인과, 돈에만 눈이 시뻘건 일본 상인들이 뒤범벅이 되어 한 기차를 탔다.

내 앞에는 별 둘의 2년병인 듯한 사나이가 앉아 있었다. 남양 토인(土人) 모양으로 윤이 나는 시커먼 얼굴이었다. 나이가 30을 훨씬 넘었을 성싶어 나는 그가 보충병(補充兵)이라고 짐작하였다. 입술이 몹시 두껍다. 물것이 물어서 부르터 오른 듯이 두껍다.

나는 그 앞에 가 자리 잡을 때 기계 같은 경례를 해두었기 때문에 우선 첫 교섭은 끝난 셈이었다. 그러나 그는 별 하나와 친밀하게 얘기한다는 것이 자기 위엄이나 손상하는 짓이라고 생각했는지 가볍게 고개를 끄덕이고 나서는 시치미 딱 떼고 창밖만 내다보고 있었다.

"어디까지 가십니까?"

나는 슬그머니 말을 붙여보았으나 그는 "응"할 뿐 대답을 않는다.

"귀덕 쪽입니까?"

"응…."

역시 반응이 없다.

"바쁘시지요?"

"응….."

"지금이 제일 바쁜 땝니까?"

어리석은 질문이다.

"응….."

반벙어리 모양으로 아무 걸 물어도 "응"이다. 그러나 그러는 사이에 내가 너무 추근추근하니까 할 수 없다는 듯이 창 쪽으로 향했던 얼굴을 내 앞으로 돌렸다. 얼마 동안 내 얼굴을 바라보더니 이윽고 "어디서 와?" 처음으로 이렇게 말했다.

"용산서 옵니다."

"용산?"

'네가 용산이 어딘지 알겠니. …'

속으로 이렇게 생각하였으나 물론 입 밖에 내지는 않았다.

"용산? 용산이 어딘지 모르지만 말투가 병정이 아닐세 그려."

"네, 병정 된 지 한 달도 못 됐습니다."

"한 달, 그러면 그렇겠지."

이리하여 나는 그와 얘기 거래를 텄다.

얘기를 하고보니 그는 역시 보충병이었다. 보충병이라서 까다로운 데가 없어 묻는 대로 일일이 대답해주게 되었고 나중에는 묻지 않는 얘기까지 털어 놓게 되었다. 그러나 내가 조선사람인 줄은 꿈에도 모르는 모양이었다.

나는 이 기회를 이용하여 이 근처 사정을 샅샅이 캐물었다. 기차 운전수는 어느 나라 사람이 많은가. 역장엔 일본인도 있는가. 승객은 얼마나 되고 그중에 일본인은 얼마나 되나. 여행할 땐 어떤 증명이 필요한가. 그 증명은 어디서 내주고 어떻게 얻나. 여행자 중에는 조선인도 있나. 얼마나 되나, 어떤 사람들인가.

연선의 치안은 어떤가? 비적(匪賊)은 없나? 게릴라대(隊)도 출몰하나? 폭파의 위험은? 민심의 동향은? 폭동은? 일본군의 경비 상태는? 그리고 그 배치는?

"점령, 점령, 하지만 그건 이 사람아, 다 선전이라네."

그는 약간 목소리를 낮추어 이렇게 말했다.

"이 철도만 하더라도 점령한 지 5, 6년이 되지만 아직 말이 아니라네. 한 사오 일 전에도 바로 저기서…. 지금 우리가 막 지나온 역이 있지 않나? 거기서 폭파사건이 있었거든. 병정도 몇인지 죽었지. 아직 멀었어. 모두가 정치가의 선전이야."

"……."

"연선에서 5리만 떨어져도 벌써 거기는 유격대(遊擊隊) 지역이라네. 대낮이라도 그 근처를 혼자 쏘다니단 골로 가구 말지. 철도경비대는 매일 몇 명씩 죽는 형편이야."

"역시 유격대 짓입니까?"

"그걸 누가 아나, 저런 놈들도…."

그는 옆에 앉은 중국인 여객을 가리키며,

"스파인지 뭔지 누가 안다든가. 병정이 유격대나 비적이나 지나(支那)에선 다 같은 놈들이야."

"좀체로 밖에 나가지도 못하겠군요."

"큰 도시면 괜찮지만, 중심지만 떠나면 벌써 거기가 적지구(敵地區)라네."

"좀체로 반감이 삭지 않는군요."

"당연한 일이지, 반감을 안 가질 수 있게 됐나. 국민들은 모두 정치가 선전에 속고 있단 말이야."

차창으로 밖을 내다보니 평화로운 농촌이었다. 이곳에는 눈도 쌓이지 않았다. 때때로 아이들이 길거리에서 노는 모습도 눈에 띄었다.

5리만 나가면 적지구(敵地區)란다. 5리만 달아나면 된단 말이다. 5리, 조선 리수(里數)로 50리, 그리 먼 거리는 아니다. 나는 창밖을 내다보면서 미래가 내게 미소를 던지고 있는 듯이 느꼈다.

가련한 이 일등병이 내 마음속을 들여다 볼 수 있을 까닭이 없다. 그는 동료인 줄 알고 얘기하고 있는 모양이나, 나는 그를 적국인(敵國人)으로 인정하고 얘기를 듣고 있는 것이다. 그러나 나는 그것을 죄악으로는 생각지 않았다.

또 탈출기회를 엿보다

귀덕에는 독립여단(獨立旅團)의 여단본부가 있다. 50명 중 25명은 거기 남게 되었다. 나머지 25명은 척성(拓城)에 있는 연대본부를 향하여 이튿날 트럭으로 출발하였다. 척성에서는 이 25명이 다시 둘로 갈라져, 13명은 거기 남고 12명은 더 전선(前線)으로 나갈 예정이다.

그 12명도 같은 곳으로 가는 것이 아니요, 6명은 제2중대에 배속되기 위하여 다른 데로 출발하고, 나머지 6명은 제4중대에 배속되어 회양(淮陽)으로 간다는 것이다. 다른 데 배속된 6명은 척성에서 하룻밤 자고, 다음날 아침에 출발할 수 있었으나 회양으로 갈 6명은 자동차가 없기 때문에 척성에서 대기하기로 되었다. 나는 회양으로 가게 되어 동료 5명과 더불어 척성에서 자동차를 기다리게 되었다.

척성에서는 매일 따뜻한 날이 계속되었다. 그리고 아무것도 할 일이 없었다. 아침저녁 점호에 나가는 것이 유일의 임무였다. 그리고 우리들 주머니에는 아직도 조선에서 쓰다 남은 돈이 있었기 때문에 매일 중국인 아이들을 불러들여서 엿이고 만두를 사먹곤 했다.

서상렬(徐相烈)은 6명 중에서 키가 제일 컸다. 일본군대에는 그에게 맞는 구두가 없기 때문에 우리들은 장화를 신었으나 그만은 중국구두를 신고 있었다. 그는 밥 먹을 때와, 점호에 나갈 때와, 또 한 가지 엿 사러 나갈 때 외에는 일어나지를 않았다. 우리들은 그때 다다미방에 거처하고 있었으므로 그는 매일을 거기서 누워 지냈다. 그러다가 엿이 먹고 싶어져야 부스스 일어나는 것이다. 그는 엿을 주머니에 넣고 혼자서 우물우물 꺼내 먹으며 할 줄도 모르는 유행가를 입안에서 웅얼거리는 것이다.

"여보게들, 걱정들 말게. 6개월만 있으면 도루 된장찌개 먹게 되네."

이것이 그의 입버릇이었다. 된장찌개를 먹는다는 것은 집에 돌아간다는 의미였다.

"어째서 6개월만 있으면 된장찌개를 먹을 수 있단 말인가."

싫증도 안 나는지, 그때마다 이렇게 항의하는 사람은 신현창(申鉉昌)이다. 그는 눈이 하도 움푹하기 때문에 울면 눈물이 점으로 흘러 내려올 때까지 한참을 기다려야 할 지경이었다. 그리고 사투리가 심해서 처음엔 무슨 소린지 좀체로 알아듣기 힘들었다.

"걱정 말어. 그냥 내 말만 믿구 있어. 여섯 달 후에는… 보-옴이 온다네….."

끝은 이런 노래로 얼버무려 버리고 만다.

그의 고향이 목포인 때문은 아니겠지만 그는 〈목포의 눈물〉이란 노래를 제일 잘 불렀다. 그는 또 서투른 유행가수이자 서투른 시인이기도 하다. 그는 가끔 자작시를 옛 곡조에 맞추어 불렀다. 신통할 건 없었으나 그래도 그것이 그의 큰 자랑거리의 하나였다.

노래를 정말 잘 부르기는 이노영(李魯榮)이었다. 갓난아이 모양으로 두 볼이 몽실몽실하여, 말할 때면 입이 그 살찐 두 볼 사이에 파묻히고 만다. 그는 낙천가여서 아무 때 만나도 아무 근심걱정 없는 표정이다.

그는 여자의 사진을 한 장 가지고 있었다. 가끔 그는 그 사진을 꺼내 보는 모양이었다. 하루는 그 사진을 내게 보이면서 이렇게 말했다.

"어때, 미인이지."

"미인일세."

내가 맞장구를 쳐주니까, 그는 입을 그 두 볼 속에 파묻고 기쁜 듯이 웃었다.

"약혼은 안 했지만 결혼할 작정이었어. 내가 병정으로 나가게 되니까 너무 서러워해서 병이 다 났었다네. 우리는 서로 사랑하는 사이였어."

"지금 뭘 허구 있어?"

"아무것도 안 해. 아마 머지않아 결혼할 게야. 그렇게 하라구 권하

104

고 왔지. 가정사정이 복잡해서 결혼 안 할 수 없는 처지거든. 불쌍한 여자야."

"다른 남자하구 결혼할 여자 사진은 뭣 하러 가지고 댕겨."

내가 핀잔을 주니까,

"자네는 자네하구 결혼 안 하는 여자는 사랑하지 못하나?"

그러면서 정색을 했다.

그는 서상렬이 모양으로 늘상 노래를 입에 담고 있지는 않았지만 그 대신 어쩌다 노래를 부르면 은은한 맛이 있는 게 제법이었다. 그는 그럴 때엔 늘 그 사진 속의 여자를 생각하고 있는 듯싶었다.

우리들은 서상렬을 본받아 점점 드러눕는 시간이 많아졌다. 우리를 데려다 줄 자동차가 암만 기다려도 안 오기 때문에, 나중에는 하루 두 번씩 있는 점호에도 나가기가 싫어 지각을 하곤 했다.

어느 날 나는 무심코 병영 밖 거리에 나간 적이 있다. 척성 병사(兵舍)는 연병장과 거리와의 구별이 명료하지 않았다. 나는 그것을 이용한 것이다. 해질 무렵이었다. 척성의 성벽을 조사하려는 것이 목적이다.

병영에서 막 거리로 나서자마자, 나는 순찰하는 주번 상관에게 들켰다. 아, 하고 달아나려 하였으나, 상관은 단숨에 말을 달려 내 앞을 가로 막았다.

"어디 가?"

그는 말 위에서 호통을 내렸다.

"외출증 가졌어?"

나는 당황해서 어쩔 줄을 몰랐다. 변명할 구실을 찾으려고 애썼다.

"외출증 가졌느냐 말이야."

할 수 없어서 나는 솔직하게, "안 가졌습니다"라고 대답하였다. 그러니까 상관은 마치 천변지이(天變地異)나 당한 듯이 눈이 동그래지며 말에서 뛰어내려 내 앞으로 다가왔다.

"어디 병정이야?"

대답할 말이 없다.

"어디 가는 거야?"

"네?"

"어디 가는 거냐 말이야."

"네, 산보 나왔습니다."

"산보?"

상관은 기가 막힌다는 듯이 반문하고 나서 기어이 나를 위병사령부로 데리고 갔다. 그는 내가 국사범(國事犯)이나 되는 듯이 엄중히 감시했다. 상관의 보고를 듣자 위병사령부도 발칵 뒤집혔다. 유사 이래의 초유사(初有事)라는 것이다. 입영 1년 미만의 초년병이 저녁 때 태연하게 산보를 나갔다는 것은 기록에도 없는 일이었다.

그러나 나는 조선사람이요, 사정을 몰라서 그랬다고 뻗대서 야단만 맞고 그대로 무사했다. 그러나 산보 나왔다는 변명은 내가 생각해도 그리 훌륭한 답변은 못되었다.

그 후 우리들은 오랫동안 다다미방에서 이 흉내를 내고 웃었다.

서상렬은 드러누웠다가도 심심하면, "어딜 가는 거야?"라고 악을 썼다. 그러면 한 친구가 "네, 산보 나왔습니다"라고 맞장구를 친다. 다음엔 여섯 사람의 폭소. 이리하여 무의미한 날이 흘러갔다.

회양, 탈출의 교두보

척성에서 우리들은 오랫동안 자동차를 기다렸으나 올 예정이던 차가 안 오기 때문에 회양(淮陽)까지 도보로 가게 되었다. 회양에서 온 하사관 2명과 일본병정 4, 5명이 우리를 데리고 떠났다. 나는 걷는 데는 자신이 없어서 걱정이었으나 어찌할 도리가 없었다.

아직 날이 새기 전에 우리들은 척성을 출발하였다.

끝없이 넓은 평원이다. 중국의 평원은 상상 외로 넓다. 군데군데 나무가 무성한 곳이 곧 마을인데, 그 외엔 나무다운 나무라곤 약에 쓰려도 없고 풀조차 보기 어렵다. 그저 한없이 계속되는 보리밭뿐이다. 해도 보리밭에서 떠서 보리밭으로 지고, 사람도 보리밭에서 나서 보리밭에서 죽는다. 아무 변화도 아무 특징도 없는, 영원히 단조로운 풍경의 연속이다. 이런 넓은 벌판에서 길을 잃어버리지 않는 중국 사람들을 나는 용하다고 생각하였다. 흙이 기름진 것과 물이 과히 부족하지 않은 점을 제하면 그것은 마치 한 개의 사막이었다.

우리들은 하루 종일 이 단조로운 평원을 걸었다. 길은 넓고 좋았으나 너무도 곧장 지평선 끝까지 뚫려 있기 때문에 지각(地殼)을 둘러싼 벨트 위를 걷는 느낌이었다.

때때로 우차(牛車)와 마차(馬車)가 지나갔다. 중국 소년이 작은 삽 같은 것을 들고 광주리를 메고 반드시 그 뒤를 따른다. 처음엔 나는 우차나 마차와 무슨 관계가 있는 소년들인가 하고 생각했으나 그렇지 않았다. 그들은 하루 종일 이렇게 우마차 뒤를 따라 다니면서, 소나 말이 똥 누기를 기다렸다가, 똥을 누면 얼른 그 삽으로 떠서 광주리에 담는다. 소나 말이 똥을 안 누는 일도 있을 것이다. 그러나 그들은 그런 것을 걱정할 줄 모른다. 결국에는 눌 때도 있겠기 때문이다. 이 똥은 물론 비료로 쓴다.

중국의 상상도 못했던 여러 가지 풍경이 나를 위로해주기는 했으나 저녁때가 되어 해가 서쪽으로 기울어질 무렵엔 나는 피로하여 그 이상 더 걸을 수가 없었다. 나는 이를 악물고 따라가 보았으나 이내 손을 들지 않을 수 없었다.

"인젠 더 못 걷겠습니다."

나는 가다 말고 발을 멈춘 후 이렇게 말했다.

"고까짓 것쯤으루 뭘 그래. 걸어 봐, 걸어 봐."

오장(伍長)*의 견장을 단 자가 단장(短杖) 대신 짚고 있던 몽둥이를 휘두르며 소리를 지른다. 그러나 나는 움직이지도 않고 대답도 안 했다.

"그럼 좀 쉬지."

오장 옆에 있는 군조(軍曹)**가 그렇게 말을 꺼내서 일행은 거기서 잠시 휴식했다. 그러나 한번 쉬고 나니까 더 다리가 떨어지지를 않는다. 그때 마침 중국사람 마차가 우리들 앞을 지났다.

"저거 타도 괜찮습니까?"

나는 기운이 나서 군조에게 물어보았다.

"건방진 놈이로구나. 걸어, 걸어."

오장 녀석이 참견이다.

"아녜요. 정말 못 걷겠어요."

---

* 구 일본군대의 하사관 계급 중 하나. 하사(下士).
** 상사(上士).

그러니까 "정말, 못 걸어?" 오장은 악을 쓰더니 들고 있던 몽둥이로 나를 때리는 시늉을 했다.

그리고는 거듭, "걸어, 걸어 봐" 하고 고함을 친다. 나는 불끈 화가 났으나, 다음 순간 나는 내 처지를 생각하고 입을 다물었다.

"그래, 정말 못 걷겠어?"

내 새빨간 얼굴을 보고 군조가 물었다. 그러나 나는 화가 치밀어 올라서 입을 열지 않았다. 그것을 보고 군조는 벌써 꽤 멀리 간 마차를 쫓아가서 붙잡아 세워 주었다. 나는 마차를 타기는 탔으나, 마음은 편안치 않았다.

회양에 도착하니까 척성에 적리(赤痢)* 환자가 났었다 해서 우리들 여섯 사람을 격리실에 집어넣었다. 격리실은 일반 병사(兵舍)와 떨어져 있을 뿐 아니라, 날라다주는 밥이나 받아먹는 외엔 아무 할 일이 없었으므로, 또 척성에서와 같이 한가로운 생활이 시작되었다. 그때는 이미 우리들 여섯 사람은 상당히 친해졌기 때문에 서로 거리낌 없이 토론도 하고 공격도 하고 하였다.

특히 박삼래(朴三來)와 김춘정의 대립이 심했다.

"탈출하지 않는 놈은 비겁한 자다"

라고 춘정은 주장한다.

"그렇게만 말할 수 없지. 너는 아직 어려 세상을 모르니까 그런 소리가 나와."

---

* 급성 전염병인 이질의 하나.

박삼래는 화로 재 속을 뒤져서 담배꽁초를 긁어모으며 이렇게 반격한다.

"그래, 어디 어리지 않은 네 생각 좀 들어보자."

춘정은 일어나 앉아 그 큰 눈동자를 두리번거린다. 그는 눈이 크고 목이 가늘기 때문에 말라빠진 두꺼비 같은 느낌을 주었다.

"그래, 생각 좀 해봐. 우리들이 만약 달아났다 치자. 달아난 후에 어떻게 될지 생각해 봤니. 너는 부모도 안 계시냐. 부모님이 유치장에 붙잡혀가서 채이고 맞고 할 것 좀 생각해 봐. 그야 나도 물론 괴롭지. 그렇지만 동생들은 학교에서 쫓겨나고 재산은 몰수당해, 부모는 경찰에 잡혀가… 그렇게 되면 대체 넌 어떻게 할 테냐?"

"우리들이 탈출하면 그렇게 된다고 대체 누가 그러든?"

"아무도 그러지야 않지. 그렇지만 그거야 뻔한 일 아냐. 우리들이 달아난 후 그럼 넌 아무 일도 없을 줄 아니?"

삼래는 주워 모은 담배꽁초를 풀어서 다시 종이에 만다. 그러나 아직 서툴러서 애써 모은 담배가 모두 흩어지고 만다.

"그것도 수월치 않네."

도수 높은 안경 뒤에서 그는 쓰디쓴 웃음을 웃는다.

"애, 혼자 다 먹지 마라, 요전엔 내가 너 멕여줬지?"

서상렬은 누운 채 이렇게 삼래에게 말을 건넨다.

"걱정 말어, 내가 혼자 먹을 사람 같으냐."

종이에다 침을 바르며 삼래가 대답한다.

"애, 그럼…."

삼래와의 토론을 중도에서 중지하고 생각에 잠겼던 춘정이 또 말을 꺼낸다.

"뭐야, 또 토론이야?"

삼래는 자신을 가지고 응수한다.

"너는 부모 생각을 해서 못 달아나겠다고 그랬지. 그렇지만 그것도 결국은 네 이기주의가 아니고 뭐야. 적어도 네 가족들만을 생각하는 이 기주의다."

"나는 내 가족들만을 생각해서 그러는 게 아니다. 그러니까 너는 어리다는 거야. 우리들은 삼천만 동포의 행복을 위해서 희생이 돼 있는 거다."

"네 주둥아리로도 삼천만 동포야. 애, 아서라 아서."

춘정이 놀린다.

"잔소리 말구 들어, 이놈아."

삼래는 성도 내지 않는다.

"만약 우리들이 한 사람도 지원 안 했거나, 지원하고도 모두 달아났다면 조선은 어떻게 될 줄 아니. 그렇지 않아도 헌병경찰 문제가 일어나고 하는 때 아니냐. 삼천만 전부가 형무소 생활을 하게 될지 모르는 판이다."

"그래서 너는 신성한 희생이 되기 위하여, 안 달아나겠단 말이지. 삼천만 동포에게 형무소 생활을 시키지 않기 위해서. 예끼, 요 위선자 같으니라고."

"내가 위선자야? 나만큼만 정당하고 진실해 봐라."

"애, 듣기 싫다. 밤낮 이 새끼들은 쌈만 하고 있어. 삼천만 명씩 들어갈 그런 큰 형무소가 어디 있다든, 대체?"

상렬이 커다랗게 악을 쓴다. 그리고는, "얘, 담배나 내라"하면서 삼래 쪽으로 다가온다.

"가만있어, 아직 삼분지일(三分之一)도 안 먹었는데…."

"잔소리 마라."

상렬은 덥석 삼래의 손목을 잡고 담배를 빼앗아 물고는 다시 제자리에 가 드러눕는다.

그러는 사이에도 나는 나의 도주계획을 잊은 적은 없다. 식사를 날라다주는 병정에게 캐묻기도 하고, 겨우 손에 넣은 조그마한 지도를 들여다보고 하면서 구체안을 만들기에 노력하였다.

나는 김춘정이 믿음직스럽게 생각되어 될 수 있는 대로 그와 접촉하려했다. 그는 보전(普專)*학생이었고, 또 무명의 문학청년이었다.

나는 그가 열렬한 투르게네프의 찬미자라는 것을 알았다. 그는 《루딘》(Rudin)이야말로 세계에서 유(類)가 없는 명작이라고 칭찬하였다. 우리들은 《루딘》의 성격과 그 문화가치에 대해서 논했다. 그는 또 투르게네프의 산문시를 내게 들려주곤 했다.

우리들은 급속하게 친해졌다. 그래서 격리실을 나오는 날, 나는 그를 격리실 뒤로 데리고 가서 나의 도주계획을 얘기하고 같이 달아나자고 그랬다. 그는 당장에 내 계획에 찬성했다. 그리고 같이 탈출할 것을 약속했다.

---

* 보성전문학교(普成專門學校), 현 고려대학교의 전신.

준비되지 않은 조잡한 탈출계획

내무반(兵室)에 배속된 지 사흘째 되는 날 저녁 때, 춘정과 나는 도주에 대한 마지막 결의를 하기 위해서, 사무실과 3반 내무반 사이에 있는 통로에서 만나기로 약속했다. 나는 격리실에 있을 때나 거기를 나와서나 병정이나 통역들의 입을 통해서, 회양성(淮陽城) 안 및 성외의 대체의 윤곽을 짐작할 수 있었으므로 그날 저녁 때 마지막 의논이 끝나면 이튿날 밤엔 곧 달아날 계획이었다. 산해관(山海關)을 넘는 순간부터 탈출하려던 것이 이때껏 끌어왔으므로 초조하고 불안해서 견딜 수 없었다.

나는 회양성을 중심으로 하는 약간의 지리(地理) 지식을 기초로 일체의 계획을 세워 놓았다. 첫째로 회양성은 좀체로 넘을 수 없는 튼튼한 성벽이 둘러싸고 있으므로 그것을 넘으려면 밧줄이 필요하다. 그러나 금방 밧줄을 구할 길이 없으므로 마구간 수리에 쓰는 마사(麻糸)를 꼬기로 하였다. 탈주하고 나선 당분간 먹을 것이 문제될 테니까 어떻게든지 쌀과 반합을 가지고 가야했다.

탈출하는 시간은 취침 후라도 재미없다. 모두 잠든 후에 둘이서 병영을 어름어름하다가는 불침번의 의심을 받을 염려가 있다. 그렇다고 낮은 물론 안 된다. 나는 이틀 동안 내무반 생활에서 저녁 때 점호가 끝나고 소등할 때까지 비교적 한가한 시간이 있다는 것을 알았다. 그 시간을 이용하는 게 제일이지만 적어도 30분, 운이 좋으면 한 시간 가량의 여유를 가질 수 있다. 빨리 달아나면 10리는 충분히 달아날 수 있다는 것이 내 예상이었다.

약속시간에 통로에서 기다리고 있으려니까 춘정이가 왔다. 그는 식기로 쓰는, 각 내무반에 밥을 나르는 커다란 물통 같은 것을 들고 있었다. 식기를 주방에 갖다 주러 가는 체하고 온 것이다.

"무슨 새 정보는 없나?"

그의 얼굴을 보자, 나는 곧 이렇게 물었다.

춘정은 우울한 얼굴을 하고 다만, "없어" 할 뿐이었다.

나는 무슨 새로운 정보, 예를 들자면 성벽에 관한 자세한 얘기라든가 성외(城外) 정세에 대한 무슨 정보를 기대했으므로 좀 실망했다.

격리실에서 춘정과 탈주계획을 의논할 때에는 병영의 구조나 성내외의 정보에 아주 어두웠으므로 탈주계획이래야 막연한 추상적인 것에 지나지 못했다. 그러므로 어디로 해서 어떻게 어느 방향으로 달아나야 할 것이라는 구체적인 방법은 그날 밤 처음으로 얘기하는 것이었다.

아직 아주 어둡지는 않은 때라서 우리들이 얘기하고 있는 통로 앞으로는 늘 병정들이 왕래하였다. 지날 때마다 우리들을 한 번씩 쳐다본다. 우리들은 아직 입영한 지 한 달도 안 되는 이등병이므로 병영 내에 있는 자 중에 우리들만 못한 사람은 하나도 없다. 비록 곰보딱지건, 전과수범(前科數犯)의 대도(大盜)건 누구든지 우리들은 일일이 그들에게 경례를 해야 했다.

경례하기가 귀찮은 것도 한 가지 이유였지만 조선병(朝鮮兵) 둘이서 소곤소곤 하고 있으면 그들의 의심을 살 염려도 없지 않았다. 우리들은 중간에서 내무반 뒤로 자리를 옮겼다. 그러나 내무반 뒤에는 세면대와 우물이 있어서 물 뜨러 오는 병정, 빨래하는 병정들이 또 수없이 왕래했다. 거기는 오히려 통로만도 못했다.

"변소로 들어갈까?"

춘정이 말했다.

우리들은 변소로 들어갔다. 그러나 변소에도 병정들이 많이 출입했다. 우리들은 할 수 없이 오줌을 누는 체하고 소변대(小便臺)에 올라서서 아까부터의 얘기를 계속했다.

제일 큰 난관은 성벽인데 그것만 넘으면 문제없다. 성을 넘으려면 밧줄이 필요하니 오늘밤 안으로 마구간에 가서 마사를 갖다가 꼬자고 나는 제의했다.

"난 꼴 줄 몰라."

춘정은 더욱 우울한 표정으로 대답했다.

"못 꽈? 이런 제기랄… 그럼 내가 혼자 꼬지."

"성공 할까?"

"성공 하구 말구."

"성벽엔 보초가 있을 걸 그래."

"있지 않구."

"그걸 어떡해?"

"글쎄 보초가 좀 문제지만 그것도 어떻게 되겠지."

"어떻게 되다니 어떻게 된단 말야. 들키면 꼼짝 할 수 없네. 그리고 들킬 건 정한 이치인걸."

나는 다만 달아날 생각밖에 없었기 때문에, 그런 세세한 점까지는 염두에 두지 않았다. 따라서 이렇게 캐어묻는 데는 대답할 말이 없었다.

"그놈들도 밤중엔 졸기도 할 거 아냐. 그때를 이용하면 되지, 뭘 그래."

내 생각으로도 좀 군색한 방법이었다.

"언제 졸지 아나. 그리고 성을 넘기만 한다구 일이 다 되는 것은 아니거든. 그 다음이 문제 아냐."

"그야….…"

나는 무엇이라도 대답하려 했으나 말할 재료가 없다. 성 밖은 넓은 중국이다. 말도 통하지 않을 뿐 아니라 사정도 모르는 터다. 의지할 곳조차 없다. 그저 막연히 달아나겠다던 나의 계획은 그렇게 따지고 보니 한심하기 짝이 없었다.

"달아나기만 하면 어떻게 된다니깐. 중국군을 찾아가서 사정 얘기하면 잘 해주겠지 뭘."

"중국군이 어디 있는지도 모르지 않어."

춘정은 좀 노한 듯이 그렇게 말하고 나서 내 소매를 끌어 잡아당기며 "밖으로 나가세. 의심 받네" 하고 속삭였다.

사실 우리들이 오줌 누는 체하고 소변대 위에 서 있은 지도 벌써 꽤 오래다. 나는 쓴웃음을 지으면서 그의 뒤를 따라 변소를 나왔다. 이번엔 우물과 반대쪽으로 꼬부라져 내무반 앞으로 걸어갔다. 생각하니 척성이나 격리실에 있을 때엔 참 편했다. 거기서는 하루 종일 무슨 얘기든지 할 수 있었는데 여기서는 단 10분의 여유를 얻기가 어렵다.

얼른 얘기를 끝마쳐야 했다. 지금쯤은 내무반에서 찾고 있을지도 모른다. 너무 늦으면 어디 갔었느냐고 따지려 들 것이다. 그렇게 되면 귀찮다. 그뿐 아니라 춘정은 아직도 식기를 들고 있다. 빨리 갖다 주지 않으면 주방 군조가 지랄할 것이다.

"그럼 어떻게 해?"

나는 하는 수 없이 춘정에게 반문했다.

"좀더 기다리세. 여러 가지 정세를 좀더 조사할 필요가 있어. 지금 탈출한다는 것은 아무래도 무리야."

그의 말이 옳았다. 사실 나의 계획은 너무 조잡하였다. 나는 반박할 수가 없다. 내일은 꼭 결행(決行)하리라고 단단히 마음먹고 있었던 만큼 나는 긴장이 획 풀려 견딜 수 없는 적적함에 사로잡혔다. 탈출은 영원히 가망이 없게 된 듯이 나는 절망을 느꼈다. 울상을 하고 나는 병영으로 돌아왔다.

병영은 연기로 새카맣게 그을렸다. 난로를 피우기 때문이다. 밤이면 아직도 춥기 때문에 해만 떨어지면 일이 없는 3년병이라든가 병장(兵長) 녀석들은 난로를 에워싸고 시시덕거리며 불을 피운다. 마구간에서 가지고 나온 짚을 땐다. 짚은 불을 지피기는 편하다. 조금이라도 불씨가 남아 있으면 짚은 탄다. 그러나 종이장 모양으로 순식간에 활활 타버리기 때문에 한 이삼십 분 동안 짚을 태우면 무척 피로하다. 그래서 고참병들은 짚 밑에다 커다란 통장작을 집어넣고 그 위에다 짚을 지른다. 그러면 통장작에도 불이 붙어 짚이 떨어져도 얼마 동안은 불이 꺼지지 않는다.

그러나 직경이 한 자도 더 되는 통장작이라서 짚만으로 완전히 탈 까닭은 없었다. 나 있는 병영의 통장작은 한겨울 동안을 땠다는데도 그저 언저리가 꺼매졌을 정도다. 탔다기보다는 그슬렸다는 게 옳을 지경이었다. 그렇기 때문에 이 통장작에 한번 불이 붙으면 병영 안이 온통 연기로 가득 찬다. 고참병들은 익숙해서 아무렇지도 않은 모양이었으나 나는 해만 떨어지면 이 연기가 걱정거리의 하나였다.

춘정과 헤어져 돌아오니까 역시 이날도 연기가 방 안에 꽉 찼다. 나는 누워서 눈물을 줄줄 흘리며 내무반 한구석에 가 얼빠진 사람같이 앉아 있었다. 연기는 점점 심해져서 나중엔 눈물이 날 뿐 아니라 아플 지경이다. 나는 창 옆으로 다가가서 문을 열었다. 그리고 얼굴만 밖으로 내밀었다. 밖의 맑은 공기가 향기롭게 내 코를 찔렀다.

나는 후우하고 한숨을 토하며 실망만을 느꼈다. 내일 탈출하지 못한다는 것이 큰 슬픔의 하나였다. 내일 달아날 작정으로 세수도 안 하고 쌓아둔 셔츠와 양말이 그득한 것도 생각났다.

그러나 탈주가 연기되자 나는 오랫동안 잊었던 따뜻한 감정이 소생하는 것을 느낀다. 달아날 각오를 하였을 때 나는 모든 것을 버릴 작정이었다. 자칫하면 죽을지도 모르는 길이니까 그것은 당연하다 할 것이다. 그러나 죽지 않더라도 나는 버릴 것이 많다고 생각하고 있었다. 조선에도 다시는 돌아가지 못하리라, 부모님도 다시는 뵙지 못하리라, 그리고 동무나 동생들과도 영구히 이별해야 할 것이었다. 나는 그런 것들을 각오하고 무척 괴로워했었다.

탈주가 연기되니까 그런 잊으려던 것들과의 거리가 다시 단축되는 듯하였다. 나는 몇 가지 잊을 수 없는 그리운 추억을 더듬어본다. 제일 뚜렷이 눈앞에 떠오르는 것은 역시 소학교의 교사(校舍)와 교정(校庭)이었다. 나는 학교 마당 한가운데 서 있는 포플러 나무 두 그루가 생각났다. 그 나무 밑에서 나는 몇 번이나 드러누워 뒹굴기도 하고 멍하니 앉아 있기도 하고 하였던가.

내가 다니던 소학교 마당은 두 층으로 되어 있어서 높은 곳에도 얕은 곳에도 각각 교사가 하나씩 서 있었다. 그 두 채의 교사는 양철지붕 복도로 연결되어 있었다. 나는 얼마나 즐겁고 행복스럽게 그 복도를 뛰어오르고 뛰어내리고 하였던고. 그 복도 뒤에는 계절에 따라 가지가지 꽃들이 만발했다.

나는 주머니를 열고 막내 누이동생이 준 만년필을 꺼내보았다. 나는 그때 어린 누이의 심정을 헤아리고 불쌍한 생각이 들었다. 주재소에서 강제로 지원을 시키려 할 때 순사부장과 그가 큰 싸움을 하였다는 얘기도 생각났다.

모두가 비감(悲感) 할 따름이었다.

살육의 총검술 연습

회양(淮陽)에 배속된 지 한 2주일쯤 되어서였다. 점심시간에 반장이 병영에 들어서며 말했다.

"오늘은 정말 지나인(支那人)을 찌르게 해줄 거야. 살아 있는 지나인이야, 연병장에 있는 짚단과는 달라. 알겠어?"

우리 반의 반장이라는 자는 척성에서 회양까지 걸어올 적에 나를 못살게 굴던 조장이었다. 그는 구주(九州)인지 어딘지의 시골 요릿집 주인의 아들이라고도 하고 머슴이었다고 하는데 얘기할 적엔 입가에 거품이 버석버석해서 꼭 간질 앓는 놈이 발작할 때를 연상케 했다.

뒷구멍으론 슬슬 호박씨만 까면서 상관 앞에 나가선 아첨과 간사함으로 시종(始終) 했다. 상관 보는 데선 가장 유능한 하사관인 체하느라고 부지런을 피며 고래고래 악을 써서 엉터리 보고를 하느라고 땀을 흘리는 꼴이 가관이었다. 그럴 때면 그는 부하의 존재를 잊는다. 그에게 있어 부하란 상관 앞에서 자기 수완을 발휘하기에 필요한 일종의 재료에 지나지 않았다. 상관이 보고 있으면 그는 별안간 위엄을 보이며 병정 앞으로 다가와서 "모자 쓴 게 그게 뭐야?"하면서 아무렇지도 않은 것을 고쳐주느라고 애썼다.

그는 조장이니까 금줄 하나에 별 하나 달린 견장을 달고 있었다. 그는 자기가 하사관인 것을 링컨이 대통령된 것을 자랑하는 것보다 천배나 더 자랑으로 알고 있는 꼴이었다.

"오늘은 중대장이 한 턱 낸대. 단, 하사관 이상."

이래서 그는 곧잘 4년병인 병장의 미움을 샀다.

점심이 끝나자 우리들 초년병은 연병장에 정렬하였다. 전부 30명 가까웠고 모두 흰 작업복을 입었다. 이 작업복은 마구간 작업과 총검술(銃劍術) 할 때에 입는 것이었다. 중국인 사형수를 총검으로 찌르게 하기 위하여 이 작업복을 입힌 것이라는 것을 나는 짐작하였다.

사형수는 세 사람이라고 하고 일본군의 비밀을 탐지하러 들어온 밀정(密偵)이라 한다. 한 시간가량 고문을 받은 후 영내(營內) 창고 속에 여러 날 동안 갇혀있으면서 사형집행만 기다리고 있었다는 것이다. 그동안 먹을 것은 물론이요 물 한 모금 주지 않았다 한다. 그러나 나는 그때까지 사형수의 얼굴을 보지 못했었다.

이윽고 십창(十倉) 상등병(上等兵)이 인솔차 나타났다. 조장이 인솔하고 갈 텐데 웬일인가 하고 우리들은 의아스러웠다. 십창이라는 자는 3년병으로 키가 작달막한 꼭 토란같이 생긴 녀석이다. 고갱 그림에 나오는 '타히티'의 여자를 닮은 점도 있었다. 등이 길고 다리가 짧고 얼굴은 독사(毒蛇) 같이 삼각형인 데다 시커멨으므로 나는 십창을 볼 때마다 고개를 연상하였다.

십창은 우리들을 인솔하고 위문(衛門)을 나섰다. 조장은 위문에도 서 있지 않았다. 조장은 내가 있는 병영의 반장이요, 또 초년생의 교육계이므로 이럴 때 나가지 않을 리가 없었다. 나는 옆에 있는 춘정에게 말했다.

"조장 녀석은 안 갈 모양인가?"

"글쎄, 안 보이는군, 그래. 그 새끼 안 갔으면 좋겠다만⋯."

춘정은 이렇게 말하며 빙긋이 웃었다.

우리들의 행렬은 위문을 나서서 긴 병영 담을 따라 성문 쪽으로 향하였다. 길이 나빠서 위문 밖에서는 가지런히 열을 지을 수가 없다. 더구나 십창은 선두에 섰으므로 끝 쪽은 열이 흐트러져서 꾸불꾸불하다. 소곤소곤 얘기하는 자들도 있다. 이렇게 긴장이 풀렸을 때였다. 별안간 십창이 악 쓰는 소리가 들렸다.

"걸음, 워."

애, 이거 봐라? 놀래서 고개를 드니까 십창은 막 술집 있는 골목 어귀에 당도한 모양이었다. 우리들 행렬은 그 앞을 지날 예정이다.

뒤이어 십창의 호령이 또 떨어졌다.

"왼편 봐!"

나는 행렬 끝에 있었으므로 고개를 왼편으로 돌리면서도 아직 누구에게 경례하는지 몰랐다.

행렬은 차차 전진하여 나도 그 골목 어귀에 이르렀다. 보니까 그 경례를 받고 있는 자는 바로 그 요릿집 주인 아들인지 머슴인지 하는 조장 녀석이었다.

그는 마상(馬上)에 높이 앉아 거만스럽게 답례하였다. 자세히 보니까 그가 타고 있는 말 뒤에는 술집 여자들 5, 6명이 한 덩어리가 되어 우리들을 바라보고 있었다. 조선여자들이었다. 조장 녀석이 하필이면 그 골목에서 우리들의 행렬을 기다린 것은 우리들의 경례를 받고 싶었던 까닭이요, 우리들의 경례를 받고 싶은 것은 거기 술집 여자들이 있었기 때문이었다. 그는 그 여자들에게 조장이 얼마나 위대한 것인가를 보여주고 싶었던 것이었다. 나는 하도 어이가 없어서 그만 웃음이 터질 지경이었다.

사형집행은 성 밖 보리밭에서 하기로 되었다. 우리들이 갔을 적엔 아직 사형수는 도착하지 않았다. 이윽고 소위가 인솔하여 똑바른 길을 저쪽으로부터 걸어왔다.

소위는 고목(高木)이라는 자인데 중대에서는 셋째 가는 높은 사람이라서 좀체로 병정 앞엔 얼굴도 내놓지 않는 자다. 이날 그는 검은 색안경을 쓰고 투계(鬪鷄) 모양으로 말 위에 버티고 앉아 있었다.

사형수들은 온순하게 따라왔다. 세 사람 중 한 사람은 장사치인 듯 키가 작았다. 나머지 두 사람은 수염을 기다랗게 기르고 얼굴이 희멀쑥한 훌륭한 청년이었다. 병정들은 사형수를 우리들 앞에 데리고 와서 결박했던 포승을 끌렀다.

"달아나긴 어딜 달아나."

조장이 이렇게 말했다.

나는 그들의 모양을 바라보면서 나도 아무 때든 한 번은 이렇게 붙잡혀 와서 이자들의 손에 죽을지도 모른다고 생각하였다. 탈주하다 실패하면 저것이 바로 내 운명일 것이다. 나는 포박을 끌러놓자마자 그들이 달아나주기를 은근히 바랐다. 성공할지도 모른다. 그들이 성공하면 나도 그와 같이 해서 달아날 수 있으리라고 생각했기 때문이다.

"몰법자(沒法子)."

장사치같이 보이는 사형수가 이 한마디 말을 남겼다. 그들은 감각이 없는 사람처럼 자기네들이 묻힐 구멍을 태연하게 팠다. 한 사람 앞에 하나씩 구멍은 3개였다. 제각기 자기가 판 구멍 앞에 앉아서 새로운 제집을 들여다보고 있었다. 나는 가슴이 콱 막히고 숨이 가빴다.

준비가 끝나자 사형수를 감시하기 위하여 고참병이 5, 6명 그 옆에 남고 초년병들은 거기서 15미터 떨어진 지점까지 쫓겨나갔다.

"지금부터 명령을 내릴 테야. 명령이 내리면 자기가 찌르고 싶다 생각하는 지나인 뒤에 가서 자리를 잡어. 그러나 줄 밖으로 나가서는 안 돼."

줄은 사형수와 5미터 사이를 두고 그어놓았다. 병정들은 그 줄에서부터 사형수 등을 향하여 뛰어가서 총검으로 찌르라는 것이다.

"먼저 간 사람부터 차례로 열을 지어 그 순서대로 찔러. 경주야, 알았어? 제일 빠른 사람이 산 지나인을 찌를 수 있어. 준비, 시작!"

구령과 함께 흰 작업복을 입은 병정들이 달음박질을 시작했다. 마치 미친개들이었다. 제각기 앞을 다투어 달린다. 줄 앞에 이르러서도 또 한바탕 소동이다. 자기가 먼저 찌르겠다고 야단들이다. 나는 들키지 않게 맨 뒤에 가 자리를 잡았다.

그러나 찌를 수는 없다. 나는 절대로 안 찌르리라 생각하였다. 제1차 세계대전 때 독일 병사 하나가 죄 없는 불란서 소녀의 총살을 명령받았으나 차마 죽일 수가 없어 그 명령을 거절하였기 때문에 도리어 자기가 총살당하였다는 얘기가 생각났다. 나는 내게 그만한 용기가 있을까 하고 거듭 생각하여 보았다.

배열이 끝나고 드디어 참형이 시작되었다. 5미터의 간격을 두고 세 패의 사형수와 병정이 대립하여 서 있다.

"찔러!"

조장이 명령하였다.

맨 앞에 서 있던 세 사람이 뛰어나가며 퍽퍽 찔렀다. 사형수들은 한 칼에 고개를 숙인 채 축 늘어지고 만다. 멀리서 보니까 그대로 죽은 듯 하였다. 찌르고 난 병정들은 피가 흐르는 총검을 들고 미리 준비해둔 물통 쪽으로 향한다. 거기서 칼을 씻기 위해서이다.

다음엔 둘째로 서 있던 병정들이 뛰어나가서 한 번 찔린 사형수를 또 찌른다. 그것이 끝나면 셋째 병정, 넷째 병정, 이렇게 계속해서 자꾸 찔렀다. 차차로 내 차례가 다가옴에 따라 나는 무섭게 가슴이 설렌다. 어떻게 반항할 것이냐, 뭐라고 싫다고 한단 말이냐. 그리고 반항하고 난 후엔 어떻게 될 것이냐. 저 사형수와 함께 당장 이 자리에서 찔려 죽지나 않을까. 그러면 나는 그 용감한 독일 병사처럼 죽으리라….

그때였다. 내 옆에 서 있던 서상렬이 넙죽 일어섰다. 이 녀석이…. 나는 잠깐 놀랐다. 아직 그의 차례는 아니기 때문이다.

그는 총검을 들고 일어서더니 사형수 쪽과는 반대로 물통 있는 곳을 향하여 어슬렁어슬렁 걸어가는 것이다. 그리고는 태연하게 피도 아무것도 묻지 않은 칼을 물통 속에 담그고 한참을 씻는 듯하더니 시치미를 딱 떼고 찌르고 난 병정 속에 가서 끼어 섰다. 찌르러 뛰어나가는 병정, 찌르고 나서 칼을 씻는 병정, 칼을 씻고 돌아가는 병정… 이렇게 뒤섞여 법석이는 판이라 누가 무엇을 하는지 분간도 못할 만큼 혼잡을 이루었을 바로 그때였다.

"옳다, 됐다."

나도 그를 본받아 벌떡 일어나서 물통 쪽으로 향하였다. 칼을 씻는 척하고는 돌아서서 상렬의 뒤를 밟았다. 물론 나는 나의 비겁함을 부끄럽게 생각하였으나 그때 나는 내 힘으로는 그 이상의 어떤 것도 할 수 없었다.

마지막 세 사람이 찌르고 나서도 사형수는 아직도 꿈틀꿈틀 움직이고 있었다. 병정들은 그 꿈틀거리는 사형수, 사형수라기보다는 사형수의 시체를 구멍 속으로 걸어차 넣고 그 위에다 흙을 덮었다. 이렇게 해서 사형집행이 끝나자 병정들은 다시 정렬하고 그 자리를 떠났다.

나는 세 사람의 사형수가 일본 병정의 잔인한 처형을 받는 동안에도 이 사람들에게는 부모도 없고 처자도 없을까, 있다면 이렇게 사형이 집행되는 것을 아나 모르나. 한시도 그 생각이 머릿속을 떠나지 않았었다. 그러나 나는 그 부근에서 아무도 발견하지를 못하였다.

그러나 우리가 그 자리를 떠나자마자 어디서 쏟아져 나왔는지 남루한 옷을 입은 중국인들의 떼가 별안간 악을 쓰고 울며불며 사형수 묻혀 있는 장소로 모여들었다. 그중에는 수염이 허연 노인도 있었고 아이들 손을 잡고 나온 여자도 있었다. 그들은 지금까지 이를 갈며 슬픔과 노여움과 원통함을 참아가며 참혹한 사형집행이 끝나기를 기다리고 있었던 것이다.

"지금 너희들은 저 지나인들을 묻고 왔지만 내일 아침엔 벌써 누가 다 빼가고 말걸, 뭘" 하고 조장이 말했다. 그리고 "군가라도 부를까, 아카쓰키니 이노루, 하나, 둘, 셋, 시작!"

흰 작업복을 입은 병정들은 일제히 소리를 맞추어 군가를 부르기 시작하였다.

나는 비분을 참지 못하여 울며불며하는 중국 사람들과, 승리의 쾌감에 취한 듯이 노래를 부르는 일본 병정 사이에 끼어서 어찌할 줄을 몰랐다. 어린 아이의 뺨을 때리고 그 애가 우는 것을 보면서 장하다는 듯이 형들한테 얻어들은 곡조도 맞지 않는 노래를 부르는 철부지 장난꾼… 이 장난꾼 같은 것이 일본의 병정이었다.

돌아와서도 하루 종일 나는 가슴이 아팠다. 마치 내 운명을 암시한 듯한 느낌이었기 때문이다. '너무 섣불리 달아나다가는 저 꼴이 되고 말아. …' 누군지가 이렇게 내 귀에다 속삭이는 것 같았다.

역시 충분히 준비한 후에 착수해야 하겠다고 나는 마음을 단단히 고쳐먹었다.

회양과 개가구 사이에는 황하가 흐르고

나는 춘정과 힘을 합하여 회양을 중심으로 한 전황(戰況)을 조사하였다. 회양의 중대는 이른바 첨병(尖兵) 중대요, 일본군의 점령지역은 회양에서 끝났다.

회양은 하남성(河南省)이요, 용해선(隴海線)의 귀덕에서 정남방(正南方)이다. 회양의 남쪽 약 40리 되는 곳을 신황하(新黃河)가 흐르고 있었다. 신황하라는 것은 지나사변 초년에 장개석(蔣介石)의 중앙군이 황하의 제방을 파괴하여 생긴 강이다. 중국군은 일본군의 노도와 같은

126

진격을 막을 길이 없어 자기네 손으로 황하를 결궤(決潰)시켰던 것이다. 그 때문에 당시 하남성 일대엔 대홍수가 났는데 그것이 차차 가라앉아 신황하를 이룬 것이다.

신황하는 개봉(開封)과 정주(鄭州) 사이에서 황하와 갈라져 구불구불 남류(南流)하여 회양 남방을 거쳐서 동쪽으로 흘러내린다. 그 당시 신황하는 일본의 점령지역과 비점령지역의 경계선을 이루고 있었다. 신황하의 동변(東邊)이 일본의 점령지역이라면 서변(西邊)은 비점령지역이었다. 즉, 회양에서 일본 첨병중대는 신황하를 사이에 놓고 중국군과 대치하고 있는 것이다.

중국군의 첨방(尖方)지대는 개가구(開家口)라는 신황하에 인접한 동네였다. 개가구와 회양 사이는 70리다.

중국군은 개가구를 중심으로 상당한 병력을 준비하는 모양이었다. 그리하여 호시탐탐 반격의 기회를 엿보고 있었다. 사실 때때로 비적인지 병정인지 알 수 없는 자들이 회양 주변을 통과하긴 하였으나 일본군은 그것을 예비의 정찰행위라고 해석하고 있었다.

신황하는 개가구 근방을 흐르고 있었으므로 중국군이 일본군의 점령지대에 들어오려면 강을 건너야 했다. 당시 황하는 완전히 중국군의 수중에 있었으므로 건너려면 언제든지 건널 수 있었을 것이다. 또 사실 때때로 건너서 습격하는 모양이었으나 목적을 이루면 다시 강을 건너 후퇴하는 모양이었다.

개가구와 회양 사이는, 이 때문에, 일종의 무정부 상태를 이루고 있었다. 그곳 주민은 왕정위(汪精衛) 정부와 중국 정부 쌍방에 세금을 바친다는 것이다. 그뿐 아니라 가지각색 무장부대가 그곳을 통과하여 형세는 항상 혼돈하였다. 그리고 개가구와 회양 사이에는 일정한 둔소(屯所)를 둘 수가 없었으므로 그곳을 통과하거나 그곳에서 활약하는 부대라도 일정한 둔소가 없었다.

어느 때인가 6명의 정찰병이 신황하를 향하여 자동차로 회양을 출발하였다. 대낮이었다. 이 자동차가 회양성을 떠난 지 얼마 안 되어 고장을 일으켰다. 그 고장을 수리하려고 병정들이 자동차에서 내리자마자 어디서 나왔는지 그림같이 나타난 중국군에게 포위되었다. 만약 자동차 수리에 5분만 시간이 더 걸렸더라도 그 정찰병들은 모두 전사(戰死)하거나 포로가 될 뻔했었다 한다. 나는 이 얘기를 직접 정찰에 나갔던 병장에게 들었다.

회양은 점령한 지 6년이나 되었으나 실제로 점령한 것은 회양성내 뿐이었다. 사실은 그 회양성내조차 안전치는 못했다. 우리들이 입영한 후엔 그런 일이 없었지만, 한 1년 전엔 다음과 같은 사건이 결코 드물지 않았다 한다.

회양성 북문에 일본병 두 명이 보초로 서 있었다. 점령한 지 5년이나 되고, 또 대낮이었으므로 보초들은 약간 방심했던 모양이다. 그런데 그 보초들을 향하여 길 가던 중국인이 별안간 발포하였다. 권총이었다. 보초 한 명은 즉사하였다.

이 대담한 통행인도 결국 다른 보초의 총을 맞아 그 자리에서 죽었다 한다. 회양성내의 치안유지 정도는 대개 이러했다. 그러므로 일본의 이른바 적(敵)인 중국군에 투신하려는 나 같은 사람에게는 그리 해롭지 않은 곳이었다. 다만 회양 주변의 중국군이 어느 종류인지를 확실히 알 수 없는 것이 불안했다. 일본군이 말하는 대로 비적(匪賊)에 지나지 않는지, 혹은 조직 있는 유격대인지, 또는 정규 중앙군인지를 알 수가 없었다. 병정들에게 물어보아도 이 점만은 요령부득(要領不得)이었다.

"지나군이야 다 비적이지 뭐."

하는 자가 있는가 하면,

"중앙군은 좀 조직적인 모양이지만 유격대야 형편없지."

이렇게 대답하는 자도 있다.

"개가구 주변의 지나군은 그럼 중앙군입니까, 유격대입니까?"

"글쎄. 외모는 다 똑같으니까 중앙군에도 총도 없고 구두도 못 신은 게 있고 유격대에도 훌륭한 장비의 부대가 있으니까…."

"유격대에도 무슨 연락계통(連絡系統)이 있습니까?"

"중앙군들도 다 제 멋대로 행동하는 걸 뭘. 그놈들에게 연락계통은 무슨 연락계통이야."

또 어떤 자는 이렇게도 말했다.

"중국군을 너무 얕잡아 봐서는 안 돼. 비적이라도 다 조직이 있고, 장개석의 직접명령으로 움직이고 있거든."

만약 일단 달아났다가도 엉터리 중국병에게 붙잡혔다가는 아무 소용없다. 일본병인 줄 알고 죽일지도 모른다. 또 나는 중국어를 모르니까 일본어나 영어를 아는 병정이 있어야지 그러지 않으면 큰일이었다.

"지나군에는 일본말 하는 사람이 따라댕기겠지요?"

슬그머니 물으니까,

"글쎄. 그놈들은 돼지야. 그런 게 있을라구."

그러기도 하고,

"암, 일본말뿐이야? 일본인 부대와 같이 행동하는 지나군까지 있는

데. 일본인 공산주의자들을 끌어 와서….”

이렇게 제각기 대답이 달랐다.

나는 여러 가지로 조사하였으나, 결국 신황하를 사이에 두고 일본군과 중국군이 대립해 있는 것, 중국군의 본거(本據)는 개가구라는 것, 이 두 가지를 제외하고는 확실한 정보는 하나도 수중에 들어오지 않았다. 나는 청소를 하는 체하면서 정보실의 지도를 창 너머로 넘겨다보기도 하고 몰래 중대장실에 들어가서 벽에 붙여 놓은 신황하 사진을 들여다보기도 했으나, 확실한 개념을 얻기는 힘들었다. 그리고 그런 정보는 거의 매일 변하는 것이기 때문에 더욱 곤란했다.

회양성을 연구하라

회양성(淮陽城)은 견고하기가 하남성 제일이다. 폭이 약 500미터, 길이가 약 800미터의 단형이라, 그리 크다고는 할 수 없고 인구도 몇 천 명에 불과하다. 이 그리 크지도 못한 회양성이 견고하기는 짝이 없었다.

성벽은 검은 벽돌로 깎아지른 절벽같이 까마득하게 쌓아 올렸다. 내 키의 5, 6배는 넉넉히 넘는다. 이 벽 안쪽으로 흙을 돋우어 놓았다. 이 흙은 성벽 위 제일 좁은 곳에서도 폭이 3간(間)*이나 되니까, 밑바닥 제일 넓은 곳에선 십사오 간은 충분히 될 것이다. 성벽 위는 길이 있어서 일본병이 곧잘 말을 타고 그곳을 지났다. 성벽 안쪽 경사면에는 나

---

* 척관법에 의하면 1간(間)은 1.818m이므로, 3간은 5.5m, 14, 15간은 25~27m이다.

무도 심어 놓았고 봄이면 풀이 새파랗게 무성하다.

성벽 위에다가는 석 자 사이를 두고, 폭은 역시 석 자요, 높이 한 간 가량씩 불끈불끈 솟아오르게 또 돌을 쌓아 올려놓았다. 그러므로 성을 밖에서 보면 성벽이 톱을 거꾸로 세운 듯한 그런 모양을 하고 있다.

성벽에는 사방에 한 개씩, 4개의 문이 있고, 이 4개의 성문은 각기 정확하게 동서남북을 가리켰다. 성벽은 물론 이 성문 있는 데서 끊겼고 이중(二重)의 완강한 철문이 이를 대신하고 있다. 성문 위에는 기와로 지붕을 이은 2층 망루가 있다.

이 성벽 밖을 10간 넓이의 해자(垓字)가 에워싸고 있다. 해자 물은 오랫동안 바꿔 넣지를 않았는지 썩어서 초록색이었다. 또 이 안엔 갈대 같은 것이 무성해서 정글의 모형 같은 느낌을 주었다. 해자와 성벽 사이는 5간쯤 떨어져 있다. 해자는 성문 앞에서 4번 끊어진다. 성문 앞이 길이기 때문이다. 그러니까 해자라고는 하지만 ㄴ자형의 물구덩이 4개가 성을 둘러싸고 있는 셈이다.

나는 성 밖으로 연습하러 나갔을 때 여기다 돌을 던져본 적이 있다. 물소리 나는 폼이 제법 깊은 모양이었다. 그리고 물을 넣은 지가 오래 되어서 밑바닥은 필경 수렁을 이루었을 것이다.

그 당시 성문은 아침 9시에 열고 저녁 5시에 닫았다. 각 성문에는 일본의 병초(兵哨)가 2명, 보안대원, 경관(警官) 각 수 명이 보초로 섰다. 일일이 출입하는 사람을 조사하여 그 통행을 감독하였다.

보안대라는 것은 일본군의 지령으로 그 지방 중국인이 조직하는 치안유지대이고 대원은 물론 중국인이다. 경관도 중국인인데 이들과 보안대가 협력하여 지방치안을 유지하고 있었다. 밤이면 성문을 닫고 보초는 망루로 올라간다. 거기서 사방을 감시하는 것이다.

우리들의 병영은 이 성내 동북(東北) 구석에 있었다. 전엔 사범학교이던 것을 개조한 것인데 병영으로는 좀 부적당하였다. 검은 흙으로 지은 병사를 검은 흙벽이 에워쌌다. 벽의 높이는 한두 길 가량이요, 그 위에다 좁다랗게 기와를 얹었다.

이상이 내가 조사한 회양성의 구조이다.

성벽을 넘고 해자를 건너야 한다

성 밖 정세를 확실히 알 수 없어서 나는 다소 불안을 느꼈으나 그것은 그리 중대문제가 되지 못하였다. 그보다도 나의 걱정은 성벽도 다 넘지 못하고 잡히지나 않을까 하는 그 한 가지였다. 나중에야 잡혀서 죽든 말든, 여하간 성벽이나 넘어 놓고 보아야 할 일이 아니냐 말이다.

그러나 그 성벽을 넘는다는 것이 결코 쉬운 일이 아니었다. 낮엔 물론 불가능하다. 망루에 보초가 선다. 여러 사람 눈이 있고, 또 성문에는 일본인 보초가 있다. 아무래도 밤이 적당한데 밤에는 망루에 보초가 선다. 성벽 근처에서 어름어름 하다가는 당장 들키고 말 것이다.

성벽 안쪽은 흙을 돋우어 비스듬한 언덕을 만들어놓았으므로 올라가기는 문제없다. 걸어 올라가면 된다. 그러나 내려가는 게 걱정이다. 나는 성벽 울퉁불퉁한 데다 줄을 매달아 놓고, 그것을 타고 내려갈 작정이었다. 사실 그 외에는 성벽을 넘을 방법이 없었다.

성벽 밖에는 또 해자(垓字)가 있다. 성벽은 무사히 넘어도 해자가 또 문제이다. 폭이 열 간*이 넘고, 밑바닥은 수렁일 테니, 발이 빠졌단 만사휴의(萬事休矣)다. 더구나 밤중에 절벅절벅 물소리를 내며 건널 수는 없다. 해자 속에서 들켰단 오도 가도 못할 것이다. 보초의 총알에 맞아 우리들은 새빨간 피로 해자를 물들이며 죽을 것이다.

해자는 성문 앞에서 끊어지지만 성문 위엔 망루가 있어 그리로 갈 수는 없다. 그것은 마치 잡히기 위하여 나가는 것과 다름없다.

기어간다는 것도 사실상 불가능하다. 해자와 성벽 사이엔 잡초가 무성하여 몸에 칭칭 감길 것이요, 또 소리가 버석버석 날 것이다. 어두우니까 돌을 찰지도 모른다. 하여간 한번 실패하면 다시는 어찌할 도리가 없다.

연병장 담을 넘는 것만은 문제없을 것이다. 내가 있는 병영은 사범학교를 개조한 것이어서 쓰지 않는 건물들이 남아 있었다. 나는 어느 때 주보(酒保)** 안을 조사한 적이 있다. 원래는 학교의 직원 숙사였는 듯 담 안에 또 담을 쌓고 그 안에 방이 있었다. 병영(兵營)이 된 후엔 이 건물은 주보로 사용되었으나 우리들이 있을 때는 물자부족으로 거의 폐쇄 상태였다. 여기 마당은 연병장보다는 3, 4척 높고 주보로 쓸 때 침실이던 방에는 먼지가 켜켜이 앉아 있었다.

나는 이 빈 방의 구조를 잘 연구하여 보았다. 대체로 이 건물은 지면이 높은 데다 방 안에 침실 대신 놓여있는 토대가 또 상당히 높았으므로 그 위에만 올라가면 천정에 머리가 닿을 지경이다. 벽에 뚫린 창은 바로 내 턱밑에 와 있었다. 나는 이 창으로 밖을 내다보았다. 연병장에서

---

* 약 18m.
** 예전에 군매점(PX)을 이르던 말.

볼 적엔 그렇게도 높던 담이 여기선 바로 창 밑에 있었다. 창을 열고 손을 내밀어 보았다. 문제없이 담에 닿는다. 연병장을 탈주할 때는 이리로 나가리라고 결심하였다.

연병장은 빠져 나갈 수 있다. 그러나 성벽이 있고 해자가 있다. 이 세 가지 장애물을 안전히 돌파한다는 것은 생각하면 생각할수록 불가능할 것 같았다.

그러나 내가 보초로 선다면 문제는 다르다. 보초는 두 사람이요, 밤이면 교대해서 서기로 되어 있다. 낮이라도 보초로 섰다가 변소 가는 척하고 달아날 수 없지도 않지만, 밤이면 더욱 희망이 있다.

밤이면 한 시간 교대이니까 그동안에 10리는 달아날 수 있다. 망루에서 내려가는 것이 좀 문제지만 그것도 하기에 달렸다. 보안대원이나 경관쯤 속이는 건 어렵지 않다. 가령 돌멩이건 아무것이건 좋다. 보안대원이나 경관이 보는 데서 성벽 아래로 떨어뜨린다.

그리고 "아차, 저걸 어째"하고 악을 쓴다. 이것은 물론 중국어라야 한다.

"내가 잠깐 내려가서 저거 집어 오께⋯."

그리고 나서 망루를 내려오면 고만이다.

그러나 놈들은 우리들은 보초로 내보내지 않았다. 초년병에겐 불침번외엔 아무것도 안 시킨다. 보초병은 2년병이나 3년병만이 섰다. 그래서 보초로 나갈 기회를 이용하려면 1년 이상을 기다려야 했다. 1년! 그것은 말이 안 된다.

나는 또 한 가지 그저 무턱대고 달아나는 방법을 생각해 보았다. 기병(騎兵)이니까 말은 아무 때나 탈 수 있다. 나는 우선 마구간에 가서 말을 한 마리 준비한다. 위병소까지는 문제없이 갈 수 있으리라. 모험은 위병소에서부터 시작된다.

위병은 물을 것이다.

"어딜 가?"

"아무 델 가건 네가 알 바냐."

나는 그대로 말을 달린다. 성벽까지는 5분이나 10분 걸릴 터이지만 전화가 잘 말을 안 들으니까 연락은 되지 않을 것이다. 말을 타고 쫓아온댔자 별수 없다. 적어도 몇십 미터 나는 앞섰을 것이다.

성문에는 보초가 있다. 역시

"어딜 가?"

"급사(急使)."

아무렇게나 대답하면 된다. 이왕 의심받는 이상 통쾌하게 조롱하는 편이 좋다. 조금 후에 회양성 밖에서는 멋들어진 경마(競馬)가 시작된다. 달아나는 나와 쫓는 일본군.

그러나 나는 아직 승마가 서툴렀고 또 어느 말이 제일 빠른지도 모른다. 또 그렇게 달아나다가는 쫓는 편에서 발포할 것은 정한 이치다. 나는 안 맞는다 하더라도 말이 맞는 수도 있다. 말이 쓰러져도 내가 죽어도 일은 실패이다. 이 방법도 생각해보니 엉터리 같은 방법이다.

우리들 조선병 6명만이 성 밖으로 연습 나가는 기회가 가끔 있었다. 오장(伍長)이 인솔하고 간다. 달아나기 제일 쉬운 것은 이 기회를 이용하는 방법일 것이다.

우리들은 대개 말을 타고 갔다. 그리고 연습 사이에 가끔 풀밭 같은 데 누워서 쉬었다. 오장도 그럴 때는 우리들과 함께 눕는다. 그때 총상

(銃床)으로 머리를 때려 즉사시키는 건 문제없다. 오장을 죽이고 나선 6명이 공동탈주다. 그러나 이 경우에는 여섯 사람의 의사가 완전히 합치할 필요가 있다.

나는 오장을 미워하기는 했지만 죽이는 건 죄악이라고 생각했다. 그러니까 죽이지는 말고 생포해서 중국군에게 넘겨 버릴까 하고도 생각하였다. 그러면 우리들의 신분을 증명할 재료도 된다.

그러나 간단한 듯하면서 어려운 것은 6명이 의사가 잘 합치할까 안 할까 하는 문제이다. 만약 내가 오장에게 덤벼들어 목덜미를 누르고 있을 때 겁을 집어먹는 사람이 한 사람이라도 있었단 큰일이다.

실패했을 때의 보신책으로 "이사람 이게 무슨 짓이야!"하여 나를 말리려 드는 사람이 없다고 어찌 단정하랴. 그 바람에 네 사람마저 겁을 먹으면 일은 틀린다. 오장은 나보다 완력이 강하므로 아무도 나를 원조해주지 않으면 나는 도리어 오장에게 결박당하고 말 것이다.

중국군의 회양성 공격

이렇게 망설이는 동안에 이동일이라도 먼저 탈주한다면 나는 남의 뒤를 따르는 게 된다고 속으로 걱정이 되었다. 물론 남이 나보다 먼저 탈주한다고 내가 밑질 것은 없었지만 이왕 탈출하려면 누구보다도 먼저 하고 싶다는 것이 내 희망이었다.

그런 야심이 있는 한편 또 무척 용감한 학생이 있어서 통쾌하게 일본 병영을 탈주하였다는 얘기를 듣고 싶다는 마음도 있었다. 그래서 나는 외부로부터 연락이 있을 때마다 그런 기미를 살피려 했으나 그때마다 나는 쓰디쓴 실망과 상쾌한 안도감을 한꺼번에 느낄 뿐이었다.

나는 회양을 통과하는 여러 일본부대를 보았다. 그중에는 만주에서 온 부대도 있었다. 그들은 내게 있어 무엇보다도 좋은 정보의 제공자다. 나는 언제든지 호인(好人)인 듯한 병정을 골라서는 여러 가지 외부 정세를 캐어묻곤 했다.

그러는 사이에 회양 부대에는 내 계획에 큰 영향을 미칠 중대한 변화가 생겼다. 그 변화라는 것은 일본군의 이른바 하남작전(河南作戰)에 관련된 것이었다. 당시 일본군은 상당히 오랫동안 신황하를 사이에 두고 중국군과 대치상태에 있었기 때문에 중국군은 연달아 반공(反攻)을 선전했고, 또 그에 대한 상당한 준비도 하고 있었다. 만약 이대로 대치 상태를 계속한다면 실제로 일대반공(一大反攻)을 당할지도 모를 형편이었다. 일본군은 기선을 제압할 목적으로 하남작전을 전개한 것이다. 산서성(山西省)과 만주로부터도 원군(援軍)이 와 있다는 소문이었다.

하남작전이 시작되자 회양부대도 출동준비를 하였다. 무기를 정리하고, 말 연장에 기름을 바르고 마량낭(馬糧囊)에 보리를 넣고 말굽을 갈고 복장(服裝)을 정리하기 시작한 것이다.

우리들 6명의 조선병은 출동에 참가 안 하기로 되어 특히 자기 일로 바쁘지는 않았으나 모두 분주하게 날뛰는 판에 초년생이 모르는 체하고 있을 수는 없는 일이었다.

이윽고 회양부대는 출동하였다. 그 뒤에는 30명가량의 유수부대(留守部隊)가 남았는데 그들은 대개 병자(病者) 아니면 우리들 같은 위험한 병사였다. 그러나 이 유수부대도 출동 후 얼마 안 되어 이동준비를 시작하였다. 하남작전에 일본군이 득세하여 정주(鄭州)를 함락시키고 전군(全軍)이 물밀 듯 서안을 향하여 진군을 개시했기 때문에 우리들 유수부대도 그 뒤를 따라 서안 가까이 이동한다는 것이다.

유수부대는 병자 아니면 엉터리 병정들만이기 때문에 군기가 문란하여 병영생활이 그리 고되지를 않았다. 그런 데다 인원이 부족한 상황이라서 영내나 성벽의 경비도 아주 이완되어 만약 탈주한다면 지금이 절호의 기회였다. 물론 아직도 장애물은 많았으나 출동 이전에 비하면 여간 수월해진 것이 아니다.

그런데 여기에 문제가 하나 있었다. 일본군은 이번 작전을 황하의 만곡점(彎曲點)인 동관(潼關) 근처에서 정지하리라는 소문이었다. 사실 그곳은 지리적으로 작전을 계속하기가 곤란하였다. 일본군도 큰 희생을 내면서까지 산악전을 전개할 필요는 느끼지 않을 것이다. 원래 하남작전의 목적이 토지의 점령에 있지 않고 중국군의 반공(反攻) 세력을 격퇴하려는 것이 그 주요 목적이었기 때문이다.

그러므로 나는 서안은 무사하리라고 생각하였다. 문외한인 나의 관측이 들어맞지 않아서 서안이 무사치 않더라 하더라도 큰일은 아니다. 요컨대 중국군이 중국에 존재하는 한 내 피난소(避難所)가 되는 까닭이다. 만일 서안이 함락되지 않으면 거기가 내 피난소가 될 것이었다.

나는 일본군이 서안은 함락 안 하리라 생각하고 있었고 또 회양부대는 서안과 대치하는 일본군의 첨병지점으로 이동하리라 생각하고 있었다. 내가 모은 여러 가지 정보는 이것을 증명하기도 했다.

본부대가 출동하여 탈주는 용이해졌다. 그러나 과연 지금 달아날 필요가 있을까. 부대의 이동은 탈주한 병정이 혼자 다니는 것보다 훨씬 안전할 것이다. 그뿐 아니라 부대는 서안 근처로 간단다. 애써서 지금 탈주하여 필요 없는 모험을 할 까닭은 없지 않은가. 부대를 따라 서안 가까이 가면 도중에선 매일 노숙은 하겠고 따라서 성벽을 넘을 필요가 없어진다. 아주 서안 가까이 갔을 때 밤중에 잠깐 천막을 빠져나가면 그만이다.

나는 이렇게 생각하고 예정을 전부 변경하여 부대의 이동을 기다리기로 하였다. 춘정도 이에 동의하였다. 나는 새로운 희망에 불타서 이동준비를 시작하였다. 셔츠를 빨아 말리고 잡낭(雜囊) 속을 정리하고 편지들을 불살라버리고 하였다.

어느 날 저녁때였다. 별안간 비상호집(非常呼集)의 나팔이 울렸다. 부리나케 연병장으로 집합하니까 유수부대장인 시야(矢野)라는 소위가 나와서 말했다.

"지금 약 4만의 지나군이 회양을 향하여 집격중(輯擊中)이라는 정보가 들어왔다. 유수부대는 인원이 부족하니까 각인(各人)이 충분히 각오하고 방전(防戰) 준비를 하라."

그러고 나서 잔류부대를 다섯으로 나누어 네 성문과 병사에 배치하였다. 그러나 배치의 결정을 하였을 뿐 실제로 성문을 지키게 된 것은 네 성문의 보초뿐이었다. 그 외는 병영에 남아 있어서 정말 적습(敵襲)이 있을 때까지 탄환, 수류탄 등을 정리하기로 되었다.

성 안의 보안대도 총동원하여 각기 성벽에 배치되었다. 그들도 대개 소총쯤은 가졌지만 탄약은 없었다. 그것은 필요한 때 일본군이 배급하였다. 그 배급도 극히 적어 소총 1정(鋌)에 탄환 5개도 채 못 되었다. 보안대라는 것은 일본군이 우세할 때는 일본군에게 협력하지만 일단 일본군이 불리해지면 곧 표변(豹變)하여 총부리를 돌려대기 때문에 안심하고 탄약을 충분히 줄 수도 없는 처지였다. 수일 전에도 회양부근의 어느 부대가 보안대원의 반란으로 전멸하였다는 보도가 있었다.

축 늘어졌던 영내는 출동이란 소리에 별안간 활기를 띠었다. 너 나 할 것 없이 모두 분주해서 잔소리하는 사람조차 없다. 나는 그 꼴이 재미있어 마구간 그늘에 드러누워서 우왕좌왕하는 잔류부대원들의 모양을 바라보았다.

한 시간쯤 후엔 회양 거류민들도 전부 동원되었다. 대부분은 조선사람이었고 일본인도 약간 섞여 있었다. 일제히 양복에 각반들을 찼고 일제히 푸르데데한 불건강한 안색을 하고 있었다. 나는 그들을 똑바로 쳐다보는 것이 괴로웠다.

그들 전부가 군대에는 문외한이었다. 그래서 어둡기 전의 짧은 시간을 이용하여 속성훈련이 시작되었다. 훈련이래야 소총 쏘는 법과 수류탄 던지는 법쯤이었으나 30분도 못되는 동안에 두 번이나 폭발이 있어 위험해서 견딜 수 없었다.

그러는 동안에 어두워졌으나 부대장으로부터도 성문으로부터도 아무 통지도 없었다. 정보라는 건 오보였다. 기다리다 지친 병정들과 거류민들은 여기저기 한데 모여서 제멋대로들 수군거리고 있었다.

거류민 중에는 여자도 20명가량 있었다. 두 사람을 제외하고는 전부 조선사람이었다. 그들은 주방 일과 내무반 청소를 돕고 있었는데 얼굴이나 몸체가 기형아 같은 이상한 느낌을 주었다. 그 여자들을 처음 보았을 때 나는 조선사람으로서의 공분(公憤)보다도, 불쌍하다는 동정(同情)보다도 더럽다는 생각이 앞섰다. 사회라는 것이 공공연히 범하고 있는 죄악의 두려움에 전율하였다. 이렇게도 참혹한 인격의 유린이 있을 수 있을까?

태어난 이상엔 살 권리가 있다. 이렇게도 큰 흙덩어리 위에 자기 것이라곤 발 디딜 장소조차 없고 사람이라기보다는 한 개 육혼(肉魂)으로서 취급받으면서, 먹고 살 최저의 보급조차 확보되지 않은 사람들, 몸뿐 아니라 마음까지 썩어서 살아 있기는 하나 죽은 것과 다름없는 그 여자들을 볼 때 나는 끝없는 지옥을 보는 듯한 절망을 느끼었다.

"어디서 오셨소?"

그중의 한 여자를 붙잡고 나는 국어(國語, 조선말)로 물어보았다.

"아이구 조선 어른일세."

맥이 풀린 듯한 그의 눈이 별안간 광채를 띠고 순간 한없는 향수(鄕愁)가 넘쳐흘렀다. 나는 문득 눈시울이 뜨거워짐을 느끼고 말았다.

"고향이 어디세요?"

"함경도라오. 당신은?"

"경상도예요."

그는 금방 내 손이라도 잡을 듯이 가까이 왔다. 그리고 오래 잊었던 조선을 나한테서 찾으려는 듯이 빤히 내 얼굴을 바라보았다.

"나뿐 아녜요. 이 부대에는 조선 병정이 여섯 사람이나 있어요. 여보게, 춘정이."

나는 그때 마침 내 옆을 지나는 김춘정을 불렀다.

"이 사람도 조선사람이에요."

나는 춘정을 그에게 소개했다.

"아이구 그러세요."

그는 무척 놀란 듯한 표정을 하더니 춘정과 얘기하기 시작하였다. 춘정은 그 큰 눈을 더욱 크게 뜨고 그 여자의 얘기를 듣고 있었다.

여자들뿐 아니라 남자 거류민들과도 우리들은 말 한마디로 십년지기보다도 친해질 수 있었다.

"일본 병정놈들 중엔 별놈 다 있지요."

나는 조선 거류민 중에서 제일 얌전한 듯한 남자에게 말했다.

"요전에 보초 보던 일등병 녀석은 어디서 거울을 한 댓 개 훔쳐 왔더군요. 이튿날 꽁꽁 싸서 나가는 꼴이 팔러 가는 모양이지요. 그래선 술 먹으러 댕기는 거 아녜요."

그러니까 그는 "그까짓 건 문제도 안 됩니다. 그런 거야 어디 나쁜 짓 속에 들어갑니까?" 하면서 그는 일본군의 죄악을 몇 가지 얘기해 주는 것이다. 그러나 그것을 사실대로 적으면 이 지면이 더러워질 염려가 있어 여기선 생략하기로 한다.

그러는 사이에 밤 열시쯤 되었을 때 부대장이 나와서 비상소집을 했다. 일동이 집합하니까 "결국 적이 습격했으니 각자 부서를 지키라"는 명령이었다.

그때까지 이미 적습(敵襲)이 있으면 누구는 무엇을 가지고 어디를 지킨다는 것이 다 결정되어 있었으므로 명령은 즉시 실행되었다. 거류민도 전부 성벽으로 향하였다. 다만 나와 부대장 외 3, 4인이 병영에 남아 있을 뿐이다. 나는 뛰지를 못했으므로 병영잔류의 명령을 받은 것이다.

나의 임무는 총을 메고 연병장을 순찰하는 것이었다. 떠들썩하던 병정들과 거류민이 전부 성벽으로 향하고 부대장이 사령실로 들어가니까 넓은 연병장은 별안간 텅 비고 말았다. 병영에 들어가 보아도 아무도 없다. 나는 총을 메고 잠시 동안 걸터앉아 있었으나 고쳐 생각하고 밖으로 나왔다. 밖으로 나와서 서너 걸음 떼어 놓았을 때다. 별안간 "앵…" 하더니 총알 날아가는 소리가 바로 귀 옆에서 들렸다. 병정 된 후 처음 듣는 총성이다. 나도 모르는 새 몸이 움츠러든다. 그제야 전쟁이로구나 하는 생각이 났다.

그리고는 연속해서 총성이 들렸다. 그야말로 콩 볶듯 하는 맹렬한 총성이다. 북문이 제일 심한 듯했으나 동문, 서문, 남문 쪽에서도 역시 사격이 집중되었다. 중국군은 성을 포위하고 있는 모양이었다.

그러나 맹렬히 사격만 했지 암만 기다려도 웬일인지 총성은 조금도 가까이 오지 않았다. 가만히 듣고 있으려니까 그 총성은 무척 먼 곳에서 나는 듯했다. 일본군은 아직 총을 쏘지 않았다.

연이어 속보가 들어왔다. 중국인 스파이가 끊임없이 왕복했다. 위병소에 가 물어보니까 내습(來襲)한 중국군은 약 7만인데 성벽에 기어오르기 위하여 지금 농민을 총동원해서 사다리를 만들고 있다는 것이다. 회양성의 운명도 오늘밤뿐이라고 나는 생각하였다.

유수부대는 전멸할지도 모른다. 나는 유수부대가 최후로 농성할 준비를 하여둔 위병탑을 들여다보았다. 성벽을 지킬 수 없게 되면 사문(四門)에서 일제히 퇴각하여 이 탑으로 들어갈 예정이었다.

그렇게 되더라도 나는 결단코 일본군과 운명을 같이해서 이른바 옥쇄(玉碎)*는 하지 않으리라고 결심하고 있었다. 탑 안은 무척 좁다. 수류탄 한 개면 유수부대쯤 전멸시키기 어렵지 않다. 그리고 나서 나는

---

* 공명(功名)이나 충절(忠節)을 위하여 깨끗하게 죽음을 이르는 말.

동료 5명과 중국군에게 투항하리라 생각하고 있었다. 그들이 우리들을 어떻게 대접할지 모르나 그것은 지금 문제가 아니다. 나는 조금도 당황하지 않고 영내를 왔다 갔다 했다.

그러나 중국군은 밤새도록 사격만 계속하고 나서 결국은 그대로 후퇴하고 말았다. 무엇 때문에 공격하여 왔는지 모르겠다.

한밤중부터 비가 왔기 때문에 길이 아주 수렁이었다. 성벽을 지키던 패들은 비를 쪼르르 맞은 데다가 수면부족으로 결핵에 걸린 쥐새끼 모양이었다. 모두 몹시 피로한 모양들이다. 그러나 중국군은 언제 또 쳐들어올지 몰랐다. 경계를 안 할 수는 없었다. 거류민들은 저희네 나라말로 중얼중얼 일본군을 욕했다.

유곽(遊廓) 여자들은 밥을 지어 주먹밥을 만들었다. 그리고는 비를 맞으면서 성벽까지 날랐다. 처음에 구두들을 신고 있더니 하도 길이 지니까 모두들 맨발로 다녔다. 만약 조국을 방위하기 위하여 이 여자들이 우중(雨中)에 비를 맞아가며 맨발로 주먹밥을 나르는 것이라면 나는 대성통곡했을 것이다. 그러나 현실은 다만 차디찬 조소(嘲笑)가 내 전신을 얼게 했을 따름이다.

그날 밤에도 또 총소리가 났다. 그 이튿날도 그랬다. 나는 중국군이 정말 7만이나 있었다고는 생각지 않는다. 그러나 불과 30명 전후가 지키는 이 작은 회양성을 많은 병력을 가지고 간단히 회복하지 못하는 그들이 안타까워 죽겠었다.

총소리만의 전쟁이 만 사흘 동안 계속되었다. 그리고는 중국군이 어디론지 가버렸다. 싱거운 전쟁이었다.

나는 이 사건에서 깊이 느낀 바가 있다. 조선병 중 진심으로 일본군에게 협력한 사람이 누구일까. 그러나 경우에 따라서는 자기가 그것을 원치 않더라도 환경이 협력을 명령할 때도 있는 것이다. 6명 중 나만 빼놓고는 모두 성벽에 가 있었다. 만약 정말 중국군이 성벽 아래 바짝 와서 사다리를 타고 기어올라 왔다 치자. 그들을 죽이지 않으면 우리가 죽는 수밖에 없다. 그렇게 되면 우리는 중국병을 죽일 것이다. 이것은 틀림없는 반역행위다.

물론 참으로 위대한 조선인이라면 총을 쏘지 않고 중국병의 탄환을 맞으리라. 그러나 아무나 다 그렇게 위대할 수는 없는 일이다.

옥색 치마저고리의 조선여인

원래 유수부대엔 성미 눅은 병정들만 남아 있는 데다 머지않아 이동한다 해서 영내의 군기는 극도로 문란했다. 거기다 중국병의 내습까지 있고 보니까 병영은 완전히 전날의 엄격함을 상실하고 말았다. 거류민은 제 맘대로 위소(衛所)에 출입했고 나중엔 군마를 끌어내어 거류민 여자들에게 승마를 가르치기까지 하였다.

연병장에서도 거의 매일같이 여자의 모양을 보게 되었다. 여자래야 대개는 조선여자였으나 일본여자도 둘이 자주 출입했다. 머리에 얄따란 손수건을 헝가리식으로 칭칭 감고 짧디 짧은 스커트를 입고는 연병장을 뻐기며 쏘다니는 것이다. 소문엔 회양에서 제대한 어느 병장의 집 하녀라 하는데 사실은 하녀 겸 첩일 것이라고 우리들은 수군거렸다.

그 두 사람의 일본여자는 확실히 다른 조선여자들보다 예뻤다. 물론 이것은 그때 거기 있던 조선여자에 비해서 예뻤다는 말이지 정말 그들이 미인이라는 것은 아니다. 그러나 하여간에 여자가 없는 회양에서는 비교적 예쁘다는 사실도 경시(輕視)할 수는 없는 일이었다. 그들은 일본인이라는 의식도 있어서 회양에서는 여왕인 듯이 뽐내고 있었다.

그런데 하루는 이 여왕들의 일대강적이 나타났다. 중국병이 내습한 지 한 일주일 후의 일이다. '동양관'(東洋館)이라는 조선 요릿집에 굉장한 미인이 새로 왔다는 것이었다.

그는 회양에 도착한 날 오후 인사차 부대를 찾아왔다. 흰 투피스의 양복을 입고 얌전한 누런 구두를 신은 폼이 무척 좋은 인상을 주기에 나는 처음엔 웬 여자일까 하고 의아스럽게 생각했다. 그는 위병소에서 이유를 말하고 연병장으로 들어왔다. 그때 위병소에는 사정(糸井)이라는 엉터리 일등병이 앉아 있었는데 그 여자의 얼굴을 보자 얼빠진 사람 같이 넋을 잃고 쳐다보던 꼴을 나는 지금도 기억한다.

그 여자는 연병장을 지나고 마구간 사이를 빠져 장교실로 걸어 들어갔다. 그 동안이 아마 5분도 채 못 되었을 것이다. 그러나 이 5분 동안에 그 여자는 전 유수부대의 인기를 독점한 것이다. 시커먼 얼굴들을 서로 맞대고 고참병들은 벙글거리며 수군수군했다.

"단연 미인이다."

하는 것이 일반의 정평이었다.

나는 그 여자가 조선사람이라는 것을 알았다. 그 여자가 회양에 와있는 무지한 일본인들에게 조선에도 미인이 있다는 것을 인식시키리라 생각하니 반가웠다. 그와 동시에 그 오만한 일본여자들이 커다란 타격을 받을 생각에 무척 통쾌했다.

장교실로 들어간 그 여자는 얼마 안 되어 다시 연병장으로 나왔다. 그리고는 자기를 주시하고 있는 고참병들의 천치 같은 얼굴에 가벼운 웃음을 던지고 위병소를 나갔다. 그 여자가 위병소를 나간 후에 우리들 6명의 조선병들도 두서너 마디씩 그 여자에 대한 비평의 말을 주고받고 하였다.

그 이튿날이다. 그 여자가 또 위병소에 나타났다. 오늘은 보기만 해도 시원한 옥색 치마저고리를 입고 있다.

"이 부대엔 조선 병정이 있대서 만나러 왔어요."
하는 것이다.

먼저 박삼래가 응대하러 나갔다가 우리들한테로 와서 말했다.

"다 만나고 싶다네. 상당한 여자야. 나가보세. 과자를 잔뜩 사왔어. 가기 싫은 사람은 과자도 못 먹네. 그런 줄 알게."

"뭐? 과자? 그럼 가야지."

맨 먼저 뛰어나온 건 서상렬이다. 우리들도 물론 그의 뒤를 따랐다.

우리들은 그 여자를 가운데 놓고 과자를 먹어가며 여러 가지 얘기를 했다. 사실 그 여자는 상당한 여자였다. 제법 교양도 있는 듯싶었다.

"인텔리일세, 그려."

신현창이 가만히 내 귀에 속삭였다.

"어디세 오셋소?"

"이 어른 오신 데서요."
하고 김춘정의 얼굴을 가르친다.

"이 사람 온 데가 어딘지 아세요?"

삼래가 반문했다.

"말씀하시는 거 들으면 몰라요?"

그녀는 생그레 웃으며 대답했다.

"내 말투로요? 그렇지만 난 서울 아녜요."

"누가 널 서울 태생이래? 평안도 시골에서 감자만 먹구 자란 녀석을…."

상렬이 놀린다.

"미친 새끼 겉으니라구. 평안도가 왜 감자만 먹는다드냐? 너야말루 전라도서 보리밥만 처먹었되?"

삼래가 항의하였다.

"그럼 고향이 평안도입니까?"

춘정이 여자에게 물었다.

"네." 하고 여자는 고개를 끄덕끄덕했다.

그러니 우리들은 그 여자의 신분에 관해서는 될 수 있는 대로 묻지 않기로 했기 때문에 헤어진 후에도 그가 평안도 태생이라는 것 외에는 아무것도 몰랐다.

"참 재미있었어요."

그녀는 여러 가지 얘기를 하고 나서 일어선다.

"이거… 여러분이 나눠 써주세요."

하면서 10원짜리 두 장을 삼래의 손에 쥐어주었다.

"우리들은 돈 쓸 데가 없는 사람들입니다. 이건 도로 가지고 가시지요."

삼래는 깜짝 놀라 받지 않았다.

"너무 적어서 그러세요?"

그녀는 삼래의 손을 쳐다보았다.

"천만에요. 그럴 리가 있나요."

삼래는 당황해서 손을 내저었다.

그러니까 그녀는 "그러세요" 하면서 가만히 웃고 돈을 도로 받았다.

그녀는 몇 걸음 걸어서 우물가에 이르더니 서슴지 않고 그 돈을 우물 속에 넣어버렸다.

그 우물이라는 건 마구간에서 쓸 물을 푸기 위하여 판 것으로 연병장 안에만도 서너 개가 있었다. 깊이는 이삼십 미터나 되어서 한번 그 속에 빠진 건 좀체로 건져 올리지를 못했다.

여자가 돌아간 후에 우리들은 "이상한 여자다"라고 제각기 감상을 말했는데 그 후에는 웬일인지 한 번도 병영에 다시 오지 않았다.

나는 그 후 한 2주일 지나서 어느 고병(古兵)에게 슬그머니 그 여자의 소식을 물었더니,

"응, 그 여자는 여기 사흘도 못 있다가 또 어디로 가버렸다네."
하고 못마땅한 듯이 대답하였다.

나는 정말 이상한 여자라고 생각하였다. 그리고 그 여자가 회양을 떠난 것은 혹시 우리가 그 돈을 받지 않은 때문이나 아닌가 생각하고 측은한 마음이 들었다.

마구간지기의 말 이름 외우기

일본 병영(兵營) 내부에 익숙해져 감에 따라 나는 차차로 사보타주하는 방법을 발견하여 갔다. 워낙 미련한 일본 병정들이라 놈들 속이기같이

쉬운 일은 없었다.

나는 때때로 불침번이나 야간의 마구간지기 노릇을 하였는데 그럴 때는 대개 쿨쿨 자고 만다. 모두 잠이 들어 잔소리하는 놈도 없는데 무슨 필요가 있어 밤잠도 안 자고 일본 병영을 지키느냐 말이다. 나는 대개 빈 병영을 찾아가서 멋들어지게 한잠씩 자곤 했다.

그러나 마구간지기는 좀 귀찮다. 말이란 괘씸한 동물이어서 하라는 대로 하지를 않고 밤중에도 곧잘 밖으로 뛰어나가고 하기 때문이다. 병정들이 다 잠든 야반에 말이 마구간을 뛰어나와 병영 근처를 쏘다니든지 한다면 그것은 마구간지기의 책임이다. 그것도 모르고 쿨쿨 자고 있는 걸 들켰다든지 하면 큰일이다.

그뿐 아니라 말은 밤중에도 곧잘 싸움을 한다. 말들이 싸우는 걸 말리는 것도 마구간지기의 책임이다. 만약 그걸 모르고 자고 있다가 혹시 말이 다치기나 한다든지 하면 그것도 또 큰일이다.

그러나 마구간지기의 책임이 아무리 중하다 하더라도 내가 잠자는 것을 방해할 만큼 중하지는 않았다. 마구간지기 차례 오는 게 제일 싫었으나 차례가 오건 말건 자고 마는 나이니까 불침번 때나 별로 다름이 없다. 그리고 아무리 깊이 잠이 들었어도 필요한 때엔 금방 일어날 수가 있으니까 문제는 없다.

어느 날 나는 전야(前夜)의 마구간지기 차례였다. 전야라는 것은 하룻밤을 둘로 나누어 오후 6시부터 새벽 2시까지를 전야라 하고, 새벽 2시부터 여섯시까지를 후야(後夜)라 한다.

11시쯤 되니까 못 견디게 졸렸다. 마구간 통로에다 짚을 깔고 누웠다. 얼마나 잤는지 모른다. 하여간 나는 실컷 자고나서 잠을 깨었다.

잠을 깨어보니까 유수부대장이 막 마구간으로 들어오려는 참이다.

그러나 나는 별로 당황해 하지도 않는다. 깔고 자던 짚을 치우는 척하고 나서 부대장 앞으로 갔다. '받들어 총'을 하고 "보고." 그뿐이다. 자기의 불충실한 부하가 통로에서 쿨쿨 자고 있던 것을 그는 꿈에도 모른다.

마구간에서는 하루에 네 번씩 마구간 작업을 한다. 마구간 작업이라는 것은 마구간 청소도 하고, 끊어진 고삐를 갈아 주기도 하고, 새로 짚을 넣어주기도 하고, 꼴을 베기도 하는 것을 일컫는다. 제법 귀찮은 일이어서 더운 날엔 당초에 할 생각이 나질 않는다. 나는 곧잘 마구간 작업을 사보타주했다. 그리고는 뒤편 창고나 빈 마구간에 들어가서 부대장 방에서 들고 나온 소설책 같은 것을 읽는다.

마구간은 전부 5개였다. 내가 있던 중대는 4반이요, 또 한 반만 한 병력을 가진 야포대(野砲隊)가 부속되고 있었는데 제각기 마구간을 하나씩 가지고 있기 때문이다. 마구간 하나에 대개 40두의 말이 수용되고 있고 그 반 병정이 그 마구간 말 시중을 든다.

말 시중이란 여간 귀찮은 일이 아니다. 매일 아침 말굽을 닦는다. 그러고 나서는 말 목욕시키기, 고삐의 수리다. 다음엔 물로 마분(馬糞)을 깨끗이 정리한다. 또 말이 꼴을 먹고 나면 물을 먹여야 한다.

말에게 물을 먹인다는 것이 대단히 중요한 일이어서 병정들은 말이 물을 먹는 동안 그 옆에 서서 목에 손을 대고 있어야 한다. 몇 모금 먹는 것을 조사하기 위함이다. 말이 물을 다 먹고 나면 그 말 이름과 물 먹은 회수를 마구간지기에게 보고한다.

물을 잘 먹는 말은 건강한 말이다. 물을 잘 안 먹으면 필경 무슨 고장이 생긴 것이니까 마량(馬糧)을 조절해야 한다. 말은 걸핏하면 배탈이 나니까 물을 잘 안 먹는 말에게 마량을 많이 주어선 위험하다.

말에게 물을 먹일 때도 나는 사보타주하는 법이 있다. 물을 먹일 땐 물통을 말 코앞에 갖다 대고 말이 그 물통 속에 고개를 처박고 먹는 걸 지키고 서 있는 법이다. 나는 말이 물을 다 먹고 난 후에도 한참 동안 그대로 서 있다. 그러면 자주 물을 길러 다니지 않아도 된다.

말이 물을 다 먹었는지 안 먹었는지를 옆에서 보아선 모른다. 다만 다 먹고 나선 고개를 번쩍 드는 말이 있으나 그럴 적엔 얼른 말 고개를 다시 물통 속에 처박으면 된다. 그 대신 몇 모금 먹었는지를 보고할 때엔 될 수 있는 대로 많이 먹었다고 말할 필요가 있다.

또 물 긷기가 정 싫을 적엔 빈 물통을 갖다 대는 수도 있다. 말은 물이 먹고 싶어서 통 속에다 고개를 처박고 사방을 핥는다. 나는 시치미 딱 떼고 말목에다 손을 대고 있다. 한참 만에 '무슨 말, 몇 모금' 하고 보고하면 그만이다. 그 말이 정말 물을 먹었는지 안 먹었는지는 말과 나 이외엔 아는 사람이 없으므로 비밀은 탄로되지 않는다.

물을 먹일 때뿐 아니라 마구간 작업 때는 반드시 말 이름을 알아야 한다. 말을 잠깐 끌어냈다가 다시 마구간에 돌려보낼 때도 말 이름을 알아야 한다. 말마다 마구간이 정해져 있어서 아무데나 갖다 맬 수는 없기 때문이다.

그래서 마구간 작업 때는 제법 재미있는 일도 있다. 고참병은 대개 3년이고 4년이고 같은 마구간에서 같은 말 시중을 들어왔기 때문에 말 이름도 잘 알고 있으나 초년병은 말을 잘 모르기 때문에 말 이름도 잘 외우지를 못한다. 혹시라도 말 이름을 고참병에게 묻든지 하다간 야단이다. 아인슈타인은 상대성 원리를 알고 있지만 말 이름을 아는 일본 병정만큼 뽐내지는 않았을 것이다.

"뭐? 여태껏 이 말 이름을 몰라? ○○야 ○○! 네 굽이 다 흰 말이 이 말밖에 더 있어?"

하고 호통이 떨어진다.

그들은 그러나 제 반(班) 말밖에는 모른다. 일본 병정은 일단 어느 반에 배속되면 제대할 때까지 대개는 그 반을 떠나지 않기 때문에 다른 반 일을 알 기회가 적다. 더구나 말 이름 같은 건 모른다.

그런데 부대 출동 후엔 말도 함께 출동했기 때문에 각반 마구간이 텅 비다시피 되었다. 병마(病馬), 아니면 못쓸 말이 칠팔 두씩 남아있을 뿐이었다. 그래서 유수부대에서는 이 말들을 두 반 마구간에다 몰아넣고 마구간 작업도 각 반 병정이 공동으로 하기로 하였다. 그러면 일이 훨씬 편했다.

여러 반(班) 말이 한데 섞였기 때문에 마구간 작업을 하는 병정들이 자기 반의 말 이외에는 이름을 몰라서 곤란했다. 그래서 유수부대에서는 말 이름을 적은 목패를 말 목 밑에다 달아놓기로 했다.

그러나 4, 5일이 못가서 목패(木牌)를 잃어버리고 만 놈이 많이 생겼다. 말 이름을 몰라선 여러 가지로 불편했고 또 고참병들에게 묻기도 싫어 어느 날 나는 저녁을 먹고 나서 마구간을 한 바퀴 돌아 말 이름을 전부 외웠다. 말 이름을 몰라도 물어볼 사람도 없었다. 그 말이 마침 그 병정반에 있던 말이면 문제없었으나 그렇지 않으면 반장도, 4년생도 알 길이 없는 것이다.

말 이름을 다 외우고 나서 나는 병영으로 돌아와 김춘정에게 말했다.

"여보게 난 귀찮아서 지금 말 이름을 다 외워가지고 왔네."

"정말이야! 아니, 무슨 수로 그렇게 빨리 외웠어!"

"되지 않구. 말마다 특징이 있으니까 그 특징만 알면 되지, 뭘 그래."

"그래? 그럼 나도 알아둬야겠네. 좀 가르쳐 주게."

나는 춘정과 함께 마구간으로 갔다. 나는 말의 특징을 설명하고 춘정
은 그것을 외워가며 서너 바퀴 마구간 안을 돌았다.

"됐어, 다 알았어."

춘정은 말하고 나서 싱긋 웃고,

"여보게 우리 저 목패를 다 떼어버리세. 놈들 쩔쩔 맬 걸세."
하는 것이다.

재미있을 것 같아서 나도 찬성했다. 나와 춘정은 또 한 바퀴 마구간
안을 돌며 말 목에 달던 목패를 떼어버리기 시작했다. 그러나 너무 한
꺼번에 다 없어지면 의심할 여지가 있으므로 두서너 개는 일부러 남겨
두었다.

이윽고 저녁때 마구간 작업이 시작되었다. 초년병도 고참병도 모두
한꺼번에 마구간에 모였다. 물을 먹이기 시작했다. 그러나 아직 아무
도 우리들의 장난을 깨닫지 못한 모양이었다.

얼마 있더니 마구간 안에선 대혼란이 일어났다. 여기서도 저기서도

"여보게, 이 말 이름이 뭐지?"

"이 사람 이게 3반 말이지?"

"으응, 목패가 하나도 없네. 요런 배라먹을 말들 좀 봐."

대소동이다.

"어느 말예요."

나와 춘정은 억지로 웃음을 참고 떠들썩하는 병정들 옆으로 간다.

"네, 이 말요? 이건 ○○예요."

모르는 말이 없다.

"이건 ○○ 아녜요."

척척 알아냈다.

"조선사람은 정신이 좋아."

하는 자도 있다.

이리해서 우리들은 며칠을 두고 마구간 작업이 있을 때마다 작업을 안 하고 뒷짐을 진 채 유유히 말 이름만 가르쳐 주고 다녔다.

탈출의 그날 그리고 6천 리 대장정

내일이라도 이동할 듯싶던 회양부대는 보리가 한 자 이상 자랄 때까지 아무 통지도 받지 못했다. 귀덕 여단부대에선 벌써 꽤 탈주병이 났으리라고 생각하면서도 나는 일단 이동 후에 탈주하겠다고 결심한 내 계획을 변경할 수가 없었다.

그런데 하루는 춘정이 나를 으슥한 데로 끌고 가더니,

"여보게, 달아나세."

불쑥 이렇게 속삭였다.

"달아나다니? 이동 후에 탈주하기로 약속한 것 아냐?"

나는 좀 놀라서 반문하였다.

"언제 이동할지 아나."

"이동 안 할까."

"그러니깐 모른단 말이지."

그리고는 내 소매를 끌어 잡아당기어,

"여보게 달아나세. 싫은가?"

하는 것이다.

"그렇지만 준비도 안 됐고 좀더 기다리세 그려."

나는 이렇게 대답하고 그날은 그대로 헤어졌으나 아무리 생각해봐도 이동 후가 좋을 것만 같았다.

이튿날 그 자리를 지나려니까 춘정이 또 나를 부른다. 거기서 나를 기다렸던 모양이었다.

"여보게 어떡할 테야, 달아나겠나?"

그러나 나는 확답할 수가 없었다. 내가 주저하는 것을 보자 그는 분개해서 말했다.

"자네도 별안간 겁이 난 모양일세 그려. 달아나기 싫으면 고만 두게. 난 혼자 탈주하겠네."

그가 혼자 달아날 리는 절대로 없는 줄 알지만 나는 될 수 있는 대로 침착하게 이렇게 말했다.

"좀더 기다리세 그려. 아직 준비가 다 안 됐으니."

"그래. 그럼 사흘만 더 기다림세. 사흘 후에도 안 가겠다면 난 혼자 달아나겠네. 알겠나?"

"아니 별안간에 뭐 땜에 그렇게 조급히 구나."

"조급히 굴긴 뭐 조급히 굴어. 대체 자네는 너무 지나친 공상가야. 말로만 달아나세, 달아나세, 하구선 정말 달아날 때가 오니까 꽁무닐 뺀

단 말인가?"

그는 성이 잔뜩 난 모양이었다. 나는 그의 가느다란 뒷모양이 마구간 쪽으로 사라지는 것을 바라보며 한없는 기쁨이 가슴속에 치밀어 올라오는 것을 느꼈다.

나는 전부터 보아두었던 헌 창고 뒤로 돌아가서 마구간 수리용으로 둔 밧줄을 50척 가량 끊어냈다. 그것을 조그맣게 똘똘 말아서 마구(馬具) 넣는 광에 쌓여 있는 담요 밑에다 감추었다. 그리고는 춘정과 함께 주보로 쓰던 건물 속으로 들어갔다. 사탕을 훔쳐내기 위해서이다.

중국에선 사탕이 비싸다. 달아날 때에 사탕을 좀 가지고 나가면 도중에 식량과 교환할 수 있다. 주보 창고엔 사탕이 여러 가마 있으니까 약간 훔쳐 내도 들킬 염려는 없었다.

창고엔 높다란 데 조그만 창이 하나 달려 있었다. 나는 춘정 어깨를 디디고 이 창으로 기어들어갔다. 창고 속에 들어가 보니까 안이 또 둘로 나뉘었는데 사탕은 내가 들어간 그 옆방에 있었다. 두 방 사이를 널판장으로 막아놓았는데 천정과 판장 사이에 틈이 있었다. 나는 판장에 뛰어올라 그 틈을 기어서 사탕 있는 방으로 갈 수 있었다.

나는 보자기에 쌀 수 있는 대로 사탕을 듬뿍 쌌다. 그것을 안고 또 판장을 뛰어넘어 창으로 기어 나왔다. 밖에선 춘정이 기다리고 있다가 사탕보자기를 받았다. 우리들은 이것을 부대출동 후 쓰지 않는 1반 마구간에다 감추었다.

사탕 외에 춘정은 담배를 갖고 있었다. 다른 창고에서 훔쳐 낸 것이다. 그는 그것을 역시 부대출동 후 쓰지 않는 3반 마구간 짚단 밑에다 감추었다. 이리해서 대체로 준비를 끝마쳤다.

몹시 더운 날 밤이었다. 자려고 침실에 들어가 보니까 고참병들이 내 침대에서 장기를 두고 있었다. 나는 한참 그것을 바라보았으나 얼른 끝날 것 같지도 않아 수통을 들고 밖으로 나왔다. 주방에 가서 더운 물을 얻어올 작정이었다.

마침 주방 쪽에서 오는 춘정을 만났다. 그도 더운 물을 그득 담은 수통을 들고 있었다.

"뒷마당에서 바람이나 좀 쐬세."

그는 나를 보자 이렇게 말했다.

나는 춘정과 나란히 연병장 뒤로 돌아갔다. 잔디가 군데군데 돋아 있었다. 우리들은 그 위에 앉았다. 달은 아직 뜨지 않았으나 별이 총총했다. 부는 바람이 상쾌하고 시원했다. 나는 하늘을 쳐다보았다. 깨끗한 밤이었다. 그때 문득 나는 오늘밤에 탈주할까 하는 생각이 든 것이다.

"이보게, 지금 달아날까?"

나는 내 생각을 춘정에게 얘기했다.

"응."

그리고 그는 무척 짧은 침묵 후에,

"그래. 달아나세."

하고 힘 있게 대답했다.

나는 춘정에게 침실로 가서 짐을 꾸리라고 당부했다. 짐이래야 담배하고 사탕하고 그리고 내 책이 한 권 있을 뿐이다. 책이라는 건 내가 학교시대부터 애독하던 영화대역(英和對譯)의 신약성서이다. 나는 크리스천은 되지 못했으나 그 책을 사랑했다.

춘정을 침실로 보낸 후에 나는 성벽을 정찰하러 나갔다. 처음 나는 주보 창을 넘어 나갈 작정이었으나 주보로 가는 도중에서 우연히 나는 훌륭한 출입구를 발견하였다. 주보 창을 넘는 건 문제 없었으나 성벽을 정찰하고 돌아올 때에 또 한 번 그 복잡한 수속이 필요한 창을 넘는다는 것은 내게는 큰 짐이었다. 그뿐 아니라 한 번 넘는 데 10분은 걸리는 창을 출입한다는 것은 상당히 위험한 일이기도 했다. 우연이기는 하지만 그 창보다 훨씬 수월하게 출입할 수 있는 장소를 발견했을 때 나는 무척 반가웠다.

그 장소라는 것은 문 밑으로 뚫린 수채였다. 문은 주보 가까이 있는 중국인들이 꼴 나를 때 마차로 출입하는 문이다. 그 문 밑으로 겨우 사람 하나 기어나갈 수 있을 정도의 수채가 있었다. 아마 빗물 빠지라고 파놓은 수채인 듯싶었다. 혹은 빗물이 고여서 그리로만 흘러 저절로 수채 같은 것이 생겼는지도 모른다.

그것을 보자 나는 곧 그리고 나가리라 결심하였다. 누가 없나 하고 주위를 둘러보았다. 그날 불침번은 별 둘의 보충병인데 고지식한 녀석이라 혹은 그 근처를 순찰하고 있는지도 모를 일이었다.

나는 아무도 없는 것을 알자 곧 수채 위에 가 엎드렸다. 가슴에 무엇인지 척척한 게 닿는다. 풀이 돋아 있었던 모양이다. 수채는 좁고 얕아 머리를 겨우 집어넣고 나니까 몸이 자유로 움직이지를 않는다. 나는 그 모양으로 배로 땅을 기어 조금씩 전진했다.

금방 누구한테 들켜 "이놈"하고 볼기로 발길이 들어올 듯싶어 가슴이 사뭇 설레었으나 결국 나는 성공하였다.

문 밖은 통로이어서 그 근처엔 중국인 주택들이 있었으나 다행히 아무도 지나는 사람은 없다.

통로와 성벽 사이엔 조그만 도랑이 있다. 여러 가지 잡초가 함부로 무성해 있었다. 이전에도 나는 한번 이 도랑에 내려와 본 적이 있다. 연병장 담이 무너져 많은 쿨리(Coolie)*들이 그것을 수리하고 있을 때였다. 쿨리들은 무너진 담 흙을 그러모아 그것을 깨트려서 다시 개는데 거기 쓸 물을 이 도랑 아래 있는 우물에서 길어 썼다. 그러나 도랑은 얕았고 그 근처에는 중국인 주택도 군데군데 있었으므로 쿨리들 맘대로 물을 긷게 했다가는 지리를 이용해서 다 달아날 염려가 있었다.

나는 그때 위험성 있는 쿨리들을 감시하고 있었다. 나는 우물가에 있는 돌에 걸터앉아 부대장실에서 들고 나온 소설책을 읽으며 감시하는 시늉을 하고 있었다. 소설책이란 라프카디오 헌(Lafcadio Hearn)의 《괴담》(怪談)으로, 이와나미 출판사(岩波文庫) 판이었다. 읽어보니 무척 재미있었다. 나는 고만 그 책 속에 끌려 들어가서 쿨리의 감시 같은 건 아주 잊어버리고 말았다. 그리다 문득 정신을 차려 보니까 쿨리의 삼분의 일은 벌써 달아난 후였다. 마악 달아나려는 쿨리도 있었다. 나는 고소(苦笑)하면서 못 본 체하는 수밖에 없었다. 이런 일이 있었기 때문에 나는 그곳 지리를 대개는 짐작했다.

나는 길 양 옆을 살핀 후 도랑으로 내려섰다. 풀뿌리, 나무뿌리가 발에 감기고 젖은 풀잎이 미끄러워서 여간 걷기가 힘든 게 아니다.

도랑을 내려서니까 거기가 성벽 밑이었다. 나는 땅에가 찰싹 엎드려 망루 쪽을 바라다보았다. 보초가 4, 5인 왔다 갔다 하고 있다. 그러나 망루를 떠날 생각은 없는 모양이다. 그들은 모두 중국인이요, 일본인

---

* 육체노동에 종사하는 하층의 중국인·인도인 노동자.

은 섞여 있지 않았다. 유수부대엔 인원이 모자라서 밤의 보초를 세우지 않기로 한 것을 나는 알고 있었다.

나와 보초가 서 있는 망루와의 거리는 한 이삼백 미터가량이었다. 만약 조금만이라도 큰 소리를 내었단 금방 들킬 것이다. 나는 내려올 때보다 더 조심해서 한 걸음 한 걸음 성벽을 기어올랐다.

성벽에도 풀이 무성했다. 무너진 데가 많아서 어디 웅덩이가 있는지 알 수 없다. 그러다 나는 손을 헛짚어 한 서너 자가량 되는 구렁텅이 속에 거꾸로 떨어지고 말았다.

철석하고 소리가 났다. 아차 하고 그대로 꼼짝도 안 하고 망루를 쳐다보았다. 그러나 보초는 그 소리를 듣지 못한 모양이었다.

성벽 위 가까이 올라가서 나는 다시 납작하게 엎드려 주위를 살폈다. 망루 외에도 보초가 있을지 모른다. 또 망루 보초는 때때로 동초(動哨) 노릇도 한다니까 이 근처로 걸어올지도 알 수 없는 일이다. 동초에게 들켜도 일은 틀린다.

나는 그런 것을 주의 깊게 조사하였다. 대개 아무 일 없을 성싶었다.

성벽의 정찰이 끝나 나는 다시 그곳을 기어내려 병영으로 돌아왔다. 군복이 두 번이나 땅바닥과 씨름했기 때문에 흙투성이였다. 나는 옷을 털면서 침실 앞으로 걸어왔다.

침실 앞에서 나는 춘정과 만났다. 그는 사탕물을 쟁반에 담아 가지고 침실로 들어가려는 참이었다.

"짐을 꾸리랬더니 저 사람이 미쳤나, 뭘 허구 있는 거야."

나는 좀 성이 나서 그의 앞으로 다가가며,

"아니, 짐은 안 꾸리구 사탕물은 왜 들고 댕기나."

이렇게 말했다.

"짐을 꾸려 놨어. 반장 녀석이 사탕물을 가져 오라니 어떡허나. 곧 갔다 올게."

그는 대답하고 나서 방으로 사라졌다.

나는 침실 밖 기둥 뒤에 서서 춘정 나오기를 기다렸다. 이윽고 그는 저고리 속에다 짐을 싸가지고 수통을 들고 밖으로 나왔다.

"짐 꾸리기도 수월치 않으니. 저 새끼들은 왜 안 자는 거야."

그리고는,

"성벽 쪽은 어때?"

라고 묻는다.

나는 춘정을 데리고 침실 맞은편에 있는 사무실로 들어갔다. 부대 출동 전에 준위(准尉)가 쓰던 방인데 불이 켜 있지 않기 때문에 바깥보다 더 어두웠다. 우리들은 방에 들어서자마자 책상과 의자에 덜그럭 덜그럭 부딪혔으나 아픈 줄도 몰랐다. 나는 낮은 소리로 간단하게 성벽을 정찰한 결과를 얘기했다. 그리고 가지고 온 짐과 수통을 거기다 놓고 다음 행동에 대한 의논을 시작했다.

처음엔 우리들은 서안으로 갈 예정이었다. 그러나 서안까지 가려면 아무래도 두 달은 걸린다. 그렇게 되면 제일 문제가 되는 것은 식량이었다. 그것을 위하여 권총을 한 자루 준비하는 것이 퍽 유리할 것이다. 정 급할 젠 강도질이라도 할 수 있겠기 때문이다. 그리고 그보다도 도중에서 잡혔을 때 꼭 권총이 필요하다고 생각하였다. 바보같이 잡혀서 죽는 것보다는 차라리 제 손으로 자살하는 것이 나을 것이다.

그래서 춘정에게,

"밧줄은 내가 거의 준비해서 감춰 뒀던 거니까 내 찾아오지. 자넨 침실에가 권총을 한 자루 훔쳐 내오게."

라고 말했다. 그랬더니 그는,

"권총 훔치는 건 싫어. 내가 밧줄을 가지러 갈 테야."

이런 대답이다.

그래서 나는 그에게 밧줄 감춰 둔 곳을 자세히 가르쳐주고 침실로 들어갔다.

침실은 어두컴컴했다. 아까부터 장기를 두던 고참병들은 그저 그대로 계속하는 중이다. 나는 시치미를 딱 떼고 저고리를 팔에 건 채 권총 쪽으로 다가갔다. 몹시 더운 날이라서 모두 저고리를 입지 않고 손에 들고 다녔다. 그러니까 그것을 의심하는 자는 없었다.

예닐곱 정(挺)의 권총이 주욱 벽에 걸려 있다. 나는 선뜻 그 앞으로 다가가서 얼른 한 자루를 떼어들어 저고리 밑에다 쌌다.

나는 권총을 떼려고 할 때부터 돌아서 있기 때문에 누가 나를 보고 있는지 안 보고 있는지 그것조차 알 길이 없었다. 그저 아무도 이쪽을 보지 맙시사 하고 그것을 바랄 뿐이다. 권총을 싼 저고리를 가슴에 안으니까 심장이 펄떡펄떡 뛰었다. 큰 맘 먹고 홱 뒤를 돌아보니까 아무도 모르는 기색이다. 나는 될 수 있는 대로 태연하게 침실을 나왔다.

밖에선 춘정이 기다리고 있었다. 나는 당황해서 물었다.

"밧줄 있는 데 알았나?"

"암만 찾아도 없어."

나는 기가 탁 막혔다. 그러나 이미 주저할 수는 없는 때이다. 나는 춘정에게 아까 사무실에 두고 온 짐과 수통을 갖다달라 부탁하고 나서 마구(馬具) 넣어두는 광 쪽으로 향했다.

한 손엔 권총을 싼 저고리를 들고 있다. 들키기만 하면 고만이다.

광 속은 사무실 안보다도 더 어둡다. 나는 더듬더듬 담요 밑에다 손을 넣어 보았다. 밧줄은 처음 넣어둔 그대로 있었다. 얼른 꺼내어 그것도 저고리에 쌌다.

광에서 나오니까 밖에는 춘정이 한 손에는 짐을 싼 저고리를 들고 한 손에는 수통을 들고 서 있었다.

"자아, 달아나세."

그러나 아직 뛰어서는 안 된다. 우리들은 될 수 있는 대로 침착하게 유유히 걸었다. 일각(一刻)이 천추(千秋)이다. 발은 무턱대고 앞을 나가려 하나 우리들은 억지로 그것을 억눌렀다. 금방이라도 불침번이 뛰어나와서,

"저고리 속에 감춘 게 뭐야? 어디 봐."

하는 호통이 내릴 것 같아 조마조마해서 견딜 수 없었다. 그러나 아직 걸음을 빨리해서는 못썼다.

그때였다. 공교롭게도 저쪽으로부터 신현창이 너털너털 걸어왔다. 눈이 푹 들어간 조선병이다. 그는 우리들을 보더니 사정했다.

"여보게, 물 좀 먹게 해주게."

일각을 다툴 때다. 더구나 인제부터는 한 방울의 물이 우리의 생명수가 될지도 모르는 처지이다. 딱한 일이라고 생각하였으나 어찌할 수 없었다.

"많이 먹지 말어."

춘정이 하는 수 없이 수통을 내어주자 옆에서 내가 이렇게 말했다.

"자네 물인가?"

현창은 먹다 말고 수통 너머로 나를 흘겼다.

"하여간 빨리나 먹게."

그러니까 그는 이상한 일이라는 듯이 싱글싱글 웃으면서 수통을 춘정에게로 돌려주었다. 왜 싱글싱글 웃었는지 모른다. 그러나 하여간에 그 외에는 아무도 안 만나고 주보 문 앞에까지 당도할 수 있었다.

우리들은 먼저 연병장을 주의 깊게 살폈다. 아무도 없다. 그러나 문 밖에 무엇이 있을지 모른다. 춘정이 엎드려서 수채 구멍으로 밖을 내다보았다. 그리고 낮은 목소리로,

"아무도 없어."

속삭이고는 꿈틀꿈틀 기어 수채 구멍을 빠져나갔다. 그러는 사이에도 나는 사방을 보살폈다. 바람만 불어도 버스럭 소리가 났다.

춘정의 몸이 아주 밖으로 사라지자 이번엔 짐 차례다. 담배와 사탕 보따리를 먼저 내보냈다. 다음에 권총을 싼 저고리를 내보내고 끝으로 내가 수채 구멍으로 기어들어갔다. 세 번째니까 문제없다. 나는 비교적 빨리 문 밖으로 나갈 수 있었다.

다음엔 도랑으로 내려가서 성벽을 기어오를 참이다. 우리들은 구렁이 모양으로 땅에 엎드려 한 사람 한 사람 번갈아가면서 몸을 움직였다. 둘이 한꺼번에 기면 큰 소리가 나기 때문이다. 내가 움직일 땐 춘정이 가만히 엎드렸고 춘정이 움직일 땐 내가 숨을 죽였다. 때때로 발에 돌이 채이어 그놈이 떼구루루 구르든지 하면 이번엔 둘이 다 쥐 죽은 듯이 꼼짝 못했다.

망루 위에선 보초가 총을 옆에 끼고 왔다 갔다 하고 있다. 때때로 우

리들 쪽을 보기도 했다. 그 근처에 동초가 나와 있는지도 알 수 없다.

아까 정찰 나왔을 때와는 다르다. 들키기만 하면 만사휴의(萬事休矣)다. 우리들이 가지고 있는 물건은 우리들이 입을 열지 않아도 충분히 모든 것을 설명할 것이다.

둘이서 기어 올라가려니까 성벽은 높기도 했다. 5분, 10분, 아직 반도 못 올라왔다. 등에선 진땀이 쭉 흐르고 귓속에선 앵앵 소리가 났다.

성벽 꼭대기까지 기어 올라가는 데 아마 20분은 걸렸을 것이다. 성벽 위는 폭이 세 간*이요, 낮으면 길이 되기 때문에 여태껏 기어 올라온 데와 달라 풀이 돋지를 않았다. 우리들은 경사면에 찰싹 엎드려 사위(四圍)의 정세를 살핀 후 쏜살같이 통로를 뛰어 건너 성벽 철면(凸面) 뒤에 가 쪼그리고 앉았다.

성벽 위는 아무것도 가리는 것이 없으므로 바람이 심했다. 나는 바람에 펄펄 날리는 저고리자락을 조심해가며 가지고 온 밧줄을 끄르기 시작했다.

나는 우리들이 달아난 후에도 우리들이 어떻게 해서 달아났는지를 일본군에게 알리고 싶지 않았다. 그래서 밧줄 양단을 매어 그것을 성벽 철면에다 걸고 먼저 사람이 내려갈 적엔 남은 사람이 성벽 위에서 붙잡고 있고 나중 사람이 내려갈 적엔 먼저 내려간 사람이 아래서 붙잡고 있기로 하였었다. 그러나 정말 성벽에 몸을 기대고 줄을 끄르려니까 마구 얽혀서 갈피를 찾을 수가 없었다. 더구나 어두워서 어디가 끝이고 어떻게 얽혔는지 도저히 알 수가 없다. 조급히 하니까 밧줄은 점점 더 얽히

---

* 한 간은 여섯 자로, 1.81818m이다. 세 간이면 약 5.5m 정도이다.

166

지 풀리지 않았다. 그저 무턱대고 잡아당겨도 보고 늦추어도 보나 좀체 실마리를 찾을 수가 없었다.

겨우 되는 대로 끌러놓고 보니 전장(全長) 50척이 넘는 밧줄이 30척도 못 된다. 이것으로는 양쪽 끝을 매어 쓸 도리가 없다. 짧기 때문이다. 나는 하는 수 없이 얽힌 쪽을 성벽 철면에다 붙들어 매고 그것을 타고 내려가리라 결심하였다. 나중에 일본군에게 탈출방법이 알려지건 말건 성공만 하면 그까짓 건 문제가 아니다.

내가 밧줄을 동여매는 동안 춘정은 파수를 보았다. 밧줄을 매고 한쪽을 성벽 밖으로 늘어뜨렸다.

춘정이 먼저 내려가기로 했다. 그런데 정작 내려갈 때가 되어 보니까 나는 장갑은 안 가지고 나왔다. 그러나 춘정도 한 벌밖에는 안 가졌다. 우리들은 할 수 없이 한 사람이 한 짝씩 나눠 끼기로 하였다.

춘정이 장갑을 끼고 있는 동안에도 나는 감시를 게을리 할 수 없다. 언제 누가 성벽을 순찰하러 올지도 모르는 일이기 때문이다.

춘정은 한쪽 장갑을 오른손에다 끼었다. 그리고 짐 보따리를 허리에 찬 후 줄에 매달렸다.

우선 춘정은 무사하게 내려갔다.

"내려갔나?"

위에서 내가 타들어가는 목소리로 물으니까,

"응."

하고 아래에서도 같은 목소리로 대답이 들려왔다.

이번엔 내 차례다. 그때 나는 저고리를 입고 권총을 어깨에다 걸고 있었기 때문에 두 손은 비었었다. 춘정이 한 대로 줄을 붙잡고 몸을 공중에 내던졌다. 빠르게 쭈르르 미끄러진다. 장갑 끼지 않은 손이 끊어질 듯이 아프다. 이를 악물고 참고 있으니까 어느 틈엔지 발이 땅에 닿았다.

이번엔 해자(垓字)를 건널 차례다. 우리들은 지금 해자와 성벽 사이의 기다란 지대에 서 있는 것이다. 춘정이 해자를 건너려 했다. 그러나 내게는 다른 계획이 있었다. 나는 망설이는 춘정을 이끌고 성문 쪽을 향해 걷기 시작했다. 온통 조약돌 천지다. 발을 떼어 놓을 때마다 바작바작 소리가 나서 간이 조막만 해졌다.

걸어보니까 제법 멀다. 망루는 바로 눈앞에 있는데 영 발이 말을 안 듣는다. 거기다 무성한 풀이 길을 가로막는다. 그때마다 우리들은 소리 안 나게 그 풀을 하나하나 꺾어가며 걸었다. 그러면서 우리들은 겨우 성문 바로 밑까지 아무에게도 들키지 않고 갈 수 있었다.

그러나 이 이상 들키지 않을 수는 없다. 앞선 내 발이 성문 앞 좀 두둑한 땅을 디디었을 때 과연,

"누구냐!"

하고 중국인의 보초가 망루에서 소리쳤다.

"순찰이다!"

나는 밑에서 더 큰 소리로 악을 썼다. 미리 생각해 두었던 대답이다. 물론 일본말이었다.

반드시 순찰이라 하지 않아도 무관했을 것이다. "도망(逃亡) 간다" 해도 저쪽에선 그 뜻을 알아듣지 못한다. 요컨대 일본말스럽고 일본인인 척하면 그만이었다. 그들은 일본인에겐 간섭할 권리가 없는 줄 알고 있고 간섭하려고도 안 한다. 물론 성을 내려갈 때나 문 밑을 기어 나갈 때

들켜선 안 되지만 성문 밖에서 당당히 대담하게 하면 틀림없이 성공할 것을 나는 알고 있었다. 그래서 나는 "순찰이다" 이렇게 악을 쓰고 나서 모르는 체하고 성문 앞을 지났다. 문 앞에서 해자가 끊어진다. 걸어서 건널 수가 있었다.

해자를 지나 5미터가량 나올 때까지 나는 가슴이 두근거려 아무것도 몰랐다. 정신을 차려 보니까 춘정이 뒤따르지 않는다.

깜짝 놀라 뒤를 돌아보니까 그는 아직도 성문 밑에서 중국인 보초와 무엇인지 옥신각신하고 있다. 나는 조선말로 "여보게, 뭘 해"하니까,

"아, 이 새끼가 총을 들이대고 놔 줘야지."

하는 대답이다.

이럴 때 정말 순찰이라도 왔단 야단이다. 밤이 아니면 일본군이라는 것을 곧 알았을 것이나 어두워 복장이 보이지를 않아서 보초는 의심하는 모양이었다.

나는 내 자리를 떠나지 않고,

"이놈들아 순찰이라니까 그래!"

하고 또 한 번 악을 썼다. 그러니까 그 말이 채 끝나기도 전에 춘정이 이리로 걸어왔다.

그러나 우리들은 아직도 뛰어서는 안 된다. 필요 없이 의심을 받는다. 우리들은 성문 앞을 남쪽으로 길을 꺾어 300미터까지는 보통 걸음으로 걸었다.

겨우 성벽 모퉁이에서 이어진 선을 넘은 셈이다. 나는 비로소 그제야 탈주하고 말았구나 하는 생각이 들었다. 손을 들어 어깨로 가져가니까 별 하나 달린 견장이 만져진다. 붙잡고 홱 잡아당기니까 곧 떨어졌다.

땅바닥에다 내어던졌다. 탈주는 아직 완성되지 않았으나 완성되건 말건 이 별 하고만은 인제는 영이별이다.

다음엔 모자다. 보리밭을 향해 힘껏 팽개쳤다. 그리고 우리들은 달음박질을 치기 시작했다.

성에서 한 칠팔백 미터 와서 우리들은 잠깐 걸음을 멈추고 하늘을 쳐다보았다. 내게는 나침반이 두 개나 있었으나 밤이라 보이지를 않는다. 방향을 정하기 위하여 나는 별을 찾았다. 그때까지는 성이 뚜렷이 보였으므로 방향을 확실히 알 수가 있었다. 그때 본 그 별이 무슨 별인지도 모르고 지금은 찾으려야 찾을 수 없을지도 모르나 북두칠성 가까이 특별히 밝은 별이 있었는데 그 별과 성 가까이 보이는, 특히 눈에 띄는 별을 일직선으로 연결한 선이 정남방이라는 것을 발견한 것이었다.

우리들은 거의 5분 만에 한 번씩은 하늘을 번갈아가며 쳐다보면서 그 별이 가리키는 방향을 향해 걸었다. 그러니까 우리들이 걷는 길은 어디까지든지 그 선과 일치했다.

우리들은 단단한 대로(大路)를 거의 뛰다시피 걸음을 재촉했다.

타는 목마름으로 황하를 건너다

길 양옆은 한 자가량 자란 보리밭이다. 일본군에게 쫓겨도 숨을 곳조차 없다. 나는 시험 삼아 보리밭에 누워 보았다. 멀리서면 혹시 안 보일지도 모르나 가까이선 전신(全身)이 송두리째 내다보인다.

혹간 고량(高粱)도 있다. 그러나 고량도 키가 두 자가량밖에 안 자랐다. 더구나 보리와 달라 성큼성큼 심어놓아서 몸 감출 곳이 되지 못했다. 또 일본군이 나타났을 때 마침 길옆에 고량밭이 대령하고 있으리라고 단정할 수도 없는 일이었다.

성벽을 넘을 땐 무척 어두웠으나 한 두어 시간 걷는 사이에 달이 떠서 주위는 제법 밝아졌다. 일본군에게 쫓겼단 들킬 염려가 많았다. 만약 쫓아온다면 놈들은 말을 타고 올 테니까 도보로 걷는 우리들은 아주 불리했다. 우리들은 될 수 있는 대로 걸음을 빨리했다. 걷는다기보다는 반은 달음질쳤다는 것이 옳을 것이다. 가끔씩 우리들은 마을 가운데나 마을 근처를 지났다. 그때는 이미 상당히 더운 때였으므로 농가에선 모두 문을 열어 놓았고 밖에 나와 자는 사람들도 적지 않았다. 짚단이나 장작 밑에다 솜이 다 꿰어 나온 요를 깔고 자고들 있는 것이다. 길옆에서 다리를 길 한가운데로 뻗고 자는 사람들도 있었다. 간혹 이불을 배위에만 살짝 걸치고 자는 사람들도 있었다. 열어 놓은 문틈으로 방안을 들여다보니깐 무너진 들창 외에 세간이라곤 거의 보이지 않았다.

마을이면 어느 마을을 막론하고 반드시 개가 많았다. 우리들이 마을 가까이 얼씬만 해도 개들은 무섭게 짖었다. 이 부근 중국인들은 집집이 한 마리 이상의 개를 기르고 있는데 그것들이 일제히 짖기 시작하면 요란스럽기 짝이 없었다.

개 짖는 소리에 마을사람들이 잠을 깰까봐 걱정되었다. 그들이 잠을 깨었단 귀찮다. 벌써 성이 20리 이상 떨어졌으므로 일본인인 줄 알고 죽일지도 모르고, 또 일본군이 쫓아왔을 때에도 그들이 깨어있었단 우리에게 불리할 것이다.

그뿐 아니라 부근엔 약 4천의 병력을 가진 비적단(匪賊團)이 있다.

그들은 중앙의 보급이 끊어져서 조직을 유지할 수 없어졌기 때문에 일본군에게 투항신청을 한 무리들이다. 그것이 4, 5일 전인데 아직 일본군이 회답이 없기 때문에 그것을 기다리고 있는 참이다. 우리는 이 사실을 부대의 조선인 통역에게 들어 알고 있었기 때문에 항상 그들을 경계하였다.

만약 그들에게 발견되어 붙잡힌다면 우리들은 투항신청의 조건으로 틀림없이 일본군에게 반환될 것이다. 그들은 일본군의 투항수리를 재촉하는 수단으로 우리들을 이용할 것이요, 그렇게 되면 일본군은 우리들의 몸이 탐나서 어느 정도 양보할 것도 사실이었다. 우리들은 완전히 일본군을 무시한 셈이니까 그들의 복수심도 그만큼 강할 것이라고 볼 수밖에 없었다.

그래서 우리들은 길을 걷지 않고 될 수 있는 대로 마을을 피하여 밭 가운데로 걷기로 했다. 보리는 그리 자라지는 않았으나 걸으려면 발에 걸린다. 한 걸음 떼어 놓기가 여간 힘 드는 것이 아니다. 더구나 울퉁불퉁해서 자빠질 것만 같고 흙이 연해서 발이 푹푹 빠진다. 길 걷는 것보다 두 배, 세 배 힘이 들었다.

한 서너 시간 걷고 나니까 발엔 수없이 물집이 잡히고 목이 타는 듯이 말랐다. 그러나 수통은 하나밖에 못 가져왔고 그것도 현창이가 꽤 많이 먹었기 때문에 걸을 때마다 철렁철렁 소리가 날 지경이었으므로 함부로 먹어버릴 수도 없었다. 나는 손에 잡히는 고량을 꺾어서 씹어 보았다. 약간 물기가 있는 듯하나 타는 듯한 목에는 입에 넣은 건지 긴가민가하다. 나는 고량 가지를 닥치는 대로 꺾어서 빨았으나 나중엔 그 짓도 그만 진력이 났다.

그렇게 해서 얼마쯤이나 걸었는지 우리들은 둘이 다 시계를 가지지 않았기 때문에 시간을 전혀 알 수가 없었다. 아마 한 너덧 시간 걸었을 것이다. 혹은 훨씬 덜 걸렸는지도 모른다. 우리들은 몹시 흥분했기 때문에 정확한 시간 개념이 없었다.

그때 나는 하나의 변화가 우리 주위에 일어난 것을 깨달았다. 지금까지 그렇게도 밭에 칭칭 감기던 보리가 어느 사이에 없어지고 발을 내 디딜 때마다 푹푹 빠지던 연한 흙이 차차 달라져간다는 것이었다. 정신을 차려보니까 보리밭이 점점 빈약해지고 키도 입때껏보다 훨씬 작아지고 또 무척 드문드문 심겨 있었다.

흙도 바싹 마른 듯 모래가 8할은 섞여 있었다. 나는 땅이 기름진 평화로운 농촌에서 별안간 쓸쓸한 사막으로 뛰어든 듯한 생각이 들었다.

"웬일이야, 아주 땅이 딴 고장같이 달라지지 않았어?"

나는 춘정에게 이렇게 말했다.

"글쎄, 별을 보면 틀림없이 정남방으로 걷고 있는데."

우리들은 그저 곧장 남쪽으로만 걸어가면 되었기 때문에 그는 이렇게 대답하였다.

"나침반을 보세."

나는 일어서서 나침반을 보았다. 달빛만으론 잘 보이지를 않는다. 할 수 없이 땅에 엎드려 나침반을 눈앞에 바싹 갖다 대었다. 서 있을 때보다는 좀 낫다. 한참 들여다보고 있으려니까 희미하게 눈앞에 바늘이 떠오른다. 우리들은 역시 틀림없는 정남방을 향하여 걷고 있었다.

"이상허이. 방향은 틀리지 않았는데."

내가 그렇게 중얼거리며 일어섰을 때다.

"응? 저게 뭐야, 강 아냐!"

춘정의 커다란 외침이 귀 옆에서 파열하였다.

"뭐!"

나도 깜짝 놀라 그가 가리키는 쪽을 바라보았다. 과연 그곳에는 하늘인지 바다인지 강인지 헤아릴 수 없는 한없는 푸른빛이 가로 놓여 있었다.

때마침 새파란 달빛이 대평원 위에 소낙비 같이 쏟아지고 있었다. 나는 용솟음치는 감정을 억제할 길이 없어 가늘게 몸을 떨며 뚫어지게 앞을 내다보았다.

"옳아, 강이야."

그것은 틀림없는 신황하(新黃河)인 것 같았다. 달빛은 강 한가운데서 은빛으로 반사되고 있다. 몇 달을 두고 꿈에서까지 본 신황하인 것이다.

우리들은 끌려가듯 강을 향해 걸었다. 넓다. 조선에선 볼 수 없이 넓다. 키가 작달막한 갈대가 물에 출렁거리고 있는 강가에 서서 나는 탐스럽게 흐르는 물을 하염없이 바라보았다.

"결국에 신황하에 당도했다."

안도와 기쁨이 뒤섞인 감정에 나는 눈물이 날 지경이다. 허리를 굽혀 강물을 먹었다. 갈증은 가시었으나 입 안에선 모래가 버적버적한다. 밤이라 잘 보이지는 않았지만 흙탕물인 모양이었다.

"배가 있으까?"

달아나는 자에게는 기쁨도 길지는 않다. 곧 다음 걱정이 닥쳐왔다.

"있겠지. 찾아보세."

춘정의 대답에는 별로 불안이 섞여 있지 않았다.

"찾아볼까. 가만있어, 물 좀 더 먹고….."

나는 다시 허리를 굽혀 흙탕물을 마시었다. 그러자 또 춘정의 놀란 목소리가 나를 질겁시켰다.

"여보게, 저것 좀 보게."

나는 얼굴을 들어 본능적으로 하류를 바라보았다. 사람이다. 강물 속에 사람이 서 있다. 이 오밤중에 단 혼자라서 나는 깜짝 놀랐다. 황겁해서 강에서 뛰어나오려니까 강 속에 있던 사람도 놀랐는지 갈대 속으로 몸을 숨겼다.

"갈대 속으로 기어오는 모양일세. 달아나세."

라고 춘정이 말했다. 말이 떨어지기 전에 벌써 뛰고 있었다. 나도 어름어름할 수는 없었다. 갈대 속에서 탕! 한 방 쏠지도 모르는 일이다. 나도 허리에 찬 권총을 움켜쥐고 뛰었다.

춘정은 나보다 건강할 뿐 아니라 구두도 편리한 중국구두였으나 나는 무거운 장화를 신었다. 발이 말을 안 듣는다. 얼마큼 뛰다가 나는 걸음을 멈추었다.

"여보게 난 못 뛰겠네."

춘정도 발을 멈추고 뒤를 돌아보았다. 그러나 아무도 따라오는 사람은 없다. 놀라기도 했지만 그러나 아직 안심하기는 이르다.

"어부인가 보이."

우리들은 다시 강가로 다가갔다. 강가를 따라 상류로 올라간다. 그러지 않아도 피로한 데다 놀라서 한바탕 달음박질을 했기 때문에 걷는 것도 수월치 않다. 그뿐 아니라 좀체 배도 보이지 않는다. 나는 그저 아무데나 쓰러져서 자고 싶은 충동과 싸우면서 열심히 춘정의 뒤를 따랐다.

30분, 한 시간, 우리들은 말할 기운도 없이 그저 기계처럼 걸었다. 그러나 배는 보이지 않는다. 한 시간 반, 두 시간. 배는 여전히 없다. 우리들의 불안은 점점 커져갔다. 만약 오늘밤 안으로 강을 건너지 못한 다면 내일 아침엔 틀림없이 좇는 자의 손에 붙잡힐 것이다. 무슨 일이 있든지 강은 건너야했다.

갈대밭이 우리들 앞길을 가로막았다. 키가 우리들의 배는 넘는 갈대 였다. 그 저쪽에 무엇이 있는지 알 길 없는 게 불안하였으나 여하간 그 갈대밭을 헤치고 나가는 도리밖에 없었다.

그러나 갈대밭은 길지는 않았다. 곧 끝이 나고 조그마한 마을이 나타 났다. 마을이래야 집이 3, 4호(戶) 있을 뿐이다. 그리고 마을 앞엔 배 도 있었다.

"배가 있다."

나는 강가로 달려가서 배 있는 곳을 들여다보았다. 여러 쌍이다. 그 러나 다음 순간 우리들은 아까보다 더 큰 실망을 느꼈다. 배는 모두 깨 졌고 물이 잔득 괴여 있다. 물은 괴인지 무척 오래 되는 듯하여 시퍼렇 게 썩었다.

"틀렸네."

춘정이 한숨을 쉬었다. 나는 권총을 빼어들고 제일 가까운 집 문을 발길로 찼다. 곧 호호백발의 늙은 노파가 나왔다. 나는 그때까지 배운 몇 마디 중국말로 손짓을 섞어가며 '이 강을 건너고 싶으니 뱃사공을 구 해달라'는 뜻을 겨우 이 노파에게 이해시켰다. 아니, 이해시켰다 생각 하였다. 그랬더니 노파는 나를 그 이웃집으로 데리고 갔다.

먼저 노파가 안으로 들어가더니 곧 다른 남자를 하나를 데리고 나왔다. 나는 아까 노파에게 하듯이 또 손짓 발짓을 여기서 되풀이했다. 이번엔 확실히 알아들은 모양이었다. 그리고는 무엇인지 기다랗게 늘어놓는다. 처음엔 무슨 소린지 전혀 몰랐다. 그러나 가만히 듣고 있으려니까 요컨대는 배는 다 깨져서 별 수가 없다는 것을 변명하고 있는 것이었다.

나는 손에 들었던 권총을 들어 그 남자 가슴에다 겨누었다. 그리고 깨진 배라도 좋으니 내라고 명령했다. 그러나 권총을 보고서도 그는 조금도 놀라지를 않는다. 여전히 안 된다는 소리만을 중얼중얼 늘어놓았다.

"배를 내라."

나는 억지를 쓴다.

"안 됩니다."

대답은 하나였다. 이러한 문답이 10분 가까이 계속되었다.

나는 기어이 성을 내어 "쏠 테다!"하면서 정말 쏘는 시늉을 하였다. 그러니까 그 남자는 하는 수 없다는 듯이 그 자리에 펄썩 주저앉고 만다. 그러면서 쏠 테면 쏘라는 듯한 태도를 취했다.

나는 단념하고 강가로 돌아왔다. 신황하의 커다란 흐름은 조금도 변함이 없다. 금방이라도 동이 틀지 모르는 일이다. 우리들은 초조하지 않을 수 없었다.

"걸어선 못 건너나?"

나는 혼잣말을 하고 군화를 신은 채 철벅철벅 물속으로 들어가 보았다. 의외로 얕다. 한 자 깊이도 못된다. 이것 봐라, 나는 신기해서 더욱 앞으로 나아갔다. 한참을 걸어 들어가도 물이 무릎을 넘지 않는다. 나는 희망을 가지기 시작하였다.

그리하여 한 200미터 걸어갔을 때 나는 한 개의 섬에 부닥쳤다. 섬이라기보다는 강 밑 좀 높다란 곳이 물 위에 나와 있는 듯한 곳이었다. 거기까지는 물깊이가 똑같아서 무릎을 넘지 아니하였다.

'걸어서 건널 수 있다.'

그렇게 생각하며 나는 그 섬 위에 올라섰다. 올라서자마자 나는 소스라쳐 놀랐다. 어떤 종류에 속하는지 전연 알 수 없는 그러한 중국인이 한 10명 이상 누워 자고 있는 것이다. 나는 그들이 잠을 깨지 않게 조심조심 섬을 건너 또 강으로 내려갔다. 역시 깊이는 같다.

"됐다."

나는 춘정을 부르려고 다시 섬을 지나 강가로 돌아왔다.

"얕으이. 걸어서도 건널 수 있어."

그러니까 아까부터 정세를 보고 있던 춘정이 곧 강 속으로 뛰어들었다.

넓이에 비해선 강은 실로 얕았다. 그러나 차차 들어갈수록 강은 역시 조금씩 깊어졌다. 그러나 워낙 강이 넓기 때문에 그 조금씩 깊어진다는 사실을 얕볼 수는 없었다. 사분지일도 건너기 전에 물은 이미 가슴에 닿았다. 그래도 나는 강을 건너려는 일심에 되돌아올 생각은 하지도 않았다. 물의 깊이보다도 나는 강 저편만을 바라보고 걷고 있었다.

춘정은 담배 싼 보따리를 머리에 이고 있다. 나도 권총을 떼어 머리에 이었다. 그러나 이제 그 이상은 더 갈 수 없는 데까지 다다랐다. 물은 가슴을 넘어 턱을 적시려 한다. 자칫하면 발을 헛디딜 것 같아 움직일 수가 없었다.

"인젠 고만, 더 못가겠어."

나는 걸음을 멈추고 우는 소리를 할 수밖에 없었다. 우리들은 거의 삼분지일을 건넜으나 기어이 걸음을 돌리는 도리밖에 없었다.

되돌아오리라 맘먹으니까 별안간 물결이 빨라진 것 같아 꼼작도 할 수가 없다. 한 쪽 발을 들으면 한 쪽 발이 떠내려 갈 것만 같고, 그렇다고 가만히 서 있어도 물결 속에 끌려들어가는 듯했다. 결국 걷는 수밖엔 없다. 한 걸음 떼어 놓을 때마다 나는 비틀거렸다. 그러나 한번 쓰러지면 다시는 일어나지를 못한다. 신황하는 깊지는 않았으나 몹시 물결이 센 강이었다.

다시 강가로 돌아올 수도 없었다. 그대론 서 있을 수도 걸을 수도 없다. 나는 진땀이 등에 쭉 흐르는 것을 느꼈다.

"여보게, 사람 죽겠네. 꼼작 못 허겠어!"

나는 드디어 고함을 질렀다.

"자, 날 붙잡아."

춘정이 말한다. 물론 나는 춘정을 붙잡고 있었다. 붙잡고 있었으니까 여태껏 쓰러지지 않고 견뎌온 것이다. 그러나 말로만 붙잡았지 사실인즉 나는 그저 그의 몸에 손을 얹고 있었을 뿐이다. 왜냐하면 너무 힘을 주어 붙잡았다가 내가 쓰러질 때 내 모든 체중이 그에게로 기울어져 둘이 다 떠내려갈 것을 염려했기 때문이다. 둘이 다 쓰러졌단 만사휴의다. 나는 어떻게 해서든지 그의 몸을 편하게 해주려고 노력했다. 그러나 그만큼 나는 힘이 들었다. 나는 몇 번이고 정말 쓰러질 뻔, 쓰러질 뻔했다. 그러나 그때마다 이를 악물고 버티었다.

"붙잡으래니깐…."

쓰러지려고 할 때마다 춘정이 소리를 지른다. 그러나 나는 그 이상

힘을 주어 춘정에게 의지할 수는 없었다. 나는 춘정도 나대로 겨우 버티고 서 있는 것을 알고 있었다.

내 몸은 쓰러지지 않을 정도로 겨우 서 있을 뿐이다. 만약 물결이 털 끝만큼이라도 더 강해진다면 나는 사라지듯 쓰러질 수밖에 없었다. 발이 물결에 끌려들려 할 때마다 나는 그 물의 흐름대로 몸을 맡겨버리고 싶은 충동을 느꼈다. 그러면 모든 것이 끝나고 편안해지리라는 유혹을 받았다.

그러나 사람의 생존욕만큼 강한 것은 없다. 그것은 최후의 일순까지 절망을 허락지 않았다. 나는 그예 물결과 싸워 이겼다. 물은 턱 밑에서 가슴으로, 가슴에서 허리로 내려갔다. 위기는 벗어났다. 우리들은 얼굴이 새파래져서 다시 강가로 돌아왔다.

내가 춘정의 몸까지 염려한 것은 기우였다. 강가로 돌아오자 그는 자기가 물에 익숙한 것, 그리고 헤엄에 상당히 자신이 있다는 것을 얘기했다. 그리고 사실 나같이 피로하지는 않았었다.

"왜 이 사람아, 그렇게 붙잡으래도 안 붙잡아."

그는 나를 책망했다.

"자네마저 쓰러질까봐 그랬지."

"그렇지만 힘은 더 들었네."

그는 그렇게 말하며 나를 바라보았다.

우리들은 신황하의 위기를 우선은 한 번 벗어난 셈이다. 그러나 위난(危難)은 그것에 그치지 않았다. 머지않아 날도 밝을 것이다. 그래서인지 달빛이 엷어진 것도 같다. 어떻게 해서든 무슨 일이 있든지 날이 새기 전에 강은 건너야 했다. 나는 쫓아오는 일본군의 기병이 바로 등 뒤에 와있는 것 같았다.

막 지금 죽을 고비를 넘었는데 아직도 죽음의 그림자는 우리들 곁을 떠나지는 않았다.

"여보게, 그 깨진 배라도 끌구 가세. 얕은 데선 둘이 끌고 깊어지면 자넨 타게. 내가 혼자서 헤엄치면서 끌게…."

아까부터 생각에 잠겼던 춘정이 말했다.

"넉넉히 끌겠나?"

"끌어. 깊은 데래야 얼마 돼. 거리가 멀지 않으니까 문제없어."

"중간에서 배를 타긴 어떻게 타나, 뒤집힐 걸 그래."

"못 가면 붙잡고만 있지 그래."

"글쎄 그렇게라도 해볼까?"

우리들은 깨진 배 중에서 제일 작은 놈을 하나 골라 거기다 새끼를 붙잡아매었다. 춘정은 곧 배를 끌고 철벅철벅 물속으로 들어갔다. 나는 아까 혼이 났기 때문에 이번엔 조심해서 구두와 양복을 벗었다.

"아, 이 사람아, 얼른 들어와."

춘정이 초조해서 재촉한다. 나는 얼른 구두와 양복을 배 위에 얹고, 춘정의 뒤를 따라 강에 들어갔다. 지금 막 죽을 뻔했던 강 속엘 10분도 안 되어 다시 뛰어드는 것이다.

그러나 강 속에 들어가서 보니 우리들의 생각이 얼마나 훌륭한 생각인가를 알 수 있었다. 깨진 배라서 물은 들어오지만 미리 준비했던 냄비 조각으로 자꾸 퍼내니 고이지는 않는다. 물이 깊어가도 뱃전에 조금만 매달리면 여간 몸이 편한 것이 아니었다.

춘정은 정말 물에 익숙했다. 힘 있게 배를 끌고 나간다. 삼분지일,

이분지일, 우리들은 모든 것을 잊고 그저 강 건너기에만 열중했다.

이번엔 반대로 남은 거리가 삼분지일, 사분지일, 아아! 드디어 우리들은 넓고 넓은 신황하를 다 건너고 만 것이다. 기쁜지 슬픈지조차 헤아릴 수 없다.

배를 강가에 갖다 대니까 날은 벌써 훤히 밝았고 부지런한 농부는 이미 밭에 나와 있었다. 꿈같은 하루 밤이 그예 샌 것이다.

인젠 걱정 없다. 아무리 표독한 일본군이라도 강을 건너서까지 쫓아오지는 못할 것 같다. 우리들은 그예 탈주에 성공하였다.

나는 배에서 젖은 군복을 꺼내 물을 짜서 입었다. 그리고는 권총을 어깨에 메고 구두를 신었다.

이번엔 적당한 풀밭을 찾아 잘 참이다. 우리들은 주위를 둘러보고 그런 장소를 보살폈다. 그러나 알맞은 풀밭은 없다. 그때 저쪽에서 젊은 중국인 한 사람이 뒷짐을 지고 어슬렁어슬렁 이쪽을 향하여 걸어오는 것이었다.

장개석 군대를 만나다

처음엔 우리들도 그 중국인을 보고 별로 개의치 않았다. 우리가 아직 일본 군복을 입고 있기는 했지만 일본이 '비점령지대'라고 부르는 곳의 중국인들이 일본 군복을 보면서 무슨 생각을 할지 우리들은 정말 깊이 생각해본 적이 없었다. 그뿐 아니라 일본 병영(兵營)을 탈출한 지 불과 몇 시간 안 되고 겨우 강 하나를 건넌 직후라, 일본 병영에서 본 중국인과 이곳 중국인은 아주 딴 인종이라 할 만큼 다르다는 것을 명확하게 인식하기가 곤란하였다.

그 중국인 청년은 틀림없이 우리들 쪽을 향하여 걸어오고 있었다. 뒷짐을 진 채이다. 때때로 웃어도 보인다. 그러나 문득 보니까 뒷짐 진 손에 소총을 들고 있었다. 나는 가슴이 덜컥 내려앉았다. 병정이다! 순간 나도 권총에다 손을 대고 있었다.

내 손에서 권총이 번쩍 빛나자 그 청년도 뒷짐을 풀었다. 그도 소총을 앞으로 겨누고 있는 것이다. 일순 무서운 긴장이 두 사람 사이를 점령하였다. 그러나 이 긴장은 곧 깨어지고 말았다. 그는 무엇을 생각했는지 겨누었던 총을 다시 축 내려뜨리고 싱긋 웃어 보이는 것이다. 그리고는 좀더 가까이 다가왔다.

나는 어쩔 줄을 몰랐다. 대체 뭘 하는 자일까. 군복도 입지 않았다. 차림차림은 꼭 농부다. 그러나 물론 보통 농부가 아닐 것은 정한 이치이다. 보통 농부가 아니라면 무엇일꼬. 병정일까. 병정이라면 중앙군일까, 혹은 유격대일까. 혹은 또 비적의 패일까. 여기는 회양이 가까우니까 비록 사이에 강을 하나 두었다고는 하지만 일본군의 끄나풀이 되어 있는 보안대가 배치되어 있을지도 모르는 일이다. 그렇지 않으면 왕정위(汪精衛)의 반역군(反逆軍)에 속하는 인간일지도 알 수 없다.

같은 한 사람의 중국청년이기는 하나 저 청년 하나의 신분여하에 따라서 우리들의 생명이 왔다 갔다 하는 판이다. 특히 두려운 것은 그가 일본군의 끄나풀 노릇을 하는 보안대원이거나 또는 왕정위의 군인이 아닌가 하는 점이다.

강 이편은 물론 일본군의 비점령지대인 줄 알고 있었기 때문에 결사

적 도하(渡河)를 감행했지만 확신하지는 못했다. 원래 우리들의 지식
이라는 것이 병정들의 얘기를 어깨 너머로 들은 것과 상식적 추리에서
얻은 것뿐이기 때문에 정말 현실에 부딪히고 보니 믿을 바가 못 되었다.

그리고 그때엔 하남작전이 한창이었다. 병영에서 들은 말 중에도 회
양 대안(對岸)에 있는 주가구(周家口)*의 중국군은 이미 전부 퇴각하
였다느니, 주가구엔 벌써 일본군이 들어가 있다느니 하는 소문이 자자
했던 만큼, 정말 그렇게 되지나 않았나 하는 의구심도 있었다. 정말 그
렇다면 여기는 주가구와 얼마 안 되는 지점이다. 지금쯤은 능히 보안대
가 들어와 있을 것이었다.

만약 이 청년이 보안대원이라면? 만사휴의다. 지금까지의 천신만고
(千辛萬苦)가 나무아비타불이다. 우리들은 일본병영으로 송환되어 갖
은 욕을 당한 후 총살되고 말 것이다.

그러나 만약 이 청년이 중앙군이라면? 우리들은 저항해선 안 된다.
사정을 얘기하고 일신을 위탁해야 한다.

나는 서투른 중국어로,

"당신은 중앙군이요, 왕정위군이요?"

하고 물었으나 통하지 않는지 그는 그저 끄덕끄덕할 뿐이다.

"어떡헐까?"

나는 춘정에게 얼굴은 돌리지 않고 물었다.

"대체 이자는 뭐야?"

춘정은 대답 대신 도리어 나한테 묻는 것이다. 세 사람 사이엔 꽤 오

---

* 중국 하남성 상수(商水)의 옛 지명.

랫동안 침묵이 흘렀다. 그러는 중에도 그 청년은 항상 싱글싱글 웃는 낯이다.

그러면서 가끔 손을 들어 우리들을 불렀다. 이리 오라는 모양이었다. 그러나 청년의 신분을 알 때까지는 갈 수가 없다. 우리들은 아주 궁경(窮境)에 빠지고 말았다. 우리들은 천치 모양으로 뻔히 서 있기만 할 뿐이다. 그러나 나는 권총을 손에서 놓지 않았다.

그것을 보더니 청년은 더욱 상냥스러운 얼굴로 손짓하는 것이다.

"걱정 말고, 자아, 나를 따라와요."

그러는 모양이었다.

생각해보니 우리들의 신세야말로 딱하다. 그 청년을 따라가지 않는다면 또 무슨 다른 도리가 있을까. 설마 보안대나 왕정위군이 벌써 이런 데까지 배치되지는 않았겠지. 유격대나 비적이라 하더라도 우리에게 그렇게 함부로 굴지는 않을 테지… 그리고 권총은 아직도 내 수중에 있으니까 최후에 가선 죽을 수도 있지… 그렇게 생각하고 우리들은 청년의 뒤를 따라가기로 하였다.

한 500미터가량 가니까 게딱지 모양으로 땅에 납작하게 붙은 집이 있었다. 청년은 그 집 앞에서 발을 멈추더니,

"잠깐 기다리라"

라고 말하고 안으로 들어갔다. 이윽고 그는 다른 남자 하나를 데리고 밖으로 나왔다. 역시 차림은 농부인 모양인데 눈이 트라코마(*trachoma*)* 때문에 새빨갰다. 그는 막 잠이 깼는지 눈을 씀벅씀벅하며 어리둥절한

---

* 전염성 결막염의 일종.

모양이다. 손에는 역시 소총을 들고 있었다.

이 정체 모를 청년 두 사람은, 그들에게는 더 정체를 알기 어려웠을 일본 군복의 우리들과 세 걸음 앞에 마주섰다. 나중에 나온 트라코마를 앓는 청년은 먼저 청년보다 훨씬 인상이 좋지 못하다. 그는 나를 보고 권총을 버리라 손짓하는 것이다. 이 청년들이 무엇인지를 우리들은 판단할 도리가 없었다.

나는 소용없을 줄 알면서도 또 서투른 중국어로 물었다.

"그대들은 중앙군인가?"

그러니까 먼저 우리들을 발견한 청년이 싱글싱글 웃으면서,

"그렇다."

하는 듯이 고개를 흔든다. 그리고는 그도 내게 권총을 내놓으라고 손짓하는 것이다.

그러나 그 고개 젓는 폼이 아무래도 이상하다. 내가 한 말의 뜻을 알아들은 것같이 생각되지를 않았다. 그래서 이번엔 반대로

"그대들은 보안대인가?"

이렇게 물었다. 그때도 역시 마찬가지로

"그렇다."

하는 듯이 고개를 내젓는다. 그리고는 또 권총을 내리라고 손짓이다.

그들은 내 중국어를 알아듣지 못하는 모양이었다. 그도 그럴 것이 내 생각에도 발음이 하도 괴상하니까 알아듣는 편이 신기할 지경이다. 그러나 나는 그까짓 것쯤으로 절망하지 않는다. 또 질문을 계속한다.

"그대들은 장개석군인가?"

청년은 여전히 웃는 낯으로 '그렇다'고 고개를 흔든다. 그러면서 그와

전혀 반대의 질문을 해도 역시 같은 대답이다.

"그대들은 왕정위군인가?"

"그렇다."

그러면서 꾸준히 권총을 내리라는 재촉이다.

권총은 내가 쥐고 있다. 그 때문에 나는 몸을 자유로이 움직일 수가 없다. 항상 그들의 행동을 감시하고 있어야 하기 때문이다.

말이 통하지 않는 것을 본 춘정이 쭈그리고 앉았다. 모래 위에다 글씨를 썼다. 필담(筆談)을 할 작정인 듯했다. 글씨를 다 쓰고 나서 손으로 그것을 가리키며 대답을 구했다.

그러나 두 청년은 그것을 볼 생각조차 안 했다. 그리고는 그저 무턱대고 "그렇다" 하는 듯이 고개만 끄떡이는 것이다. 나는 그들이 글자를 모르나보다고 생각했다.

우리들이 권총을 내놓지 않는 것을 본 한 청년이 손을 들어 주위를 가리키며 '이 근방엔 중국병이 가득 찼으니까 달아나지는 못한다'는 뜻을 말했다. 그 말이 옳으리라고 나는 생각했다. 먼저 청년은 여전히 얼굴에서 웃음을 걷지 않는다. 그것을 보고 있으려니까 긴장한 가운데도 다소 여유가 생기는 것 같았다.

이 대치상태를 이대로 계속한다면 나중엔 어떻게 될 것인가. 아무리 서로 버틴다고 끝날 일이 아닐 것이다. 말도 통하지 않고 글도 통하지 않는다. 그들의 신분을 알 도리는 없다. 그들의 신분을 모르니 우리들도 행동을 결정할 방법이 없다.

다행히 그들이 중앙군이거나 중앙군 계통의 병정이라면 문제는 없다. 그들은 우리를 포로로 잡을 것이다. 포로가 되어도 그것은 무관하다. 차라리 그렇게 되어야 우리들의 신분을 변명할 기회가 있을 수도 있다.

그러나 만약 왕정위의 군대이거나 보안대라면 그들의 손에 잡히는 것보다는 차라리 자결하는 편이 낫다. 잡히면 일본군의 손에 죽을 수밖에 없기 때문이다. 그러나 그 점, 즉 그들이 불행히도 왕정위의 군대라는 점도 또한 알 길이 없다. 그것을 캐보지 않고 자살한다는 것은 어리석은 일이다. 하지만 어리석다기보다도 아직 죽을 용기가 생기지를 않는다.

우리들은 곰곰이 생각한 뒤에, 좀 비겁할지는 모르나 그들이 하라는 대로 권총을 내릴 수밖엔 없다고 결심했다. 그리고 우리들의 몸까지도 그들에게 내맡기지 않을 수 없다고 생각했다. 나는 드디어 권총을 땅에 내어 던졌다.

그러나 내가 내어던진 권총이 채 땅에 떨어지기도 전에 두 청년의 태도는 표변(豹變)했다. 지금까지 싱글싱글 웃고 있던 청년의 얼굴도 악마와 같이 무서워졌다. 그들은 벼락같이 두서너 걸음 뒤로 물러서더니 들고 있던 총을 우리들 가슴팍에다 겨누었다. 트라코마를 앓는 청년은 총을 하늘에 대고 두서너 방 탕탕 쏘아보이기까지 하였다.

그리고는 옆에 있는 늙은 농부에게 우리들을 결박하라고 명령하였다. 언제 그 농부가 거기 와서 서 있었는지 나는 몰랐다. 처음부터 거기서 구경하고 있었는지도 모르지만 전혀 알지 못했다. 농부는 명령을 받자 청년과 우리들의 얼굴을 한참 번갈아 쳐다보더니 부들부들 떨기 시작했다. 그러나 결국 꽁무니를 빼면서도 우리들 앞으로 다가오더니 우리들을 결박하기 시작하였다.

"비적이다."

이런 생각이 번개같이 머릿속을 스쳤다. 그러나 이미 때는 늦었다. 나는 가만히 묶였다. 춘정도 양과 같이 온순하다. 결박이 끝나자 트라코마를 앓는 청년이 먼저 밧줄을 붙잡았다. 그리고는 힘껏 줄을 잡아낚았기 때문에 손목이 끊어질듯이 아프다.

"아야!"

악을 쓰니까 그는 무릎으로 우리들 궁둥이를 찼다. 나는 온몸이 부들부들 떨렸다. 총을 내려놓은 것은 너무나 중대한 과실이었다. 나는 확실히 내가 지금 죽음의 길을 밟고 있다는 것을 깨달았다.

"가!"

그는 소리쳤다.

나는 춘정에게 무엇이라 말하려 하였으나 입이 굳어 말이 나오질 않는다. 말이 나오더라도 목소리가 떨릴 것 같아 부끄러운 생각도 든다. 나는 죽는 순간에도 위선에서 벗어나지 못하는 나를 잠깐 측은히 생각하였다.

그러니까 춘정은 내 심중을 내다본 듯이,

"가세. 눈 깜짝할 사이에 만사는 다 끝나고 마네."
하면서 걷기 시작했다. 그도 죽음을 각오한 모양이었다. 그러나 그의 태도는 의연했다. 커다랗고 둥그런 눈 속엔 아무런 불안도 깃들어 있지 않다. 그의 말로 나는 약간 용기를 회복했다.

아무 때든 한 번은 죽는다. 지금부터 한 삼사십 년 더 살고 못 살고가 무슨 그리 큰일이냐 말이다. 결사코 탈주한 우리들이니까 예정대로 죽는데 무슨 한이 있으랴 나도 그렇게 각오했다.

거기가 어딘지도 모르는 중국 대평원 한구석에서 아무도 모르게 죽어서 썩는다는 그 사실이 참을 수 없었다. 흰 모래밭이었다. 우리들은 버적버적 모래를 밟고 걷는다. 우리들 앞뒤엔 총을 든 중국인이 서 있다. 어느 틈에 늘었는지 우리들을 감시하는 사람 수효가 사오 인만이 아니다. 그것들이 제 맘대로 아무 때나 탕탕 총을 쏘아대는 게 몹시 비위에 거슬린다.

모래밭은 오륙백 미터 계속되고 과히 높지 않은 언덕 사이로 사라졌다. '그 속으로 끌려들어가서 사살당하나 보다'고 나는 생각했다. 물론 아무데서 죽으나 마찬가지다. 그러나 나는 철학자가 아니기 때문에 이왕 죽을 바엔 조선에서 죽고 싶다는 희망을 가지고 있었다. 이렇게 고요한, 산 하나 없는 모래사장에서 죽는 건 좀 적적한 일이라고 생각하였다.

지금 나는 죽지만 내가 어디서 죽었는지를 아는 사람은 없으리라. 나의 생사는 영원한 수수께끼로 나를 사랑하던 사람들 가슴속에 남을 것이다. 그리고 나도 나의 죽음을 전하고 싶다고 괴로워하면서 결국 전하지 못하고 죽고 말 것이다. 그렇게 생각하니 한없는 적막감이 나를 사로잡고 놓지 않는다.

언덕과 언덕 사이 길로 들어가는 줄만 알고 있었더니 그들은 언덕 앞을 그대로 지나 아까 트라코마를 앓는 청년이 나온 집과 똑같은 납작한 집으로 들어가는 것이다. 나는 신기하다고 생각하면서도 따라 들어가는 수밖에 없었다.

방 앞엔 편복(便服)이 아니라 정식 군복을 입은 칠팔 명의 병정이 서 있기도 하고 앉아 있기도 했다.

"비적은 아닌가보다."

우선 그런 느낌을 받았다.

우리들은 자그마한 책상 앞으로 인도되었다. 의자엔 하사관인 듯한 병정이 앉아 있었다. 그는 우리들에게 무엇인지 묻는 모양이었으나 무슨 소리인지 알 수가 없다.

나는 결박당한 손을 내보이고 "아프다" 그랬다. 사오 명의 병정이 우리들 주위에 모여와 신기한 듯이 우리들을 바라보고 있었다. 하사관은 그중의 한 사람에게 우리들 손을 끌러주라고 명령하였다.

손이 풀렸을 때 나는 책상 위에 있는 붓을 집어 들었다. 그리고 종이를 달라고 청했다. 하사관은 곧 한 장의 종이를 우리들 앞에 폈다. 나는 그 위에다 커다란 글씨로 우리들은 결코 일본인이 아니라는 것, 어째서 일본군에게 뽑혔고, 어떻게 해서 일본 병영을 탈주했는가를 자세히 썼다. 그는 내가 쓴 것을 보면서도 그저 끄덕끄덕할 뿐 특별한 표정을 드러내지 않는다.

나는 다시 붓을 들어,

"그대들은 중앙군인가 왕정위군인가?"

그렇게 물었다. 그러나 하사관은 잠깐 내 얼굴을 쳐다보았을 뿐 아무 말도 없다.

우리들은 그 방에 한 5분가량 있었다. 그러더니 우리를 결박해 온 청년 말고 다른 병정이 앞서 그 집을 나섰다.

우리들은 중국인들의 구경거리가 되면서 몇 개의 병영을 방문했다. 무슨 형식적인 수속을 하는 모양이었다. 방문하는 병사(兵舍)가 차차 커가는 것을 보니 우리들은 아마 순서를 밟아 상급관청으로 보내지는 모양이었다. 그러나 우리는 아무데서도 상관이라 할 만한 사람을 만나지 못했다. 편복 차림의 아편중독자 같은 병정, 아니면 트라코마로 눈에서 진물이 나는 병정들이 우리들을 차례로 받고 또 다음으로 넘기고 할 따름이었다.

우리들은 글을 아는 병정을 만나 여러 가지 사정을 묻고 싶었으나 모두 허사였다. 그런 데다 우리들은 몹시 시장했다. 밤새도록 걸은 데다 아침도 못 먹었다. 벌써 10시는 훨씬 지났을 것이다.

우리들은 대여섯 개의 병사(兵舍)를 통과하여 강가로 나왔다. 강은 제법 넓었다. 배 없이는 건너지 못할 곳이다.

우리들을 호송(護送)하는 병정은 둘이었다. 그들은 우리들에게,

"배가 올 때까지 여기서 쉬라."

하였다.

우리들은 강가에 주저앉았다. 중국인 농부들이 와르르 몰려들었다. 그중에 한 노인이 있었다. 칠십 가까운 노인인데 허리가 ㄱ자로 구부러졌다. 그는 눈곱 낀 눈으로 우리들을 바라보더니 별안간 구경꾼 틈을 빠져 저쪽으로 가버렸다. 그의 행동이 적잖이 수상쩍었다.

이윽고 노인은 다시 나타났다. 손에는 군만두 몇 개를 들고 있었다. 그는 비틀비틀 다시 구경꾼 틈을 뚫고 들어오더니 그 만두를 우리들 앞에 내밀었다. 주름 잡힌 그의 눈 속에는 친절 말고는 아무것도 담겨 있지 않다. 우리들은 고맙게 만두를 받았다. 그리고는 덥석 물어뜯었다. 먹고 나니까 졸리다. 우리는 그대로 강가에 쓰러져 잠이 들고 말았다.

얼마나 잤는지 모른다. 호송하는 병정이 흔들어 깨웠다. 배가 왔다는 것이다.

눈을 떠보니까 우리들 외에도 많은 선객이 모여 있다. 한 30명 탈 수 있는 제법 큰 배다. 우리들이 맨 먼저 타고 다음에 장교가 칠팔 명, 그러고 나서 병정과 농부들이 우르르 올라탔다. 모두 우리들을 바라보고 있다.

나는 옆에 탄 장교에게서 연필과 종이를 얻어

"그대들은 중앙군인가 왕정위군인가?"

또 그렇게 적어보였다.

그러니까 그는 내게서 연필과 종이를 받아 내가 쓴 글자 옆에다 달필로,

"老蔣介石先生的"

이라 썼다. 장개석군이라는 것이다. 금시에 암운(暗雲)이 개고 빛나는 해를 우러러 보는 듯한 심정이었다.

"살았다."

우리들은 부지중 마음속으로 부르짖었다.

강 건너엔 입때껏 못 보던 큰 병사(兵舍)가 있었다. 우리들은 거기로 들어갔다.

병사 안에서 얼마동안 기다리고 있으려니까 상급장교인 듯한 병정이 두 사람 나타났다. 손엔 벼루집과 종이를 들고 있다. 방에 들어오더니 그중의 한 사람이 우리들 앞에다 가져온 종이를 펴 놓는다. 보니까 대여섯 개의 질문이 쓰여 있다. 질문 아래엔 공란이 있어서 우리들이 대답을 쓸 수 있도록 되어 있었다.

우리들은 될 수 있는 대로 자세히 사정을 설명했다. 우리들이 대답란에다 대답을 쓰고 있는 동안 두 사람의 장교는 옆에서 들여다보며 연거

푸 "응, 응," 하고 끄덕이고 있다.

우리들의 설명이 끝나자 두 사람의 장교는 만면에 웃음을 띠고 말없이 손을 내밀어 우리들의 손을 잡았다. 그리고 우리들의 결박을 끌러 주었다. 우리들은 그때까지 간단은 하였지만 결박당하고 있었던 것이다.

다음에 그들은 우리를 데리고 그 방을 나와 넓은 들을 지나서 '치성관'(値星官)이란 패가 붙은 방으로 안내했다. 치성관이라는 것은 주번(週番)이란 뜻의 중국어인데 그때도 그 의미를 몰랐으므로 무슨 천문학을 연구하는 사관(士官)의 방인가고 생각하였다.

그 방안에는 오륙 명의 장교가 있었는데 우리를 데리고 간 장교는 그들에게 자세히 우리들 일을 소개하는 모양이었다. 그들은 일제히 우리를 환영한다. 그리고 호기심에서였겠지만 앞을 다투어 우리들과 필담을 하려 했다.

우리는 탈주가 그예 성공한 것을 깨달았다. 우리들은 기쁨을 걷잡을 수 없어 그들과 일일이 필담을 하였다. 그날 밤 우리들은 치성관실 장교들과 같이 식사하고 같은 방에서 같은 침대에 누워 잤다.

소등하기 조금 전에 그중에서 제일 젊은 장교 하나가 우리들에게 무엇인지 종이를 써서 보인다. 보니까 거기는

"先生們勇敢的靑年!"

이렇게 쓰여 있었다. 그대들은 용감한 청년이라는 것이었다.

희한한 감옥생활의 포로

치성관(値星官) 방에서 우리들은 겨우 하룻밤밖에 안 잤다. 그러나 거기서 우리들은 여러 가지 정보를 얻을 수 있었다. 무엇보다도 장차 우리들을 어떻게 대우할 것이냐 하는 것이 문제였다. 우리들은 필담할 기회가 있을 때마다 이 문제를 제기하여 그 대답을 들으려 했다. 그들의 대답을 종합하면 대략 아래와 같았다.

중경(重慶)엔 조선의 임시정부가 있고 그 정부는 광복군이라는 독립운동을 위한 군대가 있다. 우리들은 우선 중경 임시정부로 넘어가게 될 것이다. 임시정부로 넘어간 후엔 광복군에 편입되어 독립운동에 종사하게 되리라는 것이었다.

"물론 당신네들이 희망한다면 중국 군대에서 일을 볼 수도 있을 것이오."

하는 사람도 있었다.

그들은 모두 우리들에게 친절했다. 우리들의 장래도 또한 희망에 가득 찬 것이었다. 중경에 가는 것도 좋고 광복군에 편입되는 것도 좋다. 또 이곳은 아주 궁벽한 시골이나, 중국군과 함께 일해 보는 것도 좋다고 우리들은 생각하였다.

죽을 작정하고 탈주하여 나온 우리들이요, 운이 나쁘면 죽었을지도 모르는 우리들이다. 또 사실 죽을 고비를 여러 번 넘었다. 처음 중국군에게 붙잡혔을 땐 꼭 죽으리라 생각까지 한 몸이었다. 어떠한 대우를 받든 자유만 주고 생명만 보장해준다면 우선은 그것으로 만족해야 할 처지이다. 그들과의 필담에서 전도(前途)에 대한 대체의 윤곽을 짐작할 수 있었을 때 우리들은 기가 막히도록 반가웠다.

그러나 우리들을 그렇게 해방해주고 조금도 의심하지 않았을 뿐 아니라 친절하게, 그리고 존경까지 하던 중국군이 무엇 때문인지 별안간 우리들 두 사람을 옥중에 감금하고 만 것이다.

치성관에서 자고 난 이튿날 아침 중국병 두 사람이 우리들을 데리러 왔다. 영문은 몰라도 따라갈 수밖에 없다.

호송하는 중국병을 따라 우리들은 한 5리가량 걸은 후 조그마한 해자를 건너 또 한 병영(兵營)에 도착하였다. 그러나 그 병영은 그 전날 밤 우리들이 잔 병영보다 무척 빈약했다. 크기도 아마 사분지일밖에는 안 될 것이다.

영문(營門)을 지나서 작고 컴컴한 방으로 안내되었다. 얼마를 기다리니까 우리들을 호송해온 병정 말고 또 다른 중국병 두 사람이 나타났다. 그러나 장교는 보이지 않는다. 중국병들은 우리들을 흘깃 쳐다보더니 따라오라면서 방을 나선다. 우리들은 그 뒤를 따랐다.

중국병은 다시 영문 밖으로 나갔다. 그리고는 병영 담을 따라 얼마를 걸어갔다. 우리들도 말없이 그 뒤를 따랐다.

한참 가니까 또 병영이 나타났다. 그러나 이번 것은 이름만 병영이지 민가를 개조하고 보초가 서 있을 뿐인 오막살이였다. 건평(建坪)이 통틀어 20평 될까 말까이다.

조그만 집 한 채와 게딱지만 한 마당이 있을 뿐인 그 오막살이 안으로 호송하는 중국병들이 들어간다. 집 안에는 주제 사나운 병정들이 십사오 명이나 앉아 있었다. 벽에는 누런 수류탄들이 걸려 있었다.

우리들을 호송하여 온 병정은 그중의 한 사람을 보고 무엇인지 수군

수군 했다. 그러니까 또 다른 병정이 일어서더니 벽에서 커다란 열쇠를 떼어 왼편 문을 덜거덕거리고 열었다. 창고같이 어둔 방이었다. 더구나 밝은 데서 별안간 실내로 방 안에 무엇이 있는지 똑똑히 보이지를 않는다.

문을 연 병정이 우리들을 돌아보고 들어오라 하였다.

"겨우 이런 방으로?"

그렇게 생각하고 우리들은,

"싫다."

고 거절하였다. 그러자 옆에 있던 병정들이 오륙 명이 와르르 덤벼들더니 우리들의 등을 밀어 그 어둔 방 속으로 몰아넣었다. 그리고 덜그럭 밖에서 자물쇠를 채웠다.

한참만에야 겨우 방 안이 어슴푸레하게 보이기 시작했다. 넓이는 한두어 간(間) 가량이요, 네 벽은 흙으로 발랐다. 바닥은 그대로 땅바닥이요 아무것도 깔지를 않았다. 습기가 빠지지를 않아 땅바닥은 거의 질척질척할 지경이었다.

마당 쪽으로 사방 2척 가량의 창이 있었다. 창살은 있으나 종이로 바르지 않았고 유리도 끼어있지 않다. 그 창 반대편 구석엔 요강이 놓여있다. 방에 들어서자마자 지린내가 코를 찌른 것은 이 요강 때문이었다.

방에는, 아니 이제부터는 감방이라고 부르자. 왜냐하면 그것은 보통 사람이 사는 방이 아니라 죄인을 수용하는 감옥 안이었기 때문이다. 다만 내가 처음에 방이라고 부른 것은 감방이라기엔 너무도 좁고 또 어떤 빈민굴 한 문방(問房)을 연상케 했던 까닭이다.

그 감방 안엔 우리들 외에 두 사람의 선배가 있었는데 우리들을 보고

도 몹시 냉담하여 눈 하나 거들떠보지 않는다. 그리고는 창 밑, 이 방에
선 비교적 밝은 곳에 자리 잡고 누워 담배만 뻑뻑 빨고 있었다.

언제까지고 서 있을 수도 없는 일이다. 그렇다고 질척거리는 땅바닥
에 그냥 앉을 수도 없다. 보니까 한가운데서 둘로 쪼갠 긴 통나무가 하
나 가로로 놓여 있다. 우리들은 그 위에 걸터앉았다.

생각해보니 우울하기도 하고 또 우스꽝스럽기도 하다. 어젯밤에는
무슨 영웅이나 대하듯이 친절하게 대접해주던 사람들이 오늘의 이 표변
한 태도는 무엇 때문일까. 대체 우리를 감방에다 잡아넣으려는 생각이
어디에서 났는지 도무지 이해할 수가 없었다.

"아니 대체 어떻게 된 일이야."

나는 춘정을 보고 불평을 말했다.

"낸들 알 수 있나."

그도 약간 부아가 나는 모양이다.

그러는 사이에 해는 저물어 방 안은 더욱더욱 어두워졌다. 시장하다.
그러나 아무것도 먹을 것을 주지 않는다. 감방 선배들은 아까부터 '뎀뿌
라'며 만두를 꾸역꾸역 먹고 있다. 그들은 돈을 가진 모양이어서 먹고
싶어지면 병정을 불러 이것저것을 사다 달랜다. 뎀뿌라나 만두뿐만 아
니라 복숭아 같은 것도 사먹는 모양이다.

밖은 점점 어두워져 방 안에선 이미 옆에 앉은 사람 얼굴도 잘 보이지
않을 지경이다. 그러나 여전히 먹을 것을 주지 않는다. 시장기는 더욱
심해갔다.

나는 일어나서 문을 두드렸다. 병정이 다가오더니,

"왜 그래?"

한다. 그러나 가운데 문이 있어서 손짓도 할 수 없다. 나는 자꾸 문을 두드렸더니 감방 선배가,

"문 열어 달라는 거야."

하고 대신 말해준다. 나는 내 입으로, 말을 하지는 못했으나 웬만한 것은 알아들었다. 병정은 한참 덜거덕거리더니 이윽고 문을 열어 주었다. 문이 열리자 나는 손짓을 섞어서,

"왜 먹을 것을 안주느냐?"

했다. 그랬더니,

"좀 기다려. 내 갖다 주께."

하고 대답했다.

나는 좀더 여러 가지 얘기를 하려 했으나 병정은,

"몰라, 몰라."

하면서 문을 닫고 자물쇠를 채웠다. 어쩔 도리가 없다. 우리들은 캄캄한 방에 쭈그리고 앉아 말이 없었다.

밤은 점점 깊어갔다. 감방 선배들은 잠이 들었는지 코고는 소리까지 들렸다.

"대체 어떻게 되는 거야."

춘정이 기가 막힌 듯이 탄식했다. 나도 물론 알 까닭이 없다. 그뿐 아니라 배는 점점 고파온다. 우리들은 중국인의 종잡지 못할 태도에 몹시 분개했다. 그렇게 자세히 설명했는데 아직도 우리들을 이해 못한단 말인가. 아니, 이해 못했을 리는 없다. 이해했기에 어제 저녁엔 그렇게 친절하게 대접하여 주지 않았는가.

어제 우리들이 잔 방에는 수류탄이며 소총이 여러 개 벽에 걸려 있었

다. 만약 우리들이 보통 포로여서 달아날 마음만 먹었다면 얼마든지 달아날 수 있었을 것이다. 치성관실이란 그리 크지도 않은 방이라 수류탄한 개만 집어던지면 방 안에 있던 자들은 전멸하고 말았을 것이다. 우리들의 신분은 이 사실만으로도 충분히 설명되지 않나. 그럼에도 불구하고 감방, 감방 중에도 이렇게 어둡고 좁고 더러운 감방에다 우리들을처넣고 시치미를 딱 뗀다. 속이 상해 못 견딜 일이다.

밤 10시가 지나서 겨우 먹을 것을 갖다 주었다. 만두 부스러기가 칠이 벗겨진 쟁반 위에 쥐꼬리만큼 얹혀 있었다. 구접스런 생각이 들었다. 그러나 시장하니까 먹지 않을 수도 없다. 우리들은 눈을 딱 감고 그것을 씹어 삼켰다.

먹고 나니까 졸렸다. 그러나 이번엔 깔 것이 없다. 질척거리는 땅바닥에 그대로 누워 잘 수도 없었다. 잠든 두 사람의 선배를 보니까 다 떨어지기는 했으나 시커먼 담요 같은 것을 깔고 덮고 하였다.

우리는 그들을 흔들어 깨웠다.

"왜 그래?"

"담요 하나는 우리를 주시오."

하니까 묵묵부답이다. 주고 싶지 않은 모양이다. 그러나 두 번 세 번 귀찮게 졸라 대니까 그중에서 제일 작고 해진 것 하나를 던져 주었다.

우리들은 그것을 깔고 드러누웠다. 얼마 있으려니까 몹시 몸이 근질거린다. 처음엔 그저 무턱대고 긁었으나 암만 긁어도 근질근질하는 증세는 낫지 않는다. 긁으면 긁을수록 점점 더했다.

"이거 가려워서 살겠나."

춘정이 말했다.

"글쎄, 나도 가려워 죽겠네. 이거 뭐야."

"벼룩인가 봐."

나는 비로소 가려운 원인을 깨달았다. 벼룩이었다. 방이 캄캄한 데다 습기가 심해서 벼룩이 번식하기엔 가장 적당했다. 가끔가다 손에 잡히기도 했다. 나는 그것을 손가락으로 문질러 죽이려 했으나 워낙 껍질이 두꺼워 좀체 꿰지지를 않았다.

몸이 근지러우니까 우리들은 수없이 이리 뒤치락 저리 뒤치락 하고 발을 동동 굴러도 보고 손으로 긁어도 보고 하였다. 그래도 정 견딜 수 없으면 일어나 앉았다. 그러나 워낙 고단하니까 앉아 있으면 졸려서 못 견디었다. 몸을 똑바로 가눌 수가 없었다.

이렇게 우리들은 누웠다 앉았다 하였다. 한잠도 잘 수가 없다. 그러는 사이에 아마 자정은 되었을 것이다. 문 여는 소리가 나더니 두 사람의 병정이 손에 유등(油燈)을 들고 들어왔다. 둘이 와서 우리들 앞으로 다가온다. 다가오더니 한 놈이 덥석 내 발을 움켜쥐었다. 그는 손에 밧줄을 들고 있었다. 무슨 영문인지 몰라 다리를 움츠리니까 그는 손에 들었던 밧줄로 내 다리를 후려갈겼다. 아프다. 할 수 없이 가만히 있으니까 그는 내 발을 둘로 쪼갠 통나무 사이에다 끼웠다.

그 통나무라는 것은 직경이 다섯 치가량 되는 나무를 둘로 짜개고 편편한 쪽에다 한 서너 치 간격으로 반원형의 홈을 파놓은 것이다. 그 홈속에다 발목을 끼고 두 쪽을 한데 맞추면 발이 빠지지를 않게 되어 있었다. 족쇄(足鎖)였다.

춘정에게도 물론 이 족쇄를 채웠다. 족쇄를 채우고 난 그들은 빙긋 웃고서 감방을 나간다.

이 때문에 우리들은 몸을 움직일 수 없었다. 발은 물론 못 움직인다. 온몸이 몹시 가렵다. 그러나 우리들은 입원한 중병환자 모양으로 꼼짝도 못하고 누워 있어야 한다. 나는 참을 수 없어서 소리소리 고함쳤다.

밤중이라 다들 잠들었을 때다. 파수 보는 병정들도 불침번 외엔 다 옆방에서 잘 때였다. 감방 안의 선배 한 사람도 벼룩이 무는 것도 모르는지 곤하게 잠들었었다. 그럴 때에 우리들이 난데없는 고함을 쳤기 때문에 모두들 깜짝 놀라서 일어났다. 그러나 놈들이 단잠을 깨건 말건 상관할 바가 아니다. 더욱 소리 높여 고래고래 악을 썼다. 그러면서 아픈 것을 참고 족쇄를 덜그럭덜그럭 흔들어대었다.

병정들은 귀찮아졌는지 문을 열고,

"조용조용히 해."

한다. 그러나 우리들은

"조용히 하게 해다오."

하고 점점 더 떠들어대었다.

감옥이라고 하기는 하지만 민가를 개조한 것인 데다 주위가 모두 보통 주택인데 우리들이 떠들어대는 바람에 그들까지 모두 잠을 깼다. 그래서는 웬일인가 하고 모두들 감방 창살 앞으로 모여들었다. 그러나 우리들은 무조건하고 떠들어댔다.

참다못했던지 파수 보는 병정이 또 문을 열고 들어왔다. 그리고는 혼자말로 중얼거리면서 결박한 것을 풀고 족쇄도 벗기었다.

우리들은 정신적으로 상당히 피로했지만 육체적으로 더 기진맥진했기 때문에 그렇게도 벼룩의 공세가 심했으나 족쇄를 벗고 나서는 그냥 감각이 없는 사람 모양으로 곯아떨어지고 말았다.

잠을 깨니까 아침이다. 두 선배는 벌써 무엇인지 쩝쩝거리고 있다.
간수는 코 아래 진상(進上)이나 받는지 그들이 청하면 무엇이든지 사다
주었다.

창밖에는 별 사람들이 다 모여들어 우리들을 들여다보고 있다. 일본
인이 잡혔대서 구경온 모양이었다.

우리들이 눈을 뜬 것을 보자 선배 중의 한 사람이 우리들더러 구석에
놓여 있는 요강을 들어내라는 것이다. 요강이 그리 크지도 않은 데다
밤새도록 장정 넷이서 번갈아가며 오줌을 누었기 때문에 금방 넘을 듯
이 찰랑찰랑하였다. 나는,

"너희들이 들어내려무나."
하고 대꾸도 안했다. 정말 더러워서 들어낼 생각이 나지를 않았다. 들
기만 하면 틀림없이 오줌이 넘쳐 손으로 흐를 것만 같았다.

우리들이 말을 안 들으니까 선배 한 사람이 감방 안을 마침 들여다보
고 있는 간수를 보고 무엇인지 소곤소곤했다. 간수는 잠깐 제 자리를
떠나더니 이윽고 문을 열고 감방 안으로 들어왔다. 그러더니 우리들 앞
에 버티고 서서 요강을 들어내라고 위협하였다. 뇌물을 받은 모양이었
다. 나는 아까 모양으로,

"싫어."
하였다. 그는 싱글싱글 웃으면서 내 발목을 움켜쥐었다. 족쇄를 채울
모양이었다. 그것을 보더니 춘정이

"들어내면 고만이지!"
악을 쓰면서 요강 앞으로 갔다. 병정은 까닭을 몰라서 멍하니 서 있
더니 춘정이 요강 쪽으로 가는 것을 보자 만족하다는 듯이 또 싱글싱글

웃으며 밖으로 나갔다.

　입감(入監)된 이튿날, 우리들은 무슨 통지가 있기만을 기다렸으나 저녁때가 되도록 아무 소식도 없었다. 창문 앞에는 여전히 여러 사람들이 모여든다. 간혹 가다 장교 같은 자들도 왔다. 그런 자들이 올 때마다

　"이 병영 상관 좀 만나게 해 주시오."

하고 청했다. 그들은 결코 싫다거나 안 된다거나 하지 않는다.

　"응, 만나게 해주지."

　이렇게 대답하는 것이다. 우리는 그 대답을 믿지는 않았지만 그래도 혹시 누가 와줄까 하고 은근히 기다렸다.

　이 부대의 총본부는 주가구(周家口)일 테니까 설혹 상관이 온다 하더라도 문제는 해결되지 않을 것이었다. 여기서 해결되지 않는다면 주가구까지 가는 수밖엔 없다. 그렇다면 하루라도 빠른 편이 낫다. 우리들을 주가구로 데리고 갈 호송병이 오기만을 손꼽아 기다렸다. 그러나 해는 다시 저물어 이미 아무데도 갈 수 없다고 단념할 때까지 한 사람도 오지 않았다.

　이튿날도, 또 그 이튿날도 마찬가지였다. 문 앞에 오는 자들은 모두 한 번씩은 상관을 만나게 해주겠다고 약속한다. 그러나 한 번 온 자는 다시 비치지를 않았다. 마치 무슨 마술(魔術) 모양으로 약속은 무한히 거듭되면서도 하나도 실행되지 않았다. 차차로 우리들은 마음이 조급해졌다. 인젠 상관 만나는 건 단념할 수밖에 없다. 그 대신 주가구로 가게 되는 것만 기대했다.

　"언제 주가구로 간다오?"

　우리들을 들여다보는 사람들에게 의례히 한 번씩 이렇게 묻는다. 그

러면 그들은

"3시엔 떠날 걸."

혹은

"저녁나절이 될 걸."

또는

"아마 내일은 꼭 떠나지."

이렇게 대답한다.

그러나 나흘이 지나고 닷새가 지나도 아무 통지도 없었다. 우리들은 창백한 얼굴로 문살 틈을 통하여,

"우리들은 언제 주가구로 떠나오?"

이 질문을 거듭했다. 그러면 대답은 여전히 3시 아니면 4시요, 오래 야 내일이었다.

그러나 생각해보니 우리들도 바보였다. 문살 앞에 모이는 자들은 구 경꾼에 지나지 않는다. 구경꾼인 그들이 어찌 우리들의 운명을 예언하 랴. 물론 우리들도 그것을 모르지는 않았다. 다만 하도 답답하고 궁금 하니까 물어보았을 뿐이다. 혹 그런 소문을 들었는지도 몰랐고 또 전에 도 그런 예가 있어서 알지도 모른다는 일루(一縷)의 희망을 가졌기 때 문이었다.

우리들은 매일 가슴 답답한 초려(焦慮)와 기대 속에서 그날그날을 보 내었다. 해가 저물고 날이 어두워져서 이제는 떠나려야 떠날 수 없는 시각이 될 때까지 무턱대고 무엇인가 기다렸다. 그러나 결국 여러 날을 두고 아무 변화도 생기지 않았다.

우리들의 실망은 차차로 불길한 예감으로 변했다. 우리들은 어쩌면

영원히 이 감방 안에서 벗어나지 못하지나 않나, 적어도 칠칠사변(지나
사변)이 끝나는 날까지는 이 속에 갇혀 있지나 않나 하는 생각이 들었
다. 그리고 만일 정말 그렇게 된다면 또 한 번 달아나는 것밖엔 도리가
없다고 생각하였다. 이런 감방에서 낮엔 주림에 떨고 밤엔 벼룩과 싸우
며 10년, 20년을 사는 것보다는 차라리 어떤 모험을 해서 먼저 탈출하
는 게 낫다고 나는 생각하였다.

나는 슬그머니 감방 안을 살피기 시작했다. 물론 탈출은 어렵다. 그
러나 불가능한 것 같지는 않았다. 더구나 목숨을 내걸고 덤빈다면 여기
있는 중국병쯤 어떻게 될 것도 같았다. 나는 춘정에게 의논했다.

"달아날까?"

그러니까 그는 한참 생각하더니 "글쎄" 한다.

이런 날이 1주일은 계속되었을 것이다. 불안과 초조로 거의 미칠 지
경이 된 어느 날 별안간 간수가 우리들더러 "나와" 하는 것이다.

벌떡 일어서서 쫓아 나서니까,

"주가구(周家口)로 간대."

그는 싱긋 웃어보였다.

창백하게 우울에 잠겼던 우리들 두 사람 얼굴에는 순간 억제하려야
억제할 수 없는 미소가 떠올랐다. 우리들은 허둥지둥 감방 문을 등졌다.

아, 안휘성 임천의 한국광복군

오랫동안 어둡고 침침한 감방 속에 갇혀 있다가 별안간 밖엘 나오니 눈이 부셔서 못 견디겠다. 그러나 단두대에서 졸지에 조명(助命)되어 끌려 내려온 죄인 모양으로 우리들의 마음은 가벼웠다. 호송하는 병정은 하사관 한 사람이다.

감옥이 있는 동리에서 주가구(周家口)까지는 한 20리밖에 안 되었다. 몹시 더운 날이라서 길거리엔 차(茶) 파는 집이 많았다. 물을 사발로 들이키지 않고는 갈증이 나서 걷지를 못하였다.

길은 탄탄대로(坦坦大路)나 피로한 몸엔 여간 걷기 힘 드는 것이 아니다. 그러나 오래간만에 해방되고 보니 생에 대한 기쁨이 가슴 속에 넘쳐흘렀다. 우리들은 목이 마르면 물을 먹고 다리가 아프면 그늘에서 쉬고 하면서 느적느적 걸었다. 물론 우리들은 결박당해 있었다. 호송병은 포승 한 끝을 쥐고 따라오나 이미 우리들의 안중엔 없다. 주가구로 가기만 하면 모든 것이 해결될 테니까 아무 걱정도 없었다.

한참동안 개울가를 걸었다. 자연하(自然河)인지 인공운하인지 분간할 수 없다. 물은 신황하 같지는 않으나 역시 탁하다. 강물이 조선 강물 모양으로 맑았으면 피로가 당장 나을 텐데 하는 생각이 들었다.

강을 따라 3, 4리 걸었을 때 앞에 커다란 다리가 보였다. 당당한 모양의 철교였다. 주가구로 가는 길이려니 했더니 과연 그랬다.

주가구는 제법 큰 도회(都會)여서 인구도 2, 3만은 될 것 같았다. 우리들은 주가구 거리를 걸어갔다. 돌로 포장한 훌륭한 길이다. 이윽고 우리들은 커다란 관청 앞에 다다랐다. 간판을 보니까 사하 위계 사령부주가구 분소(沙河 衛戍 司令部 周家口 分所)라 쓰여 있다. '사하'라는 것이 지금까지 우리가 걸어온 길옆을 흐르던 강인 모양이다. '주가구 분소'라 한 것을 보니 사령부는 필시 다른 곳에 있을 것이다. 그것이 또 걱정거리의 하나였다.

관청 문을 들어섰다. 당당한 기세의 건물이었다. 뜰도 제법 넓다. 호송병은 여기서 우리들더러 쉬라 하고는 보고하러 가는지 어디로 가버렸다. 부근에 있던 병정들이 와르르 몰려들었다. 하사관 한 사람이 대야에다 물을 떠다 주었다. 그리고 시커먼 걸레 같은 수건을 빌려 주었다. 무척 친절했다.

대야의 물을 보더니 춘정이 세수를 하겠다고 일어섰다. 그리더니 그는 대야 앞에 가서 그대로 졸도하고 말았다. 나는 깜짝 놀라서 뛰어갔다. 그러나 대단한 일은 아니었다. 워낙 몸이 피로했던 데다 내리쬐는 햇볕을 받으며 먼 길을 걸었기 때문에 뇌빈혈을 일으킨 것이었다. 나는 병정들의 손을 빌려 춘정을 그늘에 데려다 뉘었다. 그리고 걸레 같은 수건으로 머리를 식혔다. 그는 곧 다시 정신을 차렸다.

관청 안은 텅 빈 것이 웬일인지 상가(喪家) 같은 느낌을 주었다. 병정들도 수효가 많지 않을뿐더러 어디 장관(長官)이 있는지도 알 길이 없었다. 장교인 듯한 병정은 보이지도 않았다. 마치 휴업중인 것 같은 관청이었다.

춘정과 나란히 앉아 쉬고 있으려니까 아까 물을 떠다 준 하사관이 와서 "좀 편히 쉬시구려" 하면서 포승을 풀어 주었다.

"인젠 살았나 보이."

이렇게 생각하면서 우리들은 일어섰다. 하사관이 앞서 길을 인도했다.

우리들은 아마 응접실로 안내하는 것이리라 생각하면서 따라갔다. 그런데 그는 우리들을 이상하게 컴컴한 석조건물 안으로 데리고 들어갔다.

"여기가 어디야?"

의아스러워 자세히 보니까 또 감옥이다. 문살을 통해 많은 죄인들의 모양이 보였다. 그렇게 주가구(周家口), 주가구 하고 주가구에 오기만을 기다렸는데 결국 작은 감옥과 큰 감옥과의 차이뿐이 아닌가.

"이런 데 들어가긴 싫다. 우리들은 포로가 아니다. 장관을 만나서 얘기를 들어보지 않고는 이런 곳에 안 들어가겠다."

이렇게 버티었다. 그러니까 그는

"좀 여기서 쉬어요."

하면서 간수를 불렀다. 4, 5명의 간수가 달려왔다. 할 수 없다. 우리들은 또 감방 안으로 끌려들어갔다.

이 감옥은 기념비각(記念碑閣) 같은 것을 개조한 듯싶어 벽이 그냥 석비(石碑)요, 그 석비와 석비 사이를 흙으로 메워놓은 것이었다. 옆으로 기다란 일직선의 건물인데 한가운데 간수실이 있고 그 양쪽이 감방이다. 우리들이 들어간 곳은 오른편 감방이었는데 우리들 두 사람 외엔 아무도 없었다. 그러나 왼편 감방은 초만원이어서 병자같이 창백한 죄인들이 득시글득시글 하였다.

"또 감옥이야. 제기랄. 여긴 단단한 품이 도망갈 수도 없네 그려."

나는 아주 의기소침했다.

"하여간 좀 자세."

우리들은 잘 자리를 준비했다. 마루방인데 먼지가 하얗게 쌓였었다.

비가 있기에 둘이 잘 수 있을 만큼 쓸어내었다. 방 한구석에 있던 벽돌을 베기로 했다.

"벼룩은 없겠지."

춘정이 말했다. 이때까지 있던 곳과는 달라 벼룩은 있을 성싶지 않았다. 방이 건조한 데다 마루방이라 벼룩이 살기엔 부적당할 것 같았다.

자리를 만들고 우리들은 드러누웠다. 높다란 천정엔 거미줄이 잔뜩 끼었다. 창도 여러 개인데 문살 위엔 만두 부스러기가 얹혀있기도 했다.

"먹을 건 풍부한가 보이."

나는 이런 것을 생각했다.

한 2, 3분 되었을까 말까해서다. 또 몸이 근질근질하고 가렵다. 나는 깜짝 놀라서 일어나 앉았다.

"이크, 벼룩은 없을 텐데….."

그러면서 그 주위를 찾아보았다.

"빈대다!"

역시 자리에서 일어난 춘정이 소리쳤다. 정말 빈대였다. 조선 빈대보다 4, 5배나 몸집이 큰 빈대다. 모래알 흩트린 듯 사방에서 우리들을 향하여 돌격 중이었던 것이다.

"자긴 틀렸네."

우리들은 단념했다.

여기서 또 몇 해나 갇혀 있어야 하나, 그렇게 쉽사리 죽일 것 같지는 않으나 도처에서 감옥살이하는 신세도 딱하다. 무거운 실망이 두 사람을 사로잡았다. 우리들은 벽돌 위에 걸터앉아 초췌한 얼굴을 마주 쳐다볼 뿐이었다.

식사가 끝나자 저편 죄인들은 일어나서 서성거리기도 하고 저고리를 벗어 땀을 씻기도 하고 한다. 그러나 대개는 무슨 짐을 꾸리는 모양이었다. 더러운 셔츠를 보따리에 싸기도 하고 헌 구두를 등에 걸머지기도 하고 하는 것이다.

"여보게, 이동하는 모양 아냐?"

나는 문살에 가 매달렸다. 춘정도 부리나케 옆으로 달려왔다. 정말 이동이었다. 죄인들은 식사를 마치고 하나씩 하나씩 밖으로 끌려 나갔다. 그것을 한 개의 포승으로 쭉 엮어매는 것이다. 모두 한 40, 50명 되었다.

왼편 방 죄인들의 결박이 끝난 후 병정은 우리들의 감방 문을 열었다. 우리들도 그 포승 맨 끝에 결박되었다. 그리고 한 끝을 병정이 잡았다. 이동 후 나중에 알았지만 주가구(周家口)는 우리들이 떠난 이틀 후에 일본군에게 점령당했다 한다. 그러니까 우리들이 주가구에 도착했을 땐 이미 주가구에선 이동이 개시되고 있었던 것이다. 관청이 텅 빈 이유도 여기 있었다.

우리는 다른 죄인들과 함께 사하에서 배를 탔다. 배는 사하의 흐름을 따라 남쪽으로 향한다. 강 연안은 피난으로 대혼란을 이루고 있었다.

남녀노소 할 것 없이 걷고 타고 해서 남으로, 남으로 향하고 있다. 세간들을 짊어진 사람, 마차에 싣고 끄는 사람, 말 등에 얹고 고삐를 잡은 사람, 가지각색이었다.

사하는 조수(潮水)의 간만(干滿)에 따라 물이 오르고 내리고 한다. 배는 퇴조시(退潮時)를 기다려 물길 따라 흘러내려간다. 굉장히 빠르다. 나는 듯하였다. 그러나 일단 썰물이 다 빠지고 나면 배는 닻을 던지고 항행을 중지했다. 우리들은 죄인이라 선중에서도 여전히 결박당한 채이다.

사하의 항행은 여러 날 계속되었다. 우리들은 어디로 가는지도 모른다. 인솔하는 병정에게 물으니까 계수(界首)로 간다는데 그 계수가 어딘지를 알 수 없다. 아마 위수(衛戍) 사령부가 있는 곳이리라 짐작은 하나 그것도 확실치는 않았다.

선중(船中)에선 하루에 세 번, 한 번에 한 사람에게 만두 두 개씩을 배급한다. 처음엔 공복이라서 두 개로는 부족했다. 그래서 늘 다음 식사시간이 기다려졌으나 이틀 사흘 후엔 두 개의 만두도 목을 넘어가지 않았다. 아무 반찬도 없는 만두란 참 먹을 수 없었다.

4, 5일째부터는 정말 뱃속에서 받지를 않았다. 그리고 몹시 짠 것이 먹고 싶었다. 한 알의 소금, 한 덩이의 된장 그런 것을 조금이라도 맛보았으면 살아날 것 같았다. 흰 밀가루만으로 만든 만두는 인젠 정말이지 보기도 싫었다.

그러나 중국인들은 태연하다. 우리들을 호송하는 병정들도 우리들과 똑같이 먹고 있으나 조금도 싫단 빛이 없다. 뱃사공은 혼자서 식사를 지어 먹는데 역시 소금이 없다. 된장은 물론 먹지 못한다는 것이다.

그저 터럭만치라도 좋으니 소금기 있는 것이 먹고 싶었으나 그것은 가망 없는 일이었다. 배 타고 가는 여행은 제법 유쾌했으나 우리가 일찍이 생각지도 못한 우울이 따라다녔다.

제일 재미있는 것은 아침 변소시간이었다. 50명 가까운 죄수가 뜰에 쭈그리고 앉아서 일제히 뒤를 보는 것이다. 실로 장관이었다. 왜냐하면 50명의 죄수는 모두 한 개의 포승으로 결박당해 있을 뿐 아니라 강가엔 특히 변소라는 데가 없었으므로 따로따로 변소에 갈 수가 없었고 또 그럴 필요도 없기 때문이다. 한 줄에 한꺼번에 붙들어 맨 죄수들을 상륙시키면 제각기 자리를 잡는다. 그리고는 호송병들이 총을 메고 그들 주위를 포위한다. 전부가 뒤를 다 볼 때까지는 아무도 자유로이 움직일 수가 없다. 또 일제히 다시 배를 탄다.

때때로 일본군이 기습했다는 보도가 전해진다. 그러면 죄수들은 모두 선정(船庭)에 숨고 호송병은 2, 3명만 남기고 모두 상륙하여 경계한다. 그러나 다행히 한 번도 일본군의 습격을 받지 않고 배는 계수에 닿았다. 계수에서는 나와 춘정만이 배에서 내렸다. 다른 죄수들은 더 멀리 간다 하였다.

인솔관이 우리들을 데리고 시가지로 향했다. 과연 간 곳은 사하 위수 사령부였다. 사령부로 들어가니까 담당자인 듯한 사람이 응대한다.

그예 사령부엘 왔다. 여기서는 어떻게 해서든지 우리들의 신분을 잘 설명해야만 할 것이다. 우리들은 무엇보다도 먼저 지필(紙筆)을 요구했다. 그리고 우리들은 이러이러한 사람들이며, 이러이러해서 일본 병영을 탈출하여 왔는데 무엇 때문에 도처에서 감방에 가두느냐고 사연을 썼다. 그는 그것을 읽더니 과연 그렇겠다는 듯이 몇 번 고개를 끄덕이었다.

또 감옥에 들어가게 되었단 큰일이라고 생각했기 때문에 우리는 종이 여백이 없어질 때까지 잔뜩 써 넣었다. 요컨대 부당 대우에 대한 항의인 것이다.

우리들은 한 30분가량 나무 그늘에서 쉬었다. 인솔하던 병정은 이미 배로 돌아갔다. 장차 어떻게 될 것인가 하는 불안이 우리들 가슴속에서 용솟음쳤다.

이윽고 아까 필담한 사람이 나타났다. 병정을 두 사람 데리고 나왔다. 호송병이었다. 우리들은 또 그 병정들의 안내로 사령부를 나왔다. 어디로 가는지 모른다.

병정은 혼잡한 거리를 요리꼬불 조리꼬불 걸어간다. 길거리 벽에는 '항전도저'(抗戰到底), '장개석선생 만세'(蔣介石先生 萬歲) 등의 전단이 붙어있다. 우리들은 높은 흙담 앞으로 나왔다.

"이번엔 어디야!"

그런 불안과 호기심이 가슴을 조인다. 들어가 보니 또 감옥이다. 주가구(周家口) 감옥 같은 건 문제도 안 될 만큼 크다. 마당 폭이 백 미터가 넘는다. 그리고 그 양옆이 모두 감방이다. 차디찬 절망이 등골을 서늘케 했다. 영구히 감옥살이다. … 그런 체관(諦觀)이 나를 사로잡았다.

감방이라는 것은 직경 5, 6촌(寸) 가량의 통나무를 죽 세워서 문살같이 만들어 놓았다. 그것이 2면이요 보통 벽이 2면이다. 그리고 감방마다 죄수들이 가득 차 있었다. 그것은 마치 구더기를 가득 처넣은 새장과 같은 느낌을 주었다.

춘정과 나는 그중 구석에 있는 장 속에 들어가게 되었다. 초만원이라서 앉을 자리조차 없다. 그래도 억지로 비비고 들어가서 겨우 자리를 잡았다.

우리들은 여기서 영주(永住) 할지도 모르는 일이다. 영주한다면 아무리 감옥이라 하더라도 여러 가지로 환경이 좋은 게 낫다.

나는 옆에 앉은 죄수에게 물어 보았다.

"빈대는 없소?"

그러니까 그는 상을 찡그리며

"없을 리가 있겠소?"

하고 반문하는 것이다.

죄수들의 꼴을 살펴보니까 지금까지 보아온 중에서 제일 사람 된 품이 나아 보인다. 첫째로 그들은 혈색이 좋았다. 그리고 전부가 피둥피둥 돼지 모양으로 살이 쪘다. 소설책을 읽고 있는 사람조차 있었다.

"여보게, 경제범(經濟犯)인가 보이."

하고 춘정이 말했다.

"중국에도 경제범이 있나?"

"아까 들어올 제 헌 신문을 보니까 경제범이 적발되었다는 기사가 있으니까 아마 있겠지."

우리들이 자리 잡고 앉은 지 얼마 아니 되어 병정이 문살 틈으로 들여다보며 변소시간이라 알렸다. 여기서는 소변도 일정한 시간이 아니면 보지 못하는 모양이었다. 죄수들이 쭈르르 나간다. 우리들도 따라 나갔다. 나가 보고 깜짝 놀랐다. 변소 양옆과 마당으로 통한 문어귀에 기관총이 한 대씩 놓여있는 것이다. 그리고 기관총 뒤엔 병정이 언제든지 발사할 수 있도록 대기하고 있는 것이다. 나는 다시 절망을 새로이 하였다.

변소에서 돌아와서 나는 생각했다. 이미 단명(單命)은 결정된 셈이다. 여기는 사령부니까 이 이상의 상급관청은 없다. 그러므로 우리들의 감옥은 최고관청의 결정이라 볼 수밖에 없는 것이다. 그러면 당분간은 여기서 나갈 가망은 없다. 나는 무슨 깊은 함정 속으로 끌려 들어가는 듯한 고통을 느꼈다.

밀턴의 《실락원》을 일본어의 번역으로 읽었을 때 사탄이 지옥산 골짜기를 건너는 장면이 있던 것이 생각났다. 만약 그때 사탄이 그 산골짜기 속으로 떨어졌더라면 그는 지금도 떨어지고 있을 것이라는 말이 쓰여 있었다.

사탄은 다행히 떨어지지를 않았다. 그러나 내가 떨어진 산골짜기가 바로 그 산골짜기나 아니었던가. 춘정을 돌아보니 그도 이와 비슷한 생각을 하고 있는 모양이었다. 위로할 말이 없다.

우리들은 얘기할 용기도 없이 벽에 기대어 앉았다. 생각하니 주가구에 있을 때엔 그래도 희망이 있었다. 그러나 지금은 그 희망조차 끊기었다. 여기는 뜻하지 않던 절망의 구렁텅이였던 것이다.

그렇게만 생각하고 있었는데 웬일인지 감방에 들어와 앉은 지 두 시간도 못되어 호송병이 우리들을 부르러 온 것이다. 그들은 우리를 보고 "나와" 했다.

몸은 감옥을 나왔지만 조금도 반갑지 않다. 어디로 데리고 갈지는 모르나 결국 가는 곳은 또 감옥일 것이다. 우리들은 두 사람의 호송병을 따라 계수를 떠났다. 물론 감방을 나온 순간부터 포승으로 결박당한 채이다.

그날 우리들은 약 40리 길을 걸었다. 계수를 떠난 것이 워낙 늦었기 때문에 목적지에 도착했을 때엔 이미 해가 저물었다.

호송병은 우리들을 조그마한 마을로 안내했다. 주위가 어두워 사람의 왕래가 똑똑히 보이지 않았으나 우리들이 마을에 들어가자 중국인이 8, 9명 우리를 둘러싸고 따라오며 무엇인지 중얼댄다. 호송병 중 한 사람이 그중 제일 키 큰 남자를 붙잡고 무엇인지 묻고 있다. 우리들을 데리고 갈 관청 소재지를 묻는 모양이었다.

　이윽고 그 호송병은 키 큰 남자와 어디로인지 사라지고 나머지 한 사람이 우리들을 감시하였다.

　"또 감옥인가."

　내가 중얼거리니까

　"인젠 단념해."

　춘정이 대답한다.

　그러나 우리들을 둘러싼 중국인들의 얘기를 듣고 있는 동안에 나는 문득 '고려'(高麗)라는 말이 여러 번 되풀이 되는 것을 알았다. 어떤 육감(六感)이 전기 모양으로 내 머리 속을 스쳤다.

　"여보, 당신은 고려인을 아오?"

　나는 그중의 한 사람을 붙들고 물었다.

　그러니까 그는 "당신은 고려인이오?" 하고 반문한다. 똑똑히는 알 수 없으나 그런 뜻인 듯싶었다.

　"그렇소. 나는 고려인이오."

　그랬더니 또 옆에서 다른 남자가 무엇이라 말을 붙였다. 그러나 의미를 알 수 없다. 내가 멍하니 서 있으니까 옆에 있던 또 다른 남자가 무엇인지 말을 건넨다. 그는 손으로 먼 곳을 가리키면서 여러 번 '고려'라는 말을 섞었다.

　"여보게 춘정이, 이 근처에 조선사람이 있다는 말이 아닌가."

　나는 내 해석에 스스로 깜짝 놀라면서 약간 떨리는 목소리로 이렇게 말했다. 그리고는 그 남자의 소매를 붙잡고 물었다.

　"여보시오, 여기 고려인이 있단 말이오?"

"고려인이 있소."

그러나 아무리 생각해도 그런 일이 있을 법하지 않다. 나는 역시 내가 잘못 들은 것이라고 여겨 또 물었다.

"여보시오, 정말 여기 고려인이 있단 말이오?"

"정말 고려인이 있소."

너무도 뜻밖의 일이라 나는 상기된 얼굴로 거기 모여 있는 중국인들을 하나씩 붙들고 똑같은 질문을 해보았다. 그들은 내 똑같은 질문에 대하여 모두가 똑같이 대답하는 것이다. 이것이 중국인의 중국인다운 점일 것이다. 그 대답으로 나는 여기 조선인이 있다는 것은 정말인가 보다고 생각하였다.

얼마쯤 지나서인지 모른다. 우리들이 불안과 흥분에 가슴을 조이고 있을 때 키 큰 남자와 같이 사라졌던 호송병이 다시 돌아왔다. 그리고는 우리들에게 "가자!"하는 것이다.

2분, 3분, 5분, 10분⋯ 우리들은 꿈결같이 걷는다. 그러나 만약 이 기대가 어그러지면? 그것을 생각하면 기가 막혔다.

호송병은 우리들을 외딴 집으로 데리고 들어갔다. 문 하나를 들어가니까 또 문이 있다.

"감옥인가?"

그런 의혹이 자꾸 머리를 쳐든다.

둘째 문을 열고 안에서 유등(油燈)을 든 병정이 자다 깬 듯한 표정으로 나와 맞았다. 먼저 춘정이 들어갔다. 조그마한 마당이 있었다. 밤이라 똑똑히 보이지는 않으나 그 마당에 사람이 누워 있는 모양이었다.

우리들이 들어가자 그들 사이에 동요가 일어났다. 그 동요 속에서 별안간 조선말로 "조선사람이 왔다!"하는 고함소리가 들렸다.

머리끝에서 발끝까지 감동이 번개같이 뚫고 지나갔다. 자던 사람들도 일제히 벌떡 일어났다.

그러자 그 가운데서 "여보게, 춘정이!"라고 소리치는 사람이 있었다.

그는 춘정과 중학 동창인 박영록(朴永祿)이라는 사람이었다. 역시 일본 병영을 탈주해온 것이었다.

여기서 우리들은 11명의 조선인을 만났다. 여기라는 것은 안휘성(安徽省) 임천(臨泉)이다. 조선인 11명 중 9명은 이른바 학병(學兵)이라는 이름 아래 병정으로 잡혀갔다가 거기서 탈출한 사람이었다. 우리들은 우리가 제일 먼저 탈주하지 못한 것을 분하게 여겼으나 그들을 만나서 여간 기쁘지 않았다. 얼마나 기뻤는지는 독자들의 상상에 맡긴다.

우리들은 임천에서 광복군으로 넘어갔는데 그 후 얼마 아니 되어 같은 부대에 있던 서상렬과 신현창도 탈주하여 왔다.

어느 날 광복군 연병장을 산책하고 있으려니까 누군가가 "재현이" 하고 불렀다. 돌아보니까 신현창이었다. 그 뒤에선 상렬이 벙글벙글 웃고 있었다. 그들도 또한 괴로운 탈주여행 후 천신만고 끝에 우리들 있는 데까지 다다른 것이었다.

중경 임시정부의 품에 안기다

임천은 중국 제1전구(中國第一戰區)의 집중영(集中營) 소재지다. 집중영이라는 것은 말하자면 포로수용소인데 제1전구 구역 내에서 잡힌 포로들을 여기다 수용하고 있었다. 그러나 우리들은 물론 포로로서의 대우를 받지는 않았다. 우리들은 항상 감시는 받았으나 행동은 일체 자유였다고 말해도 무관할 것이다

임천에서는 우리들의 신분이 확인되었다. 중국군 당국도 우리들이 어떻게 해서 포로가 되었는지를 잘 알고 있었기 때문에 아무 귀찮은 문제도 일어나지 않았다. 더구나 임천에서 걸어서 10리가량 떨어진 지점에 있는 부양(阜陽)이라는 곳에는 한국 광복군 초모소(韓國 光復軍 招募所)가 있어서 늘 중국군과의 연결을 유지하고 있기 때문에 임천 집중영에 도착했을 때 이미 자유해방된 셈이었다.

나는 부양에는 한 번도 가지 않았으나 거기 주임으로 계시던 김학규(金學奎) 씨와는 그 후 깊은 관계를 맺게 되었다. 김학규 선생은 키가 작달막한 50가량 되는 분으로 우리들이 집중영에 도착한 4, 5일 후 저녁때 짚신을 신고 찾아왔었다. 불에 데어서 발을 다쳤다던가 해서 지팡이를 짚고 왔는데 첫 인상은 극히 평범했다.

김학규 선생은 처음부터 우리들을 집중영에서 광복군으로 옮길 생각을 하고 있었다. 집중영의 생활이 포로의 생활은 아니었다. 하지만 그렇다고 언제까지든지 집중영에 있을 수도 없는 처지라 무슨 변화가 필요했다. 그러므로 광복군 편입문제도 우리들에게는 극히 자연스러운 일이라 생각되었다.

우리들은 물론 독립운동을 하기 위하여 중국군을 찾아가지는 않았지만 이렇게 기회를 얻은 이상 일본군에게 대항해서 조국의 자유를 회복한다는 것은 우리들의 의무였다. 따라서 우리들 사이에 광복군 편입을 반대한 사람은 하나도 없었다.

다만 그 방법론에서 극단적인 두 개의 주장이 대립하였다. 부양에 와 있는 광복군의 운동방법은 18세기적인 것이다, 수천 리 길을 짚신 신고 터덜터덜 걸어서 1년에 겨우 5, 6명의 독립운동자밖에 확보하지 못하는 방법으로 어느 천 년에 정말 무장운동을 전개할 것인가. 그보다도 중경(重慶)으로 가서 임시정부와 협의한 후 연합군과 손잡고 좀더 근대적인, 그리고 적극적인 방법으로 재출발해야 한다는 주장이 있었다.

　이에 대립하는 주장은 이렇다. 우리들에게는 연합국과 정식으로 악수할 만한 실력이 아직 없다. 우리들의 이상이나 방결(方決)이 아무리 훌륭하더라도 도저히 연합국을 움직이게 할 수는 없다. 그보다도 우리들은 우리들에게 있어 가능한 범위에서 착실(着實)히 일하는 것이 옳다. 예를 들자면 폭탄을 안고 일본 병영에 또 한 번 침입하여 테러를 한다든가, 중국에 와 있는 조선 거류민 간에 비밀조직을 만든다든가 하는 데서부터 시작하자. 그래서 차차로 규모를 크게 해가는 것이 현명하다는 것이다.

　그러나 중경으로 가든지 임천에 남아 있든지 간에 우리들은 우선 일정한 기간의 훈련을 받아야 한다는 것이었다. 그것은 중국군의 요구였다. 그들의 말에 의하면 우리들은 오랫동안 일본 교육을 받았기 때문에 그 정신이 온전치 않다, 그러므로 잠시 동안이라도 좋으니 적당히 훈련을 받아 그 정신부터 뜯어고칠 필요가 있다는 것이었다. 그들 눈에 우리들의 정신이 왜 불건전하게 보였는지 나는 모른다. 그러나 내 눈에는 그들의 군인정신이야말로 불건전한 것같이 비치었다. 그들의 훈련을 받아 우리가 어떠한 이익을 얻을 수 있을지는 의문이었다. 그러나 우리들은 그들의 요구를 거절할 수가 없었다.

우리들은 훈련개시를 기다리는 동안 무료한 그날그날을 보냈다. 기거(起居)가 자유였으므로 마음대로 늦잠을 잤고 낮이면 대개 나무 그늘에 가서 낮잠을 잤다. 다만 훈련이 끝난 후의 행동에 관해서 얘기가 나오든지 하면 백열적(白熱的)인 논쟁이 일어나나, 그 이외의 시간은 일절 무풍(無風) 상태였다.

우리들은 저녁을 먹고 나선 곧잘 떼를 지어 산책을 나갔다. 두세 명의 중국병이 따라다녔으나 호위병이라고 생각하면 문제없었다. 우리들은 함부로 이 마을, 저 마을로 쏘다녔고 뽕나무에 올라가서 열매를 따먹기도 하고 남의 집 외양간에 가서 마음대로 당나귀를 끌어내어 타기도 하고 했다.

심심하면 일본인 포로를 찾아가서 놀려대었다. 일본인 포로는 우리들이 있던 집중영에서 한 5리쯤 떨어진 곳에 수용되었는데 그들의 꼴이란 실로 비참하기 짝이 없었다. 돼지우리 같은 광 속에다 짚을 깔고 기거하는데 감시가 삼엄하여 마당출입도 자유로는 못하므로 모두 푸르딩딩하게 얼굴빛이 변했다. 우리들이 찾아가면 그들은 미리 겁을 집어먹고 비위를 맞추느라고 야단이었다.

집중영으로 오는 동무들도 매일 늘어갔다. 제1전구 구역 내에서 잡히면 어디서 잡혔든 임천 집중영으로 보내오므로 임천 집중영은 탈주병의 일대 둔소(一大屯所)가 되고 말았다. 그중에는 서주(徐州)에서 도망 온 학생이 제일 많았는데 그들의 대부분은 평안도 출신이기 때문에 서로 잘 알고 있었다.

새로 탈주병이 찾아올 때마다 집중영은 동요하였다. 우리들은 모두 거지라서 맛있는 음식으로 그들을 환영할 수는 없었으나 따뜻한 우정만은 얼마든지 대접할 수가 있었다. 이리하여 중국군의 훈련이 시작될 무렵에 우리들은 30명가량으로 불었었다.

어느 날 이들 30여 명의 탈주병들은 집중영을 나와 훈련소에 들어갔다. 제1전구 간부 훈련단 내 한국광복군반(韓國光復軍班)이라는 것이 그 정식명칭이다. 김학규 선생이 주임이고 중국인 교수도 몇 명 들어왔다.

생각하니 훈련반 시대에도 재미있는 일, 우스운 일이 한두 가지가 아니다. 그러나 그런 것보다도 괴롭고 슬픈 일이 훨씬 더 많았다. 지금에 이르러는 다 지나간 얘기가 되고 말았으므로 아무도 그것을 괴롭다고도 슬프다고도 생각 안 할 뿐이다.

우리들은 훈련반에 약 석 달 동안 있었는데 그 동안에 미투리가 두 켤레나 해졌다. 그중 한 켤레는 중국 병정들이 삼아준 것이다. 중국 병정들은 상관 병사는 물론이고 모두 미투리를 신는데 마사(麻絲)로 병정들 자신이 삼아 신는다. 그렇기 때문에 미투리 삼을 줄 모르는 중국 병정은 한 사람도 없다. 그러나 우리들이 처음 훈련반에 들어갔을 때엔 외국인인 데다 본국에서도 미투리라는 것은 신어보지 못했다니까 특별히 자기네들 손으로 삼아준 것이다.

그러나 두 켤레째부터는 그렇지 못했다. 이제는 미투리쯤은 제 손으로 삼을 줄 알아야 한다는 것이 중국군의 견해였으므로 두 켤레째엔 마사만을 내주었다. 제 손으로 삼아서 신으라는 것이다.

우리들은 물론 아무도 미투리를 삼지는 않았다. 도대체 삼을 줄도 몰랐다. 더구나 여름이라서 발이 시릴 까닭도 없었으므로 미투리를 신을 필요도 느끼지 않았었다. 맨발로 아무데나 간다. 훈련 때나 식사 때나 마당에서 바람을 쐴 때나 언제든지 맨발이다. 밖에 나간대도 맨발로 태연하다. 이미 남부끄러우니 뭐니 하는 그런 생각은 없었다. 중국병들은 "거 참 게으름뱅이만 모였군"하고 생각하는 모양이었다. 그러나 암만 봐도 마사가 미투리로 변하지 않는 것을 보더니 또 병정들을 시켜서 삼아주었다.

식사는 하루 두 번씩 중국 만두다. '깐즈모'라는 속에 아무것도 안 든 밀가루 만두다. 거기 '씨판'이라는 것이 딸린다. 역시 똑같은 밀가루 죽인데 말하자면 조선 된장국이다. 그리고 쥐꼬리만 한 반찬이 나오는데 이 반찬이라는 게 언제든지 부족하다. 예닐곱 명이 반찬 한 그릇을 가지고 먹는데 그 분량이 한 사람분도 못된다. 여간 조심해서 깐즈모와 적당하게 별러 먹지 않으면 끝판에 가선 의례 반찬 없이 깐즈모만 먹게 된다. 반찬 없는 깐즈모란 참 먹을 수 없었다.

깐즈모와 반찬을 적당하게 별러 먹는다는 것도 여간 어려운 일이 아니다. 한 사람이 제각기 제 반찬을 가지고 먹는다면 그것도 결코 어려운 일은 아닐지 모르나 예닐곱 명이 한 그릇을 가운데 놓고 함께 먹기 때문에 조절이 곤란하다. 반찬을 적게 먹는 사람은 많이 먹는 사람을 미워하고 늦게 먹는 사람은 빨리 먹는 사람을 욕한다. 그 때문에 쓸쓸한 식탁을 앞에 놓고도 때때로 비참한 충돌이 생기기도 했다. 생각해보면 웃을 수 없는 희극도 한두 가지가 아니다.

너무 공복감이 심하면 사람은 식욕 때문에 별짓을 다 하게 된다. 우리들은 훈련반에 있는 동안에 두 번이나 개를 잡았다.

중국인은 개를 안 먹는다. 그 때문도 아니겠지만 중국 시골에 가면 조선과는 비교도 안 될 만큼 개가 많다. 대개는 빼빼 마른 결핵환자 같은 개뿐이요, 또 병들어 털이 시뻘겋게 빠진 개도 많았다. 그래도 영양부족의 훈련반원 눈에는 소보다 소중하게 보였다. 불쌍한 놈은 개였다. 그러나 약은 놈도 개였다. 훈련반원의 개사냥은 여러 번 있었으나 성공한 것은 겨우 두 번뿐이다. 개도 제 몸을 잘 지켰다 할 수 있다.

개를 잡은 날은 밤새도록 대소동이 일어난다. 가죽을 벗기고 물을 끓이고 고기를 삶고 하여 일대향연(一大饗宴)이 벌어진다. 사실 오래 기름진 것을 먹지 못한 우리들에게 개고기는 산해진미(山海珍味)였다.

그러나 이 개사냥은 임천 일대의 주민들의 강경한 항의로 중지할 수밖에 없었다. 시골에서는 집을 지키는 개를 여간 소중히 여기지 않는다. 그 소중한 개를 정체 모를 청년들이 쫓아다니고 잡아 죽이고 하니까 문제가 되지 않을 리 없었다.

*꿈에도 그리던 광복군이 된 것은 한없이 기뻤으나 임천에서 지낸 시간은 지루하고 무료했다. 중국 군관학교 정식 훈련과는 달리 우리에게는 간단한 제식훈련이 전부였다. 시간을 좀더 뜻있게 보내기 위하여 우리끼리 잡지를 만들어보면 어떻겠냐고 내가 제안하니 몇몇 동료들이 함께 나섰다. 잡지 제목은 〈등불〉로 정하고, 각자 전공분야 내용을 싣고 시, 소설, 수필 등을 엮어서 잡지를 펴내니 감격스러웠다. 잡지를 만드느라고 분주하게 보내다보니 시간은 그런대로 흘러 임천에 도착한

---

* 엮은이 주: 이후부터는 중국 안휘성(安徽省) 임천(臨泉) 소재 한광반(한국광복군 간부 훈련반) 시절부터 임천을 떠나 중경 대한민국임시정부 도착, 그리고 종전까지의 기록이다. 우리나라에 단 한 권뿐인 국립도서관 소장 원본의 일부가 낙장 또는 훼손되어 해당 부분은 엮은이가 복원했다. 저자에 대한 독립기념관 자료와 김준엽 저 《장정 2: 나의 광복군 시절》(나남, 1989) 그리고 저자가 일본어로 발행한 《동토의 청춘》(凍土の青春)(동경: 講談社, 1979)의 서술 등을 바탕으로 재구성하였다.

지 벌써 4달이 지나 11월이 되었다.

곧 우리 학병(學兵) 일행은 중경(重慶)으로 향했다. 가진 것이라고는 약간의 식량과 여비가 전부였다. 게다가 가는 도중 거쳐야 하는 도시나 철도는 일본군에 점령된 지역이 많았기 때문에 끊임없이 경계를 해야 하는, 매우 불안하고 초조한 여행이었다. 일본군이 점령한 철도 선로를 넘어야 하는 날은 새벽 3시경부터 걷기 시작해서 숨죽이며 철도 선로를 넘은 뒤에는 2시간이나 뒤도 안보고 죽어라고 뛰기도 했다.

언제 어디를 출발해서 어디에 묵을지는 그날 그날의 정세에 따라서 결정되었다. 대개 아침이 어슴푸레 밝아 올 때 출발해서 하루 종일 1백여 리를 걷고 어두워지면 적당해 보이는 데서 잤다. 그리고 다음 날이 밝으면 다시 하루 종일 걷는 고단한 행군이 반복되었다. 그래도 우리는 젊어서 하룻밤 푹 자고 나면 다음 날 아침에는 멀쩡히 피로가 가시고 기운이 났다.

중국의 대평원은 산도 보이지 않고, 나무도 없고 강조차 거의 없는 똑같은 풍경이 며칠씩 계속되었다. 일행에게서 멀어졌을 때 길을 잃지 않도록 가끔 오가는 농부에게 이 길이 맞는가, 앞으로 얼마나 남았는가 물어보았다. 그러면 대답은 언제나 "바로 코앞이오"였다. 그러나 '바로 코앞'이라고 했는데 두세 시간은 걸어야 했다. 코앞이 그렇다면 중국인들은 1백 년, 2백 년도 어제라고 할지도 모른다.

이 전쟁은 일본이 이기기 어려울 것이라는 생각이 들었다. 중국인들은 10년 동안 전쟁을 해도 1년 정도로밖에 느끼지 않을 것이기 때문이다. 조선 같은 작은 나라 반도에서 태어나 자란 우리들에게 중국은 전혀 새로운 경험이었다.

임천에서 떠날 때 입었던 얇은 여름 군복으로는 갈수록 쌀쌀해지는 날씨를 견디기 어려워졌다. 짚신은 다 해져서 모두 맨발이 되었다. 그러나 그것보다 더 괴로웠던 것은 이와 빈대였다. 시간만 나면 모두 옷을 벗고 알몸이 되어 이를 잡았지만 잡아도 잡아도 끝이 없었다. 옴까지 번져서 어떤 이들은 혼자 걷지도 못할 지경이 되었다. 거지보다 못한 옷차림에 이와 빈대, 옴까지 달고 있는 몰골은 흉하다 못해 차라리 우스웠다.

임천을 떠난 지 보름이 되던 때 남양(南陽)에 도착했다. 남양에서는 학교를 돌아다니며 연극 공연을 하면서 얼마간의 돈을 모아 여비에 보탤 수 있었다. 중국의 광야에도 끝은 있었다. 남양을 지나니까 조금씩 산이 보이기 시작하더니 곧 산 넘어 산이 이어진다.

이제는 날씨도 상당히 추워져서 노숙을 하기도 곤란한 지경이 될 즈음, 우리는 호북성(湖北省) 노하구(老河口)에 도착했다. 임천을 떠난 지 한 달이 되었다. 노하구에 머무는 동안에도 우리는 남양에서 했던 것처럼 연극공연을 하며 약간의 노잣돈도 모았다. 가는 곳마다 중국인들은 우리를 마치 조국을 구한 개선장군(凱旋將軍)처럼 크게 반겨 주었다.

그 후 중국의 산골을 보름쯤 더 걸었을까? 드디어 양자강의 작은 지류가 나타났다. 양자강변의 따뜻한 날씨가 그동안의 고생을 잊게 해준다. 거기서부터는 배를 탔다. 물보라가 무시무시한 소리를 내며 흐르는 험한 물길을 손바닥만 하게 작은 배를 타고 내려가는 것은 목숨을 건 모험이었다.

계곡물은 내려갈수록 넓고 완만해지더니 드디어 양자강과 합류하는 파동(巴東)에 닿았다. 이 부근은 상해(上海)에서 3천 리나 떨어진 상류라서 강폭은 좁았지만 그래도 꽤 큰 배가 왕래하고 있다.

사흘을 기다려 우리는 중경으로 가는 군용 선박에 올랐다. 파동에서 중경까지는 안전한 뱃길일 것이라는 기대와는 달리 밤마다 요란을 떠는 일본 비행기의 공습 때문에 잠을 설치기 일쑤였다.

1945년 1월 31일, 6천 리의 괴로운 여행 끝에 마침내 중경 땅에 발을 디뎠다. 임천을 떠난 지 73일, 일본 병영을 탈출한 지 8개월이 흘렀다. 한참을 헤맨 끝에 우리 임시정부 청사를 찾고 보니 중경 시내 한복판에 있는 연화지(蓮花池)라는 곳이다. 태어나서 처음으로 내 나라 정부의 문을 통과하니 가슴이 북받쳐 말을 이을 수가 없었다. 우리는 청사 앞에 나란히 서서 태극기에 경례했다. 모든 사람의 눈에서 주르르 눈물이 흘렀다.

아무런 예고도 없이 한 무리의 남루한 청년들이 임시정부의 문을 밀고 들이닥쳐 눈물범벅으로 애국가를 부르니 평소 조용한 연화지 일대에는 대소동이 벌어졌다. 방마다 문이 벌컥벌컥 열리더니 중국 두루마기를 입은 거구의 노인이 일행 10여 명과 내려오고 있다. 김구(金九) 주석이었다. 위대한 혁명 영웅을 만나는 감격과 기쁨에 또 한 번 목이 메었다. 대부분은 1년 가까이 산과 들을 넘어 여기까지 걸어왔기 때문에 처참한 모습이었다. 그러나 어느 누구도 피곤한 기색 없이 조국에라도 돌아온 기분으로 기뻐 날뛰었다.

몸도 씻고 수염도 깎고 중국군에게서 빌린 군복으로 갈아입었다. 마당에 큰 화톳불을 피워 입고 있던 이투성이의 옷을 태워 버렸다. 임시정부의 관리들과 우리들은 화톳불을 둥그렇게 둘러싸고 오랫동안 조선의 옛 노래를 부르고 또 불렀다. 저녁에는 우리를 위한 환영회가 열렸다. 환영사를 하는 동안 여러 각료들이 소리 없이 흐느끼더니 김구 주석이 울음을 터뜨리면서 삽시간에 울음바다가 되어 버렸다. 사람의 감정을 이상하게 뒤흔드는 숙연한 광경이었다.

다음 날, 임시정부는 이 사건을 중국과 미국 양 정부 당국에 보고하였다. 또한 앞으로는 일본 병영을 탈주한 학병들이 속속 더 많이 올 것이므로 이제는 우리들도 전쟁에 적극 참가한다고 선언했다. 이에 감명받은 중국 정부는 문화협회의 식당에 환영회 자리를 마련해주었다. 우리는 탈출기를 즉흥 오페라 형식으로 꾸며 청중에게 선보였다. 이윽고 이어지는 우리의 공연에 앙코르가 속출했다. 우리들 중 누군가가 부른 〈대니보이〉는 참석자들도 한두 명 따라 부르다가 합창이 되어 울려 퍼졌다. 그날 그 자리에 모인 눈동자 색깔도 피부색도 다른 세계 각국 사람들을 자유의 깃발 아래 하나로 묶은 사건이었다.

중경에서 우리의 신분은 중국군 소위(少尉)라서 그에 해당하는 급료가 나왔지만 보잘 것 없는 돈이었다. 그래도 월급을 받으면 평소 먹고 싶었던 음식을 사먹기도 하고 얼마 안 되는 잔돈은 이발을 하거나 치약을 사는 데 썼다. 하루하루 지내는데 그 외에는 아무것도 필요하지 않았다.

느긋하게 석 달을 함께 지낸 후 우리들 중 일부는 OSS 한미합작훈련을 받기 위하여 서안으로 떠났다. 나는 중경에 남아 광복군 총사령부 정훈처 선전과에서 부위(副尉)로 근무하다가 OSS 2기생 훈련을 받기 위해 그해 여름 서안으로 날아가 먼저 떠났던 동료들과 합류했다.

국내 공작 침투가 임박한 8월 10일, 훈련 책임자 사젠트 소령이 나타나더니 난데없이 일본이 무조건 항복했다는 소식을 전했다. "Japan surrendered unconditionally."(일본이 무조건 항복했다.) 일본이 포츠담선언을 수락하겠다는 뜻을 연합군에 통지해왔다는 것이다. 영내는 삽시간에 발칵 뒤집혔다.

너 나 할 것 없이 모두 거리로 뛰쳐나왔다. 가슴이 두근거렸다. 이유 없이 큰 소리로 악을 쓰고 싶었다. 모르는 사람들끼리 얼싸안고 춤추는 패도 있다. 미국 군인들도 악기를 들고 나와 뚱땅거리며 중국인 군중들 틈에 끼어 날뛴다. 거리는 인산인해를 이루어 만세 소리로 진동하고 사방에서 폭죽이 터지기 시작했다.

그 후 임시정부 요인들과 비행기로 김포비행장에 내릴 때까지 나는 꿈결같이 지냈다.

우리들이 서울 땅을 밟은 것은 그해(1945년) 11월 2일이다.

(끝)

소설 : 동토의 청춘

제1부

두만강 豆滿江

회령 會寧 · 잔인 殘忍 · 류조호 柳条湖 · 도쿄 東京

회령 會寧

1

1930년 겨울의 일이다. 영하 4, 5도의 추운 날씨였다. 시베리아와 동3성(흔히 만주)에서 사정없이 몰아치는 북풍에, 회령(會寧) 마을은 몸을 떨며 웅크리고 있다. 눈은 내리지 않았지만, 비포장도로는 강철같이 단단히 얼어붙어 보행이 곤란할 정도였다.

그런 어느 날 밤, 대정거리에 있는 유곽(遊廓)에서 불이 났다.

유곽이란 일본 특유의 제도로, 조선에는 없었으므로 회령 주민들은 평소 달갑지 않게 여겼다. 그런 유곽에 불이 난 것은 주민들에게는 생각지도 않게 체증이 뻥 뚫리는 일이다.

휘몰아치는 북풍에 시커먼 연기가 치솟고, 시뻘건 불꽃도 날카로운 소리를 내며 공중으로 피어오른다. 그때서야 비로소 마을에 단 하나 있는 경종이 울리기 시작하여, 소방대원이 각양각색의 복장으로 모여들었다. 정식 대원이 아니라 의용소방대원이므로 어쩔 수 없는 일이다. 다만 대장만은 펠트 소재의 검은 제복을 입고, 경찰 모자와 같은 것을 쓰고, 허리에는 작은 칼을 차고 있었다. 이 사내의 지휘로 그들은 창고에서 수동식 펌프 소화기를 꺼내 화재현장으로 향했다.

밤이 꽤 깊은데도 유곽거리는 구석구석에서 모여든 구경꾼들로 북적거렸다. 어린 꼬마 애들도 많이 섞여 있었다. 여하튼 회령은 지독히 외딴 곳으로 오락장이라 해야 주에 2, 3회만 여는 영화관이 하나, 게다가 요금을 내고 들어갈 수 있는 사람은 극소수였으므로, 이 대화재는 사람들에게 굴러온 호박과 같은 다시없는 볼거리였다. 그래서 일본 경찰이나 헌병들이 출동해서 봉이나 칼을 뽑아 휘두르면서 가로막아도, 구경꾼들은 와자지껄하면서 불구경에 빠져있다.

구경꾼 가운데는 불에 타서 집을 잃은 창녀도 섞여 있었다. 머리보다 훨씬 큰 가발이며, 가발에 꽂은 여러 가지 장식이나, 두꺼운 화장으로 가면과 같은 창녀들의 얼굴이 조선사람들에게는 귀신같이 보여, 불구경보다도 그런 창녀들을 넋을 놓고 보는 사람들도 많았다. 창녀들의 주위에는 으레 두세 명의 군인이 따라다니며, 걸어가면서 제복의 단추를 채우거나 바지를 추스르며 허리띠를 조였다.

"쪽발이 놈들!"
하고 아주 불쾌한 듯 내뱉는 구경꾼도 개중에는 있었지만, 대개는 다만 재미있는 듯 킥킥거리면서 쳐다보고 있었다.

'쪽발이'라는 것은 조선인이 일본인을 경멸해서 부르는 말로, 일본인이 조선인을 경멸해서 부를 때는 '요보'(ㅋㅊ) 라고 한다.

하얀 완장을 찬 헌병들이 때때로 그런 군인들에게 뭔가 야단을 치면, 그들은 교장 선생한테 야단맞는 아이들같이 갑자기 얌전해져 창녀들로부터 떨어져 살금살금 도망쳤다. 헌병은 일본 군인도 무서워했지만, 조선인을 마음대로 체포할 수 있는 권한을 갖고 있어, 조선인들에게도 일종의 마귀 같은 존재였다. 그래서 헌병이 나타나면 구경꾼들도 일순 조용해지지만, 그 모습이 사라지면 곧 또다시 와자지껄 소란해진다.

유곽근처 일대는 호스 연결부에서 새어나온 물로 홍수가 되었다. 그것이 추위로 바로 얼어붙었기 때문에 소방대원이 걷는 것도 쉽지 않았다. 가끔 미끄러져 넘어지는 사람이 있으면 구경꾼이 좋아서 손뼉을 치면서,

"너무 열심히 하지 마. 어차피 쪽발이 건물 아닌가?"

"포상 받는 것도 아니잖아."

"멍청한 놈, 창녀한테 반했냐?"

등 한마디씩 내뱉었다.

유곽거리 주변의 상점은 이미 재빨리 피난을 시작했는데, 미처 빠져나가기도 전에 벌써 구경꾼에게 가게 앞이 점령당해 도망가려 해도 빠져나가지 못하는 가게도 있었다. 유곽 남쪽에 있는 잡화점이 그 하나로, 주인은 어쩔 수 없이 문을 닫고 구경꾼에 섞여 불구경을 했다. 그런데 군중의 수는 늘어나기만 하고 전혀 줄지 않았다. 그리고 경찰이나 헌병한테 밀릴 때마다 파도처럼 일렁거려 문을 밀쳐댔다. 결국 그 나무문이 우지직 소리를 내며 부서졌을 때, 탄력에 의해 군중이 가게 안으로 밀려들어 약탈이 시작되었다.

손에 잡히는 대로 물건을 움켜쥐고 도망가는 사람이 있는가 하면, 하나의 물건을 여러 사람이 서로 뺏으려는 무리들도 있었다. 윗도리를 벗어 바닥에 떨어진 물건을 쓸어 담는 사내도 있고, 여유롭게 셔츠를 펼쳐 치수를 재는 사람도 있다. 여하튼 구경꾼을 밀치며 헌병과 경찰이 들어왔을 때, 메뚜기 떼에 습격당한 보리밭같이, 가게 안에는 눈물을 글썽이는 가게 주인과 그 아내가 망연자실해 있다.

헌병 한 사람이 가게를 나서며 마구 화풀이하듯 가까이 있는 구경꾼을 두들겨 팼다. 그것이 계기인지, 아니면,

"병영(兵營)에 불이 붙었다!"

"군인 관사가 타고 있다!"

라는 외침소리가 어디로부턴가 들렸기 때문인지 알 수 없지만, 그때까지 발로 차고 두들겨 패도 꿈적도 않던 구경꾼들은 뭔가 신호라도 본 것처럼, 갑자기 화재현장을 벗어나기 시작해 앞다투어 대정거리 남쪽으로 내달렸다. 병영 방향으로 이동하기 시작한 것이다.

대개 회령과 같은 시골마을에 큰 유곽이 있는 것은, 이곳이 제78연대의 주둔지로 일본 군인이 많았기 때문이다. 연대를 배치한 것은 회령이 소련과 만주와 조선이라는 3국의 경계에 가까워, 비상시에 편리할 뿐만 아니라, 조선 혁명분자가 많이 사는 간도(間島, 만주의 동남지역)로 가는 관문에 있는 마을이기 때문이다. 요컨대 치안 유지상 매우 중요한 마을인 것이다.

일본군 병영은 마을의 남쪽 교외에 있으며, 장교들의 관사도 그 근처에 있었다. 같은 마을에 있으면서 조선 주민과는 동떨어진 존재랄 수 있는 그 부근에서 시커먼 연기기둥이 몇 개나 치솟고, 하늘이 붉어지기 시작했다. 상당히 큰 불이라는 것이 유곽거리에서 진화 작업을 하던 사람들에게도 알려졌다.

"이거 안 되겠는데. 여기도 손이 모자라는데… 어찌할 도리가 없네….."

잠시 손을 놓고 붉게 물들기 시작한 하늘을 쳐다보던 소방대원 한 사람이 포기한 듯이 내뱉었다.

2

이철(李哲)은 가정교사의 집에서 돌아오는 도중, 불구경꾼들에게 늘 다니던 길이 막혀 멀리 돌아서 가야 했다. 거기서 영림서(營林署) 앞을 지나 회령천 제방으로 나오자 시베리아로부터 불어오는 바람이 사정없이 철이의 얼굴을 때렸다. 아래를 흐르는 회령천은 맑은 별빛 가운데 기분 나쁘게 하얗게 얼고, 오국산성(五國山城)이 지평선 저편에 뿌옇게 보인다. 산성을 향해 달리는 철도나 회령천에 걸친 철교도 보인다. 하천 건너편은 넓은 돌밭인데, 하천이 범람하면 하나가 되어 마치 바다와 같다. 개도 못 먹어 비쩍 마른 대지에서 회령 주민은 용케도 살아왔다고 철이는 새삼 느꼈다.

유곽은 아직도 불타고 있다. 때때로 시커먼 연기가 큰 불기둥이 되는 것은 새로운 건물에 불이 옮겨 붙었기 때문일 것이다. 병영 쪽도 하늘 전체가 전등을 밝힌 것처럼 붉었다.

'모조리 다 타버려라. 더러운 마을이 사라지면 좀더 새로운 깨끗한 마을이 될지도 몰라….'

한바탕 열풍이 제방 아래서 밀려올라와 철이는 거의 끌려 들어갈 뻔했다. 겨우 자세를 잡은 오른편에, 하천 건너 빈민굴이 보인다. 잠을 자는지, 불구경을 갔는지 아니면 등을 밝힐 돈이 없는지…. 어쨌든 드문드문 등불이 보일 뿐 부근은 칠흑같이 캄캄했다.

정신을 차리자 키가 작은 사람이 터벅터벅 걸어오고 있다. 크고 너덜너덜한 외투에 찢어진 구두를 신고, 추운 듯 작은 몸을 잔뜩 웅크리고 걷는 모습을 보면 꼬마가 틀림없다.

"어이 꼬마, 어떻게 된 거야."

철이 말을 걸자 꼬마라는 사내는 속도를 내서 철이와 어깨를 나란히 하고 함께 걸었다.

"한 건 한 거 같은데?"

"응, 잡동사니야."

하고 꼬마는 불룩한 가슴 부분을 툭툭 친다. 그는 회령에서는 모르는 사람이 없는 소매치기이다. 거의 정기적으로 경찰에 붙잡히기는 하지만, 소매치기 정도로 총살되지는 않을 거라고 생각하는지, 붙잡혀서 두들겨 맞는 것을 뻔히 알면서, 풀려나면 또 먹고 살기 위해 끈질기게 무언가를 훔친다. 대상은 물론 일본인이다. 그리고 불은 그에게는 둘도 없는 기회이다.

"철아, 잡화점이 마구 약탈당했어. 그런 일이 일어나면 내일쯤 경찰이 또 나한테 분명히 찾아올 거야. 미안하지만 이거 2, 3일만 네가 좀 숨겨주지 않을래?"

외투의 불룩한 부분을 손가락으로 가리키면서 꼬마가 말했다.

"그런데 이것만으로는 4, 5엔밖에 안 돼. 너한테 숨겨두고 이번에는 병영 쪽으로 갈 생각이야."

"병영! 대포라도 훔칠 셈이니?"

"아니, 장교 관사가 타고 있으니까. 그놈들은 엄청 갖고 있을 게 틀림없어."

"붙잡히면 넌 총살이야."

"절대로 붙잡히지 않아. 저런 얼간이놈들한테…. 그런데 철아, 하룻밤 사이에 이렇게 대화재가 두 곳에서 동시에 일어난다는 것이 이상하지 않니? 유곽거리에서는 세 군데에서 동시에 불이 났다고 하던데…."

"……."

"방화 아닐까? 혹시…."

꼬마는 일부러 목소리를 낮춰, 엄지를 불쑥 들었다. 간도지대에 본거지를 두고 조선과 만주 국경을 휩쓸고 다니는 조선독립군(朝鮮獨立軍)의 소행은 아닐까 하는 것이다.

"혁명군이?"

"큰 소리 내지 마!"

"아무도 없어, 이렇게 추운 밤 이 제방에."

"야마시타(山下)가 올지도 몰라."

야마시타란 회령에서 특히 평판이 나쁜 일본 경찰이다. 옛날에는 일본 동북지방에서 농사짓고 살았다고 하는데, 생계가 막막하여 조선으로 흘러들어온 것이다. 그 당시 조선에는 이런 일본인이 많았다.

철이와 꼬마는 건널목 오막살이 근처에서 제방을 내려와 철이의 집으로 향했다. 마당 구석 창고의 마루 밑에 훔친 물건을 감춘 꼬마는 다시 문을 나서 불타오르는 병영 방향으로 사라졌다.

3

그 다음날, 마을은 마에다(前田) 상회의 아들이, 화재로 혼란한 틈에 간도에서 숨어든 독립군에 납치되었다고 해서 큰 소동이 벌어졌다. 화재는 역시 꼬마가 말한 대로 계획적인 방화인 것 같다. 남긴 협박장에는 몸값 1만 엔을 당장 준비해두고, 사자(使者)가 갈 때까지 얌전히 기다리라고, 조선독립군 간도방면 유격대 총사령이라고 어마어마한 서명이 쓰여 있었다.

일본 관헌은 간도 마적단의 소행이라고 거짓말을 퍼뜨렸는데, 사건을 환영하던 주민들에게는 아무런 효과도 없었다. 요 20년 가까운 세월, 조선은 일본이라는 권총을 손에 쥔 강도단의 포로와 같은 존재였기 때문에, 이제 슬슬 뭔가 일어나야 한다는 생각을 누구나 가슴 한곳에 갖고 있었다. 그래서 이 사건은 어느 정도 사람들의 화풀이가 되었던 것이다.

납치단에 관한 여러 가지 상상이 과장되어 회령 사람들은 더욱더 흥분했다. '상상'이 이야기하는 가운데 '가정'이 되고, 그리고 '사실'이 되었다. 조선독립군 사령부는 밤에는 이미 조선임시정부 상해(上海) 특공부대로 바뀌었다.

흥미의 초점은 말할 필요도 없이 독립군의 사자(使者)가 언제 어떤 모습으로 찾아와서 어떤 비책을 써서 무사히 탈출할 것인가였다. 분명히 뭔가 기상천외의 계획으로 일본인을 깜짝 놀라게 할 것이라고 사람들은 확신했다.

그런데 사자가 나타나서 깜짝 놀란 것은 조선인들이었다. 왠지 모르게 들뜬 기분으로 하룻밤을 밝힌 주민들 앞에, 홀연히 나타난 독립군의 사자는 키가 5척 정도에 예순을 훌쩍 넘긴 백발의 노인으로, 하필이면 당장 쓰러질 듯 비실비실한 당나귀를 타고 있었다. 6척 거구를 밤색 준마에 걸치고 위풍당당하게 와야 하는 사자와는 전혀 닮지 않은 초라한 모습이다. 수염은 다박수염이고, 눈썹 아래에는 트라코마(클라미디아에 의한 감염질환으로, 실명원인의 하나이다. ― 역자) 라도 걸린 듯 작은 눈이 슴벅거렸다.

"어렵쇼."

놀란 주민들의 눈은 전혀 신경 쓰지 않고, 노인은 겨울의 따뜻한 햇살을 즐기듯 다정한 미소를 띠며 슬픈 얼굴을 한 당나귀를 재촉했다. 열 두셋의 사내아이가 뜨거운 김이 나는 반차(飯茶, 밥을 지으면서 위에 열탕을 두른 차 종류)를 갖고 가자, 노인은 당나귀 위에서 허리를 구부려 받아 단숨에 아주 맛있게 마셨다.

사자가 나타났다는 소식에 야마시타를 선두로 하는 10여 명의 경찰이 달려와 노인을 둘러싸고, 야마시타가 당나귀의 배에서 "조선독립군 특별사자"라고 검게 쓴 천을 떼어냈다. 헌병이나 헌병보(헌병의 정식자격은 없지만 똑같은 일을 하는 사람들로, 주로 조선인이 임명되었다)도 10여 명이 몰려와서, 여기에 일본 경찰과 헌병, 조선인 헌병보, 거기에다 비실비실한 노인과 당나귀라는 이상한 행렬이 생겼다.

이 행렬은 시가를 벗어나 중학교가 있는 언덕 아래를 병영 쪽을 향해서 조용조용 나아가, 마에다상회 앞에 와서 멈췄다. 노인은 당나귀에서 내려 전혀 주저하지 않고, 정문을 드르륵 열고 안으로 들어갔다. 야마시타가 따라 들어갔다. 다른 경찰과 헌병들은 바깥에 서 있었다.

노인이 올 것을 미리 알고 있었던 마에다는 노인에게 의자를 권하고 자신도 마주 앉았다. 마에다상회의 지배인이 그런 두 사람을 멍하니 쳐다보고 있다. 허리의 권총에 손을 가져간 야마시타는 화난 얼굴로 마에다의 뒤에 서서 표표한 모습을 흩트리지 않는 노인을 노려보고 있다.

"먼 길에 고생이 많습니다, 노인장. 일본어는 할 수 있습니까?"

"몇 마디라면. 자, 그다지 말할 것도 없으니까, 이걸로 충분하겠지요?"

노인은 서투르지 않은 일본어로 천천히 대답하면서 가게 안을 둘러

보았다. 잡화 도매상이라고는 하지만 마에다상회는 양복에서 일용품, 식료품까지 다양하게 취급하며 회령뿐만 아니라 주변 일대, 간도의 상인들까지도 상대로 사업을 하고 있다.

"회령도 많이 변했소. 그런데 벌써 20년이나 되었으니 당연하오."

"20년….."

"아니, 아니."

노인은 의미 있는 웃음만 지을 뿐, 그 이상의 설명은 하지 않는다. 유리창 바깥에는 많은 사람들이 모여들어 경찰이 구경꾼과 실랑이를 벌이고 있다.

"마에다 씨, 돈은 준비되었소?"

"준비했습니다. 그런데 아들을 돌려받을 확증은?"

"그런 것은 줄 수 없소."

노인은 냉정하게 사무적으로 말을 가로막았다. 마에다는 혼신을 다해 침착한 척하면서,

"돈과 인질을 동시에 교환하는 것은 안 되겠습니까?"

"문명국민끼리의 거래라면 몰라도, 일본인 상대로는 좀 어려울 것 같소. 그 점은 마에다 씨가 잘 아시지 않소?"

"닥치시오, 노인장!"

야마시타가 눈을 부라리며 소리를 질렀다.

"허어, 야마시타인가. 당신 같은 인간을 문명인이라고는 할 수 없지 않은가."

"이 빌어먹을 늙은이!"

"자 자, 야마시타 씨."

하고 마에다가 끼어들었다.

"노인장, 나는 조선에 온 지 10년이나 되지만, 그렇게 나쁜 짓은 하지 않았습니다. 게다가 그다지 힘도 없는 것도 아니오. 당신의 신병은 내가 보증합니다. 장소는 어디든지 좋으니까 둘만의 거래는 어떻습니까?"

"마에다 씨는 모르는 것 같소. 일본군은 어제 밤부터 간도에 대부대를 파견해서 두만강 기슭은 쥐새끼 한 마리 도망가지 못하도록 경계하고 있소. 절대 안 되오."

점원이 찻잔을 쟁반에 담아 왔다. 열린 미닫이 저쪽에 여자의 모습이 보인다. 아들을 걱정해서 마에다 부인이 서서 엿듣고 있었을 것이다.

"노인장, 한번 경찰이나 헌병대와 상의하면 안 될까요?"

"마음대로 하시오."

"이건 내 생각이 아닙니다. 아들의 생명을 보증하는 방법이 없는 경우는 일단 상의하도록 지시받아서…."

변명하는 투로 마에다는 말했다.

4

헌병대 본부에서는 경찰도 참석한 논의 자리에서 최근 관동군(關東軍)으로부터 전임해온 중위가 강경론을 역설했다. 우선 사자(使者)라는 사내를 희생의 제물로 삼고, 더욱이 회령의 반동 조선인을 체포해서 마에다의 아들이 돌아올 때까지 하루에 한 명씩 계속 총살하자는 것이다. 그리고 다섯 명의 젊은이를 이미 체포하여 유치장에 처넣었다.

그런데 여기에 중위가 모르는 사실이 있다. 마에다와 만주 낭인(浪人)과의 비밀관계이다. 이것은 어제오늘 시작된 것이 아니어서, 헌병

244

대나 경찰은 마에다의 이 특수한 지위를 잘 알고 있었지만 기묘하게도 외부에는 알려지지 않았다. 만주 낭인도 여러 부류이지만, 여하튼 그들은 관동군의 앞잡이가 되어 여러 가지 모략에 동원되고 있었기 때문에, 헌병이나 경찰이라고 하더라도 함부로 손을 댈 수가 없었다. 그들은 토착 중국 마적단과도 긴밀한 관계를 유지해 관동군의 형편에 따라 그들을 교묘하게 이용했다. 모든 것은 만주침략정책으로 이어진 것이다. 아마카스(甘粕) 대위 등은 그런 만주 낭인의 전형이다.

아편(阿片) 밀매도 그들과 토착 마적단(馬賊團)의 전매특허 같은 것이었다. 낭인들에게는 고정적인 수입이 없었기 때문에, 아편밀매의 이익에 눈을 돌린 것은 지극히 자연스러운 것이라 할 수 있다. 그래도 돈이 떨어지면 그들은 관동군에게 돈을 뜯거나, 일본 본토의 거상(巨商)이나 재벌을 협박하기도 했다. 그렇게 해서 만든 돈이 어느 사이에 마에다상회를 경유해서 만주나 간도로 흘러들어가도록 되어 있었기 때문에, 마에다 가(家)는 언제부터인가 이른바 일종의 사설은행과 같은 존재까지 올라가 있었다.

관동군이라는 것은 만주철도 보호가 파견 당초의 목적이었는데 지금은 만주 전체를 위협할 정도의 대군이 되어, 특히 2년 전 만주의 실력자였던 장작림(張作霖)을 모살한 후부터의 전횡은 실로 차마 눈뜨고 볼 수 없었다.

한편 중국은 1911년 신해혁명 이래 군웅할거(群雄割據) 가운데 정정(政情)은 혼돈해졌다. 장개석(蔣介石)의 남경(南京) 정부가 일단 1927년에 수립은 되었지만, 그 위령(威令)은 만주까지 멀리는 미치지 못했고, 동 3성은 사실상 장작림의 아들 장학량(張學良)과 관동군의 공동

통치하에 있었다고 해도 과언이 아니다. .

한편 일본의 입장에서 보면 외국의 간섭도 그렇게 많지 않고 남경정부도 약체인 지금이야말로 만주를 완전히 정복하는 천재일우(千載一遇)의 기회라 할 수 있다. 게다가 초조함도 있었다. 만약 장 정권이 강력해져 만주가 그 지배하에 들어가면 다음은 조선이다.

이와 같은 동란에 기묘하게 파고들어 야망을 달성하려고 했던 것이 낭인들이며, 관동군이다. 만주가 일본의 단독 전정(專政)하에 놓인다면 조선의 독립운동에는 큰 타격이다. 혁명분자의 활동은 간도를 중심으로 유지되고 있기 때문이다. 조선의 혁명분자가 낭인과 관동군을 증오하는 것은 당연하다고 할 수 있다.

회의실로 들어온 마에다는 중위의 강경론을 듣자 무모하다고 일축했다.

"몸값을 건넸다고 해도 아들은 돌아오지 않을지도 모릅니다. 시체로 돌아오기 전까지는 살아 돌아온다고 생각하고 교섭하고 싶습니다."

"그러나 아무 조건도 없이 돈을 건네는 것은 문제입니다. 뒤를 밟는 것은 어떻습니까?"
하고 헌병대위가 말했다.

"나무조차 살지 못하는 저 황야에서는 무리입니다."
하고 마에다는 비통한 얼굴을 했다. 바람이 불기 시작한 듯 창밖의 낙엽이 춤추듯 흩날린다. 그러자 한 경찰이,

"오늘은 몸값을 건네고, 동시에 협박을 좀 하면 어떻겠습니까? 인질이 2, 3일 안에 돌아오지 않는다면, 체포한 회령의 사내들을 처형한다고⋯."

대위는 그다지 불만이 없는 모습이었다.

"의외로 효과가 있을 것으로 생각합니다. 그들의 주장은 조선의 독립과 조선인의 해방이기 때문에 주민의 반감을 사는 것은 극력 피하지 않겠습니까?"

이 제안을 둘러싸고 오랫동안 의견교환이 이어졌다. 그 후에 침묵이 찾아왔다. 저녁이 가까운 듯 삼한사온의 따뜻한 햇살도 이윽고 사라진 것 같았다.

"어떻습니까, 마에다 씨….."

대위는 결론을 내리도록 마에다를 돌아보았다. 마에다는 묵묵히 의자에서 일어나 책상 위의 모자를 집어 들었다. 죽 늘어앉은 사람들의 얼굴에 안심한 듯 안도의 빛이 떠올랐다.

마에다가 집에 돌아오자 백발의 사자(使者)는 담뱃대에서 파란 연기를 내뿜었다. 그 옆모습은 정면에서의 온화한 노인의 모습과는 달리 면도칼과 같은 날카로운 느낌이 든다. 마에다의 보고, 즉 새로운 제안을 듣고 노인은 말했다.

"마에다 씨, 당신의 아들이 석방되면 또 상당한 거리를 혼자서 여행해야 하오. 그 사이에 무슨 일이 일어날지…. 조선인도 중국인도 일본인에 대해서는 호의를 갖고 있지 않소. 게다가 일본군이 당신 아들을 살해하고 야망달성의 기회로 삼으려 계획하고 있소. …"

마에다의 머릿속에 강경론을 역설한 그 중위의 얼굴이, 그리고 목소리가 떠올랐다가 사라졌다.

"오늘은 우선 돌아갑시다. 겨울 해는 짧습니다. 다른 분들과 상의해서 또 다른 안을 갖고 오겠습니다."

노인은 천천히 일어나 밖으로 나왔다. 확실히 화가 난 모습이었다. 그러나 당나귀에 훌쩍 올라타고 사라질 때, 그 표정은 다시 원래의 천하태평한 모습 그대로였다.

5

철이는 학교에서 돌아오는 길에 언제나 가정교사인 이두성(李斗成)의 집에 들렀다. 그는 스물네다섯의 덩치가 큰 사내로, 대학생이었을 때 이른바 광주(光州) 학생사건에 가담하여 몇 차례 유치장에 갇힌 후 광주에 사는 것이 성가셔서 몰래 회령으로 흘러들어왔다. 보기에는 튼튼한 체격에 넓은 어깨와 탄탄한 근육은 마치 서양인과 흡사하다. 일종의 근육단련광이라고도 할 수 있듯, 바람이 강한 날 일부러 바람을 안고 계속 달리거나, 추위 속에서 가라테 동작을 땀에 흠뻑 젖을 때까지 계속한다. 하루 2엔에 빌린 더러운 보금자리에서도 화로나 방석은 일절 사용하지 않는다.

구멍이 숭숭 뚫린 미닫이를 열자 방 안은 텅 비어 있고 인기척이 없어, 두성은 아마 집을 비운 것 같다. 널브러져 있는 이불을 개고 주변을 정리한 철이는 영어책을 꺼내서 읽기 시작했다. 철이는 그에게 벌써 1년 가까이 영어와 수학을 배우고 있다.

두성은 그러나 아무리 기다려도 돌아오지 않았다. 밖은 어두워지고 배도 고파서 돌아가려고 일어섰을 때 발소리가 들렸다. 그런데 조용히 들어온 것은 두성이 아니라 꼬마였다.

"뭐야, 꼬마니, 무슨 일이야?"

"너야말로 무슨 일이야? 두성 씨는 오늘 아침, 헌병대에 붙잡혀 갔어!"

"광주학생사건이 아직도 발목을 잡는가? 지독한 놈들이네."

"아니, 그렇지 않아. 마에다의 아들 사건이 원인이야."

그리고 꼬마는 철이에게 두성 외에도 역전의 여관 아들과 술도가 아들과 포목점 아들이 붙잡혀갔다고 이야기했다.

"네 명이나 끌려갔다고?"

"쪽발이는 다섯 명이라고 하는데, 나머지 한 명은 어차피 헌병대의 끄나풀일 거야. 무언가 찾기 위해서지. 놈들의 상투수법이야."

밤이 깊어지자 방은 점점 추워졌다. 미닫이의 구멍 뚫린 곳에서 파고드는 바람 때문에 앉아서 이야기하면 훨씬 더 춥다. 도저히 견딜 수 없자 꼬마는 방구석에 있는 밥통에서 밥을 꺼내 풀 대용으로 미닫이의 구멍 뚫린 곳을 붙이기 시작했다.

"헌병대의 유치장은 여기보다도 더 추울 거야."

철이는 꼬마의 손재주 있는 모습을 무심코 쳐다보면서 내뱉었다.

"추위 정도라면 그나마 괜찮아, 무엇보다 상대는 헌병대야."

"형이 항상 체력훈련을 하던 이유를 알았어. 분명히 이런 경우를 예상하고 있었던 거야. 그렇다면 다른 세 명은 안타깝네. 헌병에게 잡혀가다니…."

"두성 씨는 여하튼, 다른 세 명이 독립군과 연락한다고는 전혀 생각되지 않아. 헌병대 쪽도 아마 알고 있을 거야. 조선인이라면 누구든지 관계없는 거야."

"그렇지만 꼬마야, 조선인 삼천만은 이미 일본의 인질과 마찬가지야. 인질을 또 인질로 잡다니, 쪽발이도 어지간히 조심해야 할 거야.

그렇더라도 그놈들, 용케도 독립군의 사자(使者)를 무사히 돌려보냈네."

"노인은 이웃마을이라도 가는 모습으로 태연히 그 지친 당나귀를 타고 갔어."

"아무도 뒤를 밟지 않았니?"

"아무도라니… 마을사람 전부가 뒤따랐어. 노인의 뒤를 따라서 모두 축제 분위기였어. 재미있었어. 그런데 하천가에 이르자 노인이 당나귀를 멈추고 이제 돌아가라고 했어. 일본 경찰에 찍히면 평생 성가시다, 게다가 감기라도 걸리면 큰일이다, 더 이상 따라와서는 안 된다, 이건 내 명령이다. 명령을 지키지 않으면 엄벌한다고 했어. 늙은 노인 주제에 무섭게 큰 소리였어."

"그러고서는 어떻게 되었는데?"

"그러고서부터가 영 분명치가 않아…. 노인이 당나귀에 채찍질을 했어. 그때까지 채찍 따위는 갖고 있지 않았는데, 채찍질을 했어. 그러자 그 늙어빠진 당나귀가 붕 공중으로 떠올라 보이지 않았어. 순식간이었어. 정말로 이상한 기분이었어. 꿈 같았어."

"다른 사람들에게는 어떻게 보였는데?"

"다 똑같았겠지 뭐. 멍하니 혼이 나간 것 같은 얼굴을 하고 있었으니까…. 너는 못 믿겠지만…. 그런데 정말이야."

철이는 꼬마의 이야기를 들으면서 여기서도 또 새로운 전설이 탄생하는 것을 느꼈다. 현실에서 희망이 없는 인간은 꿈을 좇아서 살아가는 방법밖에 없다. 전설이라도 만들지 않으면, 살아갈 용기가 없기 때문이다. 일본인의 유린이 계속될수록 가련한 조선인은 이렇게 끝도 없이 많은 전설을 만든다.

"꼬마야, 그 노인은 이제 안 오겠지? 나도 보고 싶어."

철이는 마음 깊은 곳에서 그렇게 생각했다.

6

철이와 꼬마는 11시가 넘어서 두성의 방을 나섰다. 왼편의 유곽거리의 불탄 흔적은, 수증기인지 연기인지 알 수 없는 회색의 기체가 아직 사방에서 올라오고, 타다 남은 재목이 기괴한 모습으로 공중에 떠 있다. 당장이라도 무너질 것 같은 그 아래에서 누더기를 입은 여자 아이들이 우왕좌왕하고 있다. 아마 돈이 될 만한 것이라도 없을까 찾는 것이다.

"어떠니 꼬마야, 하천까지 가지 않을래?"

"지금부터…. 이렇게 추운데. 도대체 어떡하려고, 지금 가서."

"뭐가 어때서? 꼬마야. 난, 그 독립군 사자가 당나귀로 건넌 하천을 보고 싶어."

"그런 건 오늘 밤이 아니라도 좋지 않니? 하천이 어딜 도망가는 것도 아니고."

"아냐, 오늘 밤이 아니면 안 돼."

"어째서?"

"노인이 하천을 건넌 그 같은 날에, 보고 싶어!"

"이상한 녀석이네, 넌."

어느 사이에 시장 옆까지 왔다. 이제 왼쪽으로 돌아가면 5분도 걸리지 않아 철이 집에 도착한다. 그러나 두 사람은 왼쪽으로 돌아가지 않았다. 암묵적으로 꼬마도 하천으로 가는 것에 찬성한 것이다.

당시 젊은 조선인이 품고 있던 독립운동에 대한 동경은 매우 로맨틱한 것이어서, 이토 히로부미(伊藤博文)를 주살(誅殺)한 안중근(安重根)이나, 사이토 마코토(齋藤實)에게 폭탄을 던진 강우규(姜宇圭) 의사(義士) 등은 외경(畏敬)을 넘어 숭배의 대상까지 되었다. 독립군의 사자(使者)는 물론 그 발끝에도 미치지 못하지만, 가까운 지역에서 일어난 사건인 만큼 마을 젊은이들은 이상한 흥분의 도가니에 휩싸였고, 철이와 꼬마도 당연히 그 가운데 있었다.

"그 노인은 지금쯤 어디서 무얼 하고 있을까?"

죽은 듯이 잠들어 고요한 주택가를, 외투에 목을 파묻고 걸어가면서 낮은 목소리로 철이가 말했다.

"음…. 게다가 당나귀는 어떻게 되었을까? 잠자리에 돌아왔다면 짚 속에 웅크리고 있을 거야…."

"나는 왠지 사이토에게 폭탄을 던진 강우규와 노인이 닮았다는 기분이 들어. 그도 그 당시 예순을 넘었다고 하던데…."

"그런데 안중근은 젊었었지?"

"응."

"이토가 죽었을 때 어떤 기분이 들었을까?"

"몰라, 영원히 몰라."

"역시 슬펐던 것 같아. 어떤 의미에서."

"응…. 그런데 어쩔 수 없어. 앞으로도 계속 수많은 조선인이나 일본인이 살해돼…."

역전의 파출소는 등이 켜져 있어 경찰이 움직이는 모습이 보인다. 여기에 올 때까지 한 사람도 만나지 못했는데, 여기만은 아직 깨어 있다.

정복당한 민족도 괴롭지만, 그 정복을 무리하게 유지하는 것도 쉽지 않다는 것을, 이 추운 심야에도 깨어 있지 않으면 안 되는 경찰의 모습이 말해주는 것 같다.

하천에 도착하자 두 사람은 바위에 걸터앉아 왠지 모르게 생각에 잠겼다. 물은 완전히 얼어붙었다.

"그 노인은 나의 명령은 정부의 명령과 같다고 했는데, 무슨 의미일까?"

하고 꼬마가 묻는다.

"상해(上海)에 조선의 임시정부가 있어. 그 명령이라는 의미일 거야."

"그런 게 정말로 있을까?"

"있고말고. 조선인이라는 민족이 있는데, 정부가 없으면 어떡하니! 나는 언젠가 상해에 갈 거야. 중학이나 대학을 졸업하면."

"갈 수 있을까, 그렇게 쉽게."

"그거야 당연히 어렵지. 하지만 목숨을 걸고 가려고 마음먹으면…. 나는 반드시 갈 거야. 조선에서 개죽음을 당할 수는 없어."

"상해!"

꼬마는 머리 뒤로 깍지를 끼고 하늘을 쳐다보았다. 필시 먼 이국의 도시를 떠올리고 있을 것이다. 회령과 같은 작은 시골에서 태어나서 자란 인간으로서는, 상해는 이름을 듣는 것만으로도 정신이 아득해지는 대도시였다. 그 대도시의 혁명정부를 찾아간다….

"나는 중국인이 좋아. 일본인이나 조선인과는 달리 생각에 여유가 있어. 대륙적이야. 그렇게 보면 일본인만큼 싫은 놈은 없어. 여러 가지 점에서 너무 조선인과 꼭 닮았어. 조선인의 나쁜 점을 전부 가지고 있는 데다가 조선인에게 없는 나쁜 점까지 갖고 있잖아. 정말 참을 수 없어."

"나도 그래. 정말로 그래…. 어이 꼬마, 하천을 건너자."

철이는 성큼성큼 얼음 위로 발길을 옮겼다.

"돌아가자, 철아."

"너는 돌아가고 싶으면 먼저 돌아가. 나는 금생동(金生洞)까지 갈 거야."

"그렇게 멀리까지 가면 날이 샐 거야."

한참을 걷자, 완전히 얼어붙은 두만강이 왼쪽에 나타났다. 달빛을 받아 하얗게 빛나면서 조선과 간도를 정확히 둘로 가르고 있다. 간도의 저 멀리에는 시베리아가 있을 것이다. 조선의 영고성쇠(榮枯盛衰)를 남의 일처럼 멀리 바라보면서 수만 년, 아니 수십만 년, 이 강은 유유히 흘러왔을 것이다.

두 사람은 절벽과 같은 오른쪽 산중턱에 있는 동굴에 들어가 추위를 피했다. 마른풀이 푹신푹신하게 따뜻하다. 이 천연의 침대에서 철이와 꼬마는 묵묵히 두만강을 내려다보고 있다. 본 것은 아니지만 노인과 당나귀는 이 부근에서 두만강을 건너 간도로 사라졌다고 왠지 모르게 확신했다. 그렇다면 독립군도 마에다의 아들도 그렇게 멀지 않은 곳에 있을지도 모른다….

"철아! 누군가 강을 건너고 있어."

꼬마가 갑자기 소리를 죽여 얼빠진 소리를 했다. 과연 눈을 부릅뜨고 보니 하얀 얼음 위에 검은 형체 두 개가 보인다. 기슭을 걷고 있을 때는 어두워서 보이지 않았는데, 하얀 얼음 위에 와서 뚜렷해진 것이 틀림없다.

두 형체는 어찌된 일인지 마치 한 사람의 인간처럼 뒤얽혀 걷고 있다. 추위를 서로 감싸는 듯이 보인다. 그러나 걷는 것이 아무래도 부자연스럽다. 구를 때도 함께하고 일어날 때도 함께…. 그런 뒤뚝거리는 걸음걸이로 두 사람은 서서히 얼음 위를 걸어 조선쪽으로 다가왔다. 강한 바람이 하얀 눈 같은 가루를 감아 올려 두 사람의 몸을 감싼다. 그러나 두 사람에게는 순풍이므로 다소간 걷는 데 도움이 되는 것 같다. 철이와 꼬마도 가끔 강을 건너 간도까지 가서 중국 과자를 사러 가는 일이 있어서, 얼어붙은 두만강이 얼마나 걷기 어려운 것인가 잘 알고 있다. 무언가에 쫓기고 있는 듯, 두 검은 형체는 그 걷기 힘든 것을 극복하고 드디어 강을 다 건넌 것 같다.

"누구일까? 저 두 사람."

"이 한밤중에…. 탈주범 아닐까?"

"그렇다면 간도로 갔을 거야."

"그러면 무얼까?"

"귀신인지도 몰라."

"바보 같은 소리, 귀신이 저런 인간의 모습을 하고 있지는 않아."
하고 철이는 꼬마를 놀렸다.

강을 건넌 두 사람은 이미 거의 철이 일행이 있는 동굴 근처까지 온 것같이 이야기 소리가 들리기 시작했다. 놀랍게도 일본말로 이야기하고 있다. 모습도 뚜렷해졌다. 아무래도 서로 다리를 동여맨 것 같다. 그래서 아까처럼 기묘한 걸음걸이를 했나 보다. 두 사람은 숨을 죽이고 주위를 살피며 목소리를 낮추었다.

"춥지요. 조금만 더 참으세요. 역까지 앞으로 20분 정도이니까."

"나는 이 부근에 온 적이 있습니다. 아버지와 낚시하러, 두세 번…. 지금 건너온 도랑 근처에서 미꾸라지를 잡았습니다."

"미꾸라지는 맛있지요."

"아버지도 좋아하셨습니다. 저 근처에서 불을 피워 구워서 먹었습니다."

재미없는 이야기였다. 귀신이 아닌 것은 분명하지만, 정체는 확실히 모른다. 왜 2인3각으로 걷고 있는지도 모른다. 두 사람 다 스물 전후로 헉헉 하고 숨을 몰아쉬지만 아직 건강하다. 철이와 꼬마는 동굴에서 나와 이 두 사람의 뒤를 밟기로 했다.

"이제 괜찮습니다."

"정말 당신 덕에 살았습니다. 역전 파출소에 가서 전화하겠습니다."

제방 위의 두 사람의 대화는 가리는 것이 없어서 또렷이 들렸다. 두 사람이 가는 곳을 알면 굳이 뒤를 밟을 필요가 없기 때문에, 철이와 꼬마는 파출소로 앞서 가기로 했다.

파출소에서는 아직 두 명의 경찰이 일어나 있다. 꼬마에 따르면 노무라(野村)와 야마네(山根)라는 사내로, 둘 다 회령에 온 지 1년 남짓하다고 한다.

창 아래 대숲에 숨어서 어느 정도 시간이 지났을 쯤일까. 2인3각의 모습이 파출소 옆 우동가게 앞에, 가로등의 흐린 불빛을 받으며 나타났다.

"저거, 마에다의 아들 아니야!"

깜짝 놀란 꼬마가 소리를 지르려다 서둘러 입을 막았다.

"틀림없어?"

256

"틀리고 말고 할 것도 없어!"

"또 한 사람은 누구야?"

"몰라, 그런데 조선인이야."

마에다의 아들과 또 한 명의 사내는 구르듯 파출소 안으로 들어갔다. "마에다 씨!" 하고 놀란 경찰들의 목소리에, 서둘러 난로의 불을 키우는 짤가닥거리는 소리가 이어졌다.

"도대체 어떻게 된 겁니까? 마에다 씨."

"예, 여하튼 이 쇠사슬 좀 어떻게 안 되겠습니까?"

다리는 쇠사슬로 묶여 있었다. 이윽고 찰그랑 찰그랑 금속을 치는 소리가 들리고, 한편에서는 전화기를 돌리는 드르륵거리는 소리도 났다. 아마 마에다의 집이나 경찰서에 연락하는 것이다.

"고생이 많았네요."

하고 야마네가 말했다.

"이거, 정말로 폐를 끼쳤습니다. 이 최영(崔永) 군이 도와주지 않았다면 무슨 일이 일어났을지 모릅니다."

처음으로 그 조선인의 이름이 나왔다.

"최영이라고 합니까? 어이, 최영, 너 어디 사냐!"

야마네가 바로 난폭한 말투로 변했다.

"용정(龍井)입니다."

"용정이라면 간도구나. 너, 왜 그놈들한테 붙잡혔냐!"

"……."

최영은 말이 없었다.

"배신자!"

하고 꼬마가 갑자기 일어서서 속삭인다.

"뭔가 이유가 있을지도 몰라."

"이유 따위는 없어. 배신자가 틀림없어."

"그런데 만약 정말로 배신자라면, 어째서 일본인하고 함께 쇠사슬로
묶였을까?"

"저놈 눈을 보면 알 수 있어. 전형적인 배신자의 눈이야."

"그러고 보니 음험한 눈이네."

"그런데 멍청한 놈이네. 독립군을 배신하면 나중에 어떻게 될까? 조그
만 포상에 눈이 멀다니."

"……."

"인간이란, 전부 비열한 거야. 나도 그런지도 모르지만, 그래도 나는
독립군을 배신하는 짓은 안 해. 그런 건 어지간히 멍청하든가 어지간히
똑똑한 놈만이 하는 거야."

"너는, 그렇다면 멍청이가 아니라면 똑똑하지도 않다는 거네."

"까불지 마!"

꼬마는 슬퍼보였다. 최영과 같은 조선인에게 실망한 것과 더불어 독
립군의 바보짓이 그를 슬프게 한 것 같다. 파출소 안의 이야기는 아직 계
속되었지만, 꼬마는 이미 완전히 흥미를 잃은 듯 멍하니 수심에 잠겼다.

잔인 殘忍

1

두성과 함께 체포된 3명의 젊은이들은 마에다의 아들이 무사히 돌아와
도 전혀 석방되지 않았다. 또 한 명의 사내는 언제부턴가 모습을 감추
었다. 꼬마가 말한 것처럼 역시 헌병의 *끄나풀*로 어딘가 다른 곳으로
가서 또 똑같은 일을 할 것이다.

따뜻한 날이 5, 6일이나 이어졌다. 그런 봄의 전주곡에도 불구하고
회령의 주민, 특히 아들이 석방되지 않은 가족들의 마음은 아무래도 겨
울의 추위에서 벗어나지 못했다. 오랫동안 잡혀있던 사람들이 어떻게
되는지는 모르는 사람이 없었기 때문이다.

그러던 어느 날, 철이는 학교가 끝나자 경찰서 쪽으로 발길을 옮겼
다. 가는 길목에 있는, 아직 유치장에 갇혀 있는 술도가 아들의 집에서
쉰을 넘긴 부친이 술통을 무거운 듯 마당에 굴리고 있다. 가게에서는
아들의 젊은 아내가 서툰 솜씨로 장부를 정리하고 있다.

철이가 들어가자 젊은 아내는 께느른하게 얼굴을 들고,

"아니, 철이 씨, 학교는 끝났어?"

하고 말했다. 검고 숱이 많은 머리카락을 뒤로 묶고 줄무늬 모양의 한
복을 입은 그녀는 미혼의 처녀같이 보였다.

"뭔가 새로운 소식은 없나요?"

"아무것도…. 저쪽은 잊은 듯한 얼굴을 하고 있네. 벌써 두 달이 넘었는데…."

일이 손에 잡히지 않는 것인지, 술도가 안은 왠지 모르게 어수선해서 파장 분위기다. 안쪽에 보이는 뒷마당의 담에는 큰 구멍까지 나 있다.

"철이 씨! 최영 소문 못 들었어?"

"……."

"경찰에 여러 가지를 밀고랄까 참소(讒訴) 하는 것 같아. 물론 자신이 살고 싶기 때문이겠지만."

"마에다의 아들을 구하는 것만으로, 경찰이 신용하지 않네요."

"평소라면 그걸로 충분하겠지만, 그 사내의 과거를 모르는 것 같아서…."

"혁명분자가 있는가 하면 배신자도 있으니까요. 조선인에도 중국인에도…. 그래서 쪽발이들, 의심의 귀신이 되어 있는 겁니다."

"철이 씨도 차라리 일본편이 되지."

"예?"

"분명히 출세할 거야."

젊은 아내의 눈에 씁쓸한 웃음이 떠오른다. 그것이 배신자에 대한 혼신의 항의였다.

"최영이 지금 뭘 하는지 알아?"

"아니요."

"마에다상회에서 일하고 있어. 가게 앞을 요새 삼륜차로 자주 지나가."

"……."

"철이 씨! 지금 어디 가는 길이야?"

"경찰서에 가보려고 합니다. 다른 사람들 소식을 좀 알 수 있을까 해서요."

"안 돼요."

"어째서요?"

"나, 경찰서 가서, 창녀 취급받고 왔어."

"……."

"여럿이 몰려들어 빤히 쳐다보고, '흥흥, 이거 나쁘지 않다'든가, '몸매 좋은데' 하고 희롱하고, 결국에는 '얼굴 좀 보여라'며 머리카락을 들어올리기까지 했어. 분해서 눈물이 뚝뚝 떨어지더라. 그러다가 싫증이 나는지 본체만체하고 알고 싶은 것에는 아무것도 대답하지 않아. 인간이 아니야, 그 사람들!"

그녀는 이야기하다가도 새삼 화가 치밀어 오르는 듯 얼굴을 붉히고, 글썽이는 눈을 깜박거렸다. 철이는 그것이 그녀의, 조선 사내들의 못난 짓에 대한 분노 같다고 생각되어 부끄러웠다.

철이는 결국 경찰서에 가기로 했다. 여기서는 5분도 걸리지 않고, 술도가의 젊은 아내는 남편이 오랫동안 돌아오지 않아서 조금 흥분하지 않았나 하는 생각이 들었기 때문이다. 아무리 그래도, 경찰이 그런 못된 짓을… 하던 철이의 덧없는 기대는 경찰서에 다가갈수록 들려오는 비명소리에 가랑눈처럼 사라졌다. 지하실 근처에서 새어나오는 그 소리는 누군가가 고문당하고 있다는 증거였다. 흰 벽으로 만든, 얼핏 보면 미술관이나 별장과 같은 산뜻한 경찰서 건물이 갑자기 중세의 지하감옥같이 보였다.

작심하고 안으로 들어가자, 천정이 높고 휑한 강당 같은 방에서 제복, 사복 갖가지 복장을 한 경찰들이 사무를 보고 있었다. 전부 일본인이다.

"아직 안 불어?"

큰 소리가 구석에서 났다. 한 명의 경찰이 고압적인 태도로 서 있고, 그 앞에 조선인이 주뼛주뼛 앉아 있다.

"이 새끼!"

경찰은 매우 기계적인 동작으로 그 사내를 힘껏 때렸다. 마치 모기를 때려잡듯 태연한 동작이었다. 조선인은 열심히 뭔가 변명하고 있지만, 경찰은 주먹을 사내의 얼굴 앞에 빙빙 휘두르면서 욕을 퍼부었다. 이윽고 두세 번 기계적인 폭행이 반복되었다. 옆자리에서 할 일 없이 잡지를 보던 경찰까지 가세하여 우뚝 서 있는가 싶었는데, 갑자기 사내의 머리에 주먹을 날리고 가볍게 웃으며 태연히 또 자신의 자리로 돌아갔다.

이것이 경찰인가 하고, 철이는 조금 망설였다. 그러나 용기를 내서 다루기 쉬울 것 같은, 보기만 해도 무식한 얼굴을 한 서른 정도의 사내에게 다가갔다.

"유치장에 있는 친구에 대해 알고 싶습니다만….."

그 사내는 돌아보지도 않았다. 그리고 서류를 쳐다보면서,

"어이, 문신 장사를 하고 싶다고 왔네."

하고 누군가에게 말한다.

"그건 괜찮은 편이야. 만담(漫談)은 안 될까 하는 놈도 있었어."

"오면 어떻게든 되겠지, 조선은."

"적어도 세 끼 밥은 먹을 수 있기 때문이지. 마구 데려오면 돼."

"난 말이야, 전과 2범이라고 솔직히 말한 사내를 작년에 보살펴 줬

262

어."

"솔직하긴, 전과 10범 정도를 줄인 건지도 몰라."

"2범이든 10범이든 마찬가지야."

아무래도 경찰은 이민 알선도 하는 것 같다. 생계가 막막한 일본인이 이런 형편에 흘러들어오니까, 조선인은 일자리를 잃고 점점 어려운 생활을 강요당하는 것이다.

"친구들의 소식을 알고 싶습니다만."

철이는 같은 말을 반복했다. 그러나 경찰은 여전히 모르는 척, 이번에는 코털까지 뽑는다.

끼익 하고 기분 나쁜 소리가 나고 구석 쪽의 두꺼운 창살문이 열렸다. 에구치(江口)라는, 아편으로 돈을 벌고 있다는 소문의 경찰이 먼저 느릿느릿 나타나고, 그 뒤로 사내 하나가 비틀거리며 따라왔다. 머리카락은 더부룩이 자라고 얼굴은 다박수염투성이로, 마치 동굴에서 기어 나온 원시인 같았다. 앞가슴이 헤쳐진 상반신에는 채찍 자국이 검푸른 뱀같이 선명하며, 벨트가 없는 바지를 손으로 움켜쥐고 걸어온다. 걷는다기보다는 몽유병자처럼 둥실둥실 떠서 움직이는 느낌이다. 발이 땅에 닿지 않는 것이다.

이 사내가 체포된 네 사람 가운데 한 명인 포목점 아들 정규(正圭)라는 것을 알았을 때, 철이는 일순간 자신의 눈을 의심했다. 그만큼 기가 막히게 변한 모습이었다. 이 도무지 혁명과는 인연이 먼 인물이 어째서 이런 모습이 되었는가! 정규의 이상한 걸음걸이를 멍하니 쳐다보면서 철이는, 그의 부모가 이 모습을 봤을 때의 참혹한 광경을 상상했다.

"돌아가!"

하고 에구치가 고압적으로 호통 쳤다. 소지품을 건네받고는 정규가 그대로 얼빠진 표정으로 지쳐서 주저앉아 전혀 움직이려 하지 않았기 때문이다.

"못 알아들었어, 어이!"

겨우 일어난 정규는, 무표정한 얼굴로 느릿느릿 걸어서 밖으로 나와서는 출입구 돌계단 근처에서 아주 아무렇게나 데굴데굴 굴렀다. 서둘러 달려간 철이가 안아 일으켜도, 께느른한 눈을 흘끗 쳐다보기만 할 뿐 말하려고 하지 않는다. 철이는 둘러메듯이 정규를 경찰서 구내에서 데리고 나와 길가의 그루터기에 앉히고, 그들을 둘러싸기 시작한 마을 사람 하나에게 인력거를 불러주도록 부탁했다.

"지독한 짓을 했네."

"아마 야마시타나 에구치가 했을 거야."

"저 채찍 자국을 좀 봐. 아주 사람을 죽여 놓았구먼."

두 사람을 멀리 둘러싼 구경꾼이 저마다 함부로 지껄이고 있다. 그 사이에도 경찰이나 형사가 몇 번이나 왔다갔지만, 누구 한 사람 거들떠보지도 않는다. 정규는 가끔 추운 듯 몸을 떠는 것 외에 전혀 움직이지 않았다. 내뿜는 숨소리만이 검붉은 석양을 받아 약간 붉은 빛을 띠고 있다. 중년의 여성이 다가와서 드러난 가슴을 덮으면서 붉어진 채찍 자국을 애처롭게 문질러도, 그는 그저 건너편 하늘을 지그시 쳐다보고 있을 뿐이다.

한겨울의 바람이 해질녘 하늘에 솟은 미루나무 행렬을 흔들자 그 실루엣이 바람 따라 흔들려, 멍하니 앉아 있는 철이 자신이 흔들리는 듯한 착각을 불러일으킨다.

정규를 태운 인력거가 그의 집 가까이 다가가자, 포목상과 그 아내가 허둥지둥 달려왔다. 물론 정규의 부모이다. 이름을 부르면서 인력거에 달려와 안을 들여다 본 어머니의 얼굴에서 핏기가 사라지고, 인력거 바퀴 아래로 쓰러질 듯했다.

"정신 차려!"

정규의 아버지가 토하듯이 고함쳤다. 그러나 그의 얼굴도 어머니와 마찬가지로 창백했다. 마당에 들어서자 열 두셋의 여자 아이가 단말마(斷末魔)의 비명을 지르며 돌계단 앞에 멈춘 인력거에 달려들어, 작은 몸으로 덩치 큰 오빠를 부둥켜안고 내려왔다. 그때까지 얼빠졌던 정규의 눈이 크게 확 뜨이고, 혼신의 힘을 다해 스스로 자신을 지탱하려고 했다. 작은 여동생에게 덩치 큰 자신이 기대서는 위험하다고 본능적으로 느꼈던 것일까. 툇마루에 서자 스스로 방 미닫이까지 열었다. 그리고 깔려 있는 이불에 굴러들어가 죽은 것처럼 움직이지 않았다.

하얀 한복에 빈손으로 어슬렁어슬렁 왕진을 온 이웃에 사는 한의사는, 희고 긴 수염이 난 풍모와 어울리게 확실히 자신만만하게 보인다. 정규의 맥을 짚고 배나 가슴부분을 살펴보고, 그리고 다리를 보자, "씻겨라"하고 무심하게 말했다. 수많은 상처에서 나온 피가 굳어서 상처부위는 말할 것도 없고, 살갗도 보이지 않을 정도이다. 여동생이 정성스럽게 씻겼다.

"못 위를 걷게 한 거야. 보라고, 발바닥에 구멍이 수없이 뚫려 있어…."

한의사가 하얀 수염을 떨면서 또 중얼거리듯 말했다. 정규는 널판에 못을 수 없이 박고 그것을 뒤집어서 바늘 산처럼 되어 있는 곳을 걷게 하는 고문을 당한 것이다. 그래서 발이 땅에 닿지 못하는 그런 기묘한 몽유병자와 같은 걸음걸이를 한 것이라고 철이는 비로소 납득이 갔다.

2

정규는 유치장을 나온 5일째의 밤, 귀여운 여동생의 품에 안겨 27년의 생애를 마쳤다. 다리 상처 외에도 내출혈이 심해 손을 쓸 수가 없었던 것이다. 이것은 아마 맞았거나 차인 것이 원인일 것이다. 회령에서는 양자(養子) 제도가 없기 때문에 이것으로 포목상의 가계(家系)도 끝나게 된다. 정규의 노부모는 그가 죽을 즈음에는 하루 종일 얼빠진 눈으로 방구석에 앉은 채로 말도 하지 않았다. 살아있는 시체와 흡사했다. 그리고 장례준비로 집안이 복작거리기 시작해도 구석에 처박혀 전혀 얼굴을 보이려 하지 않았다. 대신에 청진에서 달려온 고인의 누나 부부가 도맡아 장례를 치렀다.

인간 한 사람 태어나는 것도 쉽지 않지만, 장사 지내는 것은 훨씬 복잡했다. 관을 짜는 것도, 시신을 안치하는 것도, 운구하는 것도, 하나하나 성가신 관례가 남아있기 때문이다. 관은 못을 일절 사용해서는 안되고, 그 안쪽은 자작나무 껍질로 붙여야 한다. 그렇게 하지 않으면 시체에 상처를 입힌다. 시체는 머리부터 발끝까지 마(麻)와 같은 것으로 둘둘 만다. 그렇지 않으면 만약 이장(移葬)할 때 유골이 산산이 흩어져 버리기 때문이다. 이런 쓸데없는 관습에 얽매어 모든 힘을 뺏기기 때문에, 조선인은 이민족의 침략을 당하는 처지에 내몰렸는지도 모른다.

정규의 시신은 죽은 다음날 관에 안치되어 3일째에 선산(先山)으로 운구되었다. 관은 소가 끄는 수레에 실리고 그 전후를 포목상이나 고인

266

과 관계있는 사람들이 둘러싸고 행렬을 만든다. 그러나 고인의 노부모는 시종 얼굴을 보이지 않았고, 물론 행렬에도 참가하지 않았다.

아주 화창한 3월의 하늘 아래를 느릿느릿 걷는 수레를 둘러싼 행렬이 하천 쪽으로 나아갔다. 청진에서 온 누나도, 임종을 지킨 여동생도, 소복 위에 황색 마(麻)로 된 상복을 둘렀다. 하천까지 오자 대다수의 배웅하는 사람들은 고인에게 작별을 고하고, 나머지 친척과 일을 보는 노인들이 다시 행렬을 만들어 집도 나무도 없는 마른 풀만 살랑거리는 들판으로 나아갔다.

"오늘은 날씨가 좋아 다행이네."

장례를 지휘하는 노인이 수염을 어루만지며 또 다른 노인에게 말을 걸었다. 이런 사람들은 여러 가지 관례를 알고 있기 때문에 없어서는 안 되는 존재이다. 관례를 지키면 죽은 사람의 혼이 살아남은 사람들에게 행운을 가져온다고 믿기 때문이지만, 살아 있을 때조차도 자기 자신의 운명을 자유로이 할 수 없었던 사람이, 죽은 뒤 어떻게 다른 사람의 운명에 영향을 미칠 수 있을까?

"머지않아 봄이구나."

하고 말을 받은 노인이 동의한다.

"날씨가 좋은 것도 명복(冥福)의 하나요. 한겨울이었다면 추워서 큰일이었네."

"그렇다고 하더라도 술도가의 아들은 아직 나오지 않은 것 같네."

"결혼한 지 얼마 안 되었는데, 며느리도 참 불쌍하지."

"며느리의 부모도 걱정이겠네. 자식은 언제나 걱정하지 않으면 안 돼. 부모라는 장사도 어려운 거야."

"낳는 것도 어렵지만 기르는 것은 더 어렵네. 겨우 죽지 않고 키웠다고 생각하면 또 이런 일을 당하니…. 여관집 아들도 아직 나오지 않았지?"

"그쪽은 더욱 불쌍하네. 할머니는 눈이 거의 보이지 않는 데다 며느리도 없지. 장사도 쉬고 있다는 이야기네."

"운이야, 전부. 만약 그 아들이 죽는다면 여관집도 후사(後嗣)가 끊어지네."

"제사 지내주는 사람도 없어지는 거야. 불쌍하게."

세 시간 정도 지났을까. 길이 험해지고 소달구지가 다닐 수 없게 되자 관은 수레에서 내려져 모두의 손으로 운구하게 되었다. 끙끙대면서도 절대로 무겁다고 해서는 안 된다. 그런 말을 하면 관이 더욱 무거워진다고 믿는 것이다. 모두들 이마에서 구슬 같은 땀이 흘러내릴 즈음 겨우 준비해둔 무덤이 보였다.

관을 내리고 흙을 덮으면 새삼 이별의 슬픔이 가슴을 억누른다. 절망의 울림이 가득 찬 울음소리가 한층 높아졌다. 흐느껴 우는 정규 여동생의 작은 어깨를 누나가 살짝 안았다. 두 사람의 마(麻)로 된 상복(喪服)의 황색이 봄날의 화창한 햇살에도 불구하고 차갑게 느껴진다.

정규의 장례를 치른 지 5일쯤 후에 술도가에 경찰로부터 석방통지가 왔다. 마중 나갈 때까지의 젊은 아내의 소박한 기대는 남편의 모습을 본 순간 날아갔다. 떨려서 아무 말도 못하는 입술, 한 발 디딜 때마다 쓰러질 듯한 몸, 젊은 아내는 필사적으로 남편을 부축하여 평소라면 5분 정도의 거리를 반시간 가까이 걸려서 가게로 돌아왔다. 고목처럼 초췌하고, 침을 흘리면서 얼빠진 얼굴만 움직이는 유령 같은 아들을 본 술도가는 갑자기 곡괭이를 집어 들더니 경찰서 쪽으로 내달렸다.

"쪽발이놈들 전부 죽여 버릴 거야!"

붉게 충혈한 눈에서는 불꽃이 쏟아지고, 맨발은 부들부들 떨고 있다. 마을 사람들이 놀라서 쫓아가 붙잡았으나,

"네놈들도 쪽발이의 끄나풀이냐!"

하고 길길이 날뛰어서 가게로 데려왔을 때는 이미 상의나 바지도 엉망 진창이었다.

"네놈들도 똑같이 당할 거야."

"살아서 돌아온 것만으로도 운이 좋다고 생각해야지."

라고 저마다 달래도 그의 분노는 좀처럼 가라앉지 않았다.

정말이지 술도가의 아들은 조금은 운이 좋았다. 여관집 아들은 같은 날 저녁, 관에 들어간 모습으로 경찰서를 나왔다. 거의 눈이 보이지 않는 여관집 할머니가 경찰로부터 통지가 있었는지, 여러 사내들을 데리고 소달구지를 끌고 마중을 나갔다. 할머니는 의외로 다부져서 눈물 한 방울 흘리지 않고, 관을 꽉 안고, 오히려 당황해하는 사내들을 지도해서 관을 수레에 싣고 석양의 붉은 빛 속을 걸어 집으로 향했다. 수레의 뒤를 따라가는 할머니의 작은 모습은 쓸쓸함이 가득했는데, 발걸음은 놀랄 정도로 튼실했다.

마을 사람들이 지나는 길모퉁이마다 모여서 할머니와 소달구지를 맞으며 배웅했다. 그 누구나 그녀의 의연한 모습에 눈을 크게 뜨고 감탄의 소리를 냈다. 개중에는 제정신이 아닐지도 모른다는 등 실례되는 말을 소곤거리는 사람마저 있다.

집에 도착하자 할머니는 안에서 새 옷 한 벌, 속옷에서 양말까지 가

지고 와서 일을 보는 노인에게 건네고 다시 안쪽으로 들어갔다. 살아서 석방될 때를 위해 준비해둔 그 물건으로 노인이 시체를 정돈하고, 안쪽의 할머니에게 알리러 가자 할머니는 안쪽에서 돌아와서 아들의 시체가 놓여 있는 방으로 들어갔다. 새로운 관이 오면 아들은 그 속에 안치된다. 이른바 마지막 작별을 하러 가는 할머니의 모습은 생각 탓인지 동요하는 것처럼 보인다.

그러한 그녀를 지켜보며 가만히 방 밖에서 기다리는 사람들의 얼굴도 뭐라고 할 수 없는 고통의 빛으로 가득 찼다. 두 자식 중 하나를 20년 전에 잃고, 남편을 3년 전에 보내고, 그리고 지금 또 단 하나 남은 자식마저도 먼저 보내는 할머니의 마음을 생각하면 뭐라고 해야 좋을지 모르는 것은 당연하다. 누구나 눈에 눈물을 가득 채웠다. 참지 못한 사내의 뺨에 눈물 자국이 생기고, 눈물은 그 입가를 적셨다.

어느 정도 지났을까…. 그것은 눈 깜짝할 새 같기도 하고, 또한 무한히 긴 시간이었던 것 같기도 하다. 할머니는 미닫이를 열고 나오자 울고 있는 사내를 보고,

"울지 마라. 울지 않아도 괜찮아, 다 큰 사내가."

하고 말했다. 그리고 방금 갈아입은 하얀 치맛자락을 어스레한 복도의 등불 아래 춤추듯 휘날리며 쓱 안쪽으로 돌아갔다. 마치 환상의 세계에 빨려 들어가는 것 같은 모습이었다.

정규의 장례 때도 지휘봉을 휘두른 노인의 지휘로 장의(葬儀) 준비가 진행되었다. 밥을 짓는 것은 여자들. 관을 구하러 가는 사람, 소달구지를 교섭하러 가는 사람, 무덤을 파러 갈 사람을 모으러 가는 사람…. 사내나 여자나 모두가 분담해서 일한다. 장례 준비가 일단락되었을 때, 고

인의 이야기를 하면서 밥도 먹었다. 이윽고 오늘은 여기까지 하기로 하고, 한 사내가 안쪽의 할머니한테 갔는데, 곧 새파랗게 질려 돌아왔다.

"할머니가 안 계셔! 어디에도 없어!"

"안 계셔?"

모두는 깜짝 놀라서 일제히 얼굴을 서로 쳐다보았다. 한 아주머니가 갑자기 뒷마당 쪽으로 달려갔다. 할머니가 목을 맸다고 직감한 것이다. 모두 비슷한 생각을 했다.

할머니의 모습은 아무리 찾아도 보이지 않았다. 방에서 하얀 작은 봉투의 유서가 발견되었다. 그 작은 순백(純白)이 불행한 별 아래에 태어난 할머니의 쓸쓸한 마음을 반영하는 것 같아, 다시 모두의 마음을 억눌렀다.

유서에는 더듬거리는 문장이 이어졌다.

모두 죽어버려서 더 이상 살아 있을 이유가 없다. 경대 서랍 속의 돈으로 뒷정리를 해주기 바란다. 가능하면 나를 아들과 딸 사이에 묻어주기 바란다.

서투른 필적이었지만 하고 싶은 말과 필요한 것은 분명히 씌어 있다. 할머니는 치매에 걸린 것도 아니고 그렇다고 미치지도 않았던 것이다.

이윽고 밖으로 찾으러 나갔던 사람들도 돌아왔으나, 역시 아무런 실마리도 찾을 수 없었다. 밤이 이슥한 고요한 가운데 사람들은 가슴 속에 그 치마의 하얀 옷자락을 춤추듯이 휘날리며 안쪽으로 사라진 모습을 떠올렸다. 그리고 그것이 저세상으로 가는 그녀의 최후의 모습이었던 것을 알아차렸다.

"마치 천국에서 춤추는 것 같은 느낌이었어. 그때 할머니는 이미 살아있지 않았어."

"그래서 좋은 걸지도 몰라. 할머니도 비로소 해방되는 거야. 그렇지 않으면 너무 불쌍해."

할머니는 죽었다. 독립군이 그런 바보 같은 짓을 하지 않았다면 아들도 할머니도 죽지 않았을 것이라는 비난도 나왔다. 급기야, 조선에서 생계를 잃은 강도집단이라고 독립군을 매도하는 사람도 있다. 그러나 또한 죽음을 인정함으로써 슬픔보다도 한숨 돌린 평온함이 모두의 가슴에 넘쳤다. 그것은 비정(非情)이라기보다도 이른바 자비(慈悲)에 가까운 것이었다.

3

여관집 할머니의 시체는 다음날 하천에서 발견됐다. 근처의 아이들이 놀러나갔다가 발견했다. 봄이라고는 하지만, 아직 얼음이 남아 있는 하천에 들어가 스스로 갈라진 얼음 틈에 들어간 모양이었다. 이 소식은 순식간에 회령의 마을 전체에 퍼졌다.

그런 와중에 땅바닥 상인의 부인들이 일본인을 뭇매질하는 사건이 일어났다. 땅바닥 상인이란 말 그대로 땅바닥에 퍼질고 앉아 국이나 떡 등을 소매하는 사람들을 말하는 것으로, 노점조차 없었으니 그 궁핍함은 미루어 짐작할 것이다. 이 중 한 사람이 시장에서 생선을 사서 돌아가는 일본 노인의 머리에 갑자기 국이 든 그릇을 덮어 씌웠다. 노인이 화를 내는 것은 당연하지만,

"무슨 짓이야! 이 '요보'!"

하고 소리 질렀던 것이 화근이 되었다.

"뭐가 '요보'냐! 이 쪽발이."

땅바닥 상인의 부인들은 일제히 노인에게 달려들었다. 능력 없는 남편 대신에 생계를 꾸리고 있지만, 성품만큼은 여장부인 그녀들이 달려들자 노인 따위는 잠시도 버티지 못했다. 도와주러 들어간 식료품점의 일본인도 노인과 같은 처지가 되어서, 허둥지둥 가게 안으로 도망쳤다.

"여관집 할머니의 복수다!"

저마다 소리 지르며 부인들은 식료품 가게 안으로 우르르 밀려들어 된장 항아리를 깨부수거나, 단무지 통을 뒤집어엎는 난동을 부렸다. 그리고 다급하다는 소식을 듣고 경찰대가 달려왔을 때는 이미 그림자도 없었다.

이 사건은 경찰도 마을 사람들도 전혀 생각지 못했던 일이었다. 1전, 2전 때문에 그녀들이 동료들이나 손님과 싸우는 것은 일상다반사였지만, 돈 한 푼 되지 않는 이런 위험을 무릅쓰는 것은 예상도 못했기 때문이다. 그녀들의 활약상은 곧 회령 주민의 찬사를 받아 비슷한 사건이 연이어 일어나기 시작했다.

그중에서도 가장 지독하게 당한 것은 마에다의 아들과 함께 도망쳐 온 최영이었다. 그가 거드름을 피우며 다가오자 근처의 땅바닥 상인들은 일제히 덤벼들어, 먼저 질척질척한 죽과 된장국으로 새로 맞춘 양복을 흠뻑 적신 다음, 냄비나 양동이를 휘두르며 거리낌 없이 두들겨 팼다.

눈도 마주치지 못하는 모습으로 이마에서 피까지 흘리면서, 최영은 근처 일본인이 경영하는 라디오 가게로 도망쳤다. 그것을 본 땅바닥 상인들은 라디오 가게를 겨누고 소나기처럼 돌을 던졌다. 유리창은 산산조각이 나고, 라디오 가게는 순식간에 끔직한 모습이 되어버렸다.

이 마을의 소동이 중학교에도 전해지지 않을 리가 없다. 순식간에 전교에 퍼졌고, 학교가 조선 학생과 일본 학생의 결투장이 되어버렸다. 맨손만이 아니라 죽도(竹刀) 같은 무기까지 들고 나와 소동은 점점 커졌다. 조선 학생은 평균적으로 일본 학생보다 나이가 많았기 때문에, 숫자는 그렇게 차이가 나지 않아 일본 학생의 형세는 불리했다. 그때 어마어마하게 무장한 경찰과 헌병을 가득 태운 화물차 두 대가 교내로 들어왔다.

"도망가!"

하고 누군가가 외쳐, 조선 학생들은 부상자를 남겨둔 채 거미 새끼가 흩어지듯 도망쳤다.

철이도 물론 정신없이 도망쳤다. 도망치면서 문득 두성을 떠올렸다. 함께 체포된 다른 세 사람은 나왔는데, 그의 소식은 묘연하다. 두성은 회령 사람이 아니어서 경찰이 마음대로 처분해버린 것은 아닐까?

'만약 아직 살아서 경찰서에 있다면, 오늘의 소동으로 두성에 대한 고문을 더욱 강렬하게 할 거야.'

문득 철이는 지금 경찰서는 텅 비어 있지 않을까 생각했다. 학교소동으로 경찰들은 다 출동하고 없는 것이 틀림없어⋯. 그렇게 생각하니, 자연히 발길이 경찰서 쪽으로 향했다. 마당에 서서 지하실을 들여다보니 유치장 벽은 보였지만 그것도 윗부분만이고, 사람 모습은 전혀 눈에 들어오지 않는다. 마당과 건물 사이에는 6척 정도의 깊은 도랑이 있어서, 다가갈 수도 없다. 철이는 뒤쪽으로 돌아서 소나무에 기어올랐다.

위에서 내려다보면 괜찮을지도 모른다고 생각했기 때문이다. 그러나 역시 안까지는 보이지 않았다.

두 갈래로 된 큰 가지에 걸터앉은 철이의 눈앞에 조금 전 학교의 정경이 떠오른다. 격렬한 싸움이었다. 피를 흘리며 교정에 쓰러져 있는 학생의 모습, 필사적으로 죽도를 휘두르던 놈들의 이를 악문 표정 등이 뇌리에 주마등처럼 지나갔다. 그 가운데 한 할머니가 나타났다. 할머니는 하천 쪽으로 한눈팔지 않고 열심히 걷고 있다. 여관 할머니이다. 그녀는 무슨 생각을 하고 있을까? 남편인가, 딸인가, 아니면 아들인가, 아니면 그들의 어릴 적 추억인가…. 다만 한 가지, 할머니가 물속에서 정신을 잃을 때의 기분만큼은 분명히 알 수 있을 것 같다.

철이는 2년 전에 수술했을 때 마취한 적이 있다. 서서히 정신이 멀어져 의식을 잃는, 그 순간, 달콤한 꿈을 꾸는 듯한 행복감…. 그것이 틀림없이 할머니의 그때의 기분이었을 것 같은 생각이 든다. 꿈인지 생시인지 모르는 마음속에 할머니에게는 마중 나온 자식의 웃는 얼굴이 보였는지도 모른다…. 비참하게 죽은 얼굴을 그 행복감이 평화롭게 한 것이다. 분명히 그런 것이 틀림없다.

철이는 왠지 모르게 어슴푸레하게 이 난리가 재미있어졌다.

두만강 기슭에 서서
옛날로 돌아가라고 부르는 메아리만
그것이 인생이라는 거야

두성에게 배운 노래이다. 둘이서 자주 제방을 걸으면서 불렀다. 그

런 몸에서 어떻게 이런 훌륭한 목소리가 나오는지, 철이는 의아하게 생
각했었다. 높아지기도 하고 낮아지기도 하고, 슬프다고 생각하면 갑자
기 유쾌한 리듬으로 바뀌는 그 곡조… 철이는 넋을 잃고, 노래를 부르
는 사람이 두성이라는 것을 종종 잊었다.

그때, 유치장 안에서 철이의 노래에 맞추어 부르는 노랫소리가 들려
왔다. 막힘없는 그 목소리는 유치장의 창을 흔들어 저녁안개와 더불어
소나무 꼭대기까지 올라왔다. 그것은 틀림없이 두성의 목소리였다. 철
이는 기뻐서 가슴이 뜨거워졌다.

오산(鰲山) 꼭대기에서 보이는 성북(城北) 도
나를 불쌍히 여겨 우는 것처럼
그것이 인생이라는 거야

다섯 나라의 이름은 지금도 남아 있지만
내일 무엇을 해야 할지
그것이 인생이라는 거야

두성은 죽지 않았다. 다리와 팔은 부러졌는지도 모르지만 노래도 부
를 수 있다. 말도 할 수 있는 것 같다. 기적이다.

회령은 예나 지금이나 변치 않아도
살려고 해도 살 수 없는 내 고향
그것이 인생이라는 거야

276

"야, 내려와! 여기가 감히 어디라고."

철이는 정신을 차리고 아래를 봤다. 다섯 명 정도의 경찰이 무시무시한 얼굴로 철이를 쳐다보고 있었다. 호통친 것은 야마시타인 것 같다.

"여기는 우리 동네야! 그런 말을 들을 이유가 없어!"

경찰 하나가 격앙해서 나무를 기어 올라와 철이의 다리를 잡고 힘껏 잡아당겼다. 그때 소나무 가지가 부러져 철이와 경찰은 포개져 땅에 떨어졌다. 야마시타가 눈을 부릅뜨고 달려들려고 한다.

"기다려, 야마시타. 내가 할게."

야마시타보다 훨씬 젊은 사내가 말을 걸었다. 모자에 금줄이 많이 붙은 걸 보면 야마시타보다 훨씬 상관일 것이다. 야마시타는 찌푸린 얼굴을 하면서 화가 치민 듯 치켜든 곤봉을 내던졌다.

그 사내는 철이의 팔을 꽉 잡고 성큼성큼 경찰서 구내를 나왔다. 아무 말 없이 끌려가는 도중에 근방에서 뒤따라오는 사람들의 모습이 보였다. 마을의 소동은 그럭저럭 가라앉은 것 같다.

"철아, 너 몇 살이냐?"

사내는 처음으로 입을 열었다. 이름뿐만 아니라 집주소도 이미 알고 있는 것같이, 철이의 집까지 가자 마음대로 문을 열고 성큼성큼 들어갔다. 그 모습을 본 여동생이 놀라서 집안으로 달려 들어갔다. 철이의 아버지와 어머니가 사색이 된 얼굴로 달려 나왔다.

"한동안 집에 가두어두세요."

"예."

아버지와 어머니는 머리카락이 땅에 닿도록 머리를 숙이고, 한동안 들려고 하지 않았다. 사내는 그것을 보고 올 때와 똑같은 발걸음으로 다시 마당에서 나갔다.

　그러나 그 다음날 마을은, 어제의 소동이 거짓말 같았다. 조선인 가게도 일본인 가게도 평소와 같이 열렸다. 땅바닥 상인까지 떡이나 국을 머리에 이고 나타났다. 모두 살아가야 하기 때문이다. 태산은 요동을 쳤지만 쥐새끼 한 마리조차 나오지 않은 분위기였다.

류조호 柳條湖

1

여름이 와서 비가 자주 내릴 때쯤, 두성이 유치장에서 나왔다. 머리카락이나 수염은 자랐지만 다리를 절지도 않고 말도 불편함이 없어, 마치 오랜 여행에서 돌아온 것같이 느릿느릿 돌아왔다.

"고문당하지 않았어요?"

반은 기가 막히고, 반은 놀라서 철이가 묻자,

"처음부터 죽을 작정으로 있으면, 고문도 하기 어려워."

하고 대답했다.

"무슨 의미예요?"

"설령 못 위를 걸으라 해도, 모르는 척하는 거야. 내가 그런 곳을 걷겠니?"

"그놈들, 포기하나요?"

"그렇지 않아. 패기도 하고, 차기도 하지. 그런데 그것도 쉽지 않아. 매일 하면 패는 놈도 지치게 마련이야."

"그래도, 교대로 하지 않나요?"

"그렇지만 역시 한계가 있어. 끝없이 경찰이 있는 것도 아니고, 게다가 유치장에 갇혀 있는 것은 나 혼자가 아니야."

"……."

"의식불명이 되는 비결도 터득했어. 두세 차례 맞으면 덜컥 죽는 것처럼 하는 거야. 기분 최고야. 그런 인간을 계속 두들겨 패더라도 죄는 맛이 없잖아. 그래서 그러다가 그만 두는 거야. 나보다 먼저 그놈들이 녹초가 되는 거야."

"정말 그러네요."

"고문도 어느 정도 이쪽이 협력하지 않으면 안 되는 거야. 요컨대 처음부터 죽을 각오로 하는 거야."

두성이 경찰서에서 돌아온 날도 비가 내렸다. 그 비가 며칠이나 계속되어 사방에서 홍수가 나서 농작물 피해도 늘어나기 시작했다. 그러자 농민뿐만 아니라 지주에게도 영향이 미쳤다. 소작료를 지불하지 못하는 소작인이 도망을 가버리기 때문에 수입이 줄어든다. 자작농민 가운데서도 토지를 내놓고 소작인이 되는 사람도 나온다.

이 부근의 농업은 지극히 원시적이었기 때문에 매년 이런 일이 반복되어 그때마다 일본인의 토지가 늘어났다. 토지를 내놓은 사람 중에는 돈이 있을 때 새로운 사업을 하려고 간도로 이주하는 사람도 많았다. 그러나 간도에도 천재(天災)는 있으며, 토지를 사서 정착한다는 것은 그렇게 쉽지 않다. 환상이 깨져 다시 고향으로 되돌아와서 회령천 기슭에 종이와 함석으로 지은 판자촌 빈민굴로 굴러들어오는 사람들도 많다.

빈민굴은 돼지우리와 뒤죽박죽 섞여 있어서 물에 잠기면 돼지 분뇨가 뒤섞여 코를 막을 정도로 냄새가 지독하다. 그런 속에서 주인은 비로 무너지기 시작한 오두막을 고치려고 흠뻑 젖으면서 열심이다. 제방 위에는 벌써 이 소동의 구경꾼이 나와 있다. 홍수나 화재도 그들에게는 볼거리에 다름없다.

"지금 무너진 것은 유곽의 인력거를 끄는 사람의 오두막 아닌가?"

"얼마 전에 막 수리했다고 했는데."

"매년 반복되는데, 어떻게 좀 안 되는가? 농민이 살 수가 없어."

"누구나 마찬가지야. 우리 집도 고치지 않으면 비가 새네."

"기와도 싸지 않아."

이야기는 바보같이 항상 누구나 아는 이야기로 끝났다.

하룻밤 사이에 물은 배 이상으로 불어 부근은 바다처럼 되었다. 하천이 결국 범람했다. 제방 아래는 황토색의 격류로 변했고, 그 속을 돼지우리가, 뿌리째 뽑힌 떡갈나무나 소나무가, 냄비나 솥 등의 생활용구가 그야말로 날아가듯이 쓸려갔다. 끼이끼이 울면서 쓸려간 돼지는 제방의 콘크리트에 맞부딪히자 더 이상 떠오르지 않았다. 아마 즉사했을 것이다.

다리는 벌써 떠내려갔다. 제방도 위험해져 소방대원이 달려들어 가마니에 모래를 넣어 제방 안쪽에 쌓고 있다. 언제나처럼 소방대장도 화재 때의 모습 그대로, 그러나 그때와는 달리 필사적인 표정으로 뛰어다닌다. 제방이 끊어지면 자신들의 집까지 침수되기 때문에 당연한 일이었다.

직경 네다섯 치*나 되는 큰 통나무가 가마니를 막 쌓아올린 곳에 쿵하고 부딪혔다. 그러나 제방은 보강작업 덕분에 조금 흔들렸지만 무사했다.

철이도 두성과 함께 제방으로 향했다. 벌써 점심때가 가깝고 비도 그

---

* 한 치는 약 3.333cm, 네다섯 치는 13~17cm.

치고 게다가 일요일이기도 해서, 구경꾼은 지난 번 유곽의 밤 화재 때보다 훨씬 많다.

"앗! 누군가가 빠졌어!"

"여자다!"

두성과 철이는 순식간에 제방을 달려 올라갔다. 소용돌이치며 흐르는 황토색 격류 속에 여자의 머리가 불쑥 떠올랐다가 곧 가라앉아 보이지 않았다. 놀라서 돌아본 철이의 눈앞에서 두성은 첨벙 탁류에 뛰어들어 장애물을 피해가면서 솜씨 좋게 난관을 헤치고 나아갔다. 느린 곡선을 그리며 황토색 물에 팔이 잠기면 어깨가 미끄러지듯 떠올라 몸이 쭉 앞으로 나간다. 수천의 눈이 마른 침을 삼키며 이 멋진 수영을 바라보고 있다. 여자들은 기도하듯이 두 손을 모으고 사내들은 주먹을 불끈 쥐고 성원을 보냈다.

물의 흐름이 한층 빨라져 쑤욱 빨아들인 두성의 몸을 노린 듯이 큰 재목이 화살처럼 떠내려 왔다. 구경하는 사람들이 큰 비명을 질렀을 때, 떠내려간 재목 뒤에 두둥실 두성이 떠오르고, 그 맞은편에 여자의 머리 같은 것이 보였다. 두성의 팔이 순간 힘껏 뻗었는가 싶었는데, 근육질의 어깨가 떠올랐다. 여자는 이미 그때 두성의 팔 안에 있었다. 구경꾼이 함성을 지르며 제방 위에서 펄쩍펄쩍 뛰었다.

두 사람을 제방 위로 끌어올리는 것 또한 큰일이었다. 매달릴 곳이 없어서 가까이 왔다가는 다시 자꾸자꾸 떠내려간다. 두성은 여자를 안고서 떠내려 오는 장애물을 피해야 한다.

"밧줄 없어? 밧줄을 줘!"

두성이 소리쳤다. 한 사내가 어디서 긴 봉을 끌고 와서 수면으로 내렸다. 두성의 한쪽 팔이 겨우 봉에 매달려 사내들이 모두 두 사람을 제방 위로 끌어올렸다.

여자의 누덕누덕 기운 한복은 흙탕물로 검붉게 물들고, 피가 밴 다리에는 마른 풀이 달라붙어 있다. 축 늘어진 여자를 엎드리게 해서 두성이 물을 토하게 했지만, 기침만 하고 물은 토하지 않더니 곧 의식을 되찾았다. 헝클어진 머리카락이 찰싹 달라붙어 있는 얼굴을 보니 스물 정도의 처녀였다.

"명희 아니냐!"

"누가 그 주정뱅이 아비에게 알려줘."

"바보, 그놈 집구석은 벌써 쓸려갔어. 어디로 갔는지 알게 뭐야."

사람들이 저마다 한마디씩 하는 것을 보면 아마 홍수로 쓸려간 빈민굴의 딸인 것 같다. 그곳에 헐떡이며 50대 부부가 달려왔다. 한복인지 기모노인지 알 수 없는 이상한 모양의 누더기를 두른 두 사람은 둘 다 키가 작았고, 엷은 수염이 턱에 드문드문 난 사내는 눈이 빨갛게 짓물러 누가 봐도 주정뱅이였다. 여자가 딸에게 매달려,

"명희야! 명희야!"

하고 부르면서, 혼신을 다해 축 늘어진 몸을 흔드는 것을 봐서 분명히 이 처녀의 부모이다.

"두성 씨가 살려줘서 다행이었지만, 하마터면 물귀신이 될 뻔했어요."

"당신도 좀 정신 차리세요."

사람들이 저마다 한마디씩 하자 아비는 짓무른 눈을 슴벅거리기만 할 뿐 반응도 없다. 어미 혼자서 두성 곁으로 다가가서, 그의 다리를 붙잡고 절하려는 자세를 취했다. 두성은 당황하여 멋쩍은 듯,

"괜찮습니다, 괜찮습니다. 어이, 철아, 돌아가자."

하고 도망가듯 제방을 달려 내려왔다.

"철아, 너 저 사람들 아니?"

"몰라요."

"너 아무것도 모르는구나."

"형도 모르잖아요?"

"나는 타향사람이야."

"나도 그래요."

"거짓말, 유치장에서 네가 유세 떠는 거 들었어. '회령은 우리 동네야' 그건 꽤 괜찮은 대사였어. 나는 상상도 못해."

그곳에 꼬마가 따라왔다.

"형, 큰일 났어요."

"뭐야?"

하고 두성은 의아한 얼굴을 한다.

"회령에서는 미혼의 처녀를 그렇게 살려주면 그 처녀와 결혼하지 않으면 안 돼요."

"바보 같은 소리."

"바보 같은 소리가 아니라, 정말이에요."

꼬마는 그저 재미있다.

2

살던 집이 쓸려간 사람들은 회령의 주택지와 제방 사이의 좁고 긴 골짜기 같은 곳에 임시거처를 마련했다. 이 근처는 비가 오지 않을 때도 질

284

척거려서 사는 사람도 거의 없었기 때문이다. 임시거처라 하더라도 나무토막을 땅에 박고, 그것에 옷가지를 걸쳐서 집 대신으로 하는 것이 전부였다.

그러나 피난민들은 그런 것을 신경 쓸 여유도, 기력도 없으며, 겨우 가져나온 솥을 돌을 쌓아 만든 화덕 위에 걸쳐 물을 끓이거나 밥을 짓는다. 장작이 젖어 잘 타지 않아서 모두 연기에 목이 메고, 어두워져도 등불 하나 없다. 지쳐서 축 늘어진 데다가 신경이 날카로워져 싸움이 일어난다. 아이들은 울고, 어른들은 날카로운 목소리를 높인다. 마치 지옥과 같은 누추한 생활이다.

이런 상태에서 콜레라가 발생하지 않는 것이 오히려 이상한 일이다. 피난민뿐만 아니라 마을 주민 가운데서도 콜레라로 쓰러지는 사람이 나타나, 이윽고 들불같이 번져 마을 전체는 말할 필요도 없고, 근처 마을까지 퍼졌다.

이미 영양부족과 피로로 나약해진 사람들의 피해는 참담했다. 폐결핵을 앓던 사람도 많아서 저항력이 없었던 것도 여기에 한몫했다. 노인이나 어린이들이 픽픽 죽어가고, 오산(鰲山) 뒤에 있는 적십자 무료병원은 마당까지 콜레라 환자로 가득했다. 이 병원은 회령 주민을 위한 단 하나의 정부기관이었으나, 교통이 불편해서 의사는 거의 모습을 보이지 않아 한번 입원한 사람이 완쾌해서 퇴원하는 것은 매우 드문 일이다. 병원 옆에는 친절하게도 화장장까지 있다.

붉은 벽돌로 만든 이 병원에 하얀 방역복으로 몸을 감싼 기관 직원들이 계속 환자를 운반한다. 어린아이 환자에는 반드시 어머니가 따라와서, 아이의 손을 잡거나 얼굴을 날름날름 할짝거린다. 콜레라가 전염

되는 것을 모를 리가 없겠지만, 그녀들은 그렇게 하는 것이 필사적인 사랑의 표현이었을 것이다. 관리들은 처음에는 못하도록 했지만, 전혀 효과가 없다는 것을 알고 나서 보호자도 함께 병원에 수용해버렸다. 그리고 연금된 사람 가운데 탈주하는 자가 속출하자, 일본군 일개소대가 파견되어 병원을 에워싸고 기관총을 설치해서 감시했다. 그리고 "병원에서 허가 없이 나오는 자는 사살한다"는 포고까지 냈다.

회령의 정부조직은 그 외에는 아무런 재해대책도 없었다. 그렇기는 커녕 맑은 날이 2, 3일 계속되면 세무서 등은 태연히 세금의 강제징수를 시작했다. 세금이라야 가옥세로 소득세가 아니다. 소득세를 내는 것은 이른바 귀족계급 무리들로, 그들은 세금을 내는 데 아무런 부족함이 없었다.

일본인이 오기 전에 회령의 원주민 중에는 큰 집을 갖고 사는 사람들이 많았다. 그로부터 20년 정도 지나서 손자도 본 지금, 이들 건물의 대부분은 몹시 황폐해져 덩치는 크지만 속은 빈민굴과 큰 차이가 없다. 평생 빈둥빈둥하는 실업자 생활을 하는 무리가 대부분이어서, 집수리는 꿈도 못 꾼다. 그런 상황에서도 덩치만큼은 큰 집이므로, 가옥세는 부과된다.

세리(稅吏)들은 그런 집을 한 집 한 집 돌면서 값나가는 것을 차에 싣는다. 그러나 대부분의 집에는 지금은 값나가는 것조차 없었다. 연 2회 가옥세가 징수되므로 당연한 일이다. 이렇게 되자 세리들은 밥 짓는 솥까지 가져가버린다. 솥을 화덕에서 들어 올리면 검게 그을린 구멍이 크게 뚫려 집 전체가 빈 집과 같은 모습이 된다.

이런 환경에서도 조선인은 역시 결혼하고, 그리고 죽는다. 이 두 가지 일을 치르는 것이 큰 경제적 짐이었다. 결혼한다고 하면, 가난해도 아주 화려한 준비를 했다. 밭을 팔아서 그 자금을 마련하는 사람도 있다. 팔 것이 없을 때는 어떻게 했을까? 그러나 아무튼 결혼식도 장례식도 신분에 어울리지 않는 것이 많았다. 환력(還曆)이라는 60번째 생일을 성대하게 축하하지 않으면 인간 축에 들지 못한다는 이야기도 있었다. 가난과 질병 속에서 60년이나 살아온 것은 분명이 경하할 가치가 있다.

그러나 그 때문에 한 마리밖에 없는 소를 팔거나, 몸의 일부분이라고도 할 수 있는 밭을 파는 것은 정말로 바보 같은 이야기이다. 이러한 조선인의 형식구애(形式拘泥)가 빌미가 되어, 관혼상제(冠婚喪祭)는 사회조직 붕괴의 주요한 원인의 하나가 되는 것이다. 이것은 일본인이 아니라 조선인 스스로 비난해야 할 문제였다.

3

물이 빠지자 하천에는 변변치 않지만 새로운 목재 다리가 놓이고, 기슭에는 또다시 인간과 돼지가 사는 오두막이 무질서하게 세워지기 시작했다. 돼지우리와 인간의 오두막이 뒤죽박죽되면, 또 다시 언제 콜레라가, 그리고 그 밖의 악질 질병이 유행할지도 모른다. 이를 보고 놀란 두성은 자신도 오두막을 한 채 짓고 여기서 살면서, 돼지우리와는 다른 곳에 짓도록 모두를 지도했다.

더욱이 빨간 페인트로 칠한 말뚝을 사방에 세워서 이정표로 이용해서 그럭저럭 도로와 같은 것이 만들어져, 이번의 빈민굴은 훨씬 개량되었다. 돼지 냄새가 나지 않는 것만으로도 이전과는 큰 차이이다. 그렇게 되자 새로운 오두막을 세우는 사람들은 언제랄 것 없이 우선 두성과 상의해서 그의 인가를 받게 되었다.

홍수 때 두성이 구조한 명희 가족도 돌아와서 오두막을 세우기 시작했다. 아비는 여전히 매일 취해 있다. 회령에는 매일 어디에선가 결혼식이나 장례식이나 회갑연이 있기 때문에 마음만 먹으면 돈이 없더라도 술 한 잔 정도는 할 수 있다. 그래서 오두막을 짓는 것도 어미와 명희의 일이었다. 그런데도 아비는 알 수 없는 것을 투덜거리고 있을 뿐이다.

오두막이 완성된 날 마을에 사는 명희의 숙부가 찾아왔다. 오두막을 보러 온 듯이 아내와 아이도 함께였다.

"형이 항상 신세지고 있어 죄송합니다. 또 지난번은 명희까지 살려주셔서 거듭거듭 고맙습니다."

"……."

"당신도 오두막을 세웠다던데요?"

"예, 당분간 여기서 살려고 생각합니다. 회령이 너무 좋아서."

"나도 그렇습니다만… 실은 태어난 고향인 이 마을에도, 이제 돌아올 수 없게 되었습니다."

"……."

"4년 전의 홍수 때 빚이 아직 남았는데, 이번 홍수로 밭이 완전히 쓸려내려 가버려서…. 이제 어쩔 수가 없습니다. 지금이라도 집이나 밭을 팔면 빚을 갚고 아직 조금은 돈이 남습니다. 그걸로 간도라도 가려고 생각하고 있습니다."

"그곳도 상당히 힘든 것 같습니다."

"알고 있습니다. 그렇지만 이쪽에 비하면 밭도 아직 싼 것 같고…. 지금까지 갖고 있던 정도의 토지는 구할 수 있다고 하기에, 어떻게든 새 출발하려고 생각합니다."

"그렇다면 너무 추워지기 전이 좋겠지요. 이제 여름도 끝나가니까요."

"예, 4, 5일 안에 떠나려고 생각하고 있습니다. 부디 뒤를 잘 부탁드립니다. 무엇보다 형이 저 지경이기 때문에. 명희는 견실하다고 하더라도 여하튼 여자여서. 세상일 무엇 하나 생각대로만 되지 않습니다."

일주일 정도 되어서 명희의 숙부 가족은 간도로 이주했다. 도중에 가족은 소달구지를 끌고 명희네 오두막에 들렀다. 소달구지에는 아이들 셋과 얼마 안 되는 가재도구를 실었다. 그 뒤에 숨어서 숙모는 울어서 새빨갛게 눈이 퉁퉁 부었다.

이별의 인사는 어느덧 푸념이 되었다. 급기야 주정뱅이 아비와 어미의 부부싸움이 시작되었다. 어미는 어미대로,

"저런 어린 아이들을 데리고 친척도 없는 간도에 가서 어쩌자는 것인지."

하고 아비에게 투덜거렸다.

"지금 가지 않으면 간도에도 갈 수 없기 때문에 어쩔 수 없지 않은가. 몇 번이나 같은 말을 하네."

달래는 아비도 쓸쓸한 것 같다. 그래서 푸념도 지나치면 싸우기도 한다. 교통도 불편한 시대였으므로 이렇게 헤어지면 또 언제 만날지 모른다. 평생 재회하지 못한 예도 얼마든지 있다.

"그러면 건강히 계세요. 이제 어쩔 수 없습니다."

자기 자신에게 타이르듯이 그렇게 말하고, 숙부는 소달구지를 끌기

시작했다. 돌멩이투성이의 길을 덜그럭거리는 소리를 내면서 달구지가 앞으로 나아갔다. 그 앞에도 역시 간도로 가는 소달구지 한 대가 달랑 보였다.

간도뿐만 아니라 이전에는 시베리아에도 상당수의 조선인이 이주해 가서 밀무역도 번성했다. 소련의 중앙정부가 강화됨에 따라 수그러졌지만, 지금은 도저히 상상할 수도 없는 정세였다. 만주조차 통치할 수 없는 중국 정부에는 소련의 시베리아 침입을 견제하는 여유 따위는 전혀 없었다. 그 결과 시베리아는 주르르 소련 영토가 되어버린 것이다.

19세기에 시작된 유럽 제국의 중국 침략은 마침내 그 국가체제와 경제조직을 근원부터 파괴할 정도가 되었다. 철도 부설권, 광산 채굴권 등은 아직 나은 편이고, 각국은 경쟁적으로 조계〔租界, 주로 개항(開港) 도시에서 외국인의 거류지로 개방되었던 치외법권 지역 —역자〕를 설립하고, 치외법권을 내세워 중국의 자주권을 부정했다. 관세제도의 일부 조차도 그들의 통제하에 놓여서, 세금이 줄고 외국물품이 흘러들어와 중국 경제는 급속히 압박되어 결국 파탄되었다.

백인의 동양침략은 중국뿐만 아니라 인도, 인도차이나, 필리핀, 남양(南洋)까지 뻗쳤고, 조선도 그 예외는 아니었다. 19세기 말이 되자 러시아는 금광 채굴권, 탄광 채굴권, 영국은 금광 채굴권, 프랑스와 미국은 철도 부설권을 각각 획득하였다. 백인의 눈에는 조선은 중국의 일부로밖에 비치지 않았을 것이다.

이 침략열풍의 한복판에서 일본은 자주권의 보호에 성공했을 뿐만 아니라, 역으로 동양의 침략에 나서기 시작했다. 연달아 행운을 잡은 그들의 계획은 유럽열강처럼 단지 이권을 획득해서 상리(商利)를 탐내는 간단한 것이 아니라, 이들 지역을 군사적으로 점령해서 항구적으로 예속시키려는 것이었다.

제1차 세계대전이 일어나, 유럽열국이 독일과의 전쟁에 바빠지자, 일본은 갑자기 이른바 21개조 조약이라는 것을 원세개(袁世凱)에게 내밀었다. 그러나 이 화재현장의 도둑 같은 행위는 백색인종의 반감을 산 것뿐만 아니라 일반 중국 민중 사이에 격렬한 반일감정을 불태웠다. 이러한 중국의 움직임에 조선의 지식계급이 깊은 관심을 갖기 시작한 것은 당연한 것이라고 할 수 있다. 간도뿐만 아니라 남경, 상해 부근까지 속속 조선 애국단체가 결성되었다.

그즈음 조선인은, 만주는 언젠가는 일본의 식민지가 되는 운명을 피할 수 없다고 생각했다. 미국이나 영국이 중국의 자주권을 지키기 위해 일본과 싸운다고는 생각되지 않는다. 만주의 실력자인 장학량은 아버지를 일본군에 모살 당했기 때문에 최후까지 일본에 저항하겠지만, 그 무력은 미미해서 장개석의 원조가 없으면 도저히 만주는 지킬 수 없다.

일본의 만주침략으로 가장 위협받는 소련이 무력 면에서는 유일한 희망이었으나, 조선이나 만주의 장래에 어떤 태도를 취할지는 전혀 예상할 수 없었다. 또한 소련에 의한 만주의 점령이 일본의 경우보다 조선에 유리하다는 증거도 어느 것 하나 없었다. 일본이 치고나오는 순간을 초장에 꺾는다는 의미에서는 불안이 사라질지도 모르지만, 긴 안목에서 본 국제질서에서는 위험하기 짝이 없는 애물단지가 될지도 모른다.

그래서 강력한 중앙정권이 중국에 한시라도 빨리 이루어지길 바라는 것이 만주뿐만 아니라 조선에도 열렬한 바람이었다. 4억이라는 중국인민이 하나가 되어 일어서고, 하나가 되어 저항하면, 일본의 침략을 막을 뿐만 아니라 한 발 나아가 조선의 해방도 가능하지 않을까 생각되었기 때문이다.

4

두성의 오두막 생활은 남의 눈에는 꽤 평화로웠다. 자고 싶을 때 자고, 일어나고 싶을 때 일어난다. 적당히 시장에 장보러 가고 세탁도 한다. 그런가 싶었더니 책을 읽거나 레코드를 듣거나 그것도 싫증나면 죽도를 꺼내 땀에 흠뻑 젖을 때까지 검도 연습, 그리고 목욕탕에 풍덩하는 것과 같은 일상이다. 가정교사가 직업이라지만 학생은 철이 혼자다. 그런데 전혀 돈에 쪼들리는 모습은 보이지 않았다.

오두막 속은 살풍경하다. 수제 책상 하나와 의자 두 개. 쌀가마니와 숯섬이 구석에 굴러다니고, 옷장에는 이불이 처박혀 있다. 빈민굴의 사람들이 때때로 상의하러 오는 외에는 손님도 거의 없었다. 다만 에구치와 야마시타만이 교대로 매일같이 찾아와서 집 주변을 맴돌고, 엿듣기도 하다가 돌아간다. 두성은 일절 무시해서 얼굴을 마주쳐도 한마디도 하지 않는다. 그러한 일상이었다.

두성이 목욕을 마쳤을 때, 꼬마가 찾아왔다.

"형, 명희 씨와 그 주정뱅이 아비가 오늘 여기에 온다고 하네요."

"그래?"

"그렇지 않나요? 결혼 교섭하러 오는 거예요. 괜찮겠어요?"

"그런 일은 없을 거야."

"그런 일이 있기도 하면 어쩔 거예요?"

"몰라, 나는."

두성은 머리를 다 말리자 수건을 목욕탕에 던져 넣고 옷을 갈아입었다.

"아아, 기분 좋다."

"뭐가 기분이 좋아요? 홍수 때 말한 대로 됐지요?"

"뭔가 좋은 방법은 없을까?"

"없어요."

"그럼, 거절하지."

"그런데 불쌍하네요. 그렇게 단호히 거절하면."

"그러니까 방법이 없냐고 묻는 거야. 네가 잘 말해서 돌려보내면 어떠냐?"

"내가 말이에요?"

꼬마는 당황해서 밖으로 눈을 돌렸다.

"형, 또 에구치 놈이 왔어요. 다리를 건너 이쪽으로 찾아와요."

"혼자니?"

"예. 저놈, 요즘 돼지같이 살쪘네요."

"잘 감시해."

두성은 신문을 집어 들고 읽기 시작했다. 만주에서 일어난 일본인과 중국인의 분쟁이 작은 기사로 났다. 항상 있는 일이어서 보도가치가 없는 것 같다. 유산상속을 둘러싸고 첩의 자식이 본처의 자식을 살해한 사건이 훨씬 크게 다루어졌다.

"이제 돌아가네요."

"빠르네, 오늘은."

"취한 모양이죠. 어제도 취해서 최영과 함께 유곽에서 나오던데요."

"……"

"최영 녀석은 아편장사의 앞잡이가 된 것 같은데, 요새는 에구치와 착 달라붙었어요. 간도의 사정에 밝을 뿐만 아니라 중국어도 능통하니까 아편장사에는 안성맞춤이네요. 돈을 많이 번 모양이어서, 얼마 전에 큰 집을 빌려서 이사했어요."

두성은 듣고 있는지 아닌지, 전혀 알 수 없다. 다리를 흔들흔들하면서 묵묵히 천정을 쳐다보고 있다.

"왔어요, 왔어요."

하고 꼬마가 다급히 말했다. 명희의 주정뱅이 아비는 여전히 이상한 모양의 누더기를 걸치고, 철이도 함께였다. 명희는 하천에 빠졌을 때와 같은 옷이었지만, 깨끗하게 빨아서 황토색 얼룩은 보이지 않는다. 세 사람이 들어오자 의자는 두 개밖에 없어서 모두 판자 마루에 책상다리를 하고 앉았다. 명희만은 무릎을 붙이고 오도카니 앉았다.

"좋은 날씨네요."

주정뱅이 아비는 절반도 안 되는 담배꽁초를 꺼내 불을 붙였다. 과연 오늘은 술은 마시지 않은 듯, 말투에도 그다지 막힘이 없었다.

"철아, 차라도 가져와."

두성이 말하자 철이는 부엌 쪽으로 가기는 했지만, 취사는 말할 것도 없고, 불 한번 피워본 적이 없어서 물을 끓일 수 없었다. 보다 못해 꼬마가 와서 둘이서 겨우 장작에 불을 붙였다. 연기가 눈에 들어간 철이는 눈물을 훔치면서 창을 열었다. 해가 기울기 시작한 서쪽 하늘에 낮달이 붉었다.

"내가 할까요?"

하고 명희가 쾌활한 목소리로 말했다. 결혼 이야기의 장본인치고는 부끄러운 모습도, 주저하는 것도 전혀 없다. 오히려 아비 쪽이 굼실굼실해서 좀처럼 본론으로 들어갈 수 없었다. 지금은 이미 거의 사라진 늑대의 옛날이야기를 시작으로, 멧돼지와 돼지는 어느 쪽이 맛있다든가, 뱀장어 머리에는 구멍이 일곱 개나 있다든가, 뱀은 약이 된다든가, 꼬리에 꼬리를 물고 쓸데없는 동물 이야기가 이어졌다. 두성은 적당히 맞장구를 치면서 재미는 없지만 그렇다고 해서 별로 불쾌하지도 않다는 듯 듣고 있다. 아비는 질리지도 않고 조선인이 먹는 동물 이야기를 계속했고, 간신히 끓여 온 차에도 손을 대지 않았다. 명희 또한 눈썹 하나 움직이지 않고 바르게 앉아 있다.

어느덧 이야기가 끊어지고 침묵이 이어진 후, 마침내 아비는 머뭇머뭇하면서 마음을 정한 듯이,

"실은 좀 부탁이 있어서 찾아왔습니다."

하고 말했다. 꼬마가 여러 번 두성에게 이야기했던 그대로의 이야기이다.

"학교는 다니지 않았지만, 바보는 아니니까 뭔가 도움이 될 겁니다. 하다못해 가정부로라도 받아주시지 않겠습니까?"

아비는 평소와 달리 분명한 어조로 혼신을 다해 부탁했다. 이것도 관습을 지키려고 하는 조선인 기질일 것이다.

"나는 보셔서 알겠지만 별로 도움을 받을 정도의 일도 없습니다. 부디 마음에 두지 마세요."

"저, 청소도 할 수 있고, 밥도 지을 수 있어요. 제발 부탁드려요."

명희가 마치 취직 면접에라도 온 것 같은 기세로 거들었다. 젊은 조선의 처녀가 이렇게 분명하게 자기주장을 하는 것은 드물다. 철이도 꼬

마도 의외의 표정으로 뚫어지게 그녀의 얼굴을 쳐다보았다. 두성은 특히 어처구니없는 모습이었다.

"시장에 가는 것도 제가 하는 것이 편할 거예요. 저, 싸게 사는 것도 잘해요. 무엇보다도 사내가 장 보러 가는 것은 모양새가 나쁘지 않나요?"

명희는 순진하고 귀여운 표정으로 두성을 쳐다보았다.

"그렇게 너한테 도움을 받으면 내가 할 일이 없어져."

두성은 멋쩍은 듯 농담을 했다. 그러나 이것은 거절할 생각이라면 대단히 좋지 않은 말투이다. 농담은 승낙의 의미라고 받아들여도 무방하기 때문이다. 아니나 다를까, 명희는 그렇게 받아들인 듯,

"그러면 잘 부탁드려요."

하고 머리를 숙였다.

"장난하니, 너!"

두성은 당황했지만, 이미 엎질러진 물이다. 철이마저 옆에서,

"좋잖아요, 형."

하고 끼어들었다.

"그래요. 뭐니 뭐니 해도 여자가 있는 것과 없는 것은 천지차이니까요. 저도 이렇게나마 인사드릴 수 있어서 어깨 짐을 내렸습니다. 내일부터라도 일찍 찾아뵙도록 하겠습니다."

아비도 아주 기분이 좋았다. 그리고 몇 번이나 정중하게 머리를 숙이면서 돌아갔다.

5

토요일 오후, 철이 가족은 흑단으로 된 크고 둥근 식탁을 둘러싸고 어죽을 먹고 있었다. 친척인 젊은 사내가 청진에 갔다 온 선물로 고등어를 한 바구니 가져왔던 것이다. 회령과 달리 청진은 항구 마을이므로 생선의 신선도가 다르다. 회령 사람들은 이러한 선물을 아주 좋아한다. 철이 아버지조차도 이 어죽을 먹기 위해 일부러 회사를 빠져나왔을 정도이다.

"이 생선은 맛있지만, 뼈가 많네."

철이 어머니가 국그릇에 통째로 들어간 생선에 손을 대면서 말했다. 투명하게 푸른 생선이 아주 맛있어 보인다.

"등뼈를 뺄 때 살짝 끌어올리면 작은 뼈까지도 모두 한꺼번에 빠져요. 자, 집어줄까?"

하면서 어머니는 철이 그릇에 손을 내밀었다.

"엄마, 꼴사나워요, 오빠도 이제 어린아이가 아니에요. 생선 먹는 법 정도는 알고 있어요."

여동생인 혜순이 얼굴을 찌푸렸다.

"뭐가 어떠니? 종일 멍하니 있고, 무얼 생각하는지 도무지 알 수 없구나. 일일이 챙겨주지 않으면 아무것도 할 수 없니?"

"그렇지 않아요. 경찰서도 혼자서 갔었잖아요?"

"그래서 그런 큰 소동이 벌어지지 않았니? 그 경감이 도와주지 않았다면 지금쯤 어떻게 되었겠니?"

"……."

"도쿄에 가면 어떻겠니?"

"어떻게 되지는 않아요. 오빠는 수재잖아. 잘할 거예요."

여름도 막바지에 이르러 아침저녁으로 조금 쌀쌀해졌지만, 오후의 햇살은 아직 따갑다. 창밖에는 낮게 머리를 늘어뜨린 해바라기 꽃이 보인다.

"철아, 슬슬 도쿄에 갈 준비를 하지 않으면 안 돼."

아버지가 말을 걸었다.

"이불과 베개는 벌써 준비했어요."

하고 어머니가 말한다.

"이불과 베개까지 가져가요?"

혜순이 기가 막힌 듯 소리를 높였다.

"당연하지 않니? 이불과 베개가 없으면 어떻게 자니? 일부러 나남(羅南)에서 재료를 사와서 만든 거야. 한 번 볼래?"

"괜찮아요."

"보는 거 정도는 좋지 않니?"

"나중에 볼게요. 이불은 전부 똑같잖아요."

"그렇지 않아. 천이나 실이나 여러 가지 종류가 있으니까. 새털을 넣은 것처럼 가벼워."

"한 번 보세요. 오빠!"

"……."

"보는 거 정도는 하세요. 오빠. 엄마가 힘들게 만들었는데!"

"시끄러워, 너까지!"

혜순은 뾰로통한 얼굴로 가만히 있다.

"어디 대학에 들어갈 생각이냐, 너."

죽을 마시던 아버지가 화제를 바꾼다.

"슬슬 정해야지. 집이 장사꾼이니까 상과계통은 어떠냐? 장사꾼은 그다지 일본인과 접촉하지 않아도 할 수 있어."

"의사가 되었으면 하는 사람도 있어요."

"의사도 나쁘지는 않아. 역시. 요컨대 일본인과 관계가 적은 직업이 좋아."

"오빠는 붙임성이 없으니까 의사는 안 어울려."

듣던 철이 어머니가 받아친다.

"그렇네, 나도 너 같은 의사한테는 안 가고 싶다. 학교 선생은 어떨까?"

"선생? 당치도 않은 소리. 그날로 잘려요, 교장선생과 싸워서."

"그러면 뭘 해야 좋지?"

"그래, 군인이 좋아. 저 거만한 일본군인. 오빠라면 분명히 잘 어울려요."

아버지는 잠자코 웃으면서 듣고 있다. 어머니는 역시 걱정인 것 같다.

"역시 아버지가 말한 대로 장사꾼이 좋겠지?"

아련한 목소리였다. 젓가락 끝으로 쿡쿡 찌르고 있던 염장 게의 흔들거리는 다리에서 간장 국물이 방울져 떨어진다.

"장사꾼이라면 일본인도 그다지 감시하지 않을 거고, 그렇게 조용히 살아가는 것이 제일 안전할지도 몰라요, 당신 생각은 어때요?"

"술도가 아들 같은 경우도 있으니까 한마디로 말할 수 없지만, 아마 비교적 안전할 거야."

"생각해보겠어요."

"간다면 고등상업이 좋겠네. 대학과 달리 3년에 끝나니까."

"3년에 끝나요? 좋네요."

어머니가 갑자기 생기 있는 목소리가 되었다.

"그다지 오래 외국에 살지 않아도 되니까. 그쪽이 철이도 편할 거야. 그래, 내 사업도 그렇게 장래성이 없는 것도 아니고, 하려면 조금이라도 빨리 시작하는 편이 좋지."

철이의 아버지는 대두업자(大豆業者)이다. 강 하나를 사이에 둔 만주나 그 부근 일대의 중요한 생산물인 대두를 사들여 선별해서 남선(南鮮, 조선반도 남부지역 — 역자)으로 파는 것이다. 오랫동안 욕심 없이 견실하게 해왔기 때문에 점차 거래처가 늘어, 불경기가 되어도 사업은 순조로웠다. 일본이 만주정책의 일환으로서 강제로 추진한 천도(天圖)철도(함경선 철도와 간도를 연결하는 철도 — 역자)가 공교롭게도 만주로부터의 대두수송에 도움이 되어 경비도 훨씬 절약된다.

"그러나 만주도 이제 곧 전쟁이 나지 않을까?"

아버지는 불안한 듯이 말했다.

"장작림을 살해한 것은 일본인의 예상 밖이었어. 아들이 훨씬 잘하고 있어. 만주가 마음대로 되지 않을 뿐만 아니라 장학량을 위해서 만주철도가 분주하게 돌아가고 있잖아."

"아버지가 살해당했으니까, 게다가 장학량은 현대교육도 받았고."

그때 하인이 신문을 갖고 왔다. 신문은 하루에 한 번인데 싶어서 철이는 아버지 뒤에서 들여다보니 7단의 큰 활자가 눈에 들어왔다. 호외(號外)이다.

"만주에서 일중(日中) 충돌, 격전중"이라고 되어 있다. 결국 전쟁이 시작된 것이다. 대련(大連)에서 온 정보는 일본군이 19일 오전 3시, 봉천〔奉天, 심양(沈陽)의 옛 이름 — 역자〕역내에 진입했다고 했다. 봉천으로부터의 속보에는 18일 오후 10시 반 중국 군인이 북대영(北大營)의 북쪽에 있는 류조호를 폭파하고 일본 수비대를 공격해서 결국 개전하게 되었다고 보도하였다. 장춘(長春) 속보는 장춘 부근에서 일본 군인과 중국 군인의 충돌이 일어나 격전중이라고 전했다.

또한 만주 특무기관의 하나타니(花谷) 소좌는 담화에서, "일본군이 이러한 행동을 하게 된 것은 평소 부여된 권한 내에서 한 것이며, 관동군사령관의 명령에 따른 것은 아니다"라고 했다.

호외는 동시에 관동군사령부가 봉천으로 옮긴다는 것, 조선에 주둔하고 있는 일본군에도 비상준비명령이 내려졌다는 것을 보도하였다. 더욱이 중국군이 만주철도 선로를 폭파했을 때의 상황을 자세하게 쓰고 있었는데 이것은 철두철미 거짓으로, 사실은 일본군이 봉천에 입성한 것 정도였다.

관동군의 만주 무력침략 계획은 최근 3년 동안 이시하라(石原), 이타가키(板垣) 두 참모의 손에서 적극적으로 추진되었다. 이시하라는 만주문제의 해결은 일본이 살아갈 수 있는 유일한 길이며, 그것은 만주를 영유함으로써 비로소 완성된다고 주장했다. 이시하라는 이타가키, 하나타니 등과 도모해서 군사행동을 개시하기 위한 도화선이라 할 수 있는 폭약을 9월 18일 밤 류조호에 설치했던 것이다. 그들은 폭파를 중국인의 짓으로 가장하기 위해 미리 중국인의 사체를 갖다 놓는 등 주도면밀했다.

이리하여 일본군은 24시간 이내에 봉천 부근의 요충지를 전부 점령했다. 이러한 선발군인의 '독단적' 행동은, 실은 아직 내려지지 않은 명령에 따른 것이나 다름없었다. 만주의 무력점령은 이미 일본의 국가방침이었으므로, 현지에서 기성사실이 쌓이면 지도자들은 그것을 승인하고, 나아가 그 정당화에 전력을 쏟아가는 것이다.

이 유치한 연극, 그것과 병행해서 아마카스 이치미(甘粕一味) 만주낭인이 같은 수법, 같은 목적으로 길림(吉林)의 일본인 거류민이나 하얼빈의 일본영사관, 은행, 신문사 등을 습격한 사건은 공교롭게도 연극이 아니라 사실로서 중국 각지에서 곧 실행되었다. 일본인의 폭거에 분개한 중국인, 특히 학생들은 곳곳에서 일본인 거류민을 습격하고 살해했다. 특히 상해, 홍콩에서 격렬했고, 신문은 매일같이 이들 사건을 보도하여 일본에 대한 중국인의 적개심을 다시 크게 앙양하는 결과가 되었다.

그렇지만 중국인의 이러한 배일운동으로 가장 피해를 본 것은 일본인이 아니라 또다시 조선인이었다. 일본의 침략이 밖으로 드러나기 전까지는 중국은 역사적으로 간도의 조선인에게 관대했으며 심지어 환영하기도 했다. 어느 쪽이나 다 유유자적한 사람 좋은 민족이었기 때문에, 정권의 소재가 모호할 때의 만주는 정말로 운 좋게 여러 가지 점에서 '잘 나갔'다.

그래서 사건의 확산과 더불어 조선인은 점차 일본인의 앞잡이인 것처럼 보이기 시작했던 것이다. 봉천이나 장춘이 함락되어 패퇴하는 장학량의 군대가 간도에도 쇄도하게 되자 곳곳에서 조선인이 참살되었다. 일본인은 보호받았지만 조선인은 흡사 고아 같아서 의지할 것이 아무것도 없었다. 배일감정의 고양과 더불어 더 이상 배겨 나지 못한 사

302

람들은, 간도에서 조선으로 무리를 이루어 역이주(逆移住)를 시작하게 되었다.

그런데 국제연맹에 의존해서 문제를 해결하려고 했던 장개석 정권은 이러한 항일운동의 고양과는 거꾸로 무저항정책을 취해, 이것을 만주의 실권자 장학량에게도 지시함과 동시에 중국내에서 갈피를 잡을 수 없이 일어나는 항일운동을 무참하게 탄압했다. 이 얼핏 이해하기 어려운 수수께끼 같은 장개석의 태도는, 실은 5년간 1936년의 서안(西安) 사건까지 바뀌지 않았다.

도쿄 東京

1

일본군의 만주점령은 착착 진행되어 11월 중순쯤 되자 만주에서 중국군의 수중에 있는 주요 도시는 하얼빈 정도만 남고 말았다. 이 급속한 침략은 배일감정을 더욱 자극하여 융화정책의 장개석(蔣介石)는 하야(下野)하지 않을 수 없었다.

장개석이 기대한 국제연맹은 어떠한 효과적인 조치도 할 수 없었다. 중국에 사건의 확산을 막기 위한 일본 군대의 철수를 요구하는 결의는 했지만, 이것은 철수의 기한조차 명시되지 않은 대단히 불가해한 공문(空文)에 지나지 않는 것이었다. 일본 정부와 관동군의 엇박자로 인해 류조호 사건은 관동군의 독주로 돌발적이었다는 인상을 준 것도 결과적으로는 일본의 입장을 유리하게 했다고 할 수 있다. 사건의 진상을 누구보다도 잘 이해하고 있었던 것은 조선인이었지만, 조선은 이미 국제적으로 아무런 발언권도 갖고 있지 않으므로 기회가 전혀 없었다.

철이는 큰맘 먹고 도쿄에 가기로 했다. 두성의 오두막에 가서 상의하자 그도 찬성했다. 급기야 무표정하게,

"갈 때, 명희를 경성까지 데려다주지 않을래?"

하고 생각지도 않은 말을 해서, 철이는 적지 않게 놀랐다. 명희는 시장에라도 갔는지 보이지 않는다. 대홍수 이후로 벌써 반년의 세월이 홀

렀다.

"쟤가 매일 찾아오면 거북해서 미치겠어. 마치 시녀를 둔 것 같아. 손가락 하나 마음대로 움직이지 못하게 해. 기회만 있으면 '필요한 것 있으세요' 하고 찾아와."

"편하지 않아요?"

"너무 편해서 문제야. 당하는 사람 생각 좀 해봐. 나는 아주 질렸어. 좋은 예가 저 너덜너덜해진 셔츠야. 저런 것도 하루걸러 빠는 거야. 저 구겨진 솥단지도 식사 때마다 모래로 싹싹 닦아."

"그러네요. 그런데 명희는 경성에 가서 뭐하나요?"

"학교라도 가면 좋지. 쟤는 너하고는 조금 달라."

"나하고 굳이 비교하지 않아도 되잖아요."

"게다가, 꽤 머리가 좋아. 시녀나 하녀노릇 하기에는 너무 아까워."

"나도 전부터 그렇게 생각했어요."

"거짓말."

"정말이에요. 그런데 본인은 뭐래요?"

"지금 생각이 나서…. 모르고 있는 게 당연하지."

"그런데 본인의 생각도 듣지 않고 결정할 수는 없잖아요."

"골치 아픈 소리 하지 마. 일일이 상의해봐야 끝도 없어."

"우선 돌아오면 한번 물어봐주세요. 그런데 경성 어디로 보내요?"

"일단 친구한테 보내려고 생각하고 있어. 서성(徐星)이라고. 집은 청진인데 지금은 부인과 함께 경성에 있을 거야."

"서성 씨는 이걸 알고 있나요?"

"너 바보냐? 알고 있을 리가 없잖아. 이제 편지를 쓸 거야."

"서성 씨가 받아줄까요?"

"괜찮아."

"부자군요."

"만나면 알아. 대학 시절의 동기야. 수재형으로 나 같은 것은 발끝에도 미치지 못하는 좋은 놈이야."

그때 명희가 장바구니를 내리며 돌아왔다. 이전에 비해서 초라함도 거의 없어지고 머리카락을 뒤로 당겨 묶은 모습은 아주 발랄한 느낌이 든다. 철이에게 인사를 하고 부엌으로 가려고 하는 명희를,

"잠깐 앉아, 이야기가 있어."

두성이 불러 세웠다. 돌아본 그녀의 눈에 일순 불안한 기색이 떠올랐지만 곧 사라지고, 두성의 앞에 와서 앉았다.

"이야기인즉슨⋯."

두성의 이야기를 듣고 있는 명희의 표정이 이번에는 무척 놀라서 입술이 실룩실룩 떨리고 있다.

"어떠니?"

"⋯⋯."

"학교에 가는 것이 싫으니?"

"아니요."

약간 핼쑥해진 표정으로 지그시 마룻바닥을 보고 있던 명희가 마침내 입을 열었다.

"그럼, 가는 거지?"

"그렇지만⋯."

"뭐가, 그렇지만이야?"

"그렇지만, 저."

"왜?"

"저, 집에 돈이 한 푼도 없어요."

"알고 있어."

"더 이상 폐를 끼치고 싶지 않아요."

"바보, 그런 거. 새삼스럽게. 나는 네가 매일 오는 것이 훨씬 피곤해."

"……."

"여하튼, 부담돼서 못 견디겠어. 그래서 어딘가에 가줬으면 좋겠어."

농담처럼 말한 두성은, 그러나 지그시 천정을 쳐다보고 있다. 늘 하는 버릇이다. 제법 추워져서 파리도 거의 없다. 그런 고요한 가운데 바스락 하고 인기척이 났다. 철이가 귀를 기울이면서 두성의 눈을 보자 가벼운 미소를 입가에 띠면서 말했다.

"에구치야."

"어떻게 알죠?"

"발소리로 알아. 모퉁이에 서서 엿듣고 있는 거야."

"그런데 조용해졌어요."

"들려."

이윽고 돌아가는 에구치의 검은 제복 뒷모습이 창 너머로 보였다. 검은 제모에는 구멍이라도 난 모양이다. 얇은 헝겊이 뒤에서 흔들리고 있다. 천천히 멀어져 가는 그 모습에 철이는 증오라기보다 오히려 연민을 느꼈다.

"경성에 가고 싶지 않으면 가지 않아도 좋아. 무리하게 가라고 하지는 않아."

마룻바닥을 쳐다본 채로 아직 꼼짝 않고 앉아 있는 명희에게 두성이 말하자, 그녀는 불쑥 일어서서 부엌으로 들어갔다. 달그락달그락 소리가 나는 것을 보니 아무래도 식사준비라도 시작한 모양이다. 얼마 안 있어 한 번이 아니라 두 번이나 쨍그랑 하고 그릇 깨지는 소리가 났다.

"쟤, 오늘 뭔 일 있어."

두성이 철이의 얼굴을 보며 히쭉 웃었다.

"기쁜 거예요. 역시."

철이도 왠지 모르게 기분이 좋았다. 두성은 이것으로 만사 해결된 것처럼 가볍게 혼자서 끄덕이며, 모습이 보이지 않는 명희에게 큰 소리로 말했다.

"어이, 너무 안절부절 하지 마. 철이가 도쿄에 갈 때 경성까지 함께 데려다 줄 거야. 서성이라는 사람한테 갈 거야. 자세한 것은 철이 하고 이야기했어."

그리고 생각난 듯, 명희와 철이에게 이렇게 덧붙였다.

"서성이라는 이름은 비밀이야⋯."

2

설날도 가까워져 사방에서 떡메 치기가 시작되었다. 떡메 치기는 또한 남자의 자존심을 증명하는 의식이기도 해서, 젊은 남자들은 땀을 뻘뻘 흘리면서 열심이다. 이때는 친척뿐만 아니라 가까운 이웃사람들까지 모여 왁자지껄 시끄럽게 떠들어 대기마련이다. 이런 소동이 쌓여 점차 설날의 흥분을 북돋아 가는 것이다.

철이의 집에서도 설날 준비가 한창이다. 특히 금년은 철이가 도쿄로 유학 간다고 하므로 특별한 설날을 지내기 위해 새로운 옷을 만들고 벽지도 바꿔 붙였다. 떡쌀이나 건어는 물론 배나 감이나 귤도 충분히 사 두었다. 그런 일에 바쁜 어머니에게 철이가 예고 없이 찾아와서 말한 것이다.

"어머니, 나 이번 토요일에 출발해요."

"그런데 철아⋯."

하고 말하고서, 어머니는 당황해서 말을 잇지 못한다. 여동생 혜순이 몹시 화를 냈다.

"오빠, 너무해요! 아버지도 어머니도 모두 설날을 잔뜩 기대하고 있는데!"

"⋯⋯."

"오빠, 설이나 지내고 가. 내가, 오빠한테 매일 차 타줄게⋯."

"미안해요. 어머니⋯. 그렇게 해주세요."

그렇게 말하고 철이는 허둥지둥 자신의 방으로 돌아왔다. 두성은 이미 서성과 연락을 취했기 때문에 예정을 간단히는 바꿀 수 없고, 그렇다고 일일이 설명할 수도 없다. 상황을 듣고 나온 아버지는 실망해서 아무 말도 하지 않았다.

토요일 아침, 철이는 작은 가방 하나를 손에 들고 역으로 향했다.

"너, 그런 꼴로 갈 거니?"

어머니가 주뼛주뼛 물었다. 이미 울먹이고 있었다. 뒤에서 아버지의 공장에서 일하는 사내 두 사람이 큰 트렁크를 무거운 듯 메고 따라 나온다.

"뭐야, 저건?"

하고 묻자,

"하나는 이불과 베개."

하고 빈정거림과 만족이 섞인 미소를 띠며 혜순이 답했다.

"필요 없다니까."

"벌 받은 거야, 네 마음대로 하니까."

"……."

"또 하나는 뭔지 알아? 사과와 귤."

"장난하세요!"

"나도 그렇게 말했어. 그런데 엄마가 일본에서는 귤도 먹을 수 없을까봐 그런 것이야."

"회령의 귤은 대부분 일본에서 들어온 거야. 게다가 분명히 도쿄에 도착할 때까지 썩어버릴 거야."

"괜찮아요. 저것 말고도 또 있어요."

"또 있어?"

"고추에 떡에 김치. 게다가 명태가 산같이 들어 있어. 도쿄에 가면 분명히 명태가 그리워질 거라고 했어, 엄마가."

회령은 이제부터 추워진다. 지금도 춥지만 더 추워진다. 나무는 잎이 떨어져 가지만 남고, 오산의 풀은 서리를 맞아 말라서 다갈색이었다. 시베리아의 바람이 역 저편에서 이미 불어오기 시작하고, 오국산성은 훨씬 더 희미해져 파랬다. 오른쪽 건너편 두만강도 이미 얼었을 것이다. 그 너머에서 활약하는 혁명분자들은 이제부터 활동하기가 더욱 어려울 것이라고 철이는 생각했다.

류조호 사건 이래 만주의 일본화는 착착 진행되고, 동시에 탄압도 강화되는 것이 틀림없다. 추워지면 생활은 한층 어려워진다. 하지만 비록 당랑지부(螳螂之斧, 무력한 저항)라도 인간의 긍지는 계속 불타오르지 않으면 안 된다…. 그런 때에 이불에서 베개까지 매달고 도쿄로 향하는 나는, 도대체 무엇을 하려는 것인가….

기차가 왔다. 어머니는 명희에게,

"철이를 잘 부탁합니다."

하고 여러 번 부탁하고 있다. 명희가 자신의 아들보다도 훨씬 믿음직해 보였을 것이다.

"추우면 안 되니까 잠들면 외투를 덮어 주세요. 그리고 밥은 식당차에서 먹는다고 하니까 시간 잊지 마시고 데려가 주세요."

기차가 움직이자 어머니와 여동생이 손을 흔들었다. 두 사람 다 왠지 모르게 너무 작아 보였다. 전송하는 사람들도 손을 흔들거나 머리를 숙이거나 하지만, 아버지는 기차 쪽을 보지 않고 눈은 오산 너머로 쳐다보고 있다. 기차가 건널목 근처에서 돌아서 역도 배웅하는 사람들도 보이지 않자, 오른편에 회령이, 그리고 그 건너편에 빈민굴이 보이기 시작했다. 두성의 오두막이 있다. 어린아이들이 손을 흔들고 있다. 명희가 창에서 눈을 떼지 못하고 뚫어지게 보는 것은 아버지와 어머니가 없는지 찾는 것이다. 그들은 결국 역에 나타나지 않았던 것이다.

기차는 터널을 몇 개나 통과했다. 그때마다 검댕이 날아 들어와 검은 알맹이가 셔츠 위로 가슴 안으로 들어오는 것을 느낀다. 여기서부터 경성까지 20시간의 여행이다. 도쿄는 아직 멀었다.

밭에는 소도 보이지 않고 볏단이나 이삭을 줍는 사람의 모습도 보이지 않는다. 지금부터 이것이 눈으로 전부 새하얗게 뒤덮이는 것이다.

조선도 보기에 따라서는 아름답지 않은 것도 아니다. 그것은 깊은 회고의 정이라고도 했다. 속을 파고 들어와 느끼지 않으면 알 수 없는 끝없는 심연(深淵)을 생각하게 하는 아름다움이다. 메마른 토지, 하얀 모래, 맑은 물, 소리 없는 공기, 파란 하늘…. 그것들은 그곳에서 태어나 그곳에서 죽어 가는 사람들만이 아는 아름다움인지도 모른다.

산과 산 사이에 한 무리의 초가지붕이 보였다. 집과 집이 그다지 떨어지지 않아서 마을 전체가 하나의 큰 집처럼 보이고, 비바람에 맞아 짚이 검게 변해 지면과의 경계도 잘 알 수 없다. 지붕 위에 말리는 고추만이 눈에 스미듯이 붉었다. 이곳은 얼마나 옛날부터 있었던 마을일까?

철이는 왠지 모르게 그 마을 사람들이 모여 호박을 삶는 것을 상상했다. 뜨거운 김이 솟는 주위에 치아가 없는 노인이 싱글벙글 웃으면서 모여 있는 광경. 하지만 분명히 그런 일은 허용되지 않는 시대가 된 것 같다. 사람들은 대포나 군함을 만드는 방법을 배우고 사람을 죽이는 연습을 하지 않으면 노예취급을 받고 만다.

철이는 문득 두성과 함께 읽은 《로빈슨 크루소》 중에서 포로를 무인도에 잡아와서 먹는 식인종 이야기를 떠올렸다. 인간은 지금이나 옛날이나 아직 식인종 단계에서 벗어나지 못했는지도 모른다…. 그런 것을 생각하면서 철이는 이미 해가 완전히 저문 기차 창가에 비치는 자신의 얼굴을 멍하니 쳐다보고 있다.

3

철이 눈을 떴을 때 기차는 벌써 원산을 지나고 있다. 어느새 10시간 가까이 자고 있었던 것이다. 어제 기차에 탔을 때와 똑같은 모습으로 똑

312

바로 앉아 있는 명희가,

"일어나셨나요? 철이 씨의 불면증도 믿을 수 없네요."

하고 얼버무리듯 말했다.

"정말로 잘 잤네요."

"내가 불면증에 걸린 것 같아요."

"전혀 못 잤어요?"

"나는 전혀 졸리지 않아요. 여러 가지 일, 이것저것 생각했어요. 두성 씨에게는 정말로 나쁜 짓을 했어요. 가난해서 목숨 구해준 일을 사례할 수가 없다고 해서 가정부로 일하게 해줬는데, 또 쓸데없는 폐를 끼쳐버리고."

"……."

"이번에도, 이 옷도, 그리고 차표까지 사줬어요. 게다가 용돈까지 줬어요."

"정신 차려서 공부하세요. 형은 누구보다 기뻐할 겁니다."

"열심히 할 거예요, 나. 그리고 두성 씨나 철이 씨에게 지지 않는 학자가 될 거예요. 그래서 자지 않는 훈련을 한 거예요."

동글동글한 눈을 반짝이면서 재잘거리는 명희의 표정은 한없이 밝고 희망에 가득 찼다.

경성 역에는 서성이 부인 희영과 함께 마중 나왔다. 서성은 무뚝뚝했지만 부인은 매우 붙임성이 좋고, 게다가 대단한 미인으로 검은 정장이 잘 어울린다. 명희를 보자,

"두성 씨도 제법이네요. 이런 예쁜 사람을 어디서 찾은 거야?"

하고 웃으면서, 동의를 구하듯이 서성의 얼굴을 쳐다봤다.

차 안에서 보는 경성 시내는 철이에게는 처음 같은 기분이 들지 않았다. 이야기도 들어 왔고, 책에서도 읽었을 것이기 때문이다. 이만하면 도쿄에 가더라도 괜찮을지도 몰라…. 철이에게는 점점 자신감이 솟아났다.

서성의 집에 도착한 철이는 우선 집의 크기에 놀랐다. 대문에서 현관까지의 돌층계만으로도 20, 30간(間, 척관법 길이의 단위로, 1간은 약 1.818미터), 대여섯 평이나 되는 현관에 들어서자 넓은 복도와 2층으로 올라가는 계단이 있고, 그 안쪽에는 역시 넓은 응접실, 그리고 정면 유리창 저쪽에 아름다운 정원이 보였다. 마중 나온 집사인 듯한 중년 부부에게 두 사람을 소개한 희영은 앞장서서 거실인 듯한 방으로 들어갔다. 서성은 그대로 2층으로 올라간 것 같다. 커피를 가져온 조금 전의 중년 여인에게 목욕 준비를 시킨 희영은,

"목욕하고 나면 시내 구경나가요. 우리는 위층에서 옷 갈아입고 올 테니까요."

하고 말하고서 명희를 데리고 나갔다. 남겨진 철이는 심심해서 방을 둘러보았다. 여기도 또한 호화롭다. 마루에는 황금색의 카펫이 깔려 있고 같은 색의 커튼이 유리창에 걸려 있다. 반대쪽의 벽은 벽돌로 되었고, 그 한가운데에 난로가 있으며 그 위에 희영의 사진이 세워져 있다. 학창시절의 것인 듯 열여덟, 열아홉으로 보이는 그 모습은 현재와는 또 다른 아름다움이다.

한쪽 구석의 피아노 뒤에는 양쪽으로 열리는 프랑스식 문이 있고, 그 안쪽도 역시 거실 같았다. 벽에 아무렇게나 걸려있는 액자에는 경주의 절을 배경으로 한 두성과 서성의 사진이 들어 있다. 학생제복 차림으로

웃고 있는 돌계단 위의 두 사람은 당연하게도 지금보다 훨씬 젊고, 아무런 걱정도 없는 행복한 모습이었다.

"이런 시절도 있었구나."

철이는 의아해했다. 두 사람이 걸어온 길은 어디서 어떻게 달라서 지금처럼 되었던 것일까? 두성은 변변치 못한 옷차림으로 빈민굴의 오두막에서 살고, 한편 서성은 해자(垓字)가 없는 성이라고도 할 수 있는 이런 호화로운 저택에서 자가용을 몰고 돌아다니는 신분이다. 그런 두 사람을 무엇이 연결하는 것일까? 젊은 시절부터 끊을 수 없는 우정인가, 아니면 또 다른 그 무엇인가.

두성은 철이에게 명희의 경성행 이야기가 나올 때까지 서성의 이야기를 한 번도 한 적이 없다. 그러나 서성의 집에서는 두성뿐만 아니라 철이에 관해서도 종종 화제가 되는 것 같은 느낌이다. 지금까지 서성의 태도나 희영의 말투를 반추(反芻)하던 철이는 문득 "서성의 이름은 비밀이야"라고 했을 때의 두성을 떠올렸다.

경성 시내에서는 일본인과 조선인의 빈부의 차가 회령보다 훨씬 심한 것 같았다. 일본인의 수가 많은 만큼 조선인이 궁지에 몰리는 느낌이다. 이런 상태가 언제까지나 계속되어서 좋을 리가 없는데…. 그런 것을 생각하면서 걷고 있자 희영이 돌아보며,

"철이 씨! 언제나 까칠한 얼굴을 하고 있네요."
하고 놀리듯이 말했다.

다음날, 철이는 경성을 출발해서 부산에서 배로 시모노세키(下關)로 건넜다. 처음으로 일본 땅을 밟은 것이지만 정말로 외국에 왔다는 기분이 들지 않는다. 회령에서도 경성에서도 일본인을 늘 보아서 익숙해졌

기 때문일까? 그러나 바다 하나 사이에 둔 것뿐인데, 기온은 현격하게 따뜻해서 봄날 같다. 기차의 창밖에 보이는 경치도 조선과 전혀 달랐다. 우선 숲이 눈에 띄고, 논밭 사이에 흩어진 농가의 지붕도 이어놓은 짚이 검고 게다가 두꺼워서 왠지 모르게 안정감이 있다.

이들 가운데는 그 옛날 단노우라(壇の浦, 시모노세키 동쪽의 해안)에서 겐지(源氏)에게 멸망한 헤이(平) 가(家)의 자손도 섞여 있을지도 모른다〔1185년 3월 24일, 시모노세키 동쪽 해안 나가토 아카마가세키 단노우라에서 벌어진 겐지(源氏)와 헤이시(平氏)의 최후 결전에서 헤이시가 멸망함〕.

생각해 보면 일본의 역사는 피비린내 나는 역사이다. 시모노세키에서 도쿄로 가는 길을 따라 찾아보더라도, 오사카(大阪)에서는 도요토미(豊臣) 가(家)가 싸워서 패했고, 교토(京都)에서는 그야말로 무수의 전쟁이 반복되어 그때마다 많은 주민이 도망치려고 우왕좌왕하다가 죽어갔을 것이다.

나고야(名古屋) 근처에 있는 오케하자마(狹桶間, 1560년 6월 12일, 오케하자마에서 벌어진 전투)에서는 오다 노부나가(織田信長)가 이마가와 요시모토(今川義元)를 죽이고 천하를 얻었으나, 결국 혼노지(本能寺)의 이슬로 사라졌다〔혼노지의 변, 1582년 6월 21일, 오다 노부나가의 가신 아케치 미츠히데(明智光秀)가 모반을 일으켜 교토 혼노지에 묵고 있던 주군 노부나가와 후계인 노부타다(信忠)를 급습, 자결시킨 쿠데타이다〕. 이러한 인간의 살인은 어느 것이나 짧은 영화(榮華)를 위한 것이었다고 하지 않을 수 없다.

도쿄는 도쿠가와 이에야스(德川家康)가 세운 도시이다. 이런 것을 세우기 위해 그는 자신의 처와 자식을 죽였다. 그럴 가치가 있었을까 싶지만, 도쿄는 역시 큰 도시였다. 경성에서는 볼 수 없는 고층건물이 즐비하게 늘어서고 그 사이를 전차가 돌아다니고 있다. 이 속에서의 철이는 역시 미아(迷兒)였다. 우선 호텔을 잡고 침대에 눕자 강렬한 향수가 덮쳤다. 회령 마을이나 그것을 둘러싼 들이나 산이 주마등처럼 뇌리를 스쳐간다. 그러나 언제까지나 그렇게 하고 있을 수는 없다.

지도를 보며 학생거리라고 들은 간다(神田)로 가서 정처 없이 걷고 있자, 조선인 식당이 있다. 손님도 전부 조선인, 게다가 학생이 대부분이다. 그 한 사람에게,

"방을 얻고 싶은데…. 도쿄에 방금 도착했어요."

하고 부탁하자,

"아는 사람은 없어요?"

하고 묻는다.

"없어요. 일본은 처음이에요."

"어처구니없는 녀석이네, 귀찮게 됐구먼."

"……."

"조선인한테는 쉽사리 방을 빌려주지 않아요. 여하튼 조선인은 도둑이나 살인자라고 생각하고 있기 때문에…."

"살인자는 일본인이 아닌가?"

그러자 그 이야기를 듣고 있던 학생 하나가,

"방을 찾으려면, 아주 싼 곳이든가, 아주 비싼 곳을 찾아야 돼요. 그것이 요령이에요. 싼 곳은 지저분해서 들어오는 녀석 따위는 그다지 신경 쓰지 않아. 비싼 곳은 우선 돈이면 다 되고."

하고 말했다.

철이는 그 사내가 가르쳐주는 대로 비싼 편이라는 나카노(中野)의 아파트에 가기로 했다. 비싸다고 해도 호텔에 묵는 것보다는 훨씬 저렴할 것이고, 일단 자리 잡고서 천천히 찾아보려고 했다. 아파트는 5층 건물로 상점가에 있었다.

중년의 관리인인 듯한 사내가,

"우리는 학생용이 아니어서 비싸요. 80엔이나 해. 다른 곳을 빌리는 것이 나을 걸."

하고 어쩐지 의아하게 철이를 쳐다보면서 말한다. 확실히 가족끼리 사는 아파트라는 것이 출입하는 사람의 분위기에서도 느껴진다.

"학생은 안 됩니까?"

하고 철이가 묻자,

"그렇지는 않지만…. 일단 한번 보기나 하시죠?"

하고 철이를 5층으로 안내했다. 복도 끝이 공동 부엌으로 되어 있고 집은 그 양쪽에 늘어서 있다. 방 두 개짜리 밖에 없는 데다 난방장치까지 붙어 있어서 비싼 것은 당연하다. 창을 열자 차가운 공기가 따뜻한 실내로 흘러들어오고, 내려다보면 검은 기와지붕이 빽빽이 보인다. 철이는 이 아파트가 완전히 마음에 들었다.

"어째서 아파트에 살려고 하시죠?"

"아주 비싼 곳이든가 싼 곳, 어느 한쪽을 찾으라고 가르쳐줬기 때문입니다."

"……."

사내는 의아한 표정으로 철이를 쳐다봤다.

"그런 곳이라면 조선인도 괜찮다고 합니다."

"그런 일은 없어요. 조선인도 일본인도 같은 인종이 아닌가. 방이 없다고 하면 바로 조선인이므로 빌려주지 않는다고 생각하지만 그건 오해요. 나 역시 도쿄에 막 왔을 때는 자주 거절당했소."

"그렇습니까?"

"일본인 역시 조선인에 뿌리를 두고 있지 않은가. 조선인과 일본인은 형제와 같은 거야. 일본도 옛날은 좁았지만, 앞으로는 달라. 만주에도 중국에도 갈 수 있어. 이런 작은 곳에서 일본인과 조선인이 서로 으르렁거리는 것은 매우 어리석은 짓이오."

"……."

이 사내는 진심으로 그렇게 생각하는 것 같다. 동상이몽이므로 철이는 대답할 필요가 없었다.

다음날, 철이는 호텔을 나와서 나카노로 이사하고 시내구경 겸 자취 도구라도 사려고 다시 시가로 나왔다. 전차로 신주쿠(新宿)에서 히비야(日比谷)로 가는 도중, 해자를 두른, 마치 공원과 같은 궁성 앞을 지나자 차장이

"궁성 앞입니다."

하고 말했다. 그러자 승객이 일제히 일어나 궁성 쪽을 향해서 최경례(最敬禮)를 한다.

'이건 정말 참을 수 없는 일이군!'

기가 막힌 철이는, 이후 궁성 앞을 지나는 전차는 타지 않기로 했다. 히비야에서 스키야바시(數寄屋橋)를 지나서 긴자(銀座)로 나오는 도중에 작은 가게에서 그릇과 젓가락을 샀다. 쌀이나 된장을 파는 가게는 쉽게 찾을 수 없었는데, 그것도 겨우 샀다. 이것만 있으면 충분히 식사

는 할 수 있다. 부모가 말하는 것은 새겨들어야 한다고 곰곰이 생각하면서, 철이는 시가지를 구경하면서 걸었다.

긴자는 사람들이 많아서 축제날같이 혼잡하다. 예쁘게 장식된 다양한 상점이 줄지어 있고, 쇼핑에 바쁜 여자들이 끊임없이 출입하는 그 걸음걸이만으로도, 여기가 조선이 아니라는 것을 알 수 있다. 그러나 일본인이라고 생각한 사람한테서 조선말을 듣는 경우도 있다.

아파트에 돌아온 철이는 실험이라도 하려는 듯 쌀을 씻어서 물을 넣고 가스에 불을 붙여 밥을 안치고, 방에 돌아와서 새롭게 산 지도를 폈다. 나카노는 도심으로부터 상당히 떨어진 교외로, 도쿄의 심장은 순환선〔지금의 야마노테센(山手線)〕의 안쪽이고 그곳으로부터 멀어질수록 점점 시골이 되는 것이다.

조선의 대군을 거느리고 도쿄를 점령한다면 어떨까 하고 철이는 공상했다. 먼저 이 도쿄의 중심에서 일본인을 몰아내고 조선인을 살게 하고, 일본인은 기치조지(吉祥寺)에서, 가까워도 나카노 부근에서부터 먼저 추방해버린다. 궁성에는 특히 조선인 가운데서도 가장 불량자를 골라서 넣고, 위험인물은 닥치는 대로 체포하여 큰 돌에 한 덩어리로 동여매어 도쿄만에 가라앉혀버린다.

길모퉁이마다 헌병을 세워 불만을 나타내는 놈이 있으면 그 자리에서 싹둑 잘라버린다. 도쿄뿐만 아니라 오사카에서나 교토에서도, 일본 전국에서 똑같이 한다. 그리고 일본인을 참을 수 없게 되면, 오키나와(沖繩)나 남양(南洋)으로 이주시킨다. 그래도 간도만큼 춥지 않으므로 조선인처럼 고생하지는 않는다. 급기야 이것은 전부 동양의 영원한 평화와 일본인의 행복을 위해서라고 포스터나 라디오로 선전한다. 조선은 오랫동안 일본인의 수법을 보았기 때문에 그대로 하기만 하면 되는 것이다….

뜨거운 물이 끓어 넘치는 소리가 나자 누군가 당황해서 달려갔다. 들여다보니까 일본 여자가 철이가 아까 안친 밥솥의 가스를 잠그는 것이 아닌가. 끓어 넘친 하얀 국물은 복도까지 흘러내렸다. 당황해서 튀어나가 새빨개져서 사과하는 철이에게 일본 여자는,

"처음 하는 거죠. 오늘은 내가 지어드릴까요?"

하고 웃으면서 말했다. 철이는 몹시 창피했다.

이후 철이는 왠지 모르게 귀찮아져 밥 해먹기를 그만두고, 외식을 하기로 했다. 어디든 식당은 있어서 불편하지 않았으며, 또한 그런 곳에 가면 조선인 동료와도 친해질 수 있다는 이점도 있기 때문이다. 동료 중에는,

"80엔은 비싸. 이사해, 내가 소개할 테니까."

라고 권하는 자도 있지만, 아파트는 편해서, 특히 드나들 때 다른 사람에게 폐를 끼치지 않는 등 매우 마음이 편하기 때문에, 철이는 이사할 생각은 없었다.

이윽고 한 해가 가고, 1932년이 되자 장학량은 만주라기보다 오히려 북지〔北支, 화북(華北)〕라는 편이 나은 금주(錦州)로 퇴각하고, 일본 군에게 추격당하자 금주마저도 도망쳐서 만주사변은 실질적으로 종결되었다. 이 금주 작전의 성공 이래 일본은 대구미정책(對歐美政策)을 급격히 강화시켜서, 대립은 점점 첨예해졌다. 동시에 군부의 발언권도 증대되어 일본의 국수주의, 군국주의의 색채는 더욱 짙어졌다. 그리고 편의주의적인 일본의 신문이나 라디오의 무비판적 선동이 이러한 추세

에 박차를 가했다.

예를 들면 금주(錦州) 입장을 보도한 1월 4일의 〈도쿄아사히신문〉
에는, "동양의 평화를 위해서라면/우리들이 목숨을 바쳐서라도/모두
소중한 일본의/팔천만 동포와/함께 지키겠노라 만주를"이라는 〈만주
행진곡〉이 신문사의 사가로서 발표되었다.

천지를 굴복시켜 당당한 정예의 대행진
오늘 육군 시관병식(始觀兵式)
요요기(代々木) 들판에 빛나는 장관

1월 8일 이 관병식 보도의 헤드라인에서 보더라도, 과장에 가득 찬
기사의 미사여구가 교육 정도가 낮은 일부 국민에게 어떤 인상을 주었
을지는 상상이 어렵지 않다. 그리고 천황이 말을 탄 아주 큰 사진도 실
려 있고, 그 가운데 이왕(李王) 전하라는 조선인도 있다고 보도되었다.
이 사내는 이조의 후예로, 조선을 팔아넘기는 것과 교환으로 왕이라는
이름을 빌려 도쿄에 살고 있던 것이다. 전형적인 궁정인의 한 사람이겠
지만 그렇다 치더라도 뭐라고 할 수 없는 인생이 아니었던가.

4

이 관병식 날, 이봉창(李奉昌)이라는 조선인이 사쿠라다몬(櫻田門)의
경시청 앞에서 궁성으로 돌아가는 차를 기다려 폭탄을 던지는 사건이
일어났다. 이봉창은 경성 출생으로 나이는 서른둘, 상해에서 조선망명
정부의 지령을 받아 이 대담한 사건을 일으킨 것이다. 천황에게는 다행

스럽게도 폭탄은 불발했고 피해는 경미했다. 그러나 이 뉴스는 곧 조선인이나 중국인에게 전파되었고 그들은 쾌재를 불렀다.

한편, 매우 분개한 일본의 신문은 이봉창을 역도(逆徒)로 크게 다루었다. 생각해 보면 이상한 이치로, 조선의 멸망기에 조선의 왕궁에 난입하여 왕비 민 씨와 궁내대신을 살해한 미우라(三浦) 공사나 대륙 낭인들은 어째서 역도가 아니고 애국의사가 되는 것일까?

여하튼 경시총감은 파면되었고 다수의 경찰도 좌천되었다. 내각은 총사직하고 조선에 있던 일본 최고책임자 우가키 카즈시게(宇垣一成)도 조선인이 저지른 사건은 자신의 책임이라고 사표를 제출했다. 이러한 일본 지도층의 당황하는 모습은 조선인에게 결코 기분 나쁜 것이 아니어서, 모두 혈안이 되어서 신문을 읽었다.

그러나 류조호 사건의 예에서도 알 수 있듯이, 정치에 관한 한 일본의 신문보도는 대부분은 허구였기 때문에, 읽을 때에는 뒤에 숨겨진 비밀을 찾아내는 지혜가 필요하다. 이 사건에 대해서도 관련되는 정계나 관계의 변동은 매일 전해졌는데, 사건 그 자체에 대해서는 이봉창이 체포되어 결국 기소된다는 보도도 없었으며, 언제 재판에 회부된다는 기사도 없었다. 조선 학생들은 조금이라도 소식을 알려고 필사적이었으나 모든 것은 허무한 노력으로 끝나고, 이봉창이라는 한 사람의 인간은 다만 홀연히 먼 안개 저쪽으로 사라진 것만 같다.

사건으로부터 10일 정도 지난 추운 날, 철이의 방으로 사복형사 둘이 노크도 하지 않고 밀고 들어와서,

"네가 이철인가?"

라고 말하고서 대답도 기다리지 않고 아파트의 수색을 시작했다. 트렁

크에 들어 있는 물건들을 방안에 함부로 던지며, 보따리는 풀어헤치고 반침의 이불은 꺼내서 난폭한 행패를 부렸다. 유달리 눈에 띄는 것이 아무것도 없자 예상한 대로,

"본서까지 가자."

하고 말했다.

복도로 나오자 며칠 전의 그 일본 여자가 장을 보고 돌아왔다.

"외출하세요?"

"예, 잠깐 여행하고 오겠습니다."

"좋네요, 어디로 가세요?"

"스기나미(杉並) 경찰서까지입니다."

"……."

여자는 잘못 물어봤다고 생각한 듯 눈을 깜박거리면서 철이와 형사를 배웅했다.

스기나미 경찰서는 회령의 경찰서보다 작았다. 형사는 2층에서 1월 8일에는 어디에 있었는지, 무엇 때문에 일본에 왔는지, 돈은 어떻게 조달하는지 등, 사건에 관계없는 것까지 깡그리 질문한 다음, 지갑과 벨트를 집어 들고 지하실의 유치장으로 철이를 데리고 갔다.

간수가 쇠창살 앞에 앉아 있다. 그 안쪽의 시멘트 복도를 향해서 각각 또 쇠창살이 박힌 방이 전부 여섯 개가 있었다. 방은 폭 6척, 길이 10척 정도의 장방형이고, 벽 위쪽에 또 쇠창살이 박힌 작은 창이 있다. 유치장에는 3명의 사내가 추운 듯 웅크리고 앉아 있었다. 한 사람은 조선인으로 김계신(金啓信)이라는, 철이와 동년배의 학생이다. 평양 출생의 껑충하고 눈이 큰 사내로, 말할 때마다 그 눈을 두리번거린다. 그

도 폭탄투척 사건 때문에 잡혀왔던 것이다.

"그 후, 사건은 어떻게 되었어?"

하고 계신이 물었다.

"아무것도 몰라. 아무런 기사도 없어."

"아무것도!"

"아무것도. 내각 총사직이라든가 그런 것은 나오지만."

"아무런 소식도 없다는 것은 이상하네?"

"이봉창을 벌써 죽였는지도 몰라."

"그렇게 간단히는 죽이지 않을 거야. 그런데 너, 돈은 갖고 있었어?"

"50엔 정도 가지고 있었는데, 전부 빼앗겼어."

"그렇게나 가졌었어? 뭐, 언젠가 도움이 될지도 몰라."

"돌려주는 걸까?"

"나갈 때."

"그런데 언제 나갈지 모르잖아?"

"한 달 이내에 나갈 수 있어. 조선과 달라서, 기소하지 않고 그 이상 유치장에 넣어둘 수 없어, 일본에서는. 식민지가 아니니까."

다른 어딘가의 방에서 큰소리가 났다.

"시끄러워, 너, 아까 갔었잖아!"

하고 간수가 짜증난 목소리로 호통치고 있다.

"보내주지 않으면, 여기서 쌀 거야. 나중에 잔소리하지 마."

아무래도 간수가 포기한 듯, 들어와서 쇠창살을 짤가닥짤가닥 열었다.

"알 수 없는 녀석이네. 하루에 몇 번이나 가야 되는 거야!"

"그런 거 몰라! 나는 차라리 화장실이 좋아."

보통 키의 학생제복을 입은 조선인은 벨트를 빼앗겼기 때문에 양손으로 바지를 추스르면서 걸어갔다.

"쟤도 나와 같은 날에 잡혀왔어."

계신이 불쑥 말했다.

일주일 정도 지나서 철이는 석방되었다. 계신도 함께였다. 두 사람이 유치장에 있는 동안, 상해에서는 중국 폭도가 일본 승려를 습격해서 살해하는 사건이 일어났다. 이것을 계기로 일본인 거류민의 시위운동이 확산되었다. 그러나 이 사건은 머지않아 만주의 독립선언을 하려고 계획하는 관동군이 열강의 관심을 만주에서 딴 데로 돌리기 위해서 류조호 사건과 같은 수법으로 조작한 것이었다. 승려를 습격한 것은 매수된 중국 불량배였던 것이다.

1월 28일, 일본해군의 육전대(陸戰隊, 해군에 소속되어 작전을 돕고, 필요시에 육전에 종사하는 군대. 오늘날의 해병대)는 상해 북부에서 중국군을 공격했고, 육군도 2월 7일 오송(吳淞) 부근에 상륙했다. 어느 것이나 일본인 거류민 보호가 명목이다.

그러나 중국군의 저항은 만주 때와는 비교되지 않을 정도로 완강했다. 상해 전선은 곧 교착상태에 빠졌다. 게다가 만주사변 때는 방관적 태도를 취했던 영국이 자신의 권리와 깊은 관계가 있는 상해에서 전쟁이 일어나자, 재빨리 해군을 출동시켰다. 영국은 미국, 프랑스와 더불어 일본에 대해 즉시 휴전을 요구해서, 3월이 되자 정전회담이 열렸다. 그러나 교섭은 난항을 겪었고 좀처럼 결론에 이르지 못했다.

윤봉길(尹奉吉) 사건은 이 회담이 한창인 4월 29일에 일어났다. 이날은 천황 탄생일로 상해에 있는 1만 명이 넘는 일본인 거류민이 신공원에 모여 축하연을 열었다. 빨간색과 흰색으로 장식된 연단에는 육군의 시라가와(白川), 해군의 노무라(野村) 사령관과 시게미츠(重光) 공사를 비롯하여 상해의 일본 지도층이 늘어서 있었다. 때마침 내리기 시작한 빗속에서 해군군악대의 반주에 따른 국가의 합창이 중간쯤 갔을 때, 이 연단 위에서 폭탄이 작렬한 것이다.

이봉창 사건에서는 실패한 상해 망명정부도 이번에는 성공했다. 그리고 기겁한 경찰이나 헌병이 닥치는 대로 체포한 외국인 가운데 희끗희끗한 무늬가 있는 스프링코트를 입은 조선인 윤봉길도 섞여 있었던 것이다. 그리고 이봉창 사건 때와 아주 똑같이 윤봉길에 관한 소식도 5월 1일 이후 신문에서 완전히 모습을 감추었으나, 신문에서 본 약관 스물넷의 짙은 눈썹에 가늘게 수염을 기른 그의 풍모는 오랫동안 철이나 계신의 기억에서 사라지지 않았다.

5

관동군은 상해사변이 한창인 3월 1일, 계획대로 만주국의 건국을 선언하고, 다음 날인 3월 2일에는 상해에서의 전투가 중지되었다. 만주국 독립을 선언한 동북행정위원회 중에는 일찍이 중국항일전선의 영웅이었던 마잔산(馬占山) 등도 있다고 했다. 이것은 무절조(無節操) 그 자체였다. 일본군의 손에 잡혀 여순(旅順)에 연금되어 있던 청조 최후의 황제인 부의(溥儀)가 만주국의 집권자로서 취임하고, 이윽고 황제가 되었다. 당연하게도 이 나라의 실권은 일본인이 쥐고 있다.

철이는 유치장에 끌려가는 위험이 사라지자 열심히 학교에 다녔다. 아무런 계획도 없이 고른 학교이기는 했지만, 다니다 보니 다소 애착도 생기고 친구도 늘었다. 개인으로서 만나는 그들은 전혀 일본의 제국주의와 연결되지 않는다. 이것은 일본의 국가관념이 너무 인공적인 것이었기 때문일 것이다.

일본의 여름은 지독히 덥고 회령보다 훨씬 습기가 많다. 게다가 도쿄에서는 비록 전차에 타더라도 좀처럼 동네를 벗어날 수 없다. 회령천처럼 신을 신은 채 물에 첨벙첨벙 들어가고 싶어도, 그것은 도저히 이룰 수 없는 꿈이어서 여름을 한결 더 견디기 어렵게 했다. 그래서 다음해 여름은 가끔 여행도 갔었는데, 교토의 여름은 도쿄보다도 더 지독했다.

집이 그리워 모두 내버려두고 돌아가고 싶다고 생각한 적도 가끔 있었다. 그러나 돌아가더라도 특별히 할 일이 없을 것이다. 게다가 아버지나 어머니가 도쿄에서 돌아올 철이에게 거는 기대를 생각하니, 흐지부지 그만두고 돌아갈 수도 없었다.

그런 동안에도 세계의 정세는 점점 변해갔다. 미국에서는 루스벨트가 대통령이 되어 이른바 뉴딜정책을 추진해서 경제공황에서 미국경제를 재건했다. 그러나 그 결과 국내문제가 우선시되어 해외 불간섭의 경향이 나날이 강해져 갔다. 독일에서는 히틀러가 독재제도를 확립해서 착착 군비강화를 추진했다. 소련에서도 스탈린이 숙청을 단행하여 독재권한을 강화하고, 제2차 5개년 계획에 의해 중공업 생산의 증대에 힘을 쏟고 있다.

한편, 일본은 만주 정세가 안정되자 점차 그 목표를 북지로 향해, 1933년에는 열하성(熱河省)에 침입하고, 5월에는 북지의 일부를 중립지대화하는 것에 성공했다. 이것에 대해 장개석은 여전히 배일(排日)운동을 계속 탄압하고, 공산주의자들의 소탕전에만 주력했다.

같은 때, 간도에서는 조선인 유격대가 각지에서 조직되어 이윽고 조선인민혁명군으로 통일되었는데, 그 운동에 대해 국제정세는 대단히 비관적이었다. 조선인 가운데는 절망해서 타협한 삶을 추구하는 사람이 나날이 늘어갔다.

도쿄에 와서 꼭 3년째 되던 봄, 철이는 예과를 수료하고 대학에 진학했고, 계신은 전문학교를 졸업하고 경성의 회사에 취직되었다.

"나는 드디어 돌아가."

졸업 다음날, 계신은 아파트에서 왠지 모르게 쓸쓸한 것 같았다. 철이도 생각은 똑같았다. 유치장에서 처음 만난 지 3년, 마음이 맞았는지 두 사람은 각별히 친밀해서 그 우정은 지금은 끊어지기 어려운 것이 되었다. 나날이 가해지는 일본의 압박에 달리 의지할 데가 없던 두 청년은 더욱 밀접한 관계가 되었는지도 모른다.

"나도 다시 혼자가 되는구나. 돌아가면 편지 정도는 보내."

"응."

"기죽지 마."

"그렇게 보이니?"

"그래."

"취직해서, 결혼하고 아이를 낳고… 보통의 샐러리맨이 되는 거야."

"좋지 않아?"

"다른 세대에 태어나고 싶었어."

"새삼스럽게, 무슨 소리야."

"일본은 점점 커져가고, 조선인은 점점 타협적이 되고 있어. 쓸쓸하네."

두 사람은 다다미 위에 누워 천정 한가운데 있는 사람 손바닥 모양의 큰 얼룩을 쳐다보고 있다. 아파트에 처음 들어왔을 때는 황색이었는데, 계신이 함께 살게 되면서 비누로 싹싹 닦았는데도 오히려 시커멓게 변했다.

"스기나미 경찰서에 몇 번 정도 들어갔니?"

"네 번인가. 아니, 다섯 번이야."

"마지막으로 들어갔을 때, 어느 형사가 자기 돈으로 내게 우동을 사 줬어. 너무 자주 잡아가서 조금은 미안하다고 생각했을 거야."

"뭐, 일본인도 인간이잖아."

이야기가 중단되었다. 각자가 제각각을 생각하고 있었을 것이다. 철이가 갑자기 말했다.

"너 모레 떠나지?"

"응."

"왜 모레 떠나?"

"특별한 이유는 없어."

또 이야기가 중단되었다.

"어이, 오늘은 어때?"

갑자기 철이가 이상하게 말했다.

"오늘?"

"응, 오늘. 어때?"

"그렇게 재촉하지 마."

"오늘 떠나."

“내쫓을 셈이야?”

“…….”

철이는 잠깐 묵묵히 있다가, 갑자기 일어섰다.

“어이, 오늘 떠나, 나도 갈 거야! 한번 조선에 가볼 거야.”

“정말이야!”

“정말이야. 돌아가자 돌아가. 지금까지 돌아가지 않은 것이 이상할 정도야.”

계신도 벌떡 일어났다.

“좋아, 돌아가자. 에이, 젠장, 돌아가자.”

두 사람은 갑자기 짐을 싸기 시작했다. 짐 싸기라고 해봐야 실은 거의 아무것도 없다. 철이는 달랑 칫솔 하나이다.

“어이, 다른 곳에 들러 가면서 돌아가자.”

하고 철이가 말한다.

“좋아, 경주나 부여는 어떨까?”

“좋아. 나는 부여가 좋아.”

“그 근처 시골을 걷자.”

“그래, 거긴 조선인이 많으니까.”

6

딴전을 부리느라고 일본에서 회령까지 돌아가는 데 10일이나 걸렸다. 역에 도착한 것은 밤 11시가 지났다. 3년 만의 귀향이다. 아무것도 변하지 않았다. 우동가게의 등불이 비치는 파출소를 보자, 그 뒤에 숨어서 마에다 아들이 돌아오는 광경을 보았던 것이 새삼스럽게 떠오른다.

오늘과 마찬가지로 추운 북풍이 부는 밤이었다. 오산이 별빛 속에 어렴
풋이 검게 떠 있다.

드문드문 가로등이 켜져 있는 아무도 없는 철도변을 자신의 발소리
만 들으면서 집으로 향한다. 지금도 철이는, 이 근처라면 눈을 감고도
걸을 수 있다. 3년! 짧은 것 같지만 긴 세월, 여동생 혜순은 벌써 열여
섯이 되었을 것이다. 이런 시간에 갑자기 돌아가면 모두 틀림없이 놀랄
것이다. 그 놀라는 모습이 눈에 보이는 것 같다.

"철아!"

숨죽인 낮은 목소리로, 누군가가 불러 세웠다.

뒤돌아 본 철이의 앞에, 여전히 변하지 않은 초라한 모습의 꼬마가
서 있다.

"황당한 때에 돌아왔구나. 따라와."

꼬마는 뭔가 목적이라도 있는 것처럼 앞서 걸어갔다. 불어 닥치는 바
람 소리를 들으면서 발소리를 죽이며 두 사람은 걸었다. 마을을 멀리
두고 하얀 얼음이 얼어붙은 두만강이 보이는 근처까지 와서 꼬마는 멈
췄다.

"실은, 오늘 밤 늦게 두성 씨 집에 갔었어."

"형은 어떻게 지내?"

"물론, 건강해. 손님이 와 있어서. 너, 그게 누구라고 생각하니?"

"……."

"최영 씨야, 저 배신자. 불을 끄고 소곤소곤 이야기하고 있었어."

"너, 들었어?"

"조금은 엿들었어. 아무래도 최영은 유격대의 공작원으로 에구치의

아편장사의 돈을 노리고 있는 것 같아."

"그래서 마에다의 아들과 함께 도망쳐 온 거야?"

"우선, 마에다에게 접근하기 위해서이지. 마에다는 만주 낭인과의 연줄이 있기 때문에 경찰이나 군부도 항상 감시하고 있어. 그리고 다음으로 에구치에게 접근한 거야. 그 에구치가 오늘 밤, 두만강에서 아편 거래를 하는 것 같아. 물론, 최영도 함께."

"그것을 형과 둘이서 가로채려는 거야?"

철이는 이따금 길에서 만난 최영의 음험한 눈이나 비굴한 태도를, 그리고 그때 철이가 느낀 아주 불쾌한 증오를 떠올렸다. 어떻게 말해야 좋을지 모르는 미묘한 감정이 솟구쳐 오른다. 이봉창 사건이나 윤봉길 사건의 뒤에도 이와 같은, 아니 더욱 비교되지 않을 정도의 대규모 계략이 있었던 것이 틀림없다. 생각해 보면 분명히 이것은 훌륭한 수법이다. 아편장사에 타격을 주는 것뿐만 아니라 혁명군의 군자금까지도 손에 넣는, 그야말로 일석이조다.

한층 더 강해진 바람이 잎이 떨어진 나무들의 가지 끝을 소리를 내며 지나가고, 눈처럼 하얀 모래를 감아올리면서 두 사람의 얼굴을 두드린다. 전에 마에다 아들의 귀가를 보았던 산의 동굴에서, 철이와 꼬마는 다시 두만강을 감시하기로 했다.

"볼 만할 거야. 이건."

하고 꼬마가 말했다.

"잘될까?"

"당연하지. 에구치놈도 이번에는 죽게 되어 있어. 게다가 여관 아들이나 할머니한테 좋은 공양도 돼."

이윽고 기슭에 말을 탄 두 사내가 나타나, 얼음 위를 건너자 말에서 내려서 나루터 말뚝에 고삐를 묶었다.

"아편상인이야."

하고 꼬마가 속삭였다. 조금 지나자, 역 쪽에서도 검은 형체 셋이 걸어서 다가왔다.

"에구치 옆에 곤봉을 갖고 있는 사람이 최영이야."

"또 한 사람은 누구니? 꼬마."

"응…. 저, 야마시타야. 저놈도 한패인지는 몰랐네."

에구치와 야마시타는 경찰제복 모습이다. 만일의 경우, 도움이 될 거라고 생각해서일 것이다. 기다리던 중국옷의 두 사람이 에구치 일당에게 다가가, 양복 모습의 최영도 포함한 다섯 사람이 소곤소곤 이야기하기 시작했다. 그것을 기다리고 있었던 것처럼 근처 바위 뒤에서 사람 형체 둘이 날렵하게 뛰어나와, 그중 한 사람이 순식간에 곤봉으로 중국인 두 사람을 땅에 때려 눕혔다. 동시에 최영의 곤봉이 번개같이 허공을 가르며 에구치의 머리를 세차게 내리쳐, 그도 땅에 무너지듯 쓰러졌다.

두 형체 가운데 하나는 확실히 거인처럼 솟은 그 모습에서, 밤눈이기는 하지만 우리가 잘 아는 두성이라는 것을 알 수 있다. 철이는 그러나 두성보다도 이 무시무시한 격투보다도, 또 하나의 형체에 정신이 팔렸다. 머리카락을 짧게 자른 남장을 하고 있지만, 그것은 틀림없이 명희였다.

야마시타는 혼자서 필사적으로 도망가려 했다. 그것을 눈치 챈 명희가, "두성 씨!"하고, 잘 들리는 목소리로 외쳤다.

두성은 다시 곤봉을 들고 야마시타를 쫓는다. 결사적으로 달아나는 야마시타는, 그러나 돌에 발이 걸려 넘어지고 웅덩이에 발이 빠지고 하면서 몇 번이나 쓰러질 뻔했다.

붙잡힌 야마시타는 엉거주춤한 자세로 무릎을 꿇고 비참할 정도로 떨리는 목소리로 애원하고 있다.

"살려줘, 두성! 개인적 원한이 있었던 건 전혀 아니야."

체면 따위는 개의치 않는 모습이었다.

"일어서, 야마시타! 사내답게 죽게 해주마."

두성이 최영이 내던진 곤봉을 팽개쳐도, 거들떠보지도 않는다. 말의 고삐를 풀고 있던 최영이 외친다.

"빨리 해, 두성!"

황량한 두만강 기슭의 별빛 아래서 경직된 것처럼 서 있는 명희는 그림처럼 우아하고 아름다웠다. 짧게 자른 머리카락이 바람이 불자 휙 공중에 나부껴 남장이 눈에 띄게 돋보인다. 3년 전 홍수 때의, 그리고 두성의 오두막에 있을 때와는 완전히 다른 모습이다.

"에잇."

두개골이 부서지는 둔탁하고 기분 나쁜 소리가 나고 두성이 내리친 곤봉 아래에 야마시타가 나무토막처럼 쓰러졌다.

"형!"

철이는 정신없이 소리를 지르며, 동굴에서 튀어나왔다.

"바보 녀석! 도망가!"

두성은 거인 같은 엄청 큰 목소리로 고함치고 최영이 내민 고삐를 잡고 말에 튀어 올라 명희도 말 위로 가볍게 끌어올렸다.

"철이 씨, 안녕. 행복하게 사세요."

명희가 돌아보면서 손을 흔들며 말한다. 그리고 세 사람을 태운 두 마리의 말은 바람같이 기슭으로 달려 사라졌다. 에구치도 야먀시타도 아편상인도 모두 죽었다. 그 시체 옆에 나뭇가지에 동여맨 하얀 깃발이 서 있다.

"조선유격대 간도방면군 사령."

철이는 망연자실해서 지금은 아무것도 보이지 않는 두만강 건너편을 쳐다보고 있다. 바람이 분다. 얼음이 하얗다. 모든 것이 꿈 같았다.

"철아, 도망가. 곧바로 혐의를 받는 것은 너야."

꼬마가 성급하게 손을 잡아당긴다.

"꼬마야, 명희 씨는 언제 여기로 돌아왔어?"

"2주일 정도 전에."

"……."

"자, 빨리!"

두 사람은 필사적으로 역 쪽으로 달렸다. 마른 풀이 다리를 잡는다. 바람은 더욱 심해졌다. 그러나 춥지는 않다. 역 구내로 들어가자 정확히 때마침, 석탄을 실은 청진으로 향하는 듯한 화물열차가 들어왔다.

"나는 도망갈 거야. 꼬마야, 함께 가자!"

"나는 괜찮아, 나는 그냥 소매치기야. 조심해!"

철이는 석탄차 위에 기어올라 엎드렸다. 기차는 곧 움직이기 시작했다.

제2부

백두산 白頭山

청진 淸津 · 연담 緣談 · 원시림 原始林 · 풍운 風雲

청진 清津

1

지붕이 없는 석탄차 위는 앉을 곳도 잘 곳도 없고, 달리면 기관차의 굴 뚝에서 나오는 검댕이 온몸에 달라붙는 데다가 바람이 몸을 가르듯 차 가워서 당장이라도 산 채로 얼어버릴 것 같았다. 그러나 철이는 되도록 멀리까지 도망갈 작정이었다. 사건은 공교롭게도 자신이 돌아온 날에 일어났기 때문에, 혐의를 받는 것은 불을 보듯 뻔해서, 아무리 멀리까 지 도망가더라도 지나치지 않을 것이라는 생각이 든다.

게다가 될 수 있는 대로 빨리 도망가지 않으면 안 된다. 그러나 공교 롭게도 열차는 30분도 지나지 않아서 작은 역에 멈추고, 전혀 출발할 기미가 없다. 역 안에서는 이 열차의 기관사와 역무원이 하얀 김이 나 는 차를 마시면서 한가로이 장기를 두고 있다. 빨갛게 난로가 타오르고 있다. 저 따듯할 것 같은 감각이 희대의 마술사와 같이, 자칫하면 철이 를 잠으로 꾀어 들이려고 했다. 그러나 지금 잠들면 동사(凍死)는 보증 수표이다. 철이는 그때마다 머리를 흔들며, 차가운 공기를 가슴 가득 들이마셨다.

다른 열차가 쿵쿵 소리를 내며 들어왔다. 무장한 군인들이 화물차에 가득 탄 일본의 군용열차였다. 열차가 도착하기 무섭게 군인들이 앞다 투어 뛰어내려 일제히 서서 소변을 보기 시작했다. 화장실이 달려 있지 않은 것이다. 그러나 장교들은 한 량만 붙어 있는 식당차 안에서 유유히 맥주를 마시는 모습이 보인다. 일본의 군부 입장에서 하급 병사들은 아마 가축에 지나지 않을 것이다.

군용열차가 가고 이윽고 열차가 움직였다. 터널 안은 연기의 양이 급격하게 늘어나 질식할 것 같지만, 약간 따뜻하다. 그러나 새벽 3시가 지나서 고무산(古茂山)을 나오자, 추위는 한층 심해져, 발끝이나 손끝에서부터 점차 감각이 사라져, 밀려오는 잠을 깨우려고 꼬집어도 다른 사람의 몸과 같은 느낌이 들기 시작했다.

눈앞에, 손발이 절단되어 하얀 수술대 위에 누워있는 자신이 환영(幻影)처럼 떠올랐다. 그러나 슬프거나 고통스럽지도 않을 뿐만 아니라 오히려 말할 수 없는 쾌감을 느꼈다. 달콤한 잠이 엷은 안개처럼 몸을 살짝 감싸고, 몸도 마음도 사뿐히 공중에 떠오르는 듯한 행복감으로 가득 찼다.

"철이 씨, 안 돼요. 죽으면 안 돼. 행복해야 해요."

홀연히 북풍에 단발을 휘날린 명희의 모습이 그의 기억에 되살아났다. 문득 눈을 뜨자, 열차는 우뚝 솟은 산들과 넓은 들판 사이를 달리고 있다. 여러 번, 명희가 잠에서 불러 깨웠을 것이다. 그리고 동쪽 하늘이 따스하게 붉은 빛을 띨 쯤, 열차는 회령이나 고무산보다 훨씬 큰 청진역에 미끄러져 들어갔다.

철이는 석탄차 위에서 일어났다. 죽지 않은 것은 틀림없지만 어째서 나는 자신이 태어난 조선에서, 할아버지도 아버지도 태어난 이 나라에서, 이렇게까지 해서 도망 다니지 않으면 안 되는가. 사건의 현장을 본 것은 분명하지만, 그것이 어쨌다는 것인가. 지금까지 필사적으로 도망만 치려고 했던 것이 너무도 바보 같아진 철이는, 석탄차 위에서 체조를 시작했다. 얼어붙었던 몸 전체가 통나무 같았지만 이렇게라도 하지 않으면 화차에서 지상으로 잘 내릴 수 있을지 어떨지조차 알 수 없었던 것이다. 구내에서는 헌병과 경찰이 서서 이야기를 하고 있다.

'들킨대도 좋아.'

철이는 몸을 충분히 따듯하게 하고서, 기차에서 내려, 일부러 경찰과 헌병의 옆을 지나 역 밖으로 나오려고 했을 때, 헌병의 어깨와 부딪쳤다.

"조심해!"

하고 헌병이 호통쳤다.

"너나 조심해."

철이는 뒤도 돌아보지 않고 유유하게 걸었다.

"내버려둬, 이상한 놈이야."

"저 새끼, 검댕으로 새까맣잖아."

그런 소리를 등 뒤에서 들으면서, 역 밖으로 나온 철이는, 산기슭을 따라 항구마을로 향했다. 청진은 산으로 역전과 항구마을로 나뉜다. 역전은 공장지대로, 주택이나 상점이 많은 항구마을로 가기 위해서는 레일 위를 걷든가 이 산기슭의 외길밖에 없다.

검댕이 들어가서인지 눈이 따끔따끔 아프다. 게다가 걷기 시작하면서 발끝이나 손끝에 감각이 점차 돌아오고 추위가 엄습했다. 항구마을에 갈 곳이 있는 것은 아니다. 다만 막연히 따듯한 곳을 찾고 있는 것이다.

그러나 청진은 아직 잠들어 있는 것 같고, 산에 계단처럼 줄지어 있는 갖가지 모양을 한 동네는 꼭 유령의 집 같다. 상점가도 조용해지고 눈에 보이는 대로 여관의 문을 밀거나 두드려도 전혀 반응이 없었다. 문득 철이는 명희를 보살펴 준 서성 가족이 이곳에 살고 있다는 것을 떠올렸다. 서성을 만날 수 있다면, 두성 일행의 일도 보고할 수 있다. …

서성의 집은 바다에 접한 언덕 위에 세워져, 새벽 여명(黎明)에 유리가 반사해서 보석같이 아름다웠다. 파란 기와지붕으로, 대여섯이나 되는 맞배지붕이 서로 잘 조화되어서 거대한 예술작품 같은 인상이다.

"마치 호텔 같네요."

하고 가르쳐준 조선인 사내에게 묻자,

"호텔이 뭐야?"

하고 묻는다.

"신식 여관이요."

"청진에 글쎄, 그런 여관은 없어. 5년쯤 전이던가 산을 잘라내서 이 집을 지어올렸지만, 돈이 엄청 들었을 거야. 일본인이라도 저런 집을 갖기 힘들어. 거물이야."

그런 이야기를 듣고 있자, 철이는 점점, 화가 치밀어 올랐다. 자신이 회령에서 도망가지 않으면 안 되었거나, 석탄차 위에서 하룻밤을 보내는 처지가 되었던 것이 전부 서성의 탓인 것 같은 기분이 들어 단숨에 언덕을 달려 올라갔다.

"문 열어!"

힘찬 목소리로 고함치고 발로 힘껏 문을 걸어차자, 문뿐만 아니라 철로 만든 담까지 끼익끼익 소리를 냈다.

동쪽 하늘이 새빨갛게 물들기 시작한 새벽이었다. 문을 열고 검댕에 얼룩진 철이를 어쩐지 수상쩍게 쳐다본 서른의 여자가 쌀쌀하게 서성은 지금 없다고 말했다. 철이는, 갑자기 몸에서 꽉 찼던 무언가가 빠지는 듯한 실망감을 느껴 순간 말이 나오지 않았다. 그렇게 되면 화를 낸 것도, 이 여자에게 마구 화풀이 한 것도, 무엇이든 갑자기 부끄러워졌다.

"철, 이철이라는 사람입니다. 돌아오시면 잘 전해주세요. 이런 시간에 정말 죄송합니다."

돌변해서 점잖게 그렇게 말하고 철이는 방금 막 달려 올라온 언덕을 터벅터벅 내려갔다. 아래에 보이는 집집마다 연기가 나기 시작하고 보행인의 모습도 늘었다. 시가는 겨우 잠에서 깨어나기 시작한 것 같다.

"철이 씨!"

뒤에서 부르는 소리가 나고, 얇은 청색 잠옷에 슬리퍼를 신은 여동생 혜순보다 조금 연상의 처녀가 맨발을 반짝거리면서 달려왔다.

"철이 씨, 어떻게 된 거야?"

처녀는 철이를 따라잡자 갑자기 그의 팔을 잡고 이렇게 말했다. 아름답다기보다도 포동포동한 귀여운 처녀로, 나란히 서자, 그녀의 머리는 철의 어깨에 겨우 닿을까 말까 하는 정도이다.

"더러워집니다."

"괜찮아요. 아이 차가워, 얼음장 같아."

그렇게 말하면서, 그녀는 놀라서 기가 막혀 있는 철이를 문 안으로 끌고 들어갔다. 그리고는 의심스러운 얼굴을 하고 동정을 지켜보고 있던 조금 전의 서른의 여자에게,

"내 방에 불을 때세요. 서둘러요, 아주 급해요."

하고 지시했다. 그리고 다시 철이의 팔을 쭉쭉 당기면서 어리광부리는 자태로

"언제 돌아왔어?"

하고 물었다.

유리창 안쪽은 쪽마루로 되어 있어, 동해가 바로 눈앞에 보였다. 철이는 외투를 벗어서 검댕을 털어내고, 그녀의 뒤를 따라 오른쪽 방으로 들어갔다. 서양식 난로에는 불이 새빨갛게 타고 있다. 그 앞의 소파에 가라앉듯 앉아 타오르는 불을 쳐다보면서, 철이는 비로소 살아 돌아온 것 같은 기분이 들었다.

"넌 누구니?"

"싫어, 몰라?"

"몰라."

"가르쳐 주지 않을래."

약을 올리듯 철이를 들여다보는 얼굴 가운데, 긴 속눈썹의 안쪽 검은 눈이 천진난만하게 미소 짓고 있다.

"그런데, 철이 씨, 서슬이 시퍼랬어요. 문을 걸어차기도 하고."

"응, 내가 바보였어."

"그렇지 않아. 그런데 하마터면 못 만날 뻔했어."

"서성 씨는 안 계시지?"

"오빠는 지금 경성에 있어."

"뭐야? 여동생이니, 서성 씨에게 여동생이 있었어?"

"너무해."

"그런데 아무도 말해주지 않았어."

"정숙이라고 해."

"좋은 이름이네."

"좋아?"

"좋아."

"정말?"

"정말이야."

뜨거운 차를 마시면서 소파에 기대앉으니, 갑자기 엄청난 피로가 밀어닥쳤다. 그리고 어느 사이 잠들어버린 철이는, 여러 가지 꿈을 꾸었다.

두성이 있다, 명희가 있다. 두만강 기슭을 도망가는 야마시타도, 피투성이가 된 에구치도, 그리고 말에 탄 최영도…. 그러나 꿈속의 최영은 예전의 비굴한 느낌이 아니라, 늠름했다.

"용서해주세요."

하고 철이가 말하자, 빙긋 웃으면서,

"신경 쓰지 마."

하고 대답했다. 최영의 눈은 슬픔을 품고 온순하다.

"전혀 몰랐습니다. 정말로 배신자라고, 비루한 인간이라고…."

"잘 알고 있네."

"바보 같았습니다, 나는. 정말로 어리석었습니다."

두성이 나와서,

"바보 녀석, 얼렁뚱땅 넘어가려고 하지 마."

하고 외쳤던 것 같았는데, 갑자기 하얀 안개가 자욱하게 끼어 아무것도 보이지 않는다. 쫓아가도 아무도 없다. 퍼뜩 잠에서 깬 철이의 앞에, 아무 일도 없었던 것처럼 난로에는 장작이 소리를 내며 타고 있다.

"잠들어 버렸어. 살아 돌아온 기분이야."

약간 수줍어하면서, 철이가 기지개를 켜자,

"목욕 안 해?"

걱정스러운 얼굴로 철이를 쳐다보고 있던 정숙이 안심한 듯이 말했다.

검댕을 싹싹 씻어내고, 뜨거운 탕에 들어가 있자 뭉근한 온기가 몸의 구석구석까지 침투해가는 것을 느꼈다. 다행히 동상에 걸리지는 않은 것 같다. 목욕탕에서 나오자 서성의 것인 듯한 갈아입을 옷이 준비되어 있고, 밖에서는 정숙이 기다리고 있다. 그녀는 거실로 돌아오자,

"저, 철이 씨, 언제 돌아왔어?"

하고 아까와 똑같은 태도로 물었다.

"어제."

"그래서 지금까지 뭐하고 있었어?"

"이야기가 길어. 나중에 이야기 할게. 그것보다 오빠는 언제 돌아오니?"

"2주 정도 지나서."

"2주일. 곤란하네."

"어째서?"

"만나고 가려고 생각했어."

"안 만나고 가?"

"2주일은 곤란해. 무엇보다도, 그렇게 여기에 있어도 괜찮니?"

"물론이야. 기다려도 돼."

생각해보면, 기다리지 않을 수도 없고, 게다가 당장 갈 곳도 없다.

"기다려도 될까?"

"정말?"

정숙은 기뻐서 어린아이와 같이 달려들었다. 그의 뺨에 당장이라도 닿을 정도에서, 저 검고 맑은 눈이 웃고 있다.

"집으로 돌아가고 싶어."

말할 수 없이, 아련한 따뜻한 기분이 된 철이는 무심코 내뱉었다.

"뭐라고 한 거야, 철이 씨?"

"아니….."

"들었어, 나."

"들었다면, 됐잖아."

"저, 철이 씨… 한 번 더, 말해봐….."

"…….."

"저, 철이 씨?"

그녀는 철이를 흔들면서, 장난스런 눈으로 졸라댄다.

2

기회를 봐서, 철이는 서성의 부모의 거처로 인사하러 갔다. 부모의 거처라고 해도 같은 집의 일부분으로, 쪽마루의 창을 열면 거실로 들어올 수 있도록 되어 있고 그 뒤쪽의 침실에는 정원에서도 직접 들어갈 수 있다.

노부부는 화분을 옮겨 심고 있었다. 서성의 아버지는 예순 정도로, 철이의 아버지보다 조금 늙어 보이고 어머니는 아직 검은 머리카락에 숱도 많다. 철이와 정숙이 들어가자, 두 사람 다 손을 닦으면서 일어나 싱글벙글 아주 기분이 좋았다.

"조선에는 언제 돌아왔는가?"

하고 서성의 아버지가 묻는다.

"어제요."

하고 정숙이 대신 대답한다.

"어제라고. 그러면 지금까지 어디에 있었는가?"

정숙과 같은 질문이었다.

"나중에 설명한대요."

이것도 정숙이 대변했다.

"잠시 동안 묵고 싶습니다만."

"정숙한테 들었네. 자, 편안히 지내도 좋아. 빈집 같으니까, 언제까지라도 괜찮네."

"아주, 형편없는 모습이었다면서?"

서성의 어머니가 웃으면서 철이를 쳐다봤다.

"그러나 남의 집을 찾는 경우, 발로 문을 걷어차는 법은 없어."

온화하지만 단호한 말투이다.

"그리고 아무것도 모르는 하녀에게 화내는 것도 예의가 아니야."

"죄송합니다."

정말로 쥐구멍이라도 있다면 들어가고 싶다고 철이는 생각했다. 그런 철이를 안쓰럽게 생각했던지, 서성의 부모는 화제를 바꿔서 철이의 가족이나 사업 등을 온화한 말투로 번갈아 물었다. 철이는 안심했다.

"어떤가, 청진은 처음인가?"

"아니요, 전에 딱 한 번 와 본 적이 있습니다. 회령보다는 공기가 습하지만 따뜻하네요."

"바다가 가까워서야. 봄이었다면 낚시하러 데려가는데. 지금은 추워. 따뜻해졌을 때, 또 오게."

"저, 철이 씨, 여름방학 때 돌아오면 되잖아."

하고 정숙이 말했다.

"그렇구나, 그때쯤이라면 넙치가 많이 잡혀. 한 번에 24마리 정도 잡은 적도 있었네."

"그런데, 상어가 나와서 위험하지 않아요?"

"괜찮아, 뭍에서 잡으니까."

"상어가 뭍에는 올라오지 않을까요?"

"뭍에 올라오면 독 안에 든 쥐야."

모두 와 하고 웃었다.

노부부의 방을 나와 쪽마루로 나오자, 건너 유리창 너머로 한복을 입은 서른 정도의 여자가 의자에 앉아 있는 것이 보였다. 바다 쪽을 바라보고 있는데 눈에 생기가 없다. 쳐다보기만 할 뿐, 석상처럼 움직이지 않고 철이와 정숙이 가까이 다가가도 꼼짝도 않는다.

"좋은 날씨입니다."

하고 철이 말을 걸어도, 돌아보지도 않는다.

"언니야."

하고 정숙이 말했다.

"내가 어렸을 때부터 저랬어요."

멀리서 봤을 때는 그 정도는 아니었는데, 가까이서 보니까 어깨는 마르고 팔이나 다리는 가늘어 허수아비에 옷을 걸쳐 놓은 것 같은 인상이었다.

"아침에 일어나서 옷을 입혀주면, 저곳에 앉은 채로 움직이지 않아."

"태어날 때부터 저랬어?"

"그렇지 않을걸. 그래도 결혼은 한 번했었어. 남편이 죽어서 집에 돌아온 거야."

철이는 정숙의 방에서 빈둥빈둥하면서 책을 읽거나 레코드를 듣거나 하는 나날을 보냈다. 정숙도 철이에게 들러붙어서 지냈다. 철이 낮잠을 자면 그녀도 소파에 머리를 묻고 자고, 그가 눈을 뜨면 이상하게 그녀도 눈을 떴다.

"볼 일이 있으면, 나가도 좋아."

"철이 씨가 내 용무야."

"3년이나 혼자서 살았기 때문에, 돌봐주지 않아도 혼자서 할 수 있어."

"3년이나 혼자서 살았기 때문에, 이번에는 내가 보살피는 거야."

"그러나 버릇이 되면 돌아가서 곤란해."

"곤란하면 나를 부르면 되잖아."

"바보 같은 소리 하지 마."

만 3일이 지나도, 두성 사건은 신문에도 나오지 않고, 사람들의 소문에도 오르지 않았다. 아마, 에구치나 야마시타의 사체는 일본 관헌에게 발견되어, 아무도 아는 사람이 없는 것을 다행스럽게 생각하고, 사건을 비밀리에 묻어버리려고 일본 측은 정했을 것이다. 이것은 일본 관헌의 상투수법이었다.

일본의 선전방침은 조선, 중국, 유럽에 대한 경우와, 일본 국내를 대상으로 한 것에는 상당한 차이가 있었다. 대외적으로는 만주나 중국에서의 군사적 도발을 일본인과 조선인의 공동행동처럼 선전했지만, 국내를 대상으로는 조선인은 어디까지나 식민지 민족으로 취급하여, 군사적 성공은 일본인의 우수성에 의한 것으로 하고 있었다. 그래서 두성 사건과 같은 경우가 밖으로 새어나가면, 조선인은 중국인과 공동전선을 펴고 있다는 극히 이치에 맞지 않는 결과가 되므로, 일본으로서는 가능하면 숨기고 싶은 것이다.

그 다음날, 철이는 정숙과 청진 시가지에 나섰다. 봄날처럼 따뜻한 날이었다. 부두에는 외국선박으로 보이는 3천 톤 급의 하얀 배가 한창 화물을 내리고 있었다. 배 위에 서서 지휘하고 있는 것은 백인이었고 그 사이에 간혹 임시고용이 틀림없는 조선인이 섞여 있다. 철이 일행 이외에도 많은 구경꾼이 있으나, 그들 중에는 화물 내리는 것보다 철이 일행에 흥미를 갖고 염치없이 빤히 쳐다보는 사람들도 있었다. 검은 모피 외투에 하이힐을 신은 정숙은, 철이의 눈에도 대단히 매력적이었기 때문에 눈에 띄는 것은 당연하다.

"정숙아, 그런 차림하고 다니면, 시집 못 가."

철이가 놀리자, 정숙은 갑자기 하이힐로 철이의 발을 짓밟았다.

"걱정 마, 구혼자 정도는 있으니까."

"그래?"

"지금, 우리들을 빤히 쳐다보면서 저쪽 길을 지나간 사람…."

"사람이 많이 지나가는데?"

"푸른 양복 입은 사람. 저 사람도 구혼자 중 한 사람이야. 정어리상회 아들이야, 부자야."

정어리 업자는 정어리에서 기름을 짠 남선(南鮮)이나 일본에 팔고 있다. 이것은 청진의 중요한 산업의 하나로, 정어리 어획량은 청진 시가의 경기를 좌우할 정도이다.

"정말이라면, 좋은 이야기가 아닌가?"

"그리고, 저쪽에 은행이 보이죠. 거기도 한 사람 있어. 호남이야."

"그것도 좋네."

"보여줄까?"

"농담하지 마."

부두를 지나자 길은 조금 좁아졌다. 삼륜차가 의외로 많고, 상자를 산처럼 싣고서 버스나 택시 사이를 달리고 있다. 너무 위험해서 아슬아슬해서 눈 뜨고는 차마 볼 수 없었지만, 운전하는 사람은 콧노래를 부르면서 아주 태평이다. 서성의 회사 트럭도 목재를 싣고 달려간다. 운전수는 정숙을 보자 차 위에서 미소를 보냈다.

"새언니도 주 3일 정도 회사에 나와요. 사무실도 준비되어 있어. 카펫까지 깔아서, 오빠 것보다 좋아요."

"변했네."

"사무원들, 새언니를 사장이라고 불러요. 그래서 우리 회사에는 사장님이 두 사람이야."

"새언니도 큰일이네, 이번 여행도 함께지?"

"새언니도 여행을 좋아해요. 게다가 오빠, 혼자서는 아무데도 안가. 저, 철이 씨, 나도 항상 붙어 다니며 걸을 거예요."

"……."

"알겠지?"

"……."

"저, 철이 씨, 혼자서 나가면, 싫어요."

3

2주 정도 지나서 쪽마루 언니의 시아버지가 감기기운으로 누워 있다는 소식이 있었다. 정숙의 언니가 저런 상태여서, 정숙이 대신 문병 가기로 했다. 회사에서 사원 두 사람이 찾아와서 하녀를 데리고 문병선물을 사러 가서 과일이나 생선 외에 어린이용 장화와 운동화, 우산까지 몽땅 사왔다. 노부부에게 이렇게 많은 선물을 들고 가는 것이 철이에게는 이상했다. 시집은 어지간히 대가족인 것일까?

전날 정숙의 채비도 또한 큰일을 치르는 것 같았다. 50장이 넘는 사진을 갖고 와서,

"파마할 거니까, 이 가운데 좋은 머리모양을 골라줘."

하고 말한 것이다. 한나절 걸려서 겨우 골라내서 파마하는 현장에도 입회한 철이는, 여자의 채비는 참 손이 많이 간다고 생각했다. 그러나 거울 앞의 정숙은 대단히 만족한 것 같다.

그날도 정원의 무궁화가 당장이라도 피는 건 아닐까 할 정도로 따듯한 날로, 햇볕을 쬐어 거울처럼 동해가 눈부셨다. 빨간 원피스에 하얀 외투를 입은 정숙은 머리모양 때문인지 어린아이처럼 보였다.

"철이 씨도 가세요?"

배웅하러 나온 정숙의 어머니가 말한다.

"예, 지시받았습니다."

"그런 일 없어."

하고, 정숙이 정색을 하고 대꾸했다.

"길이 험하니까 조심해."

"괜찮아요. 엄마. 처음이 아니잖아."

"잘 이야기하고 와. 안녕하세요, 안녕히 계세요는 안 돼."

"예."

"무엇이든 좋으니까, 될 수 있는 한 많은 이야기를 하는 거야."

"예."

"그리고 될 수 있는 한 오랫동안 있어야 해."

"예."

"똑같은 이야기를 몇 번이나 반복해도 괜찮아."

"엄마!"

"알아. 그런데, 너는 금방 잊어버리잖아."

"괜찮아."

"정말로 괜찮니?"

"네, 괜찮아요."

차는 조용히 언덕을 내려가 시가를 벗어나 요철이 많은 시골길을 하얀 모래먼지를 날리면서 느릿느릿 달렸다. 가끔 덜커덩하고 차 바닥이 땅에 닿을 정도로 형편없는 길이다. 운전수는 익숙한 듯 한손으로 담배를 피우면서 태연하게 차를 몬다. 정숙은 전혀 무관심하게 목을 외투에 파묻고 철이의 어깨에 기대서 눈을 감고 있다.

"철이 씨?"

"응."

"철이 씨는 아이를 원해?"

"생각한 적 없어."

"나, 아이가 없어도 좋아."

"……."

"새언니도 아이가 없잖아."

"새언니는 원하지 않는 건가?"

"몰라. 그런 거 전혀 이야기 안 해요."

"오빠는?"

"오빠도 똑같아. 그런데 아이가 없어서, 오히려 사이가 좋은 것 같은 느낌도 들어."

"그런 건가?"

"응, 아이가 생기면 여자는 남편보다 아이가 훨씬 중요해지는 거야. 그리고 남편은 이차적 존재가 되고 말아. 나는 그런 거 싫어."

초가지붕의 집이 30채 정도 무리를 이루고 있는 사이를, 소 한 마리가 한가롭게 걷고 있다. 차 소리를 듣고 아이들이 달려와 신기한 듯 차 안을 들여다보다가, 정숙이 철이에게 기댄 채 손을 흔들자 오히려 창피한 듯 도망갔다. 차는 일본 경찰이 서 있는 파출소 앞에 멈추고 운전수는 차 트렁크에서 장화와 사과를 한 바구니 꺼내왔다.

"발에 맞으면 좋겠습니다만, 안 맞으면 다음 트럭으로 돌려보내세요. 바꿔드리겠습니다."

"예, 미안, 미안."

하면서 경찰은 힐끗힐끗 정숙과 철이를 쳐다본다. 그러나 아무 말도 하지 않는다. 운전수는 얼핏 곰같이 느릿느릿한 주제에 경찰에 대해서는 놀랄 정도로 붙임성이 좋았다.

"저놈들의 뇌물에는, 아주 입 다물어야 합니다."

차가 달리자 운전수가 철이에게 말을 걸었다.

"돈도 돈입니다만, 사는 것 또한 참으로 성가십니다. 어린이 장화는 청진에서는 좀처럼 찾을 수 없습니다."

"운동화나 우산도 있었지요?"

"그것도 전부 그렇습니다. 파출소가 한둘이 아니니까요…."

파출소를 지날 때마다, 어제 사들인 물품은 조금씩 없어졌다. 검은 제복에 검은 모자의 경찰들은 빤히 철이와 정숙에게 호기심의 눈초리를 보내지만 역시 아무 말도 하지 않는다. 서성의 회사의 이러한 매수공작이 구석구석까지 미치고 있는 것이다.

"저놈들에게 의심을 받으면 정말 곤란합니다. 적재 화물이 정량을 초과했다든가, 승차인원이 정원초과라든가, 이유를 붙이자면 얼마든지 갖다 붙일 수 있으니까요."

"그렇습니까?"

"규정대로 해서는 사업할 수 없고, 또한 만약 정량을 초과하지 않더라도 초과했다고 하면 증명할 방법이 없잖아요. 결국 청진까지 되돌아가지 않으면 안 되는 겁니다. 그렇게 되면 휘발유 값만도 큰일입니다."

트렁크의 물건이 거의 떨어졌을 즈음, 차는 더욱 험악한 길로 들어갔다. 마른 하천바닥 같은 곳을 마른 풀을 짓뭉개면서 달려갔다. 그러나 운전수의 표정으로 봐서 길을 잘못 든 것이 아닌 것은 틀림없다.

"철이 씨?"

하고 부른다. 그러나 그 얼굴은, 역시 아무 말도 하지 않은 것처럼 눈을 감고 있다.

산길을 반시간 정도 달리자 돌멩이투성이의 들판 한가운데에, 사람

사는 기척조차 없는, 보기에도 초라한 집이 외따로 세워져 있다. 집 뒤에 쑥쑥 자란 미루나무가 조금은 풍치를 갖추고 있다. 운전수는 차를 멈추자, 사과와 생선 바구니를 들고 툇마루에 올라 미닫이를 열었다.

"문병 왔습니다."

"또 누군가 알린 것 같네요. 아무렇지도 않아요."

머리카락이나 수염이 눈같이 하얀 할아버지가 마루에서 말했다. 주름진 발이나 바짝 말라버린 손에는 검버섯이 나서 검게 썩은 것처럼 보인다.

"정숙이도 왔냐?"

"예, 기분은 어떠세요?"

"어제부터 왕성하게 들떠 있어. 그쪽은 모두 건강하시지?"

"예, 아버지와 어머니가 안부 전해달라고 했어요."

"걱정 안 해도 좋다고 전해드려. 죽고 싶어도, 좀처럼 죽지 않아…. 그 젊은 사람은 누구냐?"

"철이라고 해요."

"들어본 적이 없는 이름이네. 어디 사람이야?"

"회령에서 왔어요. 지금, 일본 도쿄에서 학교에 다니고 있어요."

"좀더 가까이 와. 잘 안 보여."

노인은 철이를 손으로 불렀다. 그 손이 후들후들 떨리고 있다.

"철이라고 합니다. 잘 부탁드립니다."

그때 작은 체구의 백발의 할머니가 들어왔다. 할아버지처럼 더럽지는 않지만, 쇠약해져서 불면 날아갈 것 같은 느낌이다.

"매번 미안해요."

"아니요, 멀리 놀러 온다는 기분으로 왔어요."

하고, 운전수가 대답한다.

"정숙이는 이제 오지 않는 게 좋아. 여기는 젊은 처녀가 올 곳이 아니야."

그리고 철이에게,

"철이 씨죠. 정숙이를 소중히 지켜줘요. 전혀 세상물정을 모르니까."

하고, 잘 아는 것처럼 인사했다.

"그런데, 할머니, 철이 씨는 심술궂어요."

하고, 정숙이 고자질한다.

"그건 좋지 않아."

"집에 와서 3일째에는 벌써 돌아간다고 해요. 나는 슬퍼서 그만 울었어요."

"사내에게 그런 약점을 보이면 손해야."

"그럼, 어떻게 하면 좋아요?

"어떻게 하라고, 철이 씨 앞에서 이야기할 수도 없지 않냐?"

"좋아요, 할머니."

"정말로 괜찮아?"

할머니는 잠자코 생각하고 있다가,

"돌아간다고 하면, 그렇습니까하고, 냉정하게 하면 돼."

"그런데, 돌아가버리면 어떻게 해요?"

"아마, 돌아가지 않을 거야. 그런데 만약 돌아가면, 그때 울어도 늦지 않을걸."

"그런가?"

"그래."

"그런데 그런 거 생각할 틈이 없었어요."

"그럼 어쩔 수 없네."

하고, 할머니는 웃었다.

운전수가 부엌에서 물을 끓여서 돌아와, 정숙이 가지고 온 시루떡을 노인들 앞에 펼쳤다. 할머니가 손을 쓰지 못해서, 할아버지가 떡을 잘라 떼어 입에 넣어주었다. 할머니가 이가 없는 입으로 우물우물 씹어서 삼키자, 할아버지는 이번에는 물그릇을 입에 가져가서 따뜻한 물을 마시게 했다. 손이 떨려서 물이 흘러 할머니의 옷을 적셨다. 그런 것을 몇 번이나 되풀이하는 사이, 할아버지도 조금은 드셨다.

나이를 먹어 검은 털이 회색으로 변한 외눈 고양이가 부엌에서 소리도 없이 들어왔다. 할머니가 떡을 주자 혀로 날름날름 핥기만 할 뿐 전혀 먹으려고 하지 않는다.

"떡은 싫어하는 것 같네."

하고 말하면서, 할머니는 부엌으로 갔다. 이 방과 부엌만 있는 집으로, 거칠게 바른 흙벽에는 벽지도 바르지 않았다. 똑같이 흙으로 바른 온돌 위에는 돗자리가 깔려있지만, 돗자리가 닿지 않는 곳은 흙이 말라서 사람이 움직일 때마다 미세한 먼지가 일어난다.

할머니가 생선 꼬리를 가져다주자, 고양이는 재빠르게 물고 밖으로 나갔다. 운전수는 떡이 떨어지자, 이번에는 잘 익은 감을 가지고 왔다. 그러나 할머니는 역시 먹으려고 하지 않아서, 할아버지는 정성스럽게 씨앗을 빼내 아까처럼 먹이고 있다.

"금년은 토란을 심어야죠?"

감을 먹으면서, 운전수가 할아버지에게 말을 걸었다.

"그럴까?"

"토란이라면, 여기서도 자랄 수 있을 겁니다. 그런데 깊게 파지 않으면 크지 않습니다."

"그런 거 같네."

"너무 돌멩이가 많은 곳도 좋지 않습니다. 될 수 있는 한 부드러운 곳을 찾아서 심어야 합니다."

할아버지는 농사 경험이 별로 없는 것 같았다. 운전수는 토란 외에도, 오이라든가 파라든가, 여러 가지를 가르쳐 주고 있다.

"작년에는 토마토가 잘되었네."

하고, 할아버지가 말한다.

"그렇습니까, 그건 어떻게 먹습니까?"

"나도 몰라. 간장을 쳐서 먹었는데, 이상한 맛이었네."

"서양인은 자주 먹는 것 같은데."

"어떻게 먹는 걸까?"

이런 끝도 없는 이야기가 두 시간 이상이나 이어져서, 돌아가게 된 것은 점심 지나서였다.

"앞으로 정숙이는 여기에 와서는 안 돼. 알겠지. 무슨 일이 있어도 와서는 안 돼."

할머니가 차 옆에까지 와서 다짐했다.

"어째서요, 할머니?"

"무슨 일이라도, 알겠지?"

그리고 운전수에게,

"정말로 정숙이는 안 됩니다. 아무래도 그렇다면, 당신만은 어쩔 수 없습니다만."
하고 말했다.

차가 움직이자, 노부부는 서로 부둥켜안는 것처럼 하면서 집으로 돌아갔는데 뒤도 한 번 돌아보지 않았다. 왠지 모르게 너무 쓸쓸한 모습이었다.

철이는 회령의 아버지와 어머니가 떠올라 견딜 수 없는 기분이 들었다. 나도 참 인정머리도 없지. 그런데, 두성 사건이 비밀로 되었다면, 돌아가도 위험한 것은 아무것도 없다. 치외법권 같은 서성의 이 차로 가면 더욱 그렇다.

"정숙아, 이 차로 회령에 갈 수 없을까?"

철이는 조심스럽게 말했다.

"응, 그런데, 나, 이런 모습이야."

"괜찮아."

"그런데, 아버님이나 어머님에게 미움 받으면 어떻게 해?"

운전수에게 상의하자, 고무산에서 휘발유를 넣을 수 있기 때문에 문제없다는 것이었다. 그래서 고무산에서 기름을 넣은 다음, 전화를 빌려서 정숙 아버지의 허락을 받았다.

"이것으로 됐어. 자 가자."

철이는 아주 기분이 좋았다. 그것에 덩달아 정숙도 들떠 있었다.

4

상당히 오랫동안, 차에서 흔들린 다음, 철이는 드디어 집에 돌아왔다. 멀리 돌아온 길이었지만, 여하튼 돌아온 것은 돌아온 것이다.

"여기가 철이 씨의 집인가."

정숙도 쪽문을 들어서면서, 감개가 깊은 것 같았다. 그리고 철이에게 달라붙었다.

"나, 무서워."

"괜찮아, 꼭 붙잡고 있어."

하고 말하면서, 현관의 문을 열자 미닫이 저쪽에서 어머니와 여동생이 뭔가 소곤소곤 이야기하는 모습이 실루엣으로 보였다.

"저 돌아왔습니다."

하고 말을 걸자, 갑자기 대화가 뚝 끊기고, 두 사람의 형체는 최면술에라도 걸린 것처럼 굳었다. 활짝 미닫이가 열렸다.

"철아!"

"오빠!"

꼼짝 않고 선 두 사람의 뒤에서 거실의 유리창 넘어 석양이 들어와 현관에 선 철이와 정숙에게 내리쬔다. 그러나 정숙을 본 두 사람의 얼굴에서는 미소가 사라지고, 전율이 그것을 대신했다.

"저건 일본 여자야."

"도쿄에서 데려 온 걸까?"

어머니와 여동생이 속삭이고 있다. 조선말이라면 일본인에게는 모를 것이라고 생각하고 있는 것 같다.

"정숙입니다. 잘 부탁드립니다."

그 인사가 조선말이라는 것을 알아차렸을 때, 두 사람의 전율은 일순 환희의 외침으로 바뀌었다.

"어처구니없는 일이 될 뻔했네."

철이는 쓴웃음을 지으면서 돌아보았다. 정숙은 아직 멍하니 있다. 일본인으로 착각해 이런 일이 있을 거라고 꿈에도 생각하지 못한 것은 철이도 마찬가지이다. 식탁을 둘러싸고 어느 정도 흥분을 가라앉힌 어머니가 생각난 듯 과일 등을 가지고 와도 네 사람이 다 아직 멍하니 앉아 있다. 그러던 중, 왠지 모르게 이상해져 와 웃었다. 정숙도 끌려들어 웃었다. 어머니도 간신히 안심한 것 같다. 그리고

"정숙이라고 했지요?"

하고 말하면서, 그녀의 눈을 주시했다.

"양갓집 규수 같네!"

그리고 예상했던 대로 슬슬 질문이 시작되었다. 나이에 관한 것, 집안에 관한 것, 학교에 관한 것. 철이가 막아도 전혀 효과가 없다. 마침내, 생각난 듯 철이를 바라보며,

"그런데, 너희들, 언제 결혼했니?"

하고 물었다.

"결혼은 하지 않았어요."

"그래? 그럼, 약혼한 거니?"

"……."

"집이 좀 작아서, 철이 학교를 졸업하면 증축하려고 생각하고 있어요. 큰 방을 많이 만들 거니까."

하고, 지레짐작하고 있다.

"참, 그래그래, 저녁은 뭐로 할까? 정숙은 뭘 좋아하니?"

"무엇이든 좋아해요. 어머니. 그보다 저, 잠깐 차 좀 보고 올게요."
하고 철이는 밖으로 나왔다. 내팽개쳐진 운전수가 신경이 쓰였는데,
그는 이런 일에는 익숙한 듯이 핸들에 기대어 자고 있다. 그리고 오늘
밤은 단골 여관이 있어서 그곳에서 묵는다고 한다. 다시 집으로 돌아오
자, 어머니와 여동생은 수선스럽게 2층과 지하를 왕복하고 있는 중이
고 정숙이 혼자 외따로 식탁 앞에 앉아 있다.

"정숙아, 미안, 시골집이란 이런 거야."

"괜찮아요. 걱정 안 해도."

"그런데, 놀랐지?"

"응, 어떻게 되는가 했어. 그런데, 역시 오길 잘했어. 나, 어머님과
여동생이 너무 좋아."

"……."

"나, 마치 집에 돌아온 것 같은 기분이 들어."

집안이 간신히 정상으로 돌아왔을 즈음, 공장에서 돌아온 아버지는
흘끗 정숙을 쳐다보고 자신의 방으로 들어갔지만, 이윽고 멋들어진 은
색 조끼를 입고 거실로 돌아왔다. 아버지는 특별한 때에는 자주 이 조끼
를 입었기 때문에, 정숙에 대한 환영의 기분을 나타내고 있는 것이다.

"이 사람은?"
하고 정숙을 보고 말하자, 어머니가 기다렸다는 듯이 앞뒤도 없이 말하였
고 아버지는 묵묵히, 그러나 주의 깊게 듣고 있다. 그리고 안경 너머로,

"정숙이 오빠는 사업하시는가?"

"예, 목재상이에요."

"목재상인가, 성함은?"

"서성이라고 합니다."

"당신이 아는 사람이에요?"

하고, 어머니가 눈을 크게 뜨고 물었다.

"알고 있다고 할 정도까지는 아니지만, 두세 번 회합에서 만난 적이 있어."

"어머, 그래요? 세상이란 참 좁네요."

어머니는 자주 경탄했다.

저녁식사 후 정숙과 2층으로 올라간 철이는, 자신의 방을 들여다보고 깜짝 놀랐다. 예전의 지저분하던 것과는 전혀 다르게 벽장 앞에는 학이 날고 있는 4단 병풍이 서 있고, 방 한가운데는 눈이 번쩍 뜨일 정도의 파란 꽃무늬 담요가 깔려 있다. 그 중앙에 검게 옻칠된 탁자, 그 위에 정숙이 갈아입을 옷까지 준비되어 있었다. 철이는 담요 위에 앉는 것이 아까운 기분이 들어서 담요 주위를 빙글빙글 돌면서 저 파란 꽃은 무슨 꽃이었던가 하고 생각했다. 그렇다고 하더라도 이런 것이 대체 어디에서 나왔을까. 철이는 이상해서 견딜 수가 없었다.

"혜순이가 이런 파자마를 입니?"

탁자 위의 갈아입을 옷을 보고 있던 정숙이 말했다.

"이거, 아직 한 번도 입지 않았어."

"깜짝 놀랐어. 파자마도, 탁자도, 병풍도, 전부 한 번도 본 적이 없는 것뿐이야. 먼저, 이 방도 예전과는 완전히 바뀌어버렸어."

"철이 씨, 알아?"

"몰라."

"이건, 전부 혜순이 시집갈 혼수품이야. 나 이러면 곤란해. 혜순이를 불러줘."

분주하게 올라온 혜순은 이야기를 듣자 바로 묵묵히 내려가고 어머니가 올라왔다.

"어머님, 이거 혜순이의 혼수품이지요. 저, 파자마만 빌릴 게요."

하고 정숙이 말하자,

"괜찮아요. 이런 거. 다시 사면 돼요."

"안 돼요."

"안 될 것도 없어요. 자, 얼른 옷 갈아입고 푹 쉬어요."

하면서, 어머니는 더러운 발로 저벅저벅 하얀 담요 위를 걸었다. 그리고

"자, 이제 더러워졌지요?"

하고, 두 사람을 보고 웃었다. 복도에서 혜순이 히쭉히쭉 웃고 있다.

"미안해요."

정숙은 거의 울먹였다.

잠옷차림의 정숙은 서성의 집에 처음 갔던 그날 이후여서, 철이에게는 대단히 눈부시게 보였다. 얼굴보다도 포동포동한 맨발이 매력적이었다. 탁자를 사이에 두고 이야기하고 있는데 혜순이, 이어서 어머니가 찾아왔다. 혜순에게는 확실히 이제 시집가도 좋을 듯한 처녀티가 나고, 어머니는 역시 이전보다 늙어 보여 거기서 역시 3년의 세월이 새삼스레 느껴진다. 그 사이 아버지도 찾아와서 이야기는 한층 탄력이 붙었다.

도쿄 이야기가 나오자, 아버지와 어머니의 호기심에는 끝이 없어 온

갖 것을 꼬치꼬치 캐묻지만, 생활양식이 달라서 설명할 수 없는 것도 많았다. 그러나 어머니가 가장 걱정인 것은 식사인 것 같다. 고추나 마늘은 있는지, 일본인은 생선 말리는 법을 알고 있는지 음식에 관한 한, 어머니는 무엇이든 조선의 것이 제일 좋다고 생각하고 있어서 어쩔 수가 없다. 무 절이는 법을 한참 이야기한 후에,

"그럼, 돌아갈 때 이것저것 가져 가."

하고 말했다.

아버지의 걱정은 온돌에서 자지 않으면 병이 나지 않을까 하는 것이었다. 온돌이 분명히 일종의 신경통이나 관절염에는 효과가 있지만, 호흡기계통의 질병에는 좋지 않아서 모든 병에나 온돌이 처방이 되는 것은 아니다. 그러나 조선인의 난방뿐만 아니라 민간치료의 도구로서 온돌에 대한 신뢰는 강했다.

"아프면 어떻게 하냐? 조선인 의사는 있냐?"

"있겠지요. 찾아보지는 않았지만."

"빨리 찾아서 기억해 둬라. 만일의 경우에 도움이 될 거야."

그런 이야기가 밤이 깊어질 때까지 이어진 후, 자신의 방을 정숙에게 내주고 아랫방에서 자게 된 철이가 자기 전에 2층으로 올라가자, 그녀는 아직 이불 위에 앉아 있다. 철이를 보자 이불 속으로 기어들어가 철의 손을 꼭 잡고,

"잘 때까지 거기에 앉아 있어."

라고 말한다. 그러나 눈을 감고 10분 정도 지나자,

"철이 씨가 있으니까 잠이 오지 않아."

하고 말하면서 손을 꼭 잡고서 눈을 감은 채로 중얼거렸다.

"철이 씨, 나, 행복해요."

"……"

그녀는 동그랗게 눈을 뜨고, 지그시 철이를 바라보았다.

"저, 모르겠어?"

긴 속눈썹 안의 투명한 검은 눈이, 약간 젖어 반짝반짝 빛난다.

연담 緣談

1

희영은 열차 식당차에서 마신 술로 아련하게 상기된 얼굴로 만족한 미소를 지으며, 달리는 창밖의 경치를 넋을 잃고 바라보았다. 치열했던 입찰경쟁에도 성공하고, 정숙의 혼담도 점점 박차를 가한 이번 상경의 성과를 천천히 음미했다.

목재상에게 산(山)은 생명선이다. 산에서 채벌할 원목이 없으면 공장은 폐쇄할 수밖에 없다. 그런데 최근의 자재공급이 중대한 문제가 되고 있다. 조선에서 산이 완전히 사라진 것은 아니다. 두만강 기슭이나 백두산 부근에는 아직 광대한 삼림지대가 남아 있지만, 이것들은 일본인이 설립한 영림서 관할의 이른바 국유림으로, 일반의 사용은 허용되지 않았다.

그런데, 이번에 무슨 바람이 불어서인지, 이 국유림을 불하(拂下) 한다고 해서 전국의 목재상이 쇄도한 것은 물론이거니와, 전매해서 한몫 잡으려고 하는 일본 중류재벌 몇몇이 투기를 목적으로 입찰에 참가했기 때문에 경쟁은 매우 치열했다. 매수가 실시되고, 입찰액이 새어나와 재입찰이 되고, 심지어는 도쿄로부터의 정치적 압력까지 있었다는 이 전투구(泥田鬪狗) 속에서, 서성은 결국 예정보다 싼 가격으로 낙찰에 성공하여 막대한 삼림을 손에 넣은 것이다. 그래서 싸움이 끝난 지금의 기쁨은 말로 표현할 수 없었다.

희영은 마호병에서 차를 따르며, 맞은편에 앉아 있는 남편 서성과 그 옆의 함께 분투해준 회사 상무에게 권했다.

"이 차는 맛있네요. 막 끓인 것처럼 뜨거워."

"그건 그래요. 아까 식당차에서 막 끓여왔거든요."

희영은 대단히 준비성이 좋았다. 여행할 때는 큰 슈트케이스를 몇 개나 갖고 다니며 잠옷이나 갈아입을 옷은 물론이거니와 약, 담요, 베개 등에서부터 벼루까지 준비했다. 마호병도 그 하나이다.

"항상 하는 이야기이지만, 상무. 나무 한 그루를 베면 반드시 두 그루를 심도록 하죠, 이번처럼 고생하니까."

"그렇습니다. 영림서의 사환까지 매수한 것은 처음이었으니까요. 돌아가면 지금까지보다도 더욱 엄중하게, 철저히 시키겠습니다. 처음 심은 나무들은 벌써 상당히 컸습니다."

"잘 키워서 이번 입찰구역이 끝날 즈음에는 도움이 되어주면 좋을 텐데요. 그렇게 되면 백두산의 처녀림까지 손대지 않아도 됩니다."

그러나 희영은 또 하나의 성과인 정숙의 연담을 생각하고 있다. 상대는 정어리상회의 아들로, 가정 사정에 문제가 없지는 않았지만 재정적으로나 교육 정도도 잘 어울린다고 생각했다. 그래서 마침 경성에 와 있던 정어리상회 사장에게 상무를 통해서 이야기를 진행시킨 것이다.

"아직 이르지 않은가?"

하고, 서성은 주저했지만 희영은,

"그렇지 않아요. 게다가 약혼했다고 해서 곧 결혼하는 것도 아니고요."

라고 하고서 듣지 않았다.

"정숙의 이야기는 어디까지 진행된 거야?"

서성이, 이야기가 일단락되었을 때 물었다.

"이제 한고비예요."

"그렇게 진행된 거야?"

"사장님, 정어리상회 쪽은 이미 결정한 것 같습니다. 아드님도 기뻐하는 것 같고, 나머지는 아가씨가 승낙하면 됩니다."

"그러면, 알지 못하는 것은 정숙뿐입니까?"

"아니요, 아가씨도 전혀 알지 못하는 것은 아닐 겁니다. 그렇지 않습니까?"

라고, 상무는 동의를 구하듯 희영을 쳐다봤다.

"아들이라는 것은 장남이지요?"

"예, 본처 소생의 장남입니다."

"다른 아이들도 있습니까?"

"예, 제법 있습니다."

"그 점은 어때?"

하고, 서성은 희영에게 물었다.

"이상적이라고는 할 수 없지만, 그렇다고 해서 돈 있는 사람이 첩이 없는 사람은 요즘 없어요."

"우리 사장님 같은 분은 예외입니다. 조선의 낡은 관습이니까요."

"그러나 돈 있는 집이라고 다 그런 것도 아니잖아?"

"그게 말이에요, 돈이 없는 집이면 교육받은 자식 가진 사람이 거의 없어요. 그래서 어느 정도 타협해야 한다고 생각해요."

370

"음."

"게다가, 아버지가 첩을 거느린다고 해서 아드님까지 색안경으로 보는 것은 불공평하지 않나요? 아드님은 상당히 좋은 사람이에요."

"응."

"게다가, 아주 견실하다는 이야기예요. 정숙이보다 여섯 정도 위이지만."

"나는 당신보다 일곱 위야."

"그래서, 무엇하나 제대로 되지 않아요."

부인은 기분 좋은 듯 웃었다.

2

서성이 집에 돌아오자, 집 안은 갑자기 활기찼다. 두 대의 전화는 끊임없이 벨이 울리고 사업 때문인 듯한 사람들의 출입도 끊이지 않고 이어져, 쪽마루에서 기다리는 사람까지 나올 정도이다. 젊은 사원이나 하녀들은 민첩하게 바쁘게 움직여 응대에 쉴 틈이 없다.

희영은 마중 나온 사람들 중에 정숙의 모습이 보이지 않아서 신경이 쓰였지만, 하녀로부터 '이틀 정도 부재'라는 말을 듣자 재빠르게 쪽마루를 통해서 노부부의 방으로 갔다. 시아버지는 여전히 꽃 손질을 하고 있어 얼굴도 들지 않고, 태연히 정숙의 회령행을 알렸다.

"회령! 무슨 일이 있었어요?"

"일 따위 있을 리가 있냐? 철이 도쿄에서 돌아올 때 들러서, 성의 차로 갔다."

희영의 얼굴은 점점 창백해졌다. 그러나 노인은 방금 옮겨 심은 선인

장을 바라보면서,

"어떠냐, 이건?"

하고 꽃 자랑을 한다.

"……."

"선인장에도 꽃이 피어."

"아버님, 철이 씨는 언제 이 집에 왔어요?"

"글쎄, 2주 정도 전이었지."

"2주일! 2주일이나 쭉 여기에 있었어요?"

"응, 정숙이가 놓아주지 않아서."

하고 말하면서, 이윽고 며느리의 얼굴을 쳐다본다.

"몸이라도 아프니, 혈색이 안 좋구나."

"그래요?"

"피곤한 모양이구나, 쉬는 게 좋겠다."

노인은 다시 화분으로 돌아서, 만족한 듯 선인장의 싹을 자르기 시작했다. 희영은 미닫이를 닫는 것도 잊고, 달리듯 남편의 거실로 갔다.

"무슨 일이야. 유령이라도 본 거야?"

얼굴을 아는 상인과 이야기하던 서성이, 의아한 듯 쳐다본다. 희영은 상인에게 양해를 구하고, 남편을 정숙의 거실로 데려갔다.

"당신, 곤란한 일이 생겼어."

희영은 자신도 목소리가 드높고 날카로워진 것을 알았지만 어쩔 수가 없다. 서성은 애타는 아내를 뒷전으로 하고 아주 유유자적하고 있다. 이 모습은 아내가 자초지종을 이야기해도 전혀 변하지 않고 갑자기 싱글거렸다.

"일이 이상해졌어."

"웃을 일이 아니에요, 당신."

"허둥대도 방법이 없잖아?"

"허둥대고 있을 때가 아니에요. 정숙이를 불러들이세요!"

"이미 늦은지도 몰라."

"무슨 말씀을 하세요. 당신 여동생이에요."

"그런 거 말하지 않아도 알고 있어. 나 지금 바빠. 내일이라도 괜찮을 거야."

라고 말하고, 쑥 나갔다.

희영은 우선 회령의 여관에 전화를 해서 운전수에게 급하게 연락하도록 부탁하고 멀거니 생각에 잠겼다. 그러나 이거다 할 방도는 전혀 떠오르지 않는다. 그러던 중 뭔가 공연히 화가 치밀었다. 함께 나가는 정숙도 정숙이지만, 철이는 왜 공교롭게 이런 때에 돌아왔는가. 한 달 늦게 왔더라면, 또한 자신이 한 달 빨리 정숙의 혼사를 추진했더라면…. 불과 얼마 안 되는 어긋남으로 모든 것이 소용없는 것 같은 기분이 든 희영은 안절부절못했다. 아침의 쾌적한 기분은 지금은 완전히 뒤집어져 두통까지 온다. 아스피린을 먹어봤지만 전혀 듣지 않았다.

운전수와 간신히 연락이 되어 당장 정숙을 데리고 돌아오도록 지시한 희영은 3시쯤에는 돌아올 수 있다는 운전수의 답변을 남편에게 알리고 쪽마루의 유리창에 기대서 바다를 바라봤다. 하얀 돛을 단 배가 천천히, 왼편에 보이는 절벽 건너편으로 모습을 감춘다. 두 개나 있는 돛은 앞쪽이 뒤쪽보다 크다.

'배는 어째서 바람의 반대방향으로 달리는 걸까?'

그런 관계도 없는 것을 멀거니 생각하는 것과 동시에, 희영은 역시 정숙과 철이를 생각했다.

'만난 지 2주일 안팎의 사내와 여행을 가다니…. 돌아오면 느닷없이 호통 쳐서, 가두어 둘 거야!'

그렇게 마음을 정한 희영은,

"3시부터는 손님을 받지 마. 그 이후의 면회는 연기하든가, 취소해 줘."

하고 가까이 앉아 있는 사원에게 지시했다.

3

3시 조금 지나서 돌아온 정숙은 얼굴 가득 미소를 띠고 가벼운 발걸음으로 쪽마루에서 오르자 마치 노래하듯 인사를 던지고 자신의 방으로 들어갔다. 너무나 행복한 느낌이다. 희영은 서성에게 속삭였다.

"당신, 진검승부(眞劍勝負) 예요."

"나는 구경꾼이야."

"하지만, 만일의 경우에는 도와주세요. 이것은 중요한 문제이니까요."

"좋아, 좋아."

하고 말은 하지만, 어디까지 진심인지 전혀 알 수 없다.

정숙의 방에서는 시아버지와 어머니가 싱글벙글하면서 딸의 수다에 귀를 기울이고 있다. 서성과 희영이 방에 들어가자 정숙이,

"새언니, 나, 부탁이 있어요."

하고 말했다.

"그래요?"

희영은 다정하게 웃었다. 이 상태로는 호통을 쳐도 소용이 없다고 생각한 것이다.

"나, 철이 씨 여동생의 혼수품을 사용해 버렸어요."

"아가씨!"

"어쩔 수 없었어요. 다다미 여덟 장 크기의 방에 가득할 정도의 하얀 담요였고 파란 창포 자수가 붙어 있어. 그런 거 하나 사줘요. 창포는 가장자리에 하나뿐이에요."

"생각해 둘게요."

"그리고 파자마와 가운도 부탁해요! 아, 재미있었다."

"그래서, 철이 씨는 어떻게 된 거에요?"

"그 사람, 친구의 하숙을 찾아보고 온대요, 역전에서 내렸어. 오늘 밤 묵고, 내일 도쿄로 간대…. 새언니, 선물은요?"

"그래그래, 좋은 거 가지고 왔어요. 나중에 봐."

"옷?"

"아니."

"뭘까… 라디오?"

"그런 것은 여기서도 살 수 있어. 더 좋은 거."

"다이아몬드?"

"그것과 비슷한 거."

"뭘까? 모르겠어요."

"정어리상회와의 이야기가 결정되었어."

방 안이 조용해지고 정숙의 표정이 굳어졌다. 아버지도 어머니도 꿀

껙 숨을 삼켰다. 찰카당 하고 소리가 나고, 레코드가 울리기 시작했다. 뭔가의 박자로 플레이어가 돌기 시작한 것이다.

"새언니!"

하고 정숙이 단호한 목소리로 말했다.

"새언니, 나, 철이 씨와 결혼하기로 약속했어요."

"정말! 정말로 약속한 거예요?"

희영은 마음과는 정반대로 기쁜 얼굴로 물었다.

"응."

"굉장하네! 정어리상회 쪽은 언제라도 깨뜨릴 수 있어."

"새언니. 용서해주는 거죠?"

"물론…. 그런데 그 사람 어떻게 청혼했어?"

"……."

"어떻게 된 거야, 갑자기 부끄러워진 거니? 새언니에게도 말할 수 없어요?"

"새언니… 그 사람, 청혼은 하지 않았어."

"저런, 그렇다면 아가씨가 한 거예요?"

"……."

"에둘러 말했구나."

"네, 내가 푹 빠졌다고 얘기했어요."

"저런!"

"결혼해도 새언니처럼 아이가 없는 편이 좋다고도 했어요."

"……."

"여행에도, 새언니처럼 항상 따라다닌다고 했어요."

376

"철이 씨는 일일이 승낙했어요?"

"……."

"가만히 있으면 모르잖아요."

희영은 몰아치는 것을 피하듯 다정하게 말했다.

"아무 말도 하지 않아요."

"그건 무슨 말이에요? 아가씨가 그렇게까지 말했는데."

"아무 말도 안 해도 알 수 있어요."

"아무 말도 안 했는데, 사랑하고 있는지 어쩐지 어떻게 알아요?"

"눈을 보면 알아요."

희영은 깊은 한숨을 쉬었다. 어처구니가 없을 뿐만 아니라, 오히려 자신의 마음을 진정시키기 위해서였는지도 모른다. 그리고 일어나서 방을 돌다가 아직 울리고 있는 레코드를 멈췄다. 아버지도 어머니도 그리고 서성까지도 전혀 말참견하지 않았다.

"저, 아가씨, 그렇다면 전혀 결혼 약속이 된 게 아니야. 아가씨 혼자서 설친 거 아니에요?"

"괜찮아요. 꼭 결혼해 줄 거예요."

"아무리 기다려도 해주지 않으면 어떻게 해요?"

"나, 그 사람의 첩이 될 거예요."

어머니가 꿀꺽하고 침을 삼켰다.

"당신, 어떻게 생각해?"

희영은 남편에게 도움을 청했지만, 서성은 역시 아무 말도 하지 않는다.

"새언니, 걱정할 것 하나도 없어요."

"……."

"나, 새언니가 나쁘다고 생각하는 것은 절대로 하지 않아요…. 그러니까, 새언니, 내 편이 되어줘. 철이 씨, 나를 버리고 다른 사람과 결혼 따위 절대로 안 해. 말로 하는 약속 따위 나는 의미가 없다고 생각해. 그런 거 언제라도 깨뜨릴 수 있잖아요. 새언니도, 정어리상회의 이야기는 바로 깨뜨린다고 했잖아요."

미묘한 분위기가 되어서 누구부터라고도 할 것 없이 모두 각자의 방으로 돌아갔다.

"당신!"

서성의 얼굴을 쳐다보는 아내의 얼굴은 애처로웠다.

"걱정할 것 없어."

"나, 무서워, 쪽마루 시누이 둘의 춤이 무서워."

"알았어."

그때,

"철이 씨!"

하고 정숙의 목소리가 쪽마루 쪽에서 들려왔다. 철이 돌아온 것이다.

철이는 먼저 서성에게 두성의 일을 이야기하려고 생각했다. 누군가에게 이야기하지 않으면 안 되고, 또한 누구나 할 수 있는 이야기도 아니다. 게다가 내일 도쿄로 돌아가면 언제 기회가 있을지 모른다. 부인한테 인사하고 철이는 바로 서성이 있는 곳으로 갔다.

"오래간만입니다."

"내일 돌아간다면서?"

"예, 그 전에 좀 드릴말씀이 있어서…."

철이는 의자에서 일어나서 문을 잠갔다.

"비밀인가?"

"형, 두성 씨는 일본 경찰을 죽이고 간도로 도망갔습니다."

"너, 그 이야기를 어디서 들었니?"

서성은 전혀 무표정으로 말한다.

"들은 것이 아닙니다. 봤습니다."

철이는 그날 밤의 자초지종, 최영에 관한 이야기, 게다가 아편밀매에서부터 마에다 아들의 일까지 자세히 말했다. 서성은 여전히 무표정하게 묵묵히 듣고 있다. 다만 몇 번이나 담배에 불을 붙여서는 끄고, 붙이고서는 끄면서 잇따라 담배를 피웠다.

"두성은 네가 돌아온 것을 알고 있었나?"

"물론 모릅니다. 그래서 아마 대단히 놀랐을 겁니다."

희영이 찾아온 듯이, 문을 덜컥덜컥 하면서,

"아니, 또 잠겼네요, 고치지 않으면 안 되겠네."

하고 혼잣말을 했다. 열쇠를 끼우는 소리가 났다. 그리고 들어오자 서성의 옆에 앉으며,

"무슨 이야기, 비밀이야?"

하고 농담하듯이 말한다. 정숙도 찾아왔다. 철이 곤란하다고 생각하고 있자,

"어이, 떡을 구우면 어떨까?"

하고 서성이 말했다.

"당신, 구운 떡은 싫어하지 않았어?"

"조금 먹고 싶어서 그래. 철이도 내일 도쿄에 가면 좀처럼 먹을 수 없

잖아.”

“그래요? 자, 아가씨, 구워달라고 말하고 오세요.”

“당신, 자기가 구워줘. 그건 당신이 굽지 않으면 맛이 없어. 정숙이
도 도와주고 와.”

“그래요?”

희영은 의심하듯 남편을 쳐다봤지만, 아무 말도 않고 정숙을 데리고
나갔다.

“어이, 빨리 말해. 이 사람들이 또 바로 와.”

하고 서성이 철이를 재촉했다.

“명희 씨도 쭉 함께였습니다. 얼굴은 창백했지만, 씩씩하게 두성 씨
의 말에 타고 갔습니다.”

“뭔가 말했나?”

“행복하라고 했습니다.”

손가락 사이의 담배에서 당장이라도 재가 떨어질 것 같았으나, 성의
눈은 아득히 바라보며 움직이지 않는다. 철이는 그 꽁초를 집어 재떨이
에 비벼 껐다. 그래도 서성은 아무 말도 않고 골똘히 생각하고 있다. 다
가가기 어려운 느낌이다. 희영과 정숙이 접시를 가지고 들어오자 생각
난 듯,

“자, 오늘 밤 천천히 이야기하자.”

하고, 앞의 작은 의자에 다리를 뻗치면서 말했다. 철이도 안심했다.

“좀 부탁이 있습니다만.”

“응?”

“친구 하나를 고용해주시면 안 되는지요. 회령에서 데리고 왔습니

다."

"뭐하는 사람인가?"

"꼬마라고 합니다."

"꼬마! 이름을 묻고 있는 거야."

"봉선(鳳善)이라고 합니다."

"지금까지 뭘 했던 사내인가?"

하고 묻자 철이는 당혹했다. 그러나 마음먹고 말했다.

"소매치기입니다."

"철이 씨! 그게 철이 씨의 친구였어? 곤란해!"

희영이 괴성을 질렀다.

"알고 있습니다. 그렇지만, 제발 부탁드립니다. 이미 하숙도 정하고
왔습니다."

"철이 씨! 아주 염치없네!"

"새언니, 부탁해!"

정숙이 간절히 말한다.

"당신, 어떻게 할 거예요."

"응, 고용하기로 합시다. 마침 그런 사내를 찾던 중이었어."

의외로, 서성은 태연하게 말했다. 그리고

"철이, 네가 보증해."

하고, 엄숙한 말투로 다짐을 받았다.

4

서성과 희영은 그 밤 안에 정숙의 문제를 상의할 작정이었으나, 밤이 깊을 때까지 두 사람이 함께 이야기에 몰두하고 있어서, 그대로 자버렸다. 차분해지지 못한 기분으로 밤을 지낸 희영은, 아침에 일어나자 다시 곧 그것을 생각하기 시작했다.

"당신, 뭔가 생각이 있으시죠?"

"응."

"어떻게 할 셈이에요?"

"응."

"응 응이 아니에요."

"방금 일어났잖아. 머리가 아직 멍해."

"커피라도 타 올까요?"

"응."

서성은 이불 위에 엎드려 누워 담배에 불을 붙이고 큰 연기 동그라미를 뱉으면서 말했다.

"아무래도 좀 무리겠어."

"뭐예요? 느닷없이."

"요즘 교육이 나쁜 거야. 이상적인 것만 항상 가르쳐서, 결혼할 때는 타산적으로 하라고 해도 잘 듣지 않아."

"이제 와서 그런 말 해봐야."

"그렇다고 하더라도, 저 녀석 어떻게 철이를 알고 있었지? 분명히 만난 적은 없었지?"

"철이가 경성 왔을 때의 사진을 봤어요. 누구냐고 묻길래 가르쳐줬어요."

"그것뿐이야?"

"그 뒤로도 가끔 묻길래 아는 것은 이야기했어요. 게다가 명희 씨가 여러 가지 불어넣은 것은 아닐까요?"

"응."

"명희 씨는 철이 씨를 숭배하고 있어서…. 뭔가 상태가 이상해서 걱정은 하고 있었어요."

"그래서 정어리상회의 이야기도 서둘렀던 거야?"

"아마도."

"아버지께서는 아무래도 마음에 들어 하시지 않는 것 같아."

"아버님은 결벽증이 있어서 그래요."

"정어리상회가 아니어도 괜찮잖아. 나는 정숙이를 경성의 학교에 보내면 어떨까 생각해. 그렇게 하면 우선은 쓸쓸하겠지."

"경성 말이에요?"

"게다가 여기 집에 처박혀 있는 것보다, 사내들과의 접촉도 늘겠지…."

"……."

"철이는 아마 3년은 돌아오지 않아. 그동안에는 누군가 좋아하는 남자가 생길지도 모르는 거야."

"그렇게 생각해요?"

하고 말하면서, 희영은 미닫이를 열었다. 밤중에 내린 눈이 정원을 하얗게 물들여 고목에 핀 얼음꽃이 은색으로 빛나고 있다.

"여보, 보세요."

희영은 별채를 가리켰다. 하얀 정원을 갈라놓은 그 복도에 수건을 갖고 오도카니 앉아 있는 정숙의 모습이 보였다.

"철이는 저곳에서 자고 있는 거야?"

"예."

"언제부터 저러고 있는 거야?"

"내가 일어나서 그랬으니까, 벌써 이래저래 한 시간 가까이."

서성은 쓴웃음을 짓고 있다.

"추울 텐데."

"추울 새가 있겠어요? 몽유병자는 밤, 눈보라 속을 걸어도 춥지 않다고 하네요."

"마치 환자취급이네."

"병입니다. 정말로. 그래도, 예쁘네."

"응, 예쁜 눈이야."

"눈 이야기가 아니에요."

"무슨 이야기야?"

"정숙이요. 예쁘다고 생각하지 않으세요? 순수해요. 마치 천사 같아요."

두 사람은 복잡한 마음으로 설경에 비치는 그 모습을 바라보고 있다. 어딘가 지나간 먼 젊은 날을 상기하고 있는지도 모른다. 눈가루가 가끔 반짝반짝하며 지면에서 날아오른다.

"그런다고 경성에 가서 쓸쓸해질까? 명희 씨도 올 거고."

"명희는 이제 돌아오지 않아."

서성은 아무렇지도 않은 듯 말했다.

"아니, 어째서?"

"두성과 평양으로 간 것 같아. 장문의 편지가 왔었어. 기다리라고."

서성은 일어나서 양복과 외투의 주머니, 손가방 등 이곳저곳 찾는 시늉을 했다. 희영은 불안한 듯,

"뭔가 불만이라도 있었던 걸까?"

"지금 농담해? 지겹도록 인사했어, 아마 두성의 변덕이겠지."

"연애하고 있는 거네. 명희 씨."

"그렇게 생각해?"

"틀림없이 그런 것 같아. 그런데, 두성 씨가 연애한다고 해서…. 그 사람, 결혼할 생각은 전혀 없어요?"

"응."

"철이 씨도, 같은 종류의 사람이에요. 두 사람 너무 닮았어."

정숙이 벌떡 일어나 침실 안으로 들어간다. 서성은 그 모습을 바라보면서,

"가끔 내가 죽고 당신이 재혼하는 꿈을 꾸어…."

하고 말했다.

"정말!"

"응."

"기쁘네."

"내가 죽는 것이 기뻐?"

희영은 그저 킥킥 웃었다.

"내가 죽으면 아마 당신은 새로운 남편에게, 나한테 하는 것과 똑같은 것을 해주겠지."

"예를 들면?"

"기차에 타면 마호병에서 차를 따르고⋯."

"그런 거?"

"아직 더 있어. 모두 똑같아. 여자란 믿을 수 없어. 남편에게 하던 것을 똑같이 하겠지."

"한 번밖에 할 수 없는 것도, 많이 있어요, 여자에게는."

"그런가?"

"난 당신을 사랑하듯이 다른 사람 따위는 사랑하지 않을 거예요. 내 안은 이미 텅 비었어. 뭐든지, 전부 당신에게 줘버렸기 때문에."

"⋯⋯."

하녀가 쟁반을 들고, 철이의 침실로 들어갔다.

"그렇다면, 정숙의 경우는 어떻게 되는데?"

"당신!"

"⋯⋯."

"정어리상회에 힘써볼 거야, 적극적으로. 당신도 경성의 아는 사람한테, 부탁드려요."

"그렇지⋯. 누나의 일도 있고."

침실 안에서 웃는 소리가 들려온다. 철이 큰소리로 껄껄 웃자, 정숙이 낮은 소리로 킥킥 웃고 있다. 그것이 어느 사이에 들리지 않는 속삭임이 되었는가 싶었는데, 갑자기 정숙이 큰소리로 밝게 웃기 시작했다.

5

아침 목욕을 마친 철이는, 노부부가 있는 방으로 출발 인사를 하러 갔다. 두 사람은 온돌 위에 이불을 깔고, 이불 속에서 몸을 녹이면서 물두부를 먹고 있다. 철이 인사하자,

"자, 이쪽으로 들어와. 함께 두부라도 먹어요."

하고 말했다. 노인들은 즐기는 음식인 것 같지만, 더운 물에 데친 두부를 간장을 쳐서 먹는 물두부는 말 그대로 맛이 없는 맛에 먹는지, 철이는 그다지 맛있다고 생각하지 않았다.

"또 오게. 그때는 고기 잡으러 가세."

하고 할아버지가 말한다.

"버릇없는 것은 이미 알고 있으니까, 자주 들러요. 대문은 걷어차지 말고."

"예."

"선도 숙의 나이 때는 참 예뻤어. 그렇지, 당신?"

"아주 쏙 빼닮았어요."

쪽마루의 여자 이야기가 틀림없다고, 철이는 바로 알아차렸다.

"하고 싶은 것도 참 많았었지."

"아주 시끄러울 정도였지요. 그렇죠?"

"머리가 참 좋은 아이야, 무엇이든지 바로 외웠어."

"언문(한글) 따위는 하루 만에 외워버렸지요."

"그때는 무산에 살았었지. 집도 작았어. 역시 목재상을 했었지."

"무산에 사셨습니까?"

"그때는 지금과 달라서 시골에서는 늑대도 나왔어. 성이 다섯 살, 선

이 열두 살 정도였을 때이지. 아무것도 모르는 성이 아장아장 늑대 쪽으로 걸어가자, 선이 튀어나와 곤봉으로 늑대를 두들겨 팼어. 꺅 하는 소리에 나가보니, 선이 창백한 얼굴로 서 있었지."

"눈을 부라리며 무서운 얼굴을 했었지요?"

"그랬었지."

"마치 어제 같은 기분이 드는데, 벌써 20여 년이나 지났네요."

"세월 빠르네."

"선을 좋아한다고 했던 사람 중 하나가, 지금 청진에서 과일가게를 하고 있어요. 아이가 셋이 있는 것 같은데 지금도 만나면 선이는 어떤가 하고 꼭 물어봐요."

"사람의 운명은 알 수 없는 거야."

"선이 시집을 가자 성은 아주 민감하게 외로움을 많이 타는 사람이 되어서 제대로 말도 하지 않게 되었지요?"

"혼자서 항상 고기잡이만 했었지."

"이제, 모두 옛날 얘기네요."

그런 때에 정숙이 사진을 들고 들어왔다. 정숙은 의자에 앉아 있는 철이 옆 마루에 앉았다.

"참, 잘 나왔네. 언제 찍었냐?"

하고 할아버지는 할머니에게 보인다.

"예쁘구나. 철이 씨에게 줄 거냐?"

"예, 그래서 아주 급하게 만들었어요."

"네 오른쪽 눈은 왼쪽 눈보다 크구나."

"그렇지 않아…. 철이 씨, 짐 싸는 거 도와줘."

그녀는 이것을 말하려고 온 것 같다.　그것을 기회로 방으로 돌아가자, 정숙은,

　"이 사진, 아파트에 걸어놔.　알겠지!"

하고 액자를 내밀며 말한다.

　"뒤에는 돈이 들어 있어.　무슨 일이 있을 때는 열어봐."

　"필요 없어."

　"필요해.　그리고 나 매일 편지 쓸 거야.　내 편지 세 통에 한 통은 답장을 해줘.　네 통에 한 통이라도 좋아, 제발."

　"……."

　"싫어?"

　"아니, 좋아."

　"그리고 대학을 졸업하면 곧바로 돌아와!"

　"응."

　"약속해!"

　"그건 안 돼."

　"어째서!"

　"3년 후의 이야기를 지금 한다고 해서….　게다가, 네가 그 동안에, 만약 결혼하면 어떻게 하니?"

　"나는 누구와도 결혼하지 않을 거야."

　"……."

　"철이 씨도, 내가 죽으면 누구와도 결혼해서는 안 돼!"

　"응."

　"약속할 수 있어?"

"응."

"누구도 사랑해서는 안 돼!"

"응."

"정말!"

"응, 약속해도 좋아."

"철이 씨, 갑자기 무엇이든 약속하네. 무슨 일이야?"

"그럼 약속하지 않는 게 좋아?"

"그랬었는데 이제는 변했어."

정숙은 기쁜 듯이 말했다.

출발시간이 되었다. 짐을 정리해서 방을 나오려고 하자, 서성과 희영이 찾아왔다.

"실은, 정숙에게 혼담이 있었어."

하고, 평소처럼 아무렇지도 않은 투로 말했다.

"정숙이 싫다고 해서 거절하려고 하고 있어. 그러나 이야기가 너무 많이 진행되어서 일단 형식적으로 교제를 시킨 다음의 일로 하려고 생각해. 상대방의 입장도 있고 해서."

"……."

"그러나 네가 승낙하지 않으면, 생각을 바꿔도 괜찮아."

"……."

"괜찮겠지?"

"……."

"철이 씨, 확실히 하는 것이 좋지 않아? 분명히 하지 않으면, 서성 씨에게 꼬투리를 잡히고 말아요!"

“…….”

“뭐 괜찮겠지, 그 정도. 씩씩하게 가, 차가 기다려.”

서성은 웃으면서 말했다.

정숙은 새언니 옆에서 눈에 눈물을 가득 담고 있었으나, 철이가 차의 문을 열자 슬리퍼를 신은 채로 쏜살같이 달려왔다.

“기다려! 부탁이 있어.”

“뭐니, 춥지 않니?”

“키스해.”

“농담하지 마, 모두 보고 있어.”

“그러니까, 해!”

“…….”

“그럼, 나도 함께 도쿄에 가요.”

재빨리 한쪽 다리를 차 안에 집어넣은 그녀는, 추워서뿐만 아니라 떨고 있다. 눈을 감고 약간 위로 향한 얼굴도 젖어 있다. 철이는 용기를 내서 그 얼굴에 입술을 눌렀다.

“어머!”

가정부 여자들이 놀란 탄성을 질렀지만 서성 부부와 노부부는 어느 쪽도 화석처럼 무표정이었다. 정숙은 철이에게서 떨어지자, 쏜살같이 쪽마루로 뛰어들어, 자신의 방으로 들어가 커튼과 문을 닫았다.

6

정어리상회와의 혼담은 동면상태로 들어갔다. 무리하는 것이 무엇보다도 좋지 않고, 그리고 그동안 경성에 보낸 정숙의 마음에 변화가 일어났는지도 모른다고 희영은 생각해서 적극적으로 움직이지 않았기 때문이다. 그녀는 마음 한구석에, 자신에 대한 정숙의 신뢰를 무너뜨리는 것은 곤란하다는 계산이 작용하고 있는 것도 틀림없다.

한편, 정어리상회 측에서도, 이러한 희영의 자세에 보조를 맞추듯 집안싸움이 일어나, 아들의 혼담을 진행시킬 형편이 아니었다. 그 도화선은 정어리상이 새 첩을 들인 것이었다.

이전부터 정어리상에게는 본처 외에 3명의 첩이 있고, 그 외에도 첩으로까지는 하지 않아도 손을 댄 여자들과의 사이에서 생긴 아이가 전부 아홉 명이나 있다. 본처는 일찍이 시골로 쫓겨났고, 청진의 본가는 첫 번째 첩이 도맡아 하고 있었는데, 정어리상은 경성에서의 혼담 이야기 직후에 본가에 새로운 여자를 데리고 온 것이다.

이른바 5호라고도 할 수 있는 이 여자는 스물 안팎으로, 정어리상에게는 과분한 미인이다. 게다가 겁도 없이 자신의 집이라도 돌아오는 듯한 태도로 찾아왔기 때문에, 2호는 완전히 기가 죽어 굴욕의 눈물을 흘릴 뿐이었다. 그것뿐이었다면 그나마 좋았겠지만, 5호는 3일도 되기 전에 재산분배를 요구하였고 정어리상이 이에 응해 재산정리를 시작해서, 집안에서는 일대 파란이 일어난 것이다.

소문을 듣고 시골에서 본처, 경성에서 3호, 그리고 청진에 있는 4호도 본가로 찾아와서 눌러 산다. 게다가 아홉 명이나 되는 아이들이, 결혼한 자는 그 상대까지 데리고 와서, 모두가 정어리상과 5호에 대해 공동전선을 편 것이다. 이런 형편에서 성가(家)와의 혼담은 추진할 수가 없었고 이것은 또한 희영에게도 예상 밖의 좋은 우연이었다고 할 수 있다.

그러나 이 소동도 여름도 슬슬 깊어질 때쯤 5호가 경성으로 이사 가는 것으로 거의 마무리되어 정어리상은 경성에서도 혼담의 중간에 선 상무에게 다시 이야기를 걸어왔다. 상무는 이러한 정어리상의 내막을 여러 가지 듣고 있었기 때문에 마음이 내키지 않았지만 지금까지의 진행상, 그 상태로 둘 수도 없어서 희영에게 상의했다.

"이참에 깨끗이 거절할까요?"

"아니요, 그럴 필요는 없습니다."

희영의 대답은 상무에게는 의외였다. 그런 상무의 표정을 눈치 챘는지, 희영은 묻지도 않은 이야기로 철이와 정숙의 일을 이야기한 것이다.

"이야기가 좀 어렵게 되었습니다."

상무는 굳이 소파에 고쳐 기대고, 생각에 잠겼다. 코를 실룩실룩 움직이거나 머리카락을 손으로 그러 올리거나 하는 것은 자신의 생각을 정리하려고 할 때 나오는 이 사내의 버릇이다.

"철이 아니면, 아무라도 좋다는 겁니까?"

"그렇지도 않지만…. 아무튼, 철이는 곤란합니다."

"음."

"……."

"회사 경성 지점에도, 몇몇 젊은 사람이 없는 것도 아닙니다만."

"정숙도 경성에서는 혼자이므로 분명히 쓸쓸할 겁니다. 그래서 젊은 남자 직원들에게 뭔가 구실이라도 대서 집으로 가게 하면…."

"뭐, 여하튼 부딪쳐 봅시다. 어떻게 될지 모르겠습니다만."

"정말로 잘 부탁드립니다."

"최대한 해보겠습니다. 그런데 저라면 적당히 이야기를 정리해서 본인에게 밀어붙이겠습니다만. 결혼이란 대개 그런 겁니다. 그렇게 해서 잘되고 있는 예는 얼마든지 있으니까요."

"상무님은 정숙을 잘 모르니까 간단히 말하는 거예요. 그런 일을 했다가는 그야말로 큰일입니다. 그렇게 될 수 있는 거라면, 제가 이렇게 고생하지 않습니다."

희영은 약간 안심한 듯, 그러나 어딘가 쓸쓸한 모습으로 말했다.

희영은 상무를 모종의 마술사로 생각하고 있다. 회사에서도 성가신 이야기는 항상 결국 상무에게 가져가고, 그는 어떤 형태로든 그것을 해결했다. 그 정도로 마음이 내키지는 않은 것 같았지만, 일단 한다고 한 이상 이제 슬슬 뭔가 반응이 나올 쯤이 아닌가 하고 은근히 기다리고 있던 어느 날, 정숙으로부터 전화가 걸려왔다.

"새언니, 회사 사람 두 명이 매일같이 귀찮게 찾아와요."

정숙은 어쩐지 화가 난 모양이다.

"한 사람은 첫날부터 손을 잡거나 뺨에 키스를 해요. 이거, 새언니의 지시야!"

"바보 같은 소리하지 마요. 게다가 그런 거를 일일이 보고하는 사람이 어디 있니?"

"그럼, 만나지 않아도 괜찮지요?"

"그런 것은 스스로 알아서 판단해요. 그런데 그 사람들은 회사 사원이지? 그렇다면 오빠도 알고 있을 거야. 그런 것도 잘 생각하지 않으면…. 아가씨도 이제 어린이가 아니잖아."

"그래도, 손을 잡히거나 키스 당하는 것은 싫어요."

"남자와의 만남은 그때그때 적당히 하는 거야."

"그래도, 새언니, 나 곤란해."

"곤란할 것도 없어. 무엇보다도, 철이 씨하고는 아가씨 쪽에서 적극적으로 하지 않았던가요?"

"……."

"무슨 일이야. 용건은 그거뿐이에요?"

"……."

"오빠 바꿀까?"

"아니요, 괜찮아요. 안녕히 계세요."

풀이 죽은 목소리였다. 그러나 희영은 안녕이라고도 하지 않고 전화를 끊었다. 어쩐지 상무의 공작도 순조롭게 진척되지 않을 것 같다. 그렇다면 당장 믿고 의지할 곳은 역시 정어리상의 아들이었다. 그러나 그에게 기대한다고 해서 철이에게 빠져 있는 지금의 정숙에게는 경성의 회사 사원과 오십보백보 같은 존재이다. 전화의 태도에서 보면 그녀는 꽤 미묘한 심정이 되어 있는 것 같아서, 정어리상의 아들을 접촉시키더라도 상당한 주의가 필요하다. 그 때문에 어떤 형태로든 지금 정숙의 상황을 그에게 알려주는 것이 좋겠다.

이렇게 생각한 희영은, 상무에게 새삼 이야기를 꺼내는 것도 창피해서 직접 자신이 정어리상의 아들을 만나려고 했다. 그렇다고는 하지만 철이의 문제는 어떻게 하면 좋을까? 전혀 거론하지 않는 것은, 앞으로 뭔가의 계기로 문제가 표면화되었을 때의 일을 생각하면 걱정이었고, 그렇다고 해서 있는 그대로 말하기에는 약간 거리낌이 있다.

이것저것 생각하다 못한 희영은, 일에 전혀 집중할 수 없어서 일찍 회사를 나와 백화점에 갔다. 회령의 철이의 집으로 보낼 며칠 전의 담요가 들어왔다는 이야기여서, 보고 마음에 들면 보내버리려고 생각했기 때문이다. 그런데 백화점 입구에서 그녀는 불행인지 다행인지 정어리상의 아들과 딱 마주쳤다. 그는 정어리기름으로 얼룩진 작업복을 입어서 몸 전체에서 강한 악취를 풀풀 풍기고 있다. 벌써 정어리 계절이된 것이다. 그는 정중하게 머리를 숙였다.

"바쁘신 것 같네요. 금년은 또 풍어라지요?"

"덕분에 잘되면 내년부터 독립할 수 있을지도 모르겠습니다. 집안 꼴이 저런 상태여서 나오는 게 좋을 것 같습니다."

아들은 역시 자신의 집안 문제가 창피한 것 같다.

"그게 된다면 그보다 더 좋은 건 없어요. 그런데, 아버님께서는 뭐라고 말씀하시나요?"

"아직 말씀드리지 않았습니다. 그래도 배 한 척을 주면 그걸로 괜찮으니까⋯."

"⋯⋯."

"어쨌든 지금상태로는 체면이 말이 아니어서 견딜 수가 없네요. 여자쪽이 혼담을 주저주저하는 것도 당연하다고 생각되고요⋯."

어쩐지 아들은 혼담이 진행되지 않는 것을 자신의 집안 소동 탓이라고 믿고 있는 것 같다. 희영은 마음을 굳히고 아들을 가까운 레스토랑으로 데리고 가 구석에 마주보고 앉았다.

"실은 당신에게 부탁이 있어요."

"⋯⋯."

"정숙이 곧 여름방학이어서 돌아와요."

예상하고 있었던 것일까, 정숙의 이름이 나오자 아들은 역시 긴장한 것 같다.

"걔는 아직 어린 애여서, 이번 이야기도 그다지 진지하게 받아들이지 않았어요. 그래서 돌아오면, 그 쪽에서 좀더 적극적으로 움직여주지 않을래요?"

"아… 그런데, 어떻게…."

"우리 집에 놀러오면 어때요? 가끔….."

"그거야, 뭐, 매일 가도 상관없습니다만."

"다만, 적극적이라고 하더라도 오해하지 마세요. 정숙이는 매우 감수성이 예민한 아이라서….."

"예."

"예를 들면, 불결한 것을 싫어해요. 뭐, 종종 있잖아요, 남녀의 관계를 무심히 그렇고 그렇다고 믿어버리는 것 같은 거요. 그런 아이예요. 그런 걸 잘 해줬으면 해요."

뜻하지 않게 술술 내뱉은 후, 희영은 안심했다. 이 정도 이야기해서 알지 못한다면, 어쩔 수 없다고 생각했다. 그때 식당 지배인이 한껏 미소를 띠면서 찾아와서 인사했다.

"뭘 그렇게 싱글벙글하고 계세요?"

"아니오, 문득 생각이 나서요."

하면서, 그는 한 장의 전표를 부인 앞에 내밀었다.

"반년도 전의 계산서입니다요."

"어머….."

계산서를 들여다봤지만, 희영에게는 전혀 기억에 없다. 지배인은 마치 즐기고 있는 듯,

"실은 이번 겨울, 아가씨가 철이 씨라는 분과 둘이서 오셨습니다. 그래요, 정확히 이 자리에 앉았습니다. 검은 모피 외투를 입고, 정말로 매력적이었습니다. 그런데 무슨 이유인지 잠시 후에 갑자기 아이처럼 울기 시작했습니다."

희영은 곤란하게 되었다고 생각했다. 그러나 지배인은 전혀 눈치를 채지 못한다. 정어리상의 아들도 영문을 모르는 얼굴로 있는 것이, 약간의 위안이었다.

"그런데, 곧 다시 사이가 좋아졌습니다. 식사 후에는, 정말로 사이좋게 팔짱을 끼고 나가셨습니다. 계산도 잊은 채로."

"어머…."

"금액은 얼마 안 되니까 어떻게 하셔도 상관없어요. 다만, 두 분이 즐거워 보여서 결국 계산도 잊고 말았지 뭡니까."

지배인에게 전혀 악의는 없다. 가능한 한 이 동네 유력자의 부인에게 자신의 호의를 표시하고 싶었던 정도일 것이다. 그러나 희영에게는 때가 때인 만큼 생각지도 않은 우발사건이었다. 낡은 전표의 금액을 일단 지불하면서, 역시 철이의 일도 빨리 말해야 한다고, 희영은 씁쓰레한 감정에 휩싸였다.

"실은, 걔는 철이를 사랑하고 있다고 스스로 믿고 있어요."

지배인이 사라진 후, 희영은 레몬스카시의 흰 젖빛을 바라보면서 말을 꺼냈다.

"예, 저도 이번 겨울, 두 분을 본 적이 있습니다."

"분명히 말씀드리면, 정숙이를 철이에게서 뺏어주기를 바라는 거예요, 당신에게."

"……"

"이건 나 혼자만의 생각이 아니에요. 남편도 알고 있는 일이에요. 같은 생각이에요."

"그런데, 할 수 있을까요? 제가….."

"그 대신, 성공하면 사례를 할게요."

겨우 기분이 안정된 희영은 농담하면서 웃었다.

"배 한 척, 사 드릴게요."

"하지만, 그런…."

"그런데, 실패하시면, 더 이상 당신과는 말도 하지 않을 거예요."

"……"

"아주 중요한 일이에요, 서로에게. 알겠죠?"

미소는 짓고 있지만, 희영의 눈 깊은 곳에는 진지한 냉정함이 있다.

원시림 原始林

1

철이의 부탁으로 서성의 회사에 취직한 꼬마는 그날 하숙을 나와서 회사 구내에 있는 기숙사로 옮겼다. 그곳은 남자 독신사택으로, 식비는 월급에서 제하므로 식사는 걱정이 없다. 꼬마는 태어나서 처음으로 따듯한 방에서 살며, 하루에 세 끼 밥을 먹을 수 있게 된 것이다. 그는 첫 월급으로 양말과 운동화를 샀다. 도둑질이 아니라 일해서 번 돈이라고 생각하니 너무 인심 좋게 쓰는 것도 아깝다는 생각이 들기도 했다. 하지만 몇 개월 후에는 살림살이도 갖추어지고 게다가 몇 장의 지폐까지 주머니에 남게 되었다.

그런 상황에서 이제 소매치기를 할 필요는 없었지만, 버릇이라는 것은 어쩔 수 없는 것이어서, 처음에는 손이 근질근질했다. 그러나 학력이나 경력도 없는 이런 자신을 보살펴 준 서성이나 철이를 생각하면서, 또한 현실적으로 주머니에 돈이 있어 공복도 느끼지 않게 되자 모르는 사람의 호주머니에 손을 넣는 것이 점점 내키지 않게 되어 옛날 자신이 소매치기였다는 것조차 생각하지 않게 되었다. 이것도 또한 버릇이라는 것이다.

이렇게 크게 변화된 생활 속에서 그는 새로운 고통을 발견했다. 쓸쓸함이다. 회령에서라면 모르는 사람이 없고, 또 모두 한가하므로 얼마든지 만나서 이야기에 열중할 수 있었다. 그러나 여기 청진에서는 모르는 사람만 있고 게다가 누구나 바쁜 것 같다. 그래서 쓸쓸하면 시가로 나와 정처 없이, 밤늦게까지 돌아다녔다. 때로는 해변의 모래 위에서, 밤하늘의 별을 세면서 한숨도 못 자면서 두만강의 물결이나 안개에 뒤덮인 오국산성을 떠올리며 망향의 생각에 애가 타서 견딜 수 없었던 경우도 있었다.

그러나 무엇보다도 가장 큰 변화는, 여성을 동경하는 마음이 갑자기 커진 것이다. 청진은 성(性)에 대해서 무감각한 회령과는 완전히 다르다. 도시와 시골의 차이인지도 모른다. 꼬마는 회사의 젊은 여성들에게 먼저 마음이 끌렸다. 그중 웃으면 보조개가 깊게 파이는 여자로, 우연히 그와 눈이 맞아서 미소 지은 그 얼굴을 종종 꿈속에서 보게 되었다. 어떻게든 말을 걸어보고 싶다는 일념으로, 회사가 끝나면 가끔 그녀의 집 근처를 배회했다.

그러나 겨우 만난 여자는 꼬마의 얼굴 따위는 전혀 기억에 없는 듯, 말을 걸어도 의아한 얼굴을 하면서 재빨리 걸어가 버렸다. 그래도 꼬마는 우연한 기회에 예쁜 처녀를 만날 수 있을지도 모른다는 막연한 희망을 갖고 시가를 어슬렁어슬렁 배회하는 것을 그만두지 않았다.

꼬마는 보급과 소속이었는데, 보급과는 산에 들어가 있는 벌목꾼에게 청진에서 트럭으로 필수품을 운반하는 것이 업무였다. 트럭이 산에서 돌아오면 식료에서부터 의류까지 구매하러 나가는 것이 일이었다. 트럭을 산으로 보낸 뒤는 할 일이 없어서, 서류를 가져다주거나 도장을 받으러 다니거나 하는 고등 사환이 되었다. 그럴 때 어슬렁어슬렁 배회하면서 익힌 청진의 지리감이 많은 도움이 되었다. 또한 사람과 접촉하는 기회도 늘어 어쩌다 정어리상의 아들과도 알게 되었다. 그는 막상 만나보자, 철이와의 삼각관계 이야기로 예상하고 있던 것보다 훨씬 좋은 인상의 사내였으나, 만날 때마다 정숙의 근황을 살피려고 해서 약간 성가셨다.

서성의 집에도 자주 심부름 가서 여름에는 방학으로 돌아와 있는 정숙과도 만났다. 반년도 지나지 않은 사이에 매우 아름다워진 그녀는 꼬마를 만나면 꼭 철이에게 보내는 소포 발송을 부탁했다. 그는 그 꾸러미를 바라보면서, 왠지 모르게 화가 치밀어 올랐다. 그래서 한 번은 철이에게 보내지 않고 자신이 열어서 안에 있는 통조림을 먹어치웠을 정도였다. 그리고 역시 신경이 쓰여서 정숙에게 사과하자, 그녀는 다만 웃을 뿐이었다.

그렇다고 하더라도, 그에게는 정숙의 삼각관계가 납득이 가지 않았다. 특히, 정어리상의 아들이 저렇게도 정숙에게 연연하는 이유를 알 수 없었다. 그는 잘 생겼고 돈도 있다. 청진에는 정숙에게 결코 뒤지지 않는 예쁜 여자가 얼마든지 있다는 것을 생각하면, 꼬마는 여자뿐만 아니라 사내도 알 수 없었다. 그러나 동시에, 자신이 여자에 굶주려 있기 때문에 아름답게 보이는지도 모른다고 생각하기도 했다.

2

가을도 끝났을 즈음, 꼬마는 양복을 한 벌 월부로 맞출 수 있게 되었다. 그러나 새 더블 양복에 넥타이를 매도 갈 곳이 없어 기숙사 동료들과 술이나 마시러 갔다. 가장 싼 곳은 주로 노동자가 상대인 이른바 '온돌술집'으로, 그곳에 있는 여자들은 매춘도 겸하고 있다. 그는 사실은 심부름 가서 알고 있던 기생을 부르는 요정이라든가, 최근 갑자기 늘어난 근대식 바에 가고 싶었는데, 동료가 있는 앞에서 그렇게 하지는 못했다.

류조호 사건으로부터 벌써 4년, 만주는 명실공히 일본의 식민지가 되었고 일본 군벌은 북지에서 중국 전토를 위협하는 태세였다. 그 결과 조선인 가운데는, 조선은 일본의 식민지인 채로 끝난다고 믿는 사람이 많아져, 전대미문의 노예기질이 반도 전체를 휩쓸기 시작했다.

"일시동인"〔一視同仁, 신분이나 국적에 관계없이 모든 사람에게 평등하게 인애(仁愛)를 베풂〕이라든가 "조선인도 천황의 적자(赤子, 백성)"라는 등 슬로건의 선전상, 일부의 조선인을 눈에 띄기 쉬운 고급관료에 끌어올린 것도 조선인의 출세욕을 자극했다. 특히 일상생활 외에 아무런 공통점도 없는 청진과 같은 집단세대(한곳에 여럿이 모여 사는 세대)에서는, 안중근이나 이봉창보다 일본 고급관료가 되는 사람이 영웅시될 정도였다.

또한, 살아 있을 동안 인생을 될 수 있는 한 즐기자는 퇴폐적 경향도 급속히 퍼져, 술과 여자의 가까운 공급의 장으로서 요정이나 바가 우후죽순처럼 생겨났다. 이러한 조선인의 퇴폐심리는 일본 지도층에는 정말로 안성맞춤인 현상이어서, 요정이나 바는 물론, 온돌술집조차 아무런 통제도 가하지 않았다. 그 결과 허가도 면허도 없이 술과 여자 장사를 시작하는 조선인이 점점 늘어갔다. 생각지도 않은 곳에 생각지도 않은 자유가 찾아온 것이다.

꼬마 일행이 온돌술집에서 나와 고급 바가 즐비하게 있는 시가를 걷는데, 앞에서 정어리상의 아들이 걸어왔다. 그는 꼬마를 발견하자, 함께 바에 가자고 해서 꼬마의 숙망(宿望)은 예기치 않은 곳에서 갑자기

달성하게 되었다.

들어간 가게에서는 정어리상의 아들을 반갑게 맞았다. 그러나 정어리상은 그들에게도 또한 꼬마의 동료들에게도 눈길조차도 주지 않고, 술을 주문하고자 곧 정숙의 이야기를 시작한 것이다.

"이번 여름은 완전히 실패했습니다. 하루걸러 찾아갔는데도 전혀 효과가 없네요. 어째서 그럴까요?"

하고 말해도 꼬마는 대답할 수가 없었다. 그러나 정어리상은 철이와 정숙의 사이는 어디까지 진행되었는지, 철이는 정숙을 좋아하는지 등 여러 가지를 질문 반 푸념 반으로 묻는다. 그러던 중 무슨 생각을 했는지,

"제가 좋은 여자 한 명 소개해줄까요?"

라고 자신만만하게 말하고, 주변을 물색하기 시작했다. 꼬마는 지금의 이야기로 아까 술로 취한 것도 깨고 있었고, 또한 자기 돈을 쓰지 않아도 되므로 권하는 대로 마셨지만 이미 술에 익숙해진 듯, 아무리 마셔도 기분은 나쁘지 않았다.

밤이 깊어지고 바의 분위기는 더욱더 무르익고 있다. 테이블 위에는 가져온 술이나 안주로 어질러져 있고, 정어리상도 만취상태로 가끔 생각난 듯,

"어이, 술, 더 가져와, 술!"

하고 고함치고 있다. 꼬마도 머리가 멍해서 함께 온 동료가 어디에 있는지도 모르겠고, 술잔이 둘로 겹쳐 보이거나 했지만, 그런 취한 눈에 하얀 앞치마를 두른 여자가 열심히 테이블을 치우고 있는 모습이 또렷이 떠오른다. 꼬마는 갑자기 정어리상 아들의 팔을 잡고,

"어이, 나는 이 여자가 좋아!"

하고 외쳤다.

"좋아, 줄게."

"정말로 괜찮아요?"

"상관없어, 어느 여자야?"

꼬마는 일어서서 여자를 잡았지만, 휘청거리다가 정어리상의 머리 위에 여자와 함께 쿵하고 엉덩방아를 찧었다. 그러자 정어리상의 아들은 여자의 치마에 얼굴을 감싼 채,

"어이, 여자는 붙잡았어?"

하고, 외쳤다.

3

다음날, 회사가 끝나자 꼬마는 어젯밤 정신이 없을 때까지 취한 바 근처로 나갔다. 아침이 되어도 저와 함께 엉덩방아를 찧은 하얀 앞치마의 여자만은 이상하게도 또렷하게 기억하고 있었다. 예전의 보조개 여자와 달리 이번에는 뒤뜰에서 바로 만났고, 게다가 여자가 새침부린 얼굴을 한 것은 꼬마를 기억하고 있다는 증거였다. 희망이 솟아오른 꼬마는 그 다음에 꼭 하루에 한 번, 바의 뒤뜰을 찾았다. 얼굴을 마주치는 것만으로 각별히 이야기하지도 않지만, 여자는 여러 가지로 반응한다. 꼬마의 가슴은 하루 종일 아련히 따뜻해졌다.

그런데 이 중요한 시기에 꼬마는 갑자기 앞서 불하받은 국유림의 벌목장으로 장기 출장명령을 받았다. 벌목 현장은 백두산 기슭에 가까운 산속이어서 오두막을 세워 그곳에서 살며 먼저 도로를 만든다. 적어도 트럭만은 안전하게 다닐 수 있도록 해야 하기 때문이다. 이것만으로도

상당한 시간이 걸리는 작업이다. 도로가 만들어지면 벌목을 시작하고, 잘라낸 통나무는 눈이 오면 그 위를 소로 썰매처럼 두만강 기슭까지 끌고 가서 눈이 녹는 것을 기다려서 뗏목을 만든다. 그리고 제재소가 있는 하류로 흘려보낸다.

벌목은 시작되었는데, 아직 눈은 오지 않는 어느 추운 날, 서성이 엽총 한 정을 쥐고 찾아왔다. 4, 5일 통나무 오두막에서 머물며 현장을 돌아본 다음, 산으로 며칠 곰 사냥을 나간다고 해서 꼬마가 식량을 배낭에 싸서 같이 가기로 했다.

첫날은 산을 두 개 넘었다. 산은 들어가면 들어갈수록 거목이 울창하게 자라서, 낮에도 저물녘처럼 어두워 요기(妖氣) 비슷한 것조차 감돈다. 밤에는 바위 구덩이에 담요를 깔고 잤는데, 꼬마는 왠지 모르게 무서워서 몸은 피곤한데도 자지 못했다. 서성이 그런 모습을 눈치 챈 듯이,

"무섭냐!"

하고 묻는다.

"예, 왠지 모르게….."

"괜찮아, 여기에는 인간은 없어…. 세상에서 제일 무서운 것은 인간이야."

이틀째는 산을 3개나 넘은 곳에서 해가 저물어 또 바위동굴을 찾아서 야영했다. 얼음을 녹여서 물을 만들고, 도중에 잡은 토끼고기를 불에 구워서 소금을 쳐서 먹었다. 요리점의 불고기 따위보다 훨씬 맛있었다.

"눈이 오면, 토끼는 더욱 잡기 쉬워. 눈에 잘 띄거든."

하고 서성이 가르쳐 준다.

"토끼도 눈처럼 털색을 바꾸면 유리하겠네요."

"그런 토끼도 있어, 조선은 아니지만."

"그렇다면, 토끼마저 조선은 글렀습니까?"

"그렇지는 않을 거야."

하고, 서성은 웃었다.

다음날 아침 일어나자 서성은,

"오늘 밤은 여기로 돌아올 테니까, 짐은 가져가지 않아도 좋아."

라고 하면서, 꼬마의 배낭도 자신의 짐도 전부 동굴의 안쪽에 모아두고 입구를 나뭇가지로 막았다. 꼬마는 다소 불안했지만, 사장이 하는 것이라서 아무 말도 못하고 작은 돌을 주워서 입구의 나뭇가지 위에 올려놓았다. 부재중의 무사를 기원하는 마음이었다.

동굴에서 출발하기 전에, 서성은 두 발을 공중을 향해서 발포했다. 탕! 탕! 하고 큰 소리가 나고, 그것이 메아리가 되어 탕! 탕! 하고 돌아온다.

점심 지날 때까지 걸었지만 오늘도 곰은 만나지 못했고, 대신 사슴을 만났다. 밀림이 끝난 곳에 넓은 초원이 있고, 그 건너편 산 정상에 사슴이 나타났던 것이다. 겨울의 태양을 쬐면서 목을 갸웃하듯이 가만히 서성 일행 쪽을 보고 있던 흰 반점의 사슴은, 이윽고 휙 몸을 뒤집더니 산 건너편으로 사라졌다.

"곰이 없다면, 사슴은 어떻습니까?"

하고 꼬마가 말하자,

"사슴은 너무 아름다워 쏠 기분이 안나. 게다가 저 사슴은 너무 빨라."

"그렇다면, 오늘도 또 토끼입니까?"

"뭐, 그런 정도야."

이렇게 해서 이 날도 결국 토끼 한 마리를 잡은 채로 돌아왔다. 동굴은 무사했으며, 나뭇가지도 아침에 쌓아올린 그대로였으나, 자세히 보니 꼬마가 놓아 둔 작은 돌이 없다. 오늘은 거의 바람이 없는 날이었으므로 바람 탓이라고는 생각할 수 없고, 짐승이 들어갔다고 하기에는 나뭇가지가 너무 잘 정리되어 있다. 꼬마는 여우에게 홀린 기분이 들었다.

서성은 그날 밤 여느 때와 달리 기분이 좋았다. 사냥 모자를 베개로 삼아 두꺼운 모피 외투 위에 누워,

"산을 걷는 것은 좋은 거야."

하고 말했다.

"조금 피곤하지만, 좋습니다."

"마누라쟁이는 어디든지 따라오지만, 사냥만은 따라 온다고 안 해. 산에서 자는 것이 싫은 모양이야."

"그건 그렇습니다. 여자에게는 큰일입니다. 온갖 것에 걸려, 온몸이 상처투성이가 되니까요."

"그것보다 너, 노래 한 곡 부르지 않을래? 산에서 자신의 목소리를 듣는 것도 나쁘지 않아."

꼬마가 사양하자, 무리하게 강요하지 않고 서성은 자신이 노래를 불렀다. 그 근처의 유행가 가수보다 훨씬 좋은 목소리에 놀랐지만, 그것보다 무엇보다 두성의 노랫소리와 너무 똑같아서 더욱 놀랐다. 두성과 서성의 연결고리를 알지 못하기 때문에 더욱 그러했다.

두만강 기슭에 서서 옛날을
돌아가라고 부르는 메아리만
그것이 인생이라는 거야

회령은 예나 지금이나 변치 않아도
살려고 해도 살 수 없는 내 고향
그것이 인생이라는 거야

철이와 함께 바라본 두만강 기슭의 밤을 떠올리면서, 어느 사이에 꼬마도 노래하기 시작했다. 바로 건너편은 간도이고 두성이나 명희는 어쩌면 의외로 가까운 곳에 있어서, 이 노래를 듣고 있는지도 모른다. 나뭇가지 위의 작은 돌도 혹시 명희가 가져간 것은 아닌가 하는 엉뚱한 상상조차도 머리에 떠오른 꼬마는, 목청껏 노래를 계속 불렀다.

다음날 아침 일찍 일어나서 서성과 꼬마는 귀로(歸路)에 올랐다. 아무런 표시도 하고 오지 않았는데, 서성은 정확히 왔을 때와 똑같은 길을 더듬어 찾는 것 같다. 본 기억이 있는 번개에 맞아 갈라진 나무나, 덩굴로 베일처럼 에워싼 소나무 등도 속속 만났다. 그리고 어두워지고 있을 즈음, 정확히 이틀째에 잤던 바위 구덩이에도 도착했다.

다음날 아침부터 눈이 팔랑팔랑 내렸지만, 빽빽하게 자란 나무에 가려 좀처럼 아래까지는 닿지 않는다. 점심 때, 마지막 통조림으로 식사를 하고 차가운 차를 마시고 있을 때, 사냥개가 미친 듯이 짖기 시작해서 가죽 끈을 풀어주자, 잡초 속으로 뛰어 들어가서 큰 멧돼지 한 마리를 쫓아냈다. 서성은 재빨리 바위 그늘 뒤로 돌아들어가, 바위에 기대서 겨냥하고 탕! 하고 발포했다. 급소를 맞은 것 같은 멧돼지는, 엄청난 괴성을 지르며 땅에 쓰러졌다. 머리에서 피가 콸콸 흘러나오고 있다.

"곰은 아니지만, 빈손으로 돌아가는 것보다는 좋아."

하고 말하면서, 서성은 멧돼지의 네 다리를 묶어서 곤봉에 매달아 꼬마에게 뒤쪽을 메도록 지시했다. 그냥 걷는 것조차 큰일인 밀림을, 이 큰 사냥감을 메고 가기 때문에 요만조만한 일이 아니다. 어떻게 무거운지 도중에 몇 번이나 쉬기는 했지만, 연락소에 도착했을 때 꼬마는 뼈가 부러진 것은 아닐까 싶을 정도로 어깨가 아팠다.

꼬마도 알고 있는 6척의 덩치가 큰 연락원이 한 발로 쏘아 죽인 탄환의 흔적을 조사하고서 매우 감탄했다. 그러는 동안 연락원의 처도 차를 가지고 나왔다. 이 젊은 부부가 작업의 중계기지가 되는 이 연락소를 지키고 있는 것이다. 잠깐 쉬고서 덩치 큰 연락원이 가볍게 멧돼지를 등에 메고 앞장서고, 처도 가세해서 네 사람이 벌목장으로 향했다.

"사장님은 용케도 길을 잃지 않으세요."

하고, 덩치 큰 사내가 서성에게 말을 건다.

"익숙하니까."

"이런 산에서 길을 잃으면, 평생 산에서 나가지 못합니다. 나무가 빽빽하게 자라고 있는 데다가 높아서, 태양이 뜨는지도 지는지도 알기 어렵습니다."

"정말 그래."

"그 대신, 나쁜 짓을 하고 숨으려고 생각하면, 이런 안성맞춤인 곳도 없습니다. 3년 전에도, 무산에서 사람을 죽인 사내가 도망쳐 숨어들었지만 결국 잡지 못했습니다. 나도, 이 숲에 숨어들면 그 정도의 자신은 있습니다. 먹을 것도 올가미를 설치하면 뭔가가 잡혀 굶지는 않습니다."

"그렇겠네."

"저는 이 근처에서 태어났기 때문에, 어렸을 때 아버지에게 야단을 맞으면 이곳으로 자주 숨어들었습니다."

"어디 숨었는데?"

"바위 아래를 기어서 바위 바닥에서 갈라진 데로 들어갑니다. 바위는 위나 옆에서 보면 갈라졌다고는 생각하지 않아서…."

"게다가, 숨어 있다고 생각하더라도, 그런 바위가 하나둘이 아니고."

"그렇습니다. 뭐, 수천이나 있으니까, 일개연대 정도가 달려들어도 아직 무리일지도 모릅니다."

"당신, 자꾸 산으로 도망쳐 숨어드는 이야기만 하는데, 당신이 도망가면 나와 태어날 아이는 어떻게 되나요!"

처가 입을 빼물며 이야기에 끼어들었다.

"알 수 없는 여자네. 누가 도망간다고 하는 게 아니야. 다만 도망간다면 하는 이야기를 하는 거야. 잘 들어!"

라고 하면서, 덩치 큰 사내는 땅에 침을 퉤! 하고 뱉었다. 그리고 멧돼지를 등에 흔들흔들하면서, 비탈길이 되어도 숨조차 헐떡거리지 않고, 산으로 숨어들어 간다면 붙잡히지 않는 이야기를 계속 반복했다.

4

여름이 와서, 재목을 묶은 뗏목도 순조롭게 흘러가기 시작해서, 이제 슬슬 청진으로 돌아가려고 기대하던 꼬마는, 어느 날 주임에게 불려가 다시 새로운 임무를 지시받았다. 두만강 물이 불어 많은 뗏목이 흩어져 그것을 다른 목재상이 훔치기 시작했으니 서둘러 회수하라는 것이다.

동시에 가장 말단이기는 하지만 정사원으로 승진시킨다고도 했다.

그렇다면, 월급도 지금보다 두 배가 된다. 그것도 기뻤지만 새로운 일이 도재방지(盜材防止)라면, 지금까지 자신이 도둑질로 생계를 꾸려 왔기 때문에 그것을 막는 데도 충분히 자신이 있었다. 꼬마는 용기백배 해서 새로운 일에 나섰다.

그리고 두만강을 따라 뛰어다녀, 도둑맞은 목재 이상의 목재를 회수 해서 닥치는 대로 했기 때문에 회수한 가운데는 다른 업자의 재목이 많이 들어 있어, 결과적으로는 옛날에 익힌 솜씨로 꼬마가 반대로 훔친 것이 된다. 벌목장으로 다시 돌아왔을 때, 산에는 이미 가을 기색이 짙 었다.

벌목꾼의 수도 상당히 늘었다. 겨울 준비가 슬슬 시작되었지만, 아 직 눈도 내리지 않고 본격적인 겨울 작업에 들어가지 않았기 때문에, 잠시 동안 짬이 있을 것이다. 꼬마는 이 틈을 이용해서, 우선 청진에 돌 아가기로 했다.

거의 1년 만에 돌아온 청진은, 요정이나 바가 늘어난 느낌이 드는 외 에 특별한 변화는 없다. 우선 목욕을 하고 수염을 깎은 꼬마는, 원시인 에서 갑자기 근대인으로 비약한 것 같은 기분이 되었다. 그리고 맨 먼 저 하얀 앞치마의 여자를 떠올렸다.

'아직 그대로 있을까….'

하고 생각하면서, 익숙한 길을 바의 뒤쪽으로 돌아서 잠시 왔다갔다하 고 있자, 작년보다는 예쁜 한복을 입은 그 여자가 역시 하얀 앞치마 모 습으로 나왔다. 꼬마를 보고 그녀는 깜짝 놀란 듯 걸음을 멈추고 씽긋 웃었지만, 다음 순간에는 그것을 후회하는 듯한 쓸쓸한 표정을 보이고,

총총히 다시 뒷문으로 들어가 버렸다.

'쇠는 달았을 때 치라고 하니까, 지금 어떻게 하지 않으면 안 되는데….'
하고 생각했지만, 오랫동안 산속에 틀어박혀 있어서 멍청해진 것인지
머리가 전혀 돌아가지 않는다. 멍하니 기숙사로 돌아온 꼬마는, 책상
위에 작년에 서성이 사냥하러 왔을 때 잊고 간 사냥 모자를 보고, 그것
을 가져다주기로 했다.

버스를 내려서 언덕을 올라가자, 뭔가 하나 빠진 듯한 느낌으로 쪽마
루에 앉아 있는 서성과 희영의 모습이 보였다. 그리고 언제나 앉아 있
는 서성의 누나의 모습은 보이지 않고, 백의의 간호사 같은 여자들이
안쪽에서 아른거린다.

'아무래도 그녀가 병이 심해진 것 같아.'
하고, 꼬마는 생각했다. 그래서 사냥 모자를 전해주고 바로 돌아가려
하자, 서성이,

"자, 잠깐 올라와."
하고 말을 걸었다.

"네가 통나무를 훔쳤다는 것이 사실이냐?"

"상대 일당도 훔칩니다."

"어느 정도 훔쳤냐?"

솔직히 말하면 곤란하다고 생각한 꼬마는 적게 말하자,

"적어도 그 두 배는 훔친 것 같은데."

서성의 말은 엄했다.

"통나무 도둑질은 중죄다. 게다가 네가 훔쳐오지 않더라도 모자라지
않게 공급받는 건 우리밖에 없어서 더 눈에 띄어…. 앞으로는 그런 짓

은 절대로 안 돼!"

"예."

"그 대신, 도둑맞아도 곤란해. 벌목주임에게 잘 보고하도록 해."

"예."

그리고 서성은 갑자기 너그러워진 말투가 되었다.

"그나저나 피곤하지? 차라도 마시고 가."

등의자에 앉아서 바라보는 정원에도 가을은 짙었고 봉선화나 코스모스 색은 바랬다. 왠지 모르게 쓸쓸한 그 정원 너머 바다를 보면서 뜨거운 차를 마시고 있는 꼬마의 옆을, 간호사가 몇 번이나 지나갔다. 간호사는 희영이 있는 곳으로 가서 낮은 목소리로 이야기하고 뭔가 지시를 받는 것 같지만, 희영은 멍하기만 하고 평소의 발랄함이 없다.

그때 정어리상의 아들이 들어왔는데, 갑자기 불쑥 찾아온 것 같았다. 부인도 서성도 놀란 모습이었다.

"매일 찾아뵈려고 생각하면서도, 그만, 용기가 나지 않아서…."

정어리상 아들은 주뼛주뼛 말을 꺼냈다. 그리고 작심한 듯 말을 이었다.

"실은 이번, 결혼하기로 했습니다."

"그래요? 축하해요."

"이번 여름, 정숙 씨에게도 그렇게 말했습니다."

"그래요?"

희영은 전혀 표정을 바꾸지 않는다.

"애써 의뢰를 받았지만… 죄송합니다."

"아니오, 내가 오히려 죄송해요. 역시 내가 무리한 부탁을 했어요.

414

이제야 그런 부탁은 하지 않았으면 좋았을 걸 하고 후회하고 있어요. 미안해요."

"아니오, 저를 선택해주셔서 영광이라고 생각합니다. 기대에 따르지 못해 안타깝습니다."

"그래도 그것이 세상이라는 거죠. 안타깝지만 어쩔 수 없어요. 적어도 당신이 행복하다면…. 그런데 대체 어느 분과 결혼하세요?"

"실은, 말씀드리기 좀 곤란합니다."

"어머, 그래도 어차피 알게 되는 거 아니에요?"

"그것이…."

"곤란하다면 묻지 않겠어요. 신부를 비밀로 하다니 이상하네요."

희영은 웃으면서 말했다.

침묵이 잠시 이어졌다. 모두 제각기, 가을 햇볕을 쬐고 있는 여름 자취의 코스모스에 눈길을 주거나 멀리 바다를 바라보거나…. 뭔가 이야기하기가 거북한 느낌이 아지랑이처럼 감돌고 있다.

"아무래도 말씀드려야겠습니다."

결심한 듯한 태도로 정어리상이 침묵을 깼다.

"마치 언덕에서 뛰어내리는 것 같네. 혹시 신부는 달나라에서나 볼 수 있나요?"

"아니요, 바 여자입니다."

"그래요?"

부인은 의외로 태연했다.

"그것도…."

"어머, 아직 또 있어요?"

"예, 일본인입니다."

"그래요?"

희영은 여전히 물을 끼얹은 듯 차분하다.

"면목 없습니다."

"사과할 필요는 없어요. 분명히 예쁜 분이겠지요?"

"결혼하기 전에 아무래도 말씀드려야겠다고 생각해서….."

정어리상은 갑자기 일어섰다. 그러자 희영이,

"그렇게 서두르지 않아도 괜찮아요. 자, 앉으세요."

하고, 멈춰 세웠다.

"작년, 정숙의 일을 부탁할 때의 약속, 기억하시나요?"

"약속이라고 하면?"

"성공하면, 배를 사드린다고 했지요."

"그런 거…. 게다가 성공은커녕, 이런 칠칠치 못하게 되어버렸는데
요."

"괜찮아요, 그런 거…. 배는 사드리겠어요."

"신경 쓰지 마세요."

"아버지 사업도 그다지 잘되지 않는다고 듣고 있는데…. 배를 두 척
이나 팔았다든가."

"예, 올해는 정어리가 흉어여서."

"그래서 더더욱 배를 사드려야지요."

"아니오, 천만에요!"

정어리상은 정직하게 있을 수 없는 일이라는 듯이 손사래를 쳤다. 배
값이 한두 푼이 아닌 엄청난 큰돈이다.

416

"당신을 믿는 나의 투자라고 생각해도 상관없어요."

"……."

"그러면 배는 내 소유로 하고, 정어리의 양으로 얼마씩 받는 방식도 좋아요."

정어리상은 대단히 송구스러워했다. 예상하지 못했던 이야기이고, 게다가 정숙이 아니라 일본인인 바의 여자와 결혼한다고 놀라게 한 후여서 더욱 그렇다.

"게다가 제가 배를 좋아해요. 기회가 있으면 한 척 사고 싶다고 늘 생각하고 있었어요."

희영은 진지하게 음미하는 투로 말했다. 서성은 내내 한마디도 참견 않는다.

"예…."

정어리상의 반응은 모호했다. 항구로 들어오는 배가 크게 기적을 두 번 울려서, 모두의 눈이 바다로 향했다. 하얀 갈매기 떼가 오늘도 부두 근처를 어지러이 날고 있다. 지금 기적을 울렸을 배의 황색 마스트에도, 한 마리가 앉았다.

"가을이 오는구나…."

서성이 처음으로, 불쑥 입을 열었다.

풍운 風雲

1

1933년 5월, 일본군은 당고협정[중국의 당고(塘沽, 천진 시에 있는 항구)에서 일본 관동군과 중국 국민정부군 사이에 맺은 협정]에 의해 장성(長城)이남의 일부 비무장지대화에 성공했다. 더욱이 1935년 6월 우메즈(梅津)·허잉친(何應欽) 협정에 의해 그 범위를 북경, 천진까지 확대했다. 비무장지대 설립이라는 것은, 다시 말해 싸우지 않고 중국군을 그 지역에서 추방하는 것이므로 이 협정은 일본군의 북경, 천진 점령에 다름아니었다.

만주와 같은 벽지에 머물지 않고 중국의 중추라고 해도 좋은 북경, 천진까지 뻗어온 일본의 이러한 침략공세는, 새삼스럽게 중국인의 항일운동에 불을 붙여 국지적으로 테러리즘이 격화되었다. 상해(上海), 남경(南京), 광주(廣州), 서주(徐州) 등 전국적 규모로도 일대 시위운동이 전개되었고 각지에서 의용군이 속속 결성되었다.

그런데 '이번에야말로 이 거국적 운동은 무시할 수 없을 것'이라는 국민적 기대를 장개석은 또다시 저버리고, 항일운동의 지휘자를 속속 탄압함과 동시에, 모택동(毛澤東) 등의 공산당 섬멸작전을 세워서 서북지역의 책임자였던 장학량(張學良)에게 공산당 소탕작전의 강화를 지령한 것이다.

그러나 장학량은 반대로 주은래(周恩來) 등과 국민당·공산당의 합작에 의한 통일항일전선 수립을 획책했으므로, 당연한 일이지만 공산당 소탕작전의 성과 따위는 올라갈 리가 없었다. 화가 치밀어 속을 태우다 장학량의 독려를 위해 서안(西安)에 진입한 장개석에 대하여 장학량 이하 13명의 청년장교는 쿠데타를 일으킨다. 1936년 12월 12일의 이른 아침 이들은 장개석을 구금해 버린다. 이것이 이른바 서안사건이다.

일본은 당초 이 사건을 공산당계 세력의 반란으로 생각하였다. 그리고 장개석의 운명은 절망적이라고 간주해서 내란은 피할 수 없다고 해석했다. 그러나 결과적으로 장개석은 국공합작과 항일통일전선의 강화에 동의하고 12월 26일 풀려나 마치 개선장군처럼 무사히 남경으로 귀환했다. 당시의 중국에서, 장개석 이외에 국내통일을 해서 일본의 침략에 대항할 수 있는 사람은 없다는 인식 덕분에 무사히 살아 돌아올 수 있었다. 이것은 동시에 일본과 중국이 최종적인 정면충돌의 길로 나아가기 시작했다는 것이기도 하다. 그리고 일부 조선인에게는 이것이 더할 나위 없이 반가운 뉴스였다.

서안사건을 전후해서 만주의 조선유격대는 압록강 건너편 백두산 기슭의 무송(撫松)과 장백(長白)에 밀영(密營)을 건설하는 데 성공했다. 여기를 거점으로 만주와 조선의 경계 부근의 일본 수비대, 파출소 등을 공격하는 내부교란을 시작했다. 대세에 영향을 주는 것은 물론 할 수 없었지만, 독립운동의 건재를 조선인들에게 알린다는 의미에서 이 방법은 대단히 효과적이었다.

이 유격대의 활동 가운데 특히 눈부신 것은 이른바 보천보(普天堡, 함경남도 갑산군 혜산진) 사건이다. 보천보는 보전(保田)이라고도 하는 이름도 없는 시골마을이지만, 실은 백두산 기슭에서 일본군 국경경비의 중심지였다. 유격대는 6월 4일의 야음을 타서 이 보천보 시내에 돌입해서 각소에 방화하고 타오르는 마을을 배경으로 조국의 광복을 절규한 것이다.

이 사건은 마을사람들에게 매우 강렬한 인상을 남겼다. 일본군은 곧 유격대 수색을 개시했지만 오히려 유격대의 복병에 걸려 대패했다. 이것은 백두산 기슭의 밀림을 잘 아는 사람에게는 쉽게 이해될 수 있을 것이다.

이 사건을 계기로 일본군은 두만강, 압록강 연안의 경비를 강화하고 의심스런 조선인을 닥치는 대로 검속(檢束)했다. 강기슭의 촌락을 이 잡듯이 샅샅이 수색한 것은 물론이고, 벌목장도 예외는 아니었다.

마을에서 멀리 떨어진 밀림에서 일반인과의 접촉도 없이 장기간 일하는 벌목꾼의 생활은 여러 가지 점에서 유격대의 생활과 닮았다. 벌목일을 하려는 사람은 일이나 돈에 꽤나 곤란을 겪는 무리들로, 대부분 조선뿐만 아니라 간도부근까지 유랑한 끝에 찾아온 홀몸인 사람이다. 그래서 유격대원에게는 아주 좋은 은신처라고도 할 수 있는데 일본 경찰도 그것을 잘 알고 있었다.

보천보 사건으로부터 3개월이 지났을 때, 꼬마는 다시 벌목장으로 출장명령을 받았다. 산에 도착하자 청진에서는 들은 적도 없는 여러 가지 소문이 퍼져 있었다.

"유격대는 돌격신호로 아리랑을 부른다. 그것은 반드시 여자의 노랫소리다."

"일본의 추격대는 아리랑 노래를 듣기만 해도 도망갈 곳을 찾느라 분

망하다."

등이다. 그런 소문을 들은 꼬마는, 들을 때마다 보천보를 습격한 일행 가운데 두성이 있지 않을까, 유격대 대장인 "백두산 호랑이"라는 사내는 두성이 아닐까 하는 생각이 들었다. 그러자 아리랑을 부르는 여자 가운데는 분명히 명희가 섞여 있을 것이다. 그리고 두 사람 다 어딘가 이 근처에 숨어 있지는 않을까?

전에도 꼬마는 그런 상상에 빠진 적이 있다. 서성 사장과 사냥하러 갔을 때이다. 그것에 생각이 미쳤을 때, 그의 머릿속에 터무니없는 상상이 용솟음쳤다. 사냥 3일째 아침, 사장은 동굴을 나올 때 총을 하늘을 향해서 목표도 없이 두 발 쐈다. 그리고 사냥에서 돌아오자 나뭇가지 위에 놓아두었던 작은 돌멩이가 없어졌다. 서성 사장은 총소리로 유격대에 신호를 보내고, 나간 다음 찾아온 사람이 나뭇가지를 치우고 동굴 안의 무언가를 가져갈 때, 작은 돌멩이가 없어진 것이다.

연락 상대는 두성이었던 것은 아닌가 하고도 생각했다. 서성 사장이 두성처럼 노래하는 투가 꼬마의 뇌리를 스친다. 생각해 보면 두성은 특별한 수입도 없는데, 회령에 있는 동안 그다지 돈에 쪼들리는 모습은 없었다. 그 돈은 사장이 보내고 있었는지도 모른다. 그렇다면 사장과 두성의 관계는 상당히 오래 전부터인 것이다. 꼬마의 상상은 꼬리에 꼬리를 문다.

꼬마가 산에 와서 한 달 정도 지났을 때, 예상했던 대로 일본 경찰대가 찾아왔다.

"책임자는 누구냐!"
하고 고함쳤다.

"내가 벌목 감독입니다."

"벌목꾼들을 모두 집합시켜! 몇 명이냐, 전부."

"확실하지 않습니다. 매일 바뀌기 때문에."

"어째서 매일 바뀌는 거야?"

"하루 만에 힘들어서 도망가는 자도 있고, 불쑥 찾아오는 자도 있어서….."

"그런데, 인부 명부 정도는 있을 것 아냐?"

하고 몹시 화내면서 초조해 했다. 감독은 명부를 가지고 와서 공손하게 바쳤지만, 명부 속의 이름은 어차피 9할 정도는 가명이므로 도움이 되지는 않을 것이다. 그것을 아는지 모르는지, 경찰들은 이름을 순서대로 불러 대답이 있으면 그 사내의 심문을 시작한다. 그러나 모두 극단적으로 자신의 과거를 건드리는 것을 두려워하고 있어서, 애매한 대답밖에 하지 않는다. 게다가 통역을 통해서 이야기하므로 조사는 좀처럼 진척되지 않는다.

"본적은?"

"간도의 벽촌."

"벽촌이라도 이름은 있을 것 아냐?"

"이름 따위 없습니다. 농민들이 모여 밭을 만든 곳이어서, 허어!"

하는 형편이다. 나이를 물어도, 그것조차 분명하게 대답하지 못하는 자가 많다.

"자신의 나이를 모르는 거야!"

"그런 거, 알고 있어도 소용없습니다."

"소용이 있는지 없는지, 어떻게 알아?"

"어차피 없습니다."

"멍청한 놈!"

이상한 곳에서 걸리면 과거를 꼬치꼬치 캐물을 것이 틀림없고, 결국에는 뭔가 구실을 붙여 형무소에 처넣기 때문에, 모두 다만 그저 속이는 것이다.

날이 어두워졌을 때, 경찰들은 돌아갔다. 그 모습이 보이지 않게 되자,

"저놈들, 또 올 거야."

하고, 모두들 싱글거렸다.

"이 다음은, 어딘가로 도망가는 것으로 할까?"

반나절 가까이 걸려서 심문은 아직 5분의 1도 마치지 않아서, 경찰들은 앞으로 몇 번이라고 찾아 올 것이 틀림없다. 노동자들은 몸으로 익힌 지혜로, 제각기 대책을 생각하고 있는 것이다.

'유격대원이 그곳에 서서, 순순히 심문받을 차례 따위를 기다리고 있을까? 저런 멍청한 놈들! 게다가 두성과 같은 사내를 만나면, 저런 비슬비슬한 경찰은 한주먹거리도 안 돼.'

꼬마는 그런 생각을 하면서, 일본 경찰에 대한 경멸감이 더욱 격해지는 것을 떠올리며,

'올 테면, 얼마든지 와라.'

하고 생각했다.

1937년 7월 7일, 예상했던 중국군과 일본군의 충돌이 북경의 남서에 있는 노구교(蘆溝橋)에서 일어났다. 이 부근에서 야간훈련중인 일본군 한 명이 행방불명된 것이 그 계기였다. 그러나 이것은 예전과 마찬가지

로 일본군의 수법으로, 공격개시의 구실에 지나지 않았다. 7월 말에는 일본 중국주둔군의 총공격이 개시되어, 영정하(永定河) 이북의 북경, 천진을 포함 일대가 일본군에 의해 점령되어 버렸다.

그리고 8월에는 상해에서 정면충돌이 일어났으나, 제공권과 제해권을 뺏겼던 중국군은 선전(善戰)의 보람도 없이 패해 물러나고, 12월에는 수도 남경(南京, 난징)도 일본군에 의해 점령되어버리고 만다. 그 유명한 남경대학살이 자행된 것은, 바로 이때의 일이었다. 이 사건은 1937년 12월~1938년 1월, 당시 중국의 수도 남경과 그 주변에서 일본의 중지(中支) 파견군 사령관 마쓰이 이와네(松井石根) 휘하의 일본군이 자행한 중국인 포로·일반시민 대학살 사건이다. 난징 진격 중에 약 30만 명을 살해하였고, 남경 점령 뒤에 약 4만 2천 명을 살해했다.

그후, 일본군은 서주(徐州) 작전에 의해 천진·남경의 연락선을 확보하고, 더욱이 8월에는 장개석 정권의 이전지인 한구(漢口) 공략을 개시, 10월에는 무한(武漢)을 점령해서 장 정권을 중경(重慶) 천도로 몰아넣었다. 이 결과 중국 정부는 지리적으로 지방정권 혹은 임시정부와 같은 형식을 보이게 되어 중국인 가운데조차 망국론을 주창하는 자가 나타나는 등, 국민의 사기는 점차 떨어지는 것 같았다.

조선의 혁명분자는 광대한 영토와 팽대한 인구를 가진 중국을 거의 신비적이라고 해도 좋을 정도로 신뢰했다. 만주가 일본의 괴뢰왕국으로 전락한 뒤에도, 언젠가는 다시 중국본토에 통일될 것이라고 생각했다. 지금은 은인자중하고 있지만 장개석이 일단 뜻을 굳히고 일어서기를 기대했다.

그러나 실제로 전쟁이 시작되자, 일본군은 1년 안팎에 중국의 주요 거점을 점령해버려 조선혁명분자의 막연한 희망은 무참하게 부셔져버렸다. 온돌 위에서 이불을 머리까지 뒤집어쓰고 매일같이 실시되는 제등행렬의 소동을 창 밖에서 들으면서, 초췌하게 원통한 눈물을 흘리는 조선인은 그 수가 한이 없었다. 그리고 그 행렬 속에는 부모의 속도 모르고, 일본인에게 끌려나와 무심하게 일본의 군가를 부르는 그들 자신의 아이들 또한, 수없이 많았다.

2

쪽마루의 누나는 특히 어디가 나빠졌다든가 열이 있는 것도 아닌데, 극단적으로 쇠약해져서 노구교 사건 때부터 결국 자리를 보전하는 상태가 되어버렸다. 때때로 죽을 마시는 정도이고 그 외에 아무것도 먹지 못할 정도로 식욕도 없어, 마침내 의식불명이 되었다. 살은 홀쭉하게 빠지고, 눈이 움푹 패인 데다가 머리카락이 눈처럼 희어서, 아직 마흔 안팎임에도 불구하고 노인 같은 모습으로 변해 잘못 만든 밀랍인형과 흡사했다.

그러나 설날 전후부터 의식을 회복하는 순간이 많아지고, 그때는 짧은 말을 했다. 혀가 잘 돌아가지 않는 데다가 말 자체가 짧아서, 잘은 모르지만 죽은 남편이나 서성에 관한 말이 많은 듯했다. 남편의 이름을 부를 때는 항상 슬픈 눈을 하고, 동생 서성에게는 걱정스런 표정을 했다. 무의식중의 헛소리는 아니었다.

갑자기 증상이 악화한 것은 2월 중순경이다. 가끔의 죽조차 먹지 못해서 혼수상태가 계속되고 맥박도 느껴지지 않을 만큼 쇠약한 정도가 심해졌다. 그러나 한편, 남편이나 동생의 이름은 지금까지보다도 훨씬 빈번하게 불렀다. 때로는 양손을 공중에 허우적거려, 마치 부르는 사람의 몸을 혼신을 다해 만지려고 하는 것 같았다.

그녀의 시아버지와 시어머니가 서성이 내준 차로 멀리서 찾아왔다. 친정 부모의 방에서 마주앉은 네 사람은 서로의 얼굴을 쳐다보기만 할 뿐 잠시 아무 말도 하지 않았다. 그리고 생각난 듯 머리를 숙이고 또 지그시 쳐다보고 있다. 20년 만에 얼굴을 마주한 사돈의 만남 치고는 실로 이상한 대면이었다.

이 대면 후에 시골의 노부부는 며느리의 병실로 들어갔다. 시어머니는 감정을 억제하지 못하고, 뼈와 피부만 남아있는 병상의 며느리를 이불 위에서 꽉 껴안았다. 그러자 며느리는 할머니의 귀에 남편의 이름, 즉 할머니 아들의 이름을 두세 번 반복해서 불렀다. 그리고 그날부터 10일 정도 지난 3월 1일 아침, 그녀는 결국 저세상의 사람이 되었다. 눈도 비도 내리지 않는데 검은 구름이 하늘을 뒤덮고 낮에도 황혼과 같이 어둡고 슬픈 날이었다.

서성은 누나의 시체를 하얀 소나무 관에 안치해서 운전수와 도와주는 사람들의 손을 빌려 트럭에 실었다. 부인이 그 위에 하얀 천을 덮었다. 의식도 조문객도 없는 쓸쓸한 장례식이었다. 고인의 동생인 서성과 그 처가 차에 함께 타고 가며 관을 지켰다. 트럭은 노부부의 거처를 향해 돌멩이투성이의 시골길을 달렸다. 부인이 서성의 아버지의 방에서 따온 보랏빛 제비꽃이, 트럭이 흔들릴 때마다 관 위에서 살아 있는 것처럼 움직이다가 어느새 바람과 모래먼지에 뒤섞여서 날아가 버렸다.

노부부는 트럭의 소리를 듣고 오두막집에서 나왔다. 관이 트럭에서 내려지자 묵묵히 바라보던 두 사람은 그 앞에 서서 집 뒤쪽으로 사람들을 이끌었다.

"이것이 아들의 무덤입니다. 그 옆에 묻어주세요."

봉분도 없고, 묘비조차 서 있지 않아서 무덤이라고는 아무도 생각하지 못할 것이다. 어느새 외눈 고양이가 와서 그 무덤 위에 앉아 있다.

"용서해주세요. 당신은 아들에게는 신분에 어울리지 않는 며느리였습니다. 아까운 사람이었습니다."

구덩이에 내리려는 관에 할머니가 매달려 오열했다. 할아버지가 살짝 안아서 뒤로 끌어당겨, 구덩이에 내린 관 위에 서성이 한 줌의 흙을 던졌다. 약간의 참례자가 모두 그 뒤를 따랐고, 관을 묻자 남편의 묘와 똑같이 평탄한 묘를 만들었다. 할아버지가 무슨 생각을 했는지 나뭇가지를 하나 주워 와서 아직 부드러운 묘의 한가운데 꾹 꽂았다. 이것으로 장례는 끝난 것이다.

그리고 2주 정도 지나서 노부부가 죽었다는 소식이 있었다. 서성과 희영은 같은 트럭으로 또다시 시골로 향했다. 이번은 관이 아니라 관으로 쓸 소나무 판자를 싣고서이다.

불과 2주일 사이에 봄은 꽤 가까이 온 듯해서, 길가는 농민들의 옷도 눈에 띄게 가벼워지고 아이들도 흙장난을 시작했다. 이윽고 버드나무도 싹을 틔우고, 개나리도 필 것같이 따뜻했다.

노부부는 깨끗하게 빨아서 새로 꿰맨 이불 위에 마주보고 앉아, 몸을 앞으로 구부리고 죽었다. 얼핏 봤을 때는 졸고 있기라도 한 것처럼 독(毒)으로 고통스런 흔적도 보이지 않고, 도무지 믿을 수 없을 정도로 평화로운 얼굴이었다. 그 옆에, 아마 독이 든 그릇이라도 핥은 것인지, 그 애꾸눈 고양이가 쓰러져 있다. 방의 벽에는 먹으로 달필의 문자가 쓰여 있었다. 노인의 유서이다.

"통곡하며 단군의 후예에게 비노니, 반드시 이 원한을 갚아라."

부인은 남편의 뒤에서 이 유서를 보고 있었는데, 관을 밖으로 운구하자 운전수에게 지시해서 집을 태워버리게 했다. 돌멩이투성이의 들판에 세워진 이 오두막집은 휘발유를 뿌려서 불을 붙이자 사라지듯 완전히 타버렸고, 불은 마른 풀에조차도 옮겨 붙지 않았다. 그리고 노부부를 아들 부부의 옆에 묻고 뒤를 평탄하게 하자, 그들이 이 세상에서 살아온 증거는 이제 흔적도 없다. 그 위를 가벼운 봄바람이 나뭇가지를 바스락바스락하고 무심하게 싣고 와서 지나간다.

3

누나와 노부부의 장례식이 끝나자, 서성은 곧 도쿄에 갈 준비를 시작했다. 예에 따라 희영도 동행하므로, 상무는 거의 매일과 같이 두 사람과 부재중의 일을 의논했다. 정숙이 경성의 전문학교를 졸업해서 돌아온 것은 꼭 이 무렵이었다. 그녀는 오빠 부부가 도쿄에 가는 준비로 바쁜 것을 알아차리고, 자신에게는 아무런 이야기도 없어서 매일 몹시 쓸쓸한 얼굴을 하고 있다. 그런 정숙에게 부인은 모르는 체하는 얼굴을 했다.

"아가씨는 이제 어린아이가 아니에요."

하고, 차갑게 대했다.

"알고 있어요."

"아버지와 어머니를 잘 보살펴 드려요."

"예."

"시집가는 것도 잘 생각하고."

"예."

"나는 이제 몰라. 신랑도 아가씨 스스로 찾아야 해요. 알겠죠?"

"예."

"오빠가 너무 응석부리게 해서 보기 좋지 않았던 거야."

"미안해요."

"나는, 아가씨가 싫어."

"새언니!"

"아가씨, 대체 어떻게 할 생각이에요? 멀지 않아 곧 서른이야. 그리고 또 곧 마흔이 되고….."

도쿄로 가는 날까지는 앞으로 이틀이라는 밤, 상무와 주임들 4명이 최후의 논의를 위해 찾아왔다. 저녁식사 후였는데, 술을 마시면서 이야기에 열중했고 돌아갈 때는 정숙도 쪽마루에 나와서 인사했다. 그리고 돌아보니 희영이 서성의 방으로 오라고 한다. 서성은 조금 취한 듯 붉은 얼굴을 하고 있었지만, 기분은 좋아 보였다.

"오늘은 착한 아이였으니, 상을 줄게요."

하고, 희영이 말을 꺼냈다.

"괜찮아요, 새언니, 나, 이제 아이가 아니니까."

"그래? 그건 유감이네. 도쿄에 데려가려고 생각했는데."

희영은, 서성의 얼굴을 곁눈으로 보면서 말했다.

"새언니!"

정숙은 갑자기 부인에게 달려들어 안겼다.

"아가씨, 지금, 아이가 아니라고 방금 말했잖아요?"

"예."

"그러면, 좀더 어른답게 해요."

"예!"

하면서도, 정숙은 역시 새언니의 목에 매달려 아이와 같이 웃고 있다. 요 며칠의 우울은 순식간에 날아가고, 천진난만한 기쁨이 그것을 대신했다.

청진에서 도쿄로 가는 데는 이틀 밤이나 기차 안에서 자지 않으면 안 된다. 상당히 긴 여행이다. 서성도 희영도 그 사이, 회사의 서류를 대충 훑어보거나 책을 읽거나 했지만, 정숙만은 초조한 듯 내내 창밖의 경치에만 눈길을 주고 있다. 3년 만에 철이를 만난다는 그 기쁨이 젊은 몸의 구석구석까지 넘치고 있는 것 같다.

"좀 자두는 것이 좋지 않겠어요?"

하고, 희영이 말해도, 역시 잠들지 못할 것이다. 잠시 꾸벅꾸벅하더니 곧 눈을 떴다. 그리고

"지금, 어디쯤이야?"

하고, 같은 질문을 몇 번이나 반복했다.

도쿄 역에는 철이가 마중 나왔다. 이번 봄에 대학을 졸업한 그는, 양복에 넥타이를 매고 길게 자란 머리카락이 바람이 불자 흐트러지는 그 모습은 나이보다도 늙어보였다. 세 사람을 발견하고 빠른 걸음으로 다가오는 철이를 본 정숙은, 갑자기 창피해서 희영의 뒤로 숨어버렸다.

"무슨 일이야?"

하고 철이가 들여다보자, 그녀는 묵묵히 그의 눈을 바라다보고, 그리고 갑자기 튀어나와서,

"철이 씨!"

하고 외치면서, 그의 팔에 매달렸다.

호텔에는 방을 3개 잡아서, 서성 일행이 머무는 중에는 철이도 함께 묵도록 했다. 방에 자리 잡자 서성은 감회가 깊은 듯 말했다.

"10년 만인가. 도쿄는."

"그렇게 되나요?"

하고 희영도 서성을 쳐다본다.

"나중에 내가 있었던 하숙집이라도 한 번 가볼까?"

그러나 서성이 하숙했던 집은 이미 헐리고 큼직한 2층 기와집으로 바뀌었다. 그뿐만 아니라 그 근처도 본 적도 없는 집들이 신축되어 집단을 이루고 있었다.

"철이 씨, 보고 싶었어?"

하고, 시가를 걸으면서 정숙이 묻는다.

"응….."

"어느 정도?"

"어느 정도라니… 그런 거, 자로 잴 수 있는 게 아니잖아."

"많이 보고 싶었어? 아니면 많이많이, 아니면 많이많이많이?"

"……."

"몰라?"

"몰라."

"그렇지 않아요."

"……."

"어째서, 편지 보내지 않았어?"

"몇 번이나 보냈잖아, 못 받았어?"

"조금은 받았어. 그런데, 몇 통 썼는지 기억해?"

"그런 거 기억 못해."

"여덟 통이야."

"여덟 통이나 썼었니?"

"3년간 겨우 여덟 통이야. 약속이 틀리잖아?"

"무슨 약속?"

"내 꺼 네 통에 한 통은 쓰기로 했잖아. 잊었어?"

"아니. 잊지 않았어."

저녁 식사 후 극장에 갔고, 호텔로 돌아왔을 때는 밤도 꽤 깊었다. 그러나 희영은 철이에게 그들의 방으로 오라고 했다.

"쪽마루의 시누이가 돌아가셨어요."

희영이 말을 꺼냈다.

"그 시누이는 19년 전 1월에 결혼했습니다. 매우 추운 날이었던 것 같아요. 그리고 경성으로 갔어요. 남편도 나중에 함께 살았던 거예요."

"그렇습니까?"

"그리고 저, 숙명적인 3월 1일이 찾아왔어요."

"……."

희영은 설명할 필요도 없는 1919년 3월 1일의 시위운동을 말하고 있는 것이다.

그날, 조선인은 경성의 파고다공원에서 독립을 선언하고 전국적으로 일대 시위운동을 일으켰다. 경성뿐만 아니라 평양, 원산, 의주 등에서도 이 운동은 동시에 발생하여, 전부 약 2백만 명의 조선인이 참가했다고 했다. 당연한 일이지만 일본군에 의해 무력탄압 되어, 사망자만 7천 명, 부상자나 투옥된 자의 수는 수만 명에 이른다고 한다. 대충 상상은 했지만 새삼스레 똑똑히 듣자, 새로운 감회가 철이의 가슴을 스쳐갔다.

"시누이도, 시누이의 남편도 물론 참가했던 겁니다. 남편도 함께였어요. 그때는 아직 14살이었어요."

"……."

"시누이의 남편은, 시누이와 남편이 보는 앞에서 일본 군인에게 무지막지하게 찔려 노상에서 절명했어요. 시누이는 그것을 바라보면서 발광한 겁니다. 아직 스물, 결혼한 지 겨우 두 달째였어요."

철이에게는 그 광경이 또렷이 보였다. 피투성이로 노상에서 죽어가는 젊은이, 그것을 바라보면서 미쳐가는 스물의 젊은 부인, 그녀도 정숙과 같이 일편단심으로, 그 사내를 계속 사랑하고 있었던 것이다.

긴 침묵이 이어졌다. 세 사람 모두 제각기, 그러나 같은 것을 생각하는 것이 틀림없다. 서성은 양손에 턱을 괴고 창 아래의 전차 소리에 귀를 기울이고 있는 듯이 보이고, 희영은 이유도 없이 손끝으로 스탠드받침을 계속 문지르고 있다. 가끔 복도를 걷는 발소리가 들렸는데, 두꺼운 카펫을 밟는 그 소리는 약간 속삭임과도 같았다.

"3년 전에, 정숙과 시골에 간 적이 있었지요?"

희영이 불쑥 말했다.

"예."

"시누이의 시댁이에요. 그 시아버지도 시어머니도 돌아가셨어요."

"두 분 다?"

"예, 시누이가 죽고서 바로…. 두 분은 아들이 죽고 곧바로 그곳으로 이사했어요. 죽으러 간 겁니다."

"……."

"그런데 인간이란, 죽으려고 해도 좀처럼 죽지 않는 거예요. 게다가 꼭 일본이 망하는 것을 보고 싶었을 거예요."

"……."

"내가 왜, 정숙이 당신에게 다가가는 것에 반대했는지 알겠어요?"

"예."

"그런데, 저…."

희영은 똑바로 철이의 눈을 바라보았다.

"나, 더 이상 반대하지 않기로 했어요."

"……."

"정숙은 오늘부터 당신에게 맡기겠어요. 살리든지 죽이든지 마음대로 하세요."

"……."

"그 대신, 당신이 일체의 책임을 지는 겁니다. 당신에게도 전혀 책임이 없다고는 할 수 없겠지요?"

"죄송합니다. 그런데…."

"그런데, 뭐예요?"

"다만, 정숙에게 상처를 주고 싶지 않았습니다."

"……."

"그런 권리는 없다고 생각했습니다."

"정숙을 좋아했던 거죠?"

"……."

"그러니까, 당신에게도 책임이 있다는 거예요. 행복하게 해주지 않으면 안 돼요!"

"……"

"이건 물론 나만의 생각이 아니에요. 남편과도 잘 상의한 일이에요. 알겠지요?"

"……"

"왜 그래요?"

"……"

"가만히 있으면, 승낙한 것으로 알겠어요."

"……"

"좋아요. 그러면 가보세요. 걔, 틀림없이 방에서 고대하고 있을 거예요."

미소 지으면서 말하는 희영의 말은 상냥했지만, 그러나 더할 나위 없이 쓸쓸해 보였다.

4

자재부족을 메우기 위해 조선에서는 이전부터 필리핀 목재를 수입하고 있었는데, 조선의 목재처럼 강인하지 않았다. 게다가 가격이 비교적 비싸며 나무색도 조선에 어울리지 않아 그다지 인기가 없었다. 더욱이 근래 저렴한 재목자원(材木資源)의 확보가 갑자기 문제가 되어서, 서성은 알래스카 목재에 눈을 돌려 현지와 연락을 취하면서 일본 정부에 현지조사를 하고 싶다고 진정했다.

이번 도쿄행은 지금까지 소극적이었던 일본정부가 금년 들어서 갑자기 서성의 계획에 호의를 보여 알래스카 여행을 승인한다는 의중을 통지해왔기 때문이다. 출항까지의 짬에 도쿄 구경을 겸해, 철이의 문제도 매듭을 지으려고, 갑자기 도쿄행을 하게 된 것이었다.

철이의 문제도 결말이 지어지자, 희영은 어디라고 할 것 없이 평상시의 그녀와는 완전히 다른 여자로 변해버렸다. 아침 식당에 와서도 전혀 음식에 손대지 않고, 멍하니 의자에 기대고 있다.

"먹지 않을래?"

"글쎄."

"커피라도 마셔."

"글쎄."

서성이 커피에 설탕을 넣고, 스푼으로 저어 입에 갖다 대자,

"써요!"

"설탕을 좀더 넣을까?"

"글쎄…."

"크림은?"

"예."

하고, 전혀 반응이 없다. 그런가 싶었는데, 혼자서 갑자기 신바람이 나서, 그다지 재미도 없는 농담을 하면서 오래도록 자지러지게 웃기도 했다.

"당신, 나쁜 사람이야."

아코로시의 묘지에 가려고 탄 택시 안에서, 희영은 남편의 어깨에 기대면서 께느른하게 말했다. 아코로시〔赤穂浪士, 에도(江戶) 시대인 1703년 1월 30일, 심야에 옛 주인인 아사노 나가노리(淺野長矩, 아코(赤穂) 번

436

의 3대 영주)는 그의 원수인 기라 요시히사(吉良義央)의 저택을 습격해서, 기라 요시히사와 그 가신(家臣)들을 살해한(元祿赤穗事件) 전 아코번 무사 오이시 요시오(大石良雄) 이하 47인의 무사들의 묘지가 도쿄도 미나토구 다카나와(東京都港區高輪)의 센가쿠지(泉岳寺)에 있다.

"지금 와서 그런 말을 해도 소용없어."

"그렇게 생각해?"

"그럼."

"나, 재혼할까봐."

"이혼도 하지 않았는데 재혼은 이상해."

"이상한 거예요? 지금도 구혼자는 얼마든지 있어요."

"그건 처음 듣는 소리네."

"당신?"

"응."

"당신?"

"뭐야!"

"사랑해?"

"바보!"

"정말! 나, 사랑해?"

"당신, 대낮부터 취했어?"

하고, 서성은 상대하지 않았지만, 열심히 아내를 돌보고 있고, 또한 아내도 아이처럼 응석부리는 느낌이었다.

밤, 잠자리에 들기 전, 정숙이 철이의 방으로 들어와서 이해할 수 없다는 표정이었다.

"저 두 사람, 이상해."

"어째서?"

"내가 있는데도, 오래도록 키스하는 거야."

"……."

"새언니는 키스하면서 울고 있어, 뺨에 눈물이 가득했어."

"아마 옛날을 떠올렸던 거야."

"그렇다면 괜찮지만."

"걱정하지 마, 어른이야."

"정말로 그렇게 생각해?"

정숙은 다소 안심한 얼굴이 되었다. 그리고 새언니 일 따위는 잊은 듯,

"버리면 안돼요."

라고 하면서, 철이에게 달라붙었다.

그 다음날부터, 서성 부부는 철이와 정숙을 내버려두고 종종 여행을 갔다. 대개 하룻밤이나 이틀 밤을 묵는 짧은 것이었지만, 돌아오면, 대개 취해 있어 어떤 때는 서성이 희영을 안고 겨우 침실로 데리고 갈 정도였다. 옆에서 보기에는 얼핏 즐거운 듯 보였지만, 속에는 말 못할 쓸쓸함이 괴어 있다. 그리고 봄도 끝나갈 무렵, 서성은 요코하마(橫浜)에서 하와이로 출발했다. 붉은 큰 꽃을 가슴에 단 희영은 남편이 던져준 테이프를 꼭 쥐고 배가 아득히 보이지 않아도 부두를 떠나려 하지 않았다.

"새언니, 돌아가요."

재촉하는 정숙을 돌아본 희영은, 갑자기 정신을 잃고 쓰러졌다. 그리고 겨우 의식을 되찾았을 때, 당황해 하는 정숙을 가만히 바라보고,

"나, 바보야. 내일은 청진으로 돌아가야 하는데…."
하고, 창백한 얼굴에 평온한 미소를 지으며 말했다.

5

2개월 예정으로 미국으로 간 서성은, 그러나 3개월이 되어도, 4개월이 되어도 돌아오지 않았다. 그리고 5개월째가 된 어느 날, 경찰 한 무리가 회계전문가를 데리고 갑자기 서성의 회사로 밀고 들어와서, 장부나 서류를 뒤지기 시작했다. 헌병까지 이윽고 이 조사에 가세했다.

개나리꽃이 피고 두만강의 얼음도 녹아 슬슬 뗏목을 흘려보내기 시작하는 초봄이 되자 난데없이,

"서성 사장은 미국으로 망명했다."
라는 소문이 쫙 퍼졌다. 교우관계도 조선인보다는 오히려 일본인 쪽이 많을 정도로 큰 회사의 사장이 망명했다는 것은, 사람들을 놀라게 하기에 충분한 사건이었다. 일본관헌은 바로 서성의 재산몰수를 시작했는데, 거기서 밝혀진 것은 서성에게는 재산다운 것이 거의 없다는 것으로, 대부분은 부인이나 여동생 그리고 부모의 명의로 되어 있었다. 요컨대, 서성의 망명은 오랜 동안 계획되었던 것이다.

회사는 주식회사로 되어 있었고, 또한 일본에서도 회사가 무너지는 사태를 바라지 않는 사람들이 많았기 때문에, 서성의 망명이 회사의 운명에 미치는 영향은 거의 없다고 해도 좋았다. 게다가 일본 측으로서도 서성과 같은 이른바 명사(名士)가 이러한 사건을 일으킨 것은 정책상으로도 가능하면 잊어버리고 싶었고 이러한 상황도 성가(家)에 유리했다고 할 수 있다.

희영은 이 부분의 미묘한 동향을 속속들이 간파해서, 때로는,

"당신들이 서성 사장을 어떻게 한 것은 아니겠죠!"

하고, 헌병대나 경찰에게 반박할 정도였다.

그럼에도 불구하고 서성의 망명은 일본이 걱정하고 두려워한 것처럼, 일부 조선인 사이에 끝없는 로맨틱한 환상을 불러일으켰다. 미국은 선교사 같은 코가 큰 사람들만이 사는 먼 나라로, 조국의 광복을 위해 아버지도 어머니도 더욱이 젊고 아름다운 아내마저 버리고 사라져간 사내가, 자신들과 똑같이 피와 살로만 되어 있다고는 도저히 생각할 수 없었기 때문이다.

그리고 상황을 종합하면, 이 계획은 저 남겨진 젊은 부인과 함께 실행한 것이 분명하므로 사람들은 서성의 부인에 대해서도 일종의 외경(畏敬)의 마음을 품기 시작했다. 희영의 얼굴을 보고 싶어 성가(家)의 언덕 아래에서 하루 종일 왔다 갔다 하는 사람까지 등장했다. 검은 양장에 몸을 감싼 서른 안팎의 부인의 미모를 접한 사람들은 한결같이 넋이 나간 경험을 했던 것이다.

그러나 이 아름다운 모습도 부인이 점차 회사에 나오지 않게 되고, 더욱이 상무가 사장이 되자 언제부터인가 사람들로부터 멀어져갔다. 희영은 집에서도 점차 나오지 않고 서성의 거실에서 책을 읽거나 음악을 듣는 나날을 보냈다.

서성 사장의 망명 소문은 당연히 벌목장의 꼬마의 귀에도 들어갔다. 그는 자신의 상상이 너무나도 적중한 것에 깜짝 놀람과 동시에, 서성 사장이 자신에 대해서 특별한 신뢰를 가져준 것 같은 기분이 들어서 매우 기뻤다.

'그래서, 사냥에도 나를 데려간 거야.'

그런 생각을 하면서 걷고 있자, 벌목꾼 한 사람이 빠른 걸음으로 다가와서,

"헌병이 왔어!"

하고, 목소리를 낮춰 속삭였다. 벌목꾼 말대로 상당수의 일본 군인이 나무 둥치나 잡초에 몸을 숨기면서 벌목장을 포위하고, 서서히 그 포위망을 좁히고 있는 것을 알 수 있었다. 꼬마는 살금살금 걸어서 모여 있는 인부들에게 경고를 하고 사무실로 돌아가 차가운 나무의자에 앉았다.

보천보 사건 이래, 국경경비는 날마다 엄중해져서 많은 조선인이 지하조직에 관계했다는 혐의로 체포되었다. 이번도 또한, 벌목꾼 가운데서 몇 명을 체포하려는 것이다. 포위망이 좁혀짐에 따라 총에는 칼을 꽂고 모자의 끈을 턱까지 내려서 전투태세에 들어간 군인들이 또렷이 보였다. 이렇게 삼엄한 것을 보면, 지하운동의 혐의자는 한두 명이 아니라고 꼬마는 생각했다.

어느새 밥 타는 냄새가 주변에 진동했다. 취사장 무리들이 밥을 안친 채로 사무실로 와버렸던 것이다. 그때, 굉음이 나고 해질녘 숲속 아득히 빨간 불꽃이 사방으로 흩날렸다. 군인들은 함성을 지르면서 일제히 다이너마이트가 폭발했다고 생각되는 방향으로 내달렸다. 그러나 그 용맹스런 함성은 곧 와자지껄한 소음으로 바뀌었다. 아무런 수확도 없었던 것이다. 군인과 경찰들은 우르르 사무실로 찾아왔다.

"벌목꾼은 이게 전부냐!"

경찰 한 명이 꼬마에게 아주 서슬 푸른 얼굴로 물었다.

"전부라고 생각합니다만 세어 보지는 않았습니다."

"세어 봐!"

그러나 세어 봐도 실은 알 수 없다. 그런데, 아무튼 그런 흉내를 내고

"어쩐지 두 사람이 모자라는 것 같습니다."

하고, 보고하자,

"바보 같은 놈, 같습니다는 뭐야!"

경찰이 갑자기 꼬마의 뺨에 일격을 가했을 때, 조금 전 폭발이 일어
났던 것과 같은 방향에서, 아까보다 더 큰 폭발이 일어났다.

"흩어져서 이 잡듯이 샅샅이 찾아!"

대장인 듯한 중위가 큰소리로 고함치며, 지휘도(指揮刀)를 빼서 선
두에 섰다. 꼬마나 인부들도, 이 폭발이 자신들을 노리는 것이 아니라
는 것을 알자 대담해져서 군인들의 뒤를 우르르 따라갔다.

폭발지점에 도달했지만 또다시 수확은 없었다. 그러자, 군인들은 이
번에는 두만강, 요컨대 국경 쪽으로 향했다. 아마, 강을 건너서 간도
쪽으로 도망갔다고 생각한 것이다. 두만강의 물결은 절벽 아래에서 그
림처럼 파랬다. 기슭도 역시 절벽이었는데, 키가 작은 잡목으로 뒤덮
여 있다. 그것을 내려다보던 군인 한 명이,

"있어! 있어, 있어."

하고 외치면서, 무차별적으로 총을 쏘기 시작했다. 잡목 사이에서 사
내 두 명이, 불쑥 일어서 강으로 뛰어들었다.

"쏴!"

하고 중위가 외치자, 절벽 위에서 강 속의 두 사람을 목표로 일제히 사
격의 불을 뿜었다. 동시에, 기슭에서도 마치 호응하듯이 요란한 기관
총 소리가 울렸다. 기슭에서 불쑥 일어선 덩치 큰 사내가, 손에 든 기관

총으로 엄호사격을 하면서 하류로 달려갔다.

"두성!"

꼬마는 거의 입에서 튀어나오려고 했던 외침을 간신히 삼켰다. 어두워지고 있었지만, 그리고 기관총 소리에 반사적으로 잡초에 머리를 처박았지만, 그 순간에 본 얼굴은 분명히 두성이었다. 결코 잘못 볼 리가 없는, 잊으려고 해도 잊을 수 없는 두성의 모습이었다.

기관총 소리가 그쳐서 머리를 들자, 기슭도 이쪽도 쥐 죽은 듯이 조용하고 지금의 소동이 잠깐 동안의 꿈같았다. 군인들이 포기하고 사라진 뒤, 벌목 인부들은 밥을 먹는 것도 잊고 방금 본 사건을 서로 이야기했다. 화제의 중심은 뭐니 뭐니 해도, 기관총을 손에 쥔 저 기슭의 덩치 큰 사내였다.

"저 사람이 백두산 호랑이인가?"

라는 것이 이야기의 초점이다. 그러나 '호랑이'를 봤다는 사람이 많이 있을 터인데도, 저 사내가 '호랑이'라고 단언하는 자는 한 사람도 없었다. 그날 밤, 잠자리에 든 꼬마는,

'오늘 일을 어떻게 철이에게 알릴까?'

하고, 흥분이 가시지 않은 채로, 오래도록 계속 생각했다.

제3부

황하 黃河

부재 不在 · 진주만 眞珠灣 · 회양 淮陽

부재 不在

1

일본군이 남경(南京)과 뒤이어 무한(武漢)을 점령하고, 장개석 정권을 중경(重慶)으로 쫓아버리고 있을 즈음, 백인 세계인 유럽에서도 급격한 변화가 일어나고 있었다. 히틀러와 그가 거느린 나치당은, 군비확장과 내부숙청에 성공하자 노골적으로 유럽의 군사적 제패에 나섰다. 나치는 제일 먼저 오스트리아를 합병하고 이어서 체코슬로바키아의 슈데텐(Sudeten) 지역의 군사점령을 계획했다.

이리하여 히틀러의 영토야심은 명백해졌으나, 영국은 독일과 일전할 전의(戰意)도 준비도 없었기 때문에, 당시의 수상 체임벌린은 뮌헨회담에서 최종적으로 히틀러의 슈데텐 점령을 인정하고 말았던 것이다.

체임벌린의 이 유화정책은 틀림없이 한때는 전쟁을 회피해서 평화를 바라는 영국과 프랑스 양 국민의 절대적인 지지를 얻었다. 그러나 잘 생각해 보면, 장개석이 일본에 만주점령을 양보하고 중국 본토로부터 일본군을 격리하려고 한 정책과 매우 닮았다. 그렇다면 이것은, 결국 일본과 중국 사이에 전면전쟁이 일어난 것과 똑같은 결과가 유럽에서도 히틀러의 군국주의 앞에 닥쳐온다.

걱정하고 두려워했던 대로 뮌헨회담으로부터 불과 반년 후인 1939년 3월, 히틀러는 체코슬로바키아를 일거에 점령했다. 체코의 국민과 국

446

토의 운명을 히틀러에게 일임한다는 "기괴한 문서"에 조인한 결말이다. 그러나 영국이나 프랑스도 아직 개전(開戰)을 단행할 용기는 없었고, 다만 폴란드와의 상호원조조약을 체결해서 정치적으로 독일을 견제하려고 꾀한 것뿐이었다.

히틀러는 9월 1일, 폴란드를 침략해 10일도 되기 전에 폴란드 군을 박살냈다. 조약의 의무상 영국은 마침내 독일에 선전포고하고, 프랑스도 이에 따랐지만, 양국의 군대는 서부전선에 주둔한 채였으며 실질적으로는 무엇 하나 폴란드에 도움을 주지 못했다.

반대로 다음 해 봄, 독일군은 네덜란드, 벨기에, 프랑스에 대해서 일제히 공격을 개시하고 뒤이어 파리로 진격했다. 프랑스는 단독강화에 조인하고, 영국의 원정군은 급진해오는 독일군 때문에 저 유명한 됭케르크의 비참한 퇴각이 불가피했다. 체임벌린은 결국 사임하고 처칠이 수상이 되었는데, 때는 이미 늦은 감이 깊었다.

이보다 먼저, 무솔리니의 독재하에 있던 이탈리아는 아프리카 유일의 흑인왕국 에티오피아를 정복하고, 히틀러가 체코슬로바키아를 점령하자 그 틈에 알바니아를 점령하는 꼴로, 일본, 독일, 이탈리아의 3국에 의한 군사침략은, 이때 그야말로 절정을 이루었다.

파리 함락 며칠 전에, 정숙은 철이에게서 편지를 받았다. 여동생 혜순의 결혼식에 자기 대신 가달라는 것이었다. 회령은 처음은 아니지만, 철이의 부탁으로 가는 것이라고 생각하니 기차 여행중에도 가슴이 두근두근했다. 그리고 왠지 모르게 즐거운 기분이었다.

회령역에는 혜순이 마중을 나왔다. 엷은 감색 한복에 같은 색의 핸드백을 손에 든, 살갗이 흰 그녀는 눈부실 정도로 아름다웠고, 기분 탓인지 이미 신부의 매력을 주변에 흩뿌리고 있는 것 같았다.

"오래간만이에요. 새언니."

하고, 인사한 그녀는,

"새언니라고 불러도 괜찮죠?"

하고, 생각난 듯 묻는다.

"혜순 씨, 너무 예뻐졌어요."

인사말이 아니라 진심으로 감탄하면서, 정숙은 지그시 혜순을 바라보았다.

초여름의 바람이 살랑거린다. 철이와 5년 전, 처음 왔을 때는 겨울이라서 주변의 황량한 분위기도 그다지 이상하다고는 생각하지 않았다. 그러나 6월 초의 지금도 역시 살풍경인 것에 정숙은 말할 수 없는 감회를 느꼈다. 산들바람과 역전의 식당 옆에 있는 느릅나무가 간신히 회령에도 여름이 가깝다는 것을 알리고 있었다. 그런데도 우러러보이는 저 오산에는, 가을의 흔적인 다갈색이 눈에 띈다.

'철이 씨는 이런 형편없는 시골 출신 주제에 거드름 피우네.'

하고 생각하니, 정숙은 치밀어 올라오는 미소를 억누를 수가 없었다.

두 사람은 검댕으로 더러워진 철도 연변의 길을 남쪽을 향해서 걸었다. 아주 맑아서, 한낮의 태양이 찬란하게 그녀들의 위에 내리쬐고 있었으나, 6월 치고는 서늘한 날이었다.

"새언니 죄송해요. 먼저 시집가게 되어서."

"괜찮아요, 그런 거. 남편은 어떤 사람?"

"어떤 사람인가 하면, 아주 평범한 사람. 회사에 다녀요. 그런데, 새언니는 언제 결혼하세요?"

"글쎄요."

"모르세요?"

"몰라요. 나는 그저 떠돌이별이에요. 해님 주위를 빙글빙글 돌고 있는 그것만으로도 좋아요."

"해님은 오빠를 말하는 거예요?"

"네, 난 그것으로 충분히 행복해요."

"어머, 봉건적이네요!"

"그런가요?"

"오빠한테 그런 이야기를 했어요?"

"아니요, 그렇지만 그 사람도 알고 있어요."

"그래서 오래도록 돌아오지 않는 거예요. 대체 오빠는 무슨 심산인 거예요?"

"도쿄에서 만났을 때는, 2년 있으면 돌아간다고 했는데…."

"벌써 2년이 되지 않았어요?"

"머지않아 돌아올 거예요."

"그러면 새언니가 너무 불쌍해요."

"어째서요?"

"그렇잖아요."

"바보구나, 혜순 씨."

"……."

"내가 오빠랑 결혼하면 괴롭혀 줄 거예요. 그래도 괜찮죠?"

"새언니!"

철이의 집에 도착하자, 아버지와 어머니가 마당에서 기다리고 있다.

겨우 5년 사이에 두 사람 다 완연히 나이를 먹어, 중년이라기보다는 오히려 노년이라는 느낌이었다. 아들이 오래도록 돌아오지 않아 쓸쓸할 것이라고 생각하니 정숙은 마음이 아팠다. 그러나 어머니는 싱글벙글하면서 그녀의 눈을 들여다본다.

"정숙인 점점 예뻐지네요."

하고 기뻐했다.

"정숙인 성(城) 같은 집에서 살고 있다고 하던데. 그래요?"

"아니에요, 어머니."

"그런데도 또 이렇게 누추한 곳에 곧잘 찾아오셨네."

"저, 여기가 아주 좋아요."

"이런 곳이 어째서 좋은가요?"

라고 말하면서, 그녀는 정숙을 뒤쪽으로 안내한다. 5년 전보다 훨씬 자란 버드나무 아래, 목제 의자와 테이블이 이미 정리되어 있다.

"집 안은 성가시니까, 여기서 무언가 먹도록 해요."

가정부 여자가 작게 자른 수박을 쟁반에 담아 갖고 오자, 어머니는 정성스럽게 씨를 발라내서 정숙에게 건네주면서,

"이것은 회령 것이 아니에요. 남쪽에 여행 갔다 온 친척이 선물로 가져왔어요. 정숙이에게 먹이려고 아침부터 차게 해두었어요."

하고, 권하는 것이었다.

앞으로 결혼식이 2, 3일이나 남아 집안 분위기도 차분해서 정숙은 혼자서 마을로 나왔다. 모르는 사람이 미소를 보내거나 목례를 하는 것을 보자, 그녀의 소문이 상당히 마을에 퍼진 것 같았다.

중학교 앞에도 가봤다. 생각한 것보다 훨씬 큰 건물이었다.

'이 교문을 철이 씨는 수없이 지나다녔을 거야.'

문득 철이가 그리워진 정숙은, 교문을 지나 안으로 들어갔다. 학생들이 의심스런 듯 멈춰 서서 그녀를 본다. 생긋 미소를 보내자, 부끄러운 듯한 얼굴을 하고 총총히 물러가는 학생도 있다. 생각해 보면 모두 그녀보다 훨씬 어린 녀석들이다.

'나도 스물셋이니까, 당연하지.'

그런 아련한 감상이 갑자기 그녀를 덮쳤다.

마을을 벗어나 철도 아래를 지나 하천 기슭으로 나오자, 다리 옆에서 아이들 셋이서 낚시를 하고 있다.

"뭔가 잡히니?"

"장어요."

"장어? 그런 게 있어?"

"그럼요, 지금 이 밑으로 들어갔어요."

"어디? 나도 잡게 해줘."

정숙이 낚싯대를 잡고 바늘을 석축 아래로 가져가자, 갑자기 뭔가 걸렸다. 서둘러 낚싯대를 끌어올리자 장어가 펄쩍 뛰어올랐다.

"으악, 뱀!"

그녀가 당황해서 낚싯대 채로 하천에 내던지자, 아이 하나가 텀벙 물에 뛰어들어 그것을 잡아서 올라왔다.

"뱀이 아니에요. 장어에요."

"그게 장어니?"

아이들은 장어를 바늘에서 빼서 양동이에 넣으면서 환성을 질렀다.

"누나는 여기 사람이 아니네."

"어째서?"

"여기서 장어를 모르는 사람은 없어요. 어디서 왔어요?"

"청진."

"청진? 누나가 청진의 공주님이구나."

아무래도, 마을에서는 그런 소문이 난 것 같다.

"여기에 시집오는 거예요?"

"그럼요."

"공주님이 왜 회령에 시집오는 건데요?"

"회령에 왕자님이 계시니까요."

세 명의 꼬마들은 입을 떡 벌리고, 정숙의 얼굴을 바라봤다.

"왕자님은 아주 좋은 분이셔. 그리고 어렸을 때는 너희들처럼, 여기서 고기를 잡았어요. 그런데, 지금은 도쿄에서 공부하고 있어."

"……."

"머지않아 돌아오시면, 여러 가지 일을 해주실 거야. 너희들도 우리들도 모두 행복하게 살아갈 수 있도록….."

"그런 이야기는 아무리 들어도 좋아요."

"어째서?"

"장어, 잡아주세요. 아직 있어요."

"잡아서 어떻게 하니?"

"팔아요. 한 마리에 20전이야요."

"그러니? 그럼 이 20전, 잡는 대신에 내가 줄게."

제방 위로 나오자, 기차가 검은 연기를 토해내면서 철교를 건너고 있다.

'철이 씨도 똑같은 광경을 수없이 바라봤을 게 틀림없어….'

기차가 달려가는 건너편에는, 오국산성이 파란 하늘에 또렷이 떠올라 있다. 하천 건너편은 온통 돌멩이투성이의 들판으로, 잡초조차도 드문드문 하다. 한바탕 바람이 그 들판을 불어갔을 때, 정숙은 문득 누군가가 말을 걸고 있는 것 같은 기분이 들었다.

"잘 오셨습니다. 언제까지나 계셔주세요."

그것은 바람이 아득히 먼 곳에서 데려온 환상이었을까….

2

서성의 망명이 결정된 이래, 희영은 무슨 생각을 하는지 영어공부 등에 열중하기 시작해서 가정을 꾸려 가는 것은 어느새 전부 정숙의 일이 되어버렸다. 그래서 너무 오랫동안 집을 비울 수 없던 정숙은 결혼식 다음날 청진으로 돌아가기로 했다. 철이의 아버지와 어머니는 좀더 머무르기를 바랐으나 그렇게 할 수 없었다.

가정을 꾸려 나간다는 것은 단지 생활비의 출납을 하는 것뿐만 아니라, 배당금이나 이자 문제, 더욱이 부동산 관리 등까지 얽혀 있어 정숙에게는 힘에 부친 일이었다. 당연히 모르는 것도 많고 그럴 때는 새언니한테 상의하러 가지만, 믿고 의지하는 새언니는 대개 어중간한 대답만 할 뿐 당장 아무런 관계도 없는 미국 이야기를 오래도록 계속하는 것이 일상이었다.

그리고 주말이 되면 정어리상에게 빌려준 배로 바다로 나간다. 항해술 책을 읽은 후, 정어리상에게 실제로 조종을 배웠다. 처음에는 혼자서 배를 타고 여기저기 돌아다녔으나 자신이 생기자 정숙도 데려가게 되었다. 처음에는 새언니의 항해술이 무서워서 거절한 적도 있는 정숙이 지금은 익숙해져서 자주 함께 배를 탄다. 본능적인 공포만 없으면 바다에는 견딜 수 없는 매력이 있다. 눈앞에 한없이 펼쳐진 푸른 동해 바다를 하얀 물보라를 일으키면서 배를 타고 단 둘이서 달리면, 육지에서는 경험할 수 없는 자유와 쾌감을 느낀다.

"미국인은 돈이 생기면 제일 먼저 뭘 하는지 알아?"
하고 희영이 말했다.

"또 미국 이야기야?"

"싫어요?"

"아니."

"그러면, 잔소리 하지 말고 대답 해봐요."

"설마, 첩을 품거나 하는 것은 아니죠?"

"바보. 큰 배를 사는 거야."

"그 기분 알아."

"그런데, 이런 배는 아니야. 훨씬 큰 요트. 동해는 물론이고 태평양도 건널 수 있는 그런 배."

"새언니도 미국으로 망명할 생각이에요?"

"지금은 안 돼. 아버님과 어머님, 그리고 아가씨를 보살피는 것이 내 임무라서."

"……."

"옛날에, 미국으로 이민한 러시아 여자가 고향이 그리워서 견딜 수가 없어서 베링해협이 얼어붙었을 때, 알래스카에서 시베리아까지 걸어서 갔대. 그런데 무사히 도착했는지 어떤지는 아무도 몰라."

454

"목숨을 건 것이었네요."

"글쎄."

"남편이 있었는지도 몰라요."

"만약에 오빠가 절대로 돌아오지 않는다고 한다면, 나는 이 배를 타고서라도 찾아 갈 거야."

"……."

"내가 도중에 태평양에서 난파해서 죽더라도, 오빠는 알아줄 거라고 생각해."

"새언니!"

"그런데 지금 당장 찾아 가겠다는 건 아니야. 그러니까 걱정 안 해도 괜찮아요."

"걱정 따위 안 해요. 새언니야말로 걱정 안 해도 괜찮아요. 아버지와 어머니의 뒷바라지는 내가 할 테니까."

"그런 일 시켰다가는 오빠한테 혼나요. 게다가 난 죽으면 안 돼. 내가 먼저 죽으면 오빠가 너무 불쌍하잖아. 돌이킬 수 없는 짓은 절대로 하지 않을 생각이야. 죽는 것만이 훌륭한 게 아니야."

"……."

"오빠가 미국에 가고 나서 갑자기 미국이 내 나라와 같은 기분이 들었어요. 나에게 미국은 조선보다도 가깝다는 기분마저 들어."

"그런 걸까요?"

"그런 거야. 바보인가 봐, 나."

"그래요, 바보 맞아."

"맞장구치지 않아도 괜찮아요. 아가씨는 요즘 완전히 사람이 나빠졌어요."

정숙도 배 조종을 배웠다. 자동차에 비하면 훨씬 간단해서 보통은 타륜(舵輪) 만 잡고 있으면 된다. 파도가 일면 보통 수단으로는 어렵지만 난바다(육지에서 멀리 떨어진 바다)에만 나가지 않으면 우선 안전하다. 그렇다고는 하지만, 태평양 횡단이라면 이야기는 달라진다. 정숙은 태평양 한가운데서 배가 파도에 부서져 오빠의 이름을 부르면서 물속에 잠기는 새언니의 모습이 떠올라서 몇 번이나 오싹했다.

그러나 희영은 자신의 일보다도, 얼마 안 되는 돈밖에 가져가지 못한 남편이, 친구는 물론이거니와 아는 사람도 없는 미국에서 어떤 생활을 하고 있는지를 걱정했다. 식사 도중에도 남편은 무엇을 먹고 있을까하며 중얼거리면서 넋을 잃는 경우가 가끔 있다. 그런 때는 지금까지 천국과 같이 극구 칭찬했던 미국을, 반대로 악마가 사는 나라와 같이 비방하는 것이다.

"미국은 원래 황색인종의 나라야. 그것을 백인이 무력으로 뺏었어. 그런 주제에 황색인종을 경멸하는 거예요."

"그런가?"

"미국의 토인은, 사진으로 보면 꼭 조선인 같아. 그런데 지금은 백인에게 정복되어 거의 전멸해 버렸어."

"그런데, 오빠가 미국에 있다고 단정할 수는 없잖아요."

"글쎄. 그럼, 미국이 아니라면 어디에 있을까?"

"어디에 있든, 오빠는 괜찮아요. 나는 전혀 걱정 안 해요."

"여동생과 아내는 또 달라요."

그리고 그럴 때, 희영은 반드시 접시닭이 이야기를 한다.

"접시닦이 일이라면, 언제라도 있는 것 같아요."

"새언니, 또 접시닦이 이야기야. 똑같은 이야기를 몇 번이나 듣는지 몰라."

"똑같은 이야기가 아니에요!"

"……."

"미국 사람은 고기를 많이 먹어요. 그래서 접시가 기름으로 더러워지는 거예요. 비누를 사용해서 싹싹 문지르지 않으면 빠지지 않아요."

"똑같은 이야기네요."

"그런가?"

"그런데, 이상해, 어째서 접시닦이 이야기가 그렇게 재미있어?"

"오빠한테 미국에 가서 돈이 떨어지면 어떻게 할 거냐고 물어본 적이 있어. 그러자 그 사람, 어떻게든 되겠지, 접시닦이를 하든 무엇을 하든, 하고 말하는 거야. 어젯밤 꿈에서도 오빠는 검고 큰 고무로 된 앞치마를 목에 걸고 더러운 레스토랑 뒤편에서 산처럼 쌓여 있는 접시를 열심히 닦고 있는 거야."

"괜찮아요, 새언니, 오빠에게는 오빠 나름의 생각이 있었을 거예요."

"그런데, 망명(亡命)이란 쓸쓸한 거야, 향수도 크겠지. 분명히 매일 밤 우리들의 꿈을 꾸고 있을 거예요. 견딜 수 없어서 일본인에게 몸을 팔고, 조선에 돌아와 그 앞잡이가 된 사람도 많아."

정숙은 희영이 날마다 변해가는 모습에 신경 쓰지 않을 수 없었다. 자신이 아무리 난처한 일을 하더라도 그다지 나무라지 않고, 밖에서 돌아왔을 때도 정숙이 보이지 않으면 큰 소동을 벌이며 찾아다녔다.

'새언니는 쓸쓸한 거야. 그래서 나 같은 사람에게도 의지하고 있는

거야.'

하고, 정숙은 생각한다. 그리고 그때마다, 미쳐서 죽은 쪽마루 언니를
생각했다. 그녀는 지금까지 오랫동안 정숙에게는 불가사의한 사람이었
다. 그러나 최근에 들어서는,

'죽은 남편을 너무 사랑해서, 그 때문에 정신을 잃은 것은 아닐까….'

하고, 어느새 생각하게 되었다.

   3

가을이 와서 아침저녁으로 바람이 슬슬 차가워지자, 정원의 꽃밭에도
갈색이 눈에 띄었다. 그 가운데, 무궁화만은 아직 활짝 피어 있다. 시
장을 보고 돌아온 정숙은 부탁받은 것을 가지고, 먼저 새언니의 방으로
갔다. 이미 어두워지고 있는데도, 불을 켜지 않고 소파에 기댄 채 수심
에 잠겨 있고, 카펫에 산더미처럼 쌓여 있는 서책 옆에 편지지가 흩어
져 있다.

"글 써요?"

하고 묻자,

"응, 테니슨의 《이녹 아든》의 번역을 막 끝냈어. 아, 피곤해."

"이런 거 번역해서 뭐해요? 새언니."

"아무것도 안 해요."

"아무것도 하지 않아요?"

"응."

"읽어봐도 괜찮아요?"

"괜찮아요."

편지지를 집어 들자 남자의 글씨 같기도 한, 한결같이 아름다운 필적이 펼쳐져 있다. 철이의 서투른 글씨와는 달리 인쇄한 책을 읽는 느낌이다.

읽을수록, 그것은 안타까운 슬픈 이야기였다. 역경을 벗어나려고 가장 사랑하는 처 애니와 아이를 남겨두고 항해에 나선 이녹은 배가 난파해서 고향에 돌아갈 수 없게 된다. 그 오랜 부재중에 애니는 결국 재혼해 버렸다. 세월이 흘러, 늙어서 돌아온 이녹은 창 너머로 애니의 새로운 가정의 행복을 엿본다. 그리고 살금살금 도망가듯 떠나가는 이녹은, 더할 나위 없이 불쌍했다.

'새언니는 재혼할 생각인가?'

그런 의혹이 문득 정숙의 마음을 스쳐갔다. 그러자 거지처럼 보잘 것 하나 없어진 오빠가, 새로운 남편과 아이들과 행복한 가정을 꾸며 즐거워하는 희영의 모습을 바라보며 도둑처럼 몰래 도망가는 환상이 엄습했다.

"새언니!"

큰소리로 외치자,

"무슨 일이에요, 아가씨!"

하고, 다정한 눈으로 돌아봤다.

"어떻게 된 거요?"

"아니요."

"내가 재혼이라도 한다고 생각한 거요?"

"……."

"그렇지요?"

"……."

"바보, 재혼 따위 생각하지 않아요. 그런데, 나, 나이를 먹는 것이 무서워요. 남편이 10년 후에 돌아온다면, 마흔다섯, 20년 후라면 쉰다섯이나 돼요. 얼굴에 주름이 생기고서부터 남편이 돌아오는 것이 무서워져요….."

부근은 꽤 어두워졌는데도, 수평선 건너편에 떠 있는 구름도 항구에 들어와 있는 배도 아직 또렷이 보였다. 배에는 이미 등이 밝혀졌고 해질녘의 하늘에 떠오르는 연기는 안개와 같은 느낌이었다. 배 크기로 보아서는 혹시 미국에서 온 것인지도 모른다. 그렇다면 저 배는 다시 오빠가 있을 미국으로 돌아간다. …

"범선이 있네요."

희영이 께느른하게 말했다.

"저런 배로는 안 될 거야요."

"물론 안 돼요, 새언니."

"몰라…. 아가씨라면 어떻게 할 거요?"

"나?"

하고, 정숙은 잠시 생각했지만,

"난 죽어버릴 거예요."

"그런 말 하니까, 철이 씨가 괜히 우쭐하는 거예요."

"그렇지 않아요."

"그렇다면 철이 씨는 어째서 돌아오지 않아요?"

"내년에는 꼭 돌아와요."

정숙은 기도라도 하고 싶은 마음이었다.

파리가 함락된 1940년 전후는, 조선이나 일본에도 매우 미묘한 시대로 장래의 전망은 아주 곤란해졌다. 특히 주목할 것은, 팔로군(八路軍)의 활약에 따른 중국전선의 변모이다.

일본군이 중국의 주요 도시와 그들을 연결하는 철도선로를 점령하자, 팔로군은 곧바로 그 주변을 포위하는 이른바 후방해방구(後方解放區)를 창설하여, 게릴라작전을 실시하면서 일본군에 저항했다. 모체는 예전의 적군(赤軍)이었는데 온갖 당파나 계급이 참가하고 있어서 이 운동은 실질적으로 민족통일전선이라고 해도 좋다.

전선이 장기화함에 따라 해방구는 비약적으로 성장해서, 1940년에는 40만 명의 대군으로 북지 일대에서 일본군에 일제히 공격할 수 있게 되었다.

이러한 해방구 조직의 성공 뒤에는 활활 타오르는 중국인의 저항의식이 있었고, 이로써 일본군의 점령지역을 문자 그대로 점과 선으로 한정할 수 있었다. 그리고 그곳으로부터 떨어진 일본군은 곧 유격대에게 습격당하는 상황을 만들었다. 점령의 의의는 점차 희박해지는 한편, 중국은 급속히 내부로부터 해방을 성취하고 있었다.

이에 따라 전선은 교착되고, 이러한 군사적 난관을 타개하는 것이 일본에게는 초미의 급선무였다. 그리하여 당시의 수상 고노에 후미마로(近衛文麿)가 이른바 "대동아 신질서 성명"을 발표하고 정치적 해결을 시도했다. 일본, 만주, 중국의 3국이 정치, 경제, 문화의 각 분야에서 제휴하여, 동아(東亞, 동아시아)에 새로운 질서를 건설하고, 더욱이 동양 영원의 평화를 확립하자는 것이 이 성명의 취지였다.

그러나 현실과는 동떨어진 이 미사여구(美辭麗句)는 중국인의 조소를 사는 것에 지나지 않았다. 다만 한 사람, 이에 호응해서 중경을 탈출한 왕정위(汪精衛)가 1940년에 국민정부를 세웠으나, 중국인에게는 만주국과 똑같은 괴뢰정권이 또 하나 늘었다는 정도의 인식에 불과했다. 여기에서 고노에가 의도한 중국문제의 정치적 해결은 완전히 좌절되었다고 할 수 있다. 그렇다고 하더라도, 왕정위 같은 인물이 중경정부의 지도층에 있었다는 것은 아무리 생각해도 이해하기 어려운 것이다.

국제적으로도 일본의 입장은 급속히 악화되었다. 홍콩에 막대한 이권을 갖고 있는 영국은 미국과 더불어 "대동아 신질서"를 부정하고, 중국에 차관을 제공했다. 1939년에 일본이 해남도(海南島)를 점령하자, 미국은 더욱 적극적으로 차관제공뿐만 아니라, 일본과 독일을 가상적국으로 하는 미증유(未曾有)의 군비확장을 개시한 것이다.

그러나 국제정세가 일본에 비관적이지만은 않았다. 히틀러가 이른바 '전격작전'으로 유럽을 제압함으로써, 남태평양의 유럽 각국 식민지는 일거에 무방비 상태가 되었다. 전쟁의 장기화로 물자부족이 점차 커지던 일본에 남태평양 지대의 자원은 더할 나위 없이 반가운 것이었다. 일본군이 쉽게 프랑스령 인도차이나에 진주할 수 있었던 것도 유럽의 정세가 일본에 행운을 가져다주었다고밖에 할 수 없다.

그래서 어떤 의미에서 1940년 후반은 일본 지도층의 장밋빛 시대라고 하지 않을 수 없었고, 그들은 이러한 정세를 이용하여 독일, 이탈리아와 3국동맹을 체결한다. 그 결과, 만약 미국이 영국을 도와 유럽의 전쟁에 참가하면 일본은 자동적으로 미국과 전쟁상태로 들어가게 되었다. 당시 일본에서는 이러한 위험에 대한 아무런 비판도 없었고, 언론이 대대적으로 이 뉴스를 선전했다.

그리고 1941년 6월이 되자, 독일이 갑자기 소련에 침입했다. 10월 상순에는 수도 모스크바에 불과 60마일 지점까지 접근하는 전광석화 (電光石火) 와 같은 쾌속 진격을 실시했다. 모스크바 함락은 이미 시간 문제라는 생각이 널리 퍼지고 있었다.

진주만 眞珠灣

1

모스크바나 스탈린그라드(볼고그라드의 옛 이름)에서 처참한 전투가 한창 계속되고 있을 때, 철이는 실로 7년 만에 계신으로부터 편지를 받았다. 일본 유학시절 아파트에서 함께 살며 유치장에도 함께 들어갔던 그 친구의 키가 크고 비실비실한 모습도 생각나 더욱 그리웠다. 눈에 익은 필적 뒤로 바지런한 눈매의 계신의 얼굴이 떠올랐다가 사라진다.

편지에서 계신은 지금 북경(北京)의 신문사에 있다는 것, 이번에 신입사원을 모집하는데, 철이의 이야기를 하자 바로 채용되었으므로 서둘러 북경으로 오라는 것이 간결한 명령조로 쓰여 있고, 신문사 책임자의 정식 초청장도 들어 있다. 철이는 편지를 읽는 순간, 문면(文面)의 뒤에 있는 의미를 직감했다. 북경, 그리고 신문사. 생각해 보면, 이런 나쁘지 않은 말은 없다.

일본의 중국점령은 지금은 점과 선의 상태여서, 한 발 내딛으면 그곳은 바로 해방구, 즉 중경(重慶)에 직결되어 있을 것이다. 그리고 중경에는 3·1운동 이래, 사쿠라다몬(櫻田門)의 이봉창 사건, 상해에서의 윤봉길 사건 등 모든 것을 지도해왔을 것으로 믿고 있는 조선의 혁명정부가 있다.

"좋아."

464

철이는 그날 밤 기차로 도쿄를 출발하기로 했다. 벽에서 정숙의 사진을 떼어내서 액자 뒤판을 열자, 백 엔짜리 지폐가 몇 장이나 나왔다. 사진은 작게 접어 돈과 함께 지갑에 넣었는데, 왠지 모르게 버젓하지 못했다.

다음날, 7년 만에 부산에 도착한 철이는 조국을 보는 마지막 기회라고 생각하니 간단히 떠나기는 아쉬웠다. 그래서 7년 전 계신과 갔었던 신라의 도읍지 경주를 거쳐 돌아가기로 했다. 봄에는 차창 밖의 벚꽃이 아름답지만, 10월도 중순을 지난 지금은, 역시 쌀쌀한 느낌이다.

신라성의 흔적인 반월성(半月城)에 오르자, 모래가 많은 언덕은 젖어서 검었고, 경주의 작은 마을이 눈 아래 보인다. 역사는 길지만 지금의 조선인 중에는 신라를 아는 사람도 많지 않을 것이다. 부근은 휑해서 인적도 없었다. 이끼 낀 바위 하나에 기대서 눈을 감자, 우뚝 치솟은 오국산성이 눈에 어른거린다. 우아하고 여성적인 이 반월성에 비해 얼마나 남성적인가.

또한 먼 옛날, 자신들의 선조는 여기서 무엇을 이야기하고 무엇을 꿈꾸었을까. 지금, 불가사의한 희망을 품은 그 자손의 하나가, 여기서 조국에 작별을 고하러 왔다. 그렇게 생각하니, 깊은 감상이 철이의 가슴에 용솟음쳤다. 아이들이 그런 철이의 옆을 지나간다. 일본의 아이들에 비하면 초라하지만, 똑같이 순진하고 귀여운 조선의 아이들이다.

'긍지라든가 양심이라든가 그런 것이 생기기 전에 많이 즐겨라. 너희들 중에도 앞으로 나와 같은 바보가 나올 것이다. 그리고 자신뿐만 아니라, 다른 사람도 괴롭히게 될 것이다. 그것이 인생이라는 거야.'

신경 쓰이는 것은 역시 정숙이었다. 그는 아직 한 번도 사랑한다고 말한 기억은 없다. 그러나 실은, 헤아릴 수 없을 만큼 사랑하고 있다고도, 좋아한다고도 말하고 있었던 것이다. 바다에 나간 아들의 귀환을, 머리단장도 잊은 채 매일 해변의 절벽 위에서 기다리며 지내는 모친의 이야기를 철이는 회상했다.

그 어머니처럼 청진의 하늘, 그리고 동해를 바라보면서 나이 들고 있을지도 모르는 정숙의 걱정을 품은 크고 검은 눈망울을 생각하니 가슴을 찢어지는 것 같다. 그러나 마음을 굳게 먹고 도쿄를 떠나온 만큼, 이것을 포기한다는 생각은 한 번도 해본 적 없다. 결국, 지금의 기분은 무의미한 달콤한 감상에 지나지 않는 것일까.

안압지(雁鴨池) 근처에서 철이의 부모 정도 나이의 노부부가 이야기하고 있다. 그 모습을 보고 있자 자신이 행방불명된 후의 아버지와 어머니의 대화가 들려오는 것 같다.

"여보, 그 아이는 어디로 가버린 걸까요?"

"중경에라도 갔겠지."

"먼 곳인가요?"

"멀지, 수만 리나 되니까."

"독립운동을 하기 위해서 말이야."

"언제 돌아오나요?"

"일본이 망하면 돌아오겠지."

"일본이 망하겠어요?"

"그건 해보지 않으면 모르지."

"그럴 거였다면, 굳이 10년 동안 도쿄에서 고생하면서 공부할 필요는 없었을 텐데."

"공부했기 때문에, 하는 거겠지."

"공부한 사람이라도 독립운동 따위 하지 않는 사람은 얼마든지 있어요."

"그건 제대로 공부하지 않았기 때문일 거야."

"그렇다면, 당신은 그 아이가 하는 것에 반대하지 않나요?"

"반대는 할 수 없지."

"어째서인가요?"

"사내대장부가 그 정도의 일을 못한다면, 아무 짝에도 쓸모없기 때문이야."

하고 말하고 있는 것이었다.

다음날은 백제의 도읍지였던 부여로 향했다. 여기도 역시 계신과 같이 온 추억의 장소이다. 전쟁의 피폐(疲弊)는 조선의 시골까지 짙게 침투해서 기차에 함께 탄 사람들의 얼굴에도 영양부족이 역력했다. 논산에서 갈아탄 버스는 목탄차였다. 가솔린이 부족하여 개발된 이 차는 엔진이 폭발하는 것 같은 굉장한 소리를 내고 연통처럼 돌출한 배기관에서 검은 연기를 토하며 시골길을 천천히 달렸다.

백마강은 수량이 줄어 물결이 좁고, 평소였다면 하천바닥이었을 강기슭도 하얀 모래가 드러나 보였다. 계신과 왔을 때 떠있던 범선 등은 물론 보이지 않는다. 그러나 눈앞의 부소산(夫蘇山)만은, 백제가 망한지 12세기 이상의 세월이 흘렀는데도 조금도 변하지 않은 것 같다. 모래가 젖어 검은 시골길에는 낙엽이 날리고, 그것이 바람이 불 때마다 바스락바스락 소리를 내면서 날아올라, 겨울이 가깝다는 것을 또렷이 느끼게 했다.

‘역시, 한번 정숙을 만나고 가야 하는 걸까….’

하고 생각하니, 3년 전의 봄, 서성 사장과 그의 부인의 이별이 생각난다. 미친 듯이 남편을 사랑하고, 끊임없이 몰래 울고 있던 아내의 모습…. 살아가면서 고하는 영원한 이별은, 아내를 얼마나 괴롭혔던 것일까?

감정적으로 누군가에게 의지하지 않으면 혼자서 살아갈 수 없는 정숙이 그런 시련을 견딜 수 있을 것이라고는 철이는 도저히 생각할 수 없었다.

‘그러나 아무 말도 하지 않고 행방불명이 되는 것도….’

하고, 철이는 계속 생각했다. 죽었는지 살았는지도 모르고, 정숙은 기다리지 않으면 안 된다. 그것은 너무 이기적이 아닐까? 또한 솔직히, 철이 자신도 지금 한 번, 그녀의 얼굴을 보고 그 손길을 느껴보고 그 목소리를 듣고 싶었다. 만나보면 의외로 간단히,

"잘 갔다 와, 기다리고 있을 테니까."

하고 말할지도 모른다고 생각하기도 했다.

그런 생각에 골몰하면서 철이는 정처 없이 시골길을 계속 걸었다. 아무런 색다른 것이 없는 아무리 걸어도 똑같은 풍경의 그 모랫길은 마치 망설이는 철이의 사색과정과 흡사했다. 해가 저물어 길조차 또렷이 보이지 않는 밤이 되었다. 근처에는 여관 같은 것은 물론 없다.

철이는 묘지의 높은 곳을 베개 삼아 누웠다. 갑자기 피로감이 몰려오고 게다가 추웠다. 등을 구부려 머리를 상의의 옷깃에 묻자, 자신의 숨으로 조금 따뜻해져서 꾸벅꾸벅 졸기 시작했다.

‘7년 전에도 이런 일이 있었지….’

회령에서 도망가는 석탄차 위에서다. 그러나 기분은 그때와는 전혀 다르다. 이렇게 자신을 괴롭히고 있자, 철이는 조금이나마 정숙에게 용서를 비는 것 같은 마음이 들었던 것이다.

다음날 철이는 하루 종일 시골길을 걸으면서 귀추(歸趨)를 정하지 못하고 있었다. 그리고 그날 밤은 시골 교회의 예배당에 들어가 그곳의 벤치에 누웠다. 그런데 밤중에 강한 복통이 그를 덮쳤다. 잠들면 나아질까 하고 눈을 감았지만 복통은 점점 심해져서 식은땀이 온몸을 흠뻑 적실 정도였다.

동쪽 하늘이 어렴풋이 밝아오고 있을 즈음, 그는 다만 걸어야 한다는 의지 하나로 계속 걸었다. 그렇게밖에 할 수 없었다. 가끔 토할 것 같았지만, 아무것도 나오지 않는다. 더 이상 걸을 수도 없다고 생각했을 때, 농가가 한 채 눈에 들어왔다.

"물 한 잔 얻어 마실 수 있겠습니까?"

백발의 할머니가 물을 따라서 주었던 것 같다. 철이는 비몽사몽간에 그 그릇을 받으려고 하면서 토방(土房)에 쿵하고 쓰러졌다.

2

정신이 들고 보니까, 철이는 한 농가의 방에 눕혀져 있었다. 열이 높은 듯했고, 천정을 바라보고 있자 방도 이불도 자신도 둥실둥실 그 천정을 향해 날아오르는 것 같은 기분이 든다. 눈만 깜빡깜빡하면서 머리를 식히지 않으면 안 된다고 생각되는데, 그것은 말로도 행동으로도 되지 않는다. 자신은 지금 죽을지도 모른다고 생각해도 전혀 남의 일 같았다.

그리고 꿈인지 생시인지도 모르는 여러 가지 광경이 단편적으로 눈앞에 떠올랐다가 다시 사라졌다. 누더기를 입고 너무 울어서 눈이 퉁퉁 부은 어머니가 보였는가 싶었는데, 찬란하게 빛나는 정숙으로 바뀌고, 또 어느새 희영으로 바뀌었다. 다정한 눈을 한 아버지가 분명히 위에서 들여다보고 있었는데, 문득 정신이 들자 에구치나 야마시타 경찰로 바뀌어 깊은 증오의 눈빛이 철이에게 쏟아지고 있었다.

어느 정도 그런 상태가 계속되었는지는 모른다. 그러나 젊었기 때문인지 열도 내리고 의식도 점차 또렷해졌다. 다만 몸은 상상 이상으로 쇠약해져, 말을 하려고 생각해도 바짝 마른 혀는 생각대로 돌아가지 않았다. 철이는 쭉 자신을 돌봐주고 있는 할머니에게 부탁해 닭죽을 만들어 달라고 해서 체력을 회복하려고 했다.

할머니는 할아버지와 둘이서 살며, 근처의 우체국에서 일한다는 젊은 처녀가 가끔 찾아왔다. 노부부의 조카딸이라고 했고 의사를 불러온 것이 그녀였다는 것이다. 다리가 나쁜 듯, 걸을 때 약간 절고 있었다. 이지적인 눈이 예쁘고, 처녀라기보다 막 결혼한 신혼의 아내라는 느낌이었다.

"여러 가지로 고맙습니다."

"아니오, 한때는 어떻게 되는 것 아닌가 걱정했습니다."

라고 하면서, 약간 머뭇머뭇하면서,

"댁에 알려드리려고 지갑을 뒤져봤는데, 제가 실수했나요?"

"아니요, 괜찮습니다."

"게다가, 지갑의 돈으로 의사를 부르기도 했습니다."

"정말로 이것저것 죄송합니다. 그런데 여기는 대체 어딥니까?"

"대전에서 버스로 30분 정도 떨어진 곳입니다. 어디에서 오셨나요?"

"부여에서 걸어서 왔습니다."

"어머, 그렇다면 며칠이나 걸었다는 얘기네요. 그렇게 먼 데서."

하고, 깜짝 놀란 얼굴이었다.

"편지를 쓰고 싶은데, 편지지 같은 것 없습니까?"

라고 하자, 그녀는,

"사다 드릴게요."

하고, 그 자리에서 말하고, 돈을 받아들고 나갔다.

"당신이 편지를 쓸 수 있다는 거요?"

하고, 할아버지가 그녀의 뒷모습을 바라보면서 말한다.

"나는 편지도 한 통 못 써. 딸에게 보내는 것도 일일이 저 조카딸에게 부탁하지 않으면 안 되니까 불편해."

"따님은 어디에 계시는가요?"

"부산으로 시집갔소. 그런데 기찻삯도 만만치 않아서 시집가고서 한 번도 만나지 못했소. 벌써 4년 조금 됐어. 불과 어제 같은 기분인데, 세월 참 빠르네."

부산이라면, 실은 바로 코앞이다. 4년이나 지났는데도 고향나들이도 하지 못한다는 것은 생활이 어지간히 어려운 게 틀림없다.

"신세진 것에 대한 사례라는 것은 아니지만, 이걸로 따님의 얼굴이라도 보러 가세요."

철이는 정숙의 얼굴을 다시금 떠올리면서, 지갑에서 1백 엔짜리 지폐 두 장을 꺼내서 할아버지에게 건넸다. 할아버지는 지폐를 손에 쥐고, 아직 아마 백 엔짜리는 본 적이 없었던 듯,

"이게 얼마인가?"

하고, 물었다.

"한 장에 백 엔이므로, 2백 엔입니다."

"2백 엔!"

할아버지는 기겁을 하며,

"백 엔짜리를 보는 것은 이게 처음이야, 이런 큰돈은 받을 수 없소. 닭도 전부 당신 돈으로 샀는데."

하고, 정색하면서 사양했다. 그러나 철이 아무래도 주려고 하는 것을 알아차리고,

"할멈, 할멈."

하고, 부엌에서 지금도 철을 위해 닭을 삶고 있는 할머니를 큰소리로 불렀다.

"젊은 사람한테서 2백 엔이나 받았소. 부산에 가서 딸을 만나고 오라고 말이야."

"2백 엔이나 말이요?"

할머니도 눈을 동그랗게 뜨고, 지폐를 쳐다보면서,

"백 엔짜리라는 것은 1엔짜리보다 크지요?"

하고, 감탄하고 있다. 그러나 갑자기 불안한 얼굴이 되어서,

"이런 큰돈, 가지고 다녀도 괜찮겠어요?"

"괜찮겠지."

"그런데, 어디서 생겼냐고 물으면 곤란해요."

"조카딸한테 부탁해서 쪼개 달라고 할까?"

하고, 할아버지도 조금 불안해진 것 같다.

조카딸은 한 시간 정도 지나서 돌아왔다. 그렇다면, 상당히 멀리까

지 가지 않으면 안 되었을 것이다. 못할 짓을 했다고 철이 새삼 인사하려고 하자, 할머니는 그럴 틈도 주지 않고,

"젊은 사람한테 이런 것 받았단다."

하고, 백 엔짜리 지폐를 조카딸 눈앞에 내밀었다.

"할머니, 이거 백 엔짜리 아니야!"

"이걸로 부산의 딸을 만나고 오라는 거야."

"이만큼 있으면, 부산뿐만 아니라 평양에도 다녀올 수 있어요, 할머니."

"할아버지와 함께 갈 수 있을까?"

"예, 물론 괜찮아요. 선물도 살 수 있어요."

"선물도 살 수 있어?"

한동안 즐거운 듯한 노부부와 조카딸의 이야기가 계속되었다. 이야기가 끝나기를 기다려서, 철이는 처녀에게 말했다.

"신세진 김에, 또 하나 부탁이 있습니다만."

"예?"

"편지를 당신에게 맡기고 싶은데요."

"매일 우체국에 다니고 있으니까 그건 아무 일도 아니에요."

"아니오, 잠시 맡아주셨으면 합니다. 내가 여기를 떠나고 나서 6개월 정도 지나서 부쳐주시기 바랍니다."

"……."

"아주 중요한 편지입니다."

"예, 잘 알겠습니다."

처녀는 야무지게 대답했다.

저녁식사 후, 철이는 이불 위에 엎드려서 먼저 아버지에게 편지를 쓰고, 여동생에게도 한 통을 썼다. 그리고 마지막으로 정숙이 앞으로 편지를 쓰기 시작했다. 이제는 주저할 것도 없고 거짓말을 할 필요도 없다. 아마 마지막 기회가 될 것이므로, 그동안 하고 싶었던 말을 전부, 하나도 남기지 않고 쓰기로 했다.

그렇다고 하더라도 인간이란 불가사의한 것이라는 생각이 새삼스레 철이의 뇌리를 돌아다닌다. 인간이 다른 동물이나 식물이나 생명이 없는 돌멩이와 다른 것은, 대체 무엇일까? 결국은 모두 원자(原子)의 조합이 아닌가? 그런 것에서 어째서 영혼이 태어나서 괴롭거나 슬프거나 하지 않으면 안 되는 것일까….

3

숙, 네가 이 편지를 읽을 때는, 나는 이미 조선에는 없을 거야. 한 번 만나서 그 이유라도 말하려고도 생각했지만, 그것이 도리어 서로의 고통을 더할 뿐이라고 생각되어서, 말없이 떠나기로 했어. 제발 용서하기 바란다.

숙, 나는 너를 사랑하고 있어. 네가 나를 사랑하는 것보다도, 사실은 내가 너를 훨씬 더 많이 사랑하는 거야. 나의 반생을 돌이켜 생각하면, 너는 내게 오직 하나의 위안이며, 빛이었어. 나는 그을린 얼굴로 너와 만난 그 순간부터 네가 좋았어. 마른 풀뿐인 황야에서 한 송이의 빨간 꽃을 본 기분이 들었어. 그리고 마음속에서 내가 얼마나 그 꽃을 소중히 여기고, 그 꽃에 희망을 걸면서 살아왔는가를 상기해 보면, 내 일이지만 불쌍한 마음마저 들어.

지금 이렇게 마지막 편지를 쓰고 있어도 마음에 떠오르는 것은 괴로웠지만 꿈처럼 행복했던 청진의 추억이야. 추위에 얼고 지쳐서, 네 방의 난로 앞에서 잠들었을 때의 그 한없이 즐거웠던 시간…. 그것을 나는 평생 잊을 수 없어. 그것만으로도 충분히 태어난 보람이 있다고 생각해.

숙, 좀더 좋은 세상에서 태어났다면, 우리들은 더 없이 행복했을 게 틀림없어. 그러나 자신의 마음조차 자기 마음대로 할 수 없는 것처럼, 지금 너와 헤어져서 혼자서 가지 않으면 안 되는 것도, 또한 아무것도 할 수 없는 운명, 나와 네게 주어진 십자가인 거야. 나는 이 십자가를 짊어지고 마지막까지 걷지 않으면 안 돼. 인간으로서의 긍지가, 내게 그 이상의 선택을 허락하지 않아. 그만큼, 혹은 그 때문에, 숙, 나는 너를 무한히 사랑하고 있는 거야.

물론 살아서 돌아온다고 약속은 할 수 없지만, 그래도 나는 너를 놓아줄 수 없어. 내가 영원히 네 것인 것처럼, 너 또한 영원히 내 것이야.

숙, 나를 버리지 말아줘. 평생 기다리지 않으면 안 되더라도 나를 기다려줘. 조국이 자유로워지더라도 네가 없는 조국 따위 내게는 이미 아무런 의미도 없는 거야. 내가 할아버지가 되고, 네가 할머니가 되어도, 나는 꼭 한 번 네 손을 순전히 내 것이라고 생각하면서 잡고 싶어. 만약 살아서 돌아갈 수 없어도, 숙, 나는 네 이름을 부르면서, 마음속으로 너를 꼭 안으면서 죽었다고 믿어줘. 내게는 그 외의 죽음은 없기 때문이야. 그러나 만약 살아서 돌아간다면, 숙, 내 아내가 되어줘.

인생은 짧은 것 같지만 길어. 세상사 영고성쇠(榮枯盛衰), 섭리(攝理)의 은총도 없다고는 할 수 없어. 은총으로 다시 만날 수 없다고는 누가 예언할 수 있을까? 큰 희망을 품고 살아줘, 나도 그렇게 살아갈 거야.

12월 8일

추신

새언니에게 안부 전해줘. 말씀을 어겨서 죄송하다고 전해줘. 그렇게 말하면 아실 거야.

추신

나는 너를 묶어두려고 이런 편지를 쓰고 있는 게 아니야. 만약 좋아하는 사람이 생겨서 결혼하더라도 나무랄 생각은 없고, 또한 그런 권리도 없어. 그건 잘 알고 있어. 그리고 결혼하면 나를 잊고 부디 행복하게 잘 살아. 다만 나의 너에 대한 사랑은 무슨 일이 있어도 변하지 않는다고 말하고 싶었어. 하지만, 숙, 나는 너를 마음으로부터 사랑하고 있어. 될 수 있으면 기다려줘, 만약, 가능하다면….

다음날, 눈을 뜨자 몸의 상태도 그럭저럭 거의 전부 정상으로 돌아온 것 같은 기분이 들어서 내일쯤은 출발하려고 생각하고 있자, 저녁이 되어서 할아버지의 조카딸이 다시 불쑥 찾아왔다. 그리고 갑자기 철이의 귀에 입을 갖다 대고,
"일본이 하와이의 진주만을 공격한 것 같아요."
하고, 속삭이는 목소리로 알렸다.
"정말입니까?"
"예, 틀림없습니다."
천변지이(天變地異)란 이런 것을 가리키는 것일 게다. 미국과 일본이 긴장상태에 있다고는 알고 있었는데, 미국이 일본과 전쟁을 시작하리라고는, 더구나 일본이 미국을 공격하리라고는 전혀 생각지도 못했다. 미국과 일본의 대립은 아무래도 외교적인 줄다리기에 지나지 않는다고 생각하던 철이에게, 이 조카딸이 가져온 뉴스는 아무리 희망적으로 생각해도 믿기 어려운 충격이었다. 아주 꿈같은 기분이 들었다.

그 다음날, 철이는 가르쳐 준 대로 시골길로 나와서 대전행 버스에 올라탔다. 미국과 일본 사이에 전쟁이 시작되었다고 하는데, 버스가 여느 때처럼 정해진 시간에 정해진 장소를 지나고 있는 것이 아무래도 거짓말 같았다. 버스에 타고 있는 사람들도 전혀 달라진 것이 없고,

"밥이라도 좋으니까, 따뜻한 김이 나는 막 지어낸 하얀 밥을 배부르도록 먹고 싶네."

"배부른 소리 하네. 나는 고구마라도 좋아."

등, 물자부족을 왁자지껄 한탄하고 있다. 그러나 그런 이야기도 철이에게는 즐겁고, 하늘마저 어제보다 한층 푸르고, 그리고 아름답다는 기분이 든다.

'앞으로 모든 것이 달라진다. 그렇다, 새로운 세계가 오는 거야!'

철이는 버스에 흔들리면서, 어느새 휘파람을 불고 있다. 좋아하는 노래가 줄지어 나왔다.

"이 부근은, 참 아름답네요!"

말을 받은 옆의 사내는, 선량한 눈을 깜박거리며, 입을 떡 벌리고 있다. 철이의 말이 갖는 의미를 알 수 없었던 것일 게다. 철이 다시 한 번,

"이 부근은, 참 아름답네요!"

하고, 큰소리로 말하자,

"그렇네요."

하고, 납득한 것 같기도 하고 아닌 것 같기도 한 대답을 하는 것이다.

회양 淮陽

1

경성에서 하룻밤을 묵은 철이는, 다음날, 경성역에서 의주·안동〔安東, 단동(丹東)의 옛 이름〕행 기차에 탔다. 숙소에서는 다시, 정숙에게 전화를 할까 말까하고 망설이다 잘 자지 못해서, 기차가 출발하자 곧 잠들어버려 눈을 떴을 때는 벌써 평양이었다.

압록강 기슭의 신의주에 가까워지자 경찰과 헌병이 한 조가 되어 승객의 검열을 시작했다. 불순분자의 만주 침입을 막기 위한 것으로, 꼬치꼬치 물은 다음 조금이라도 이상하다고 생각되거나 서류에 문제가 있으면 곧바로 월경(越境) 금지를 당하고 만다. 철이의 앞에 앉아 있던 봉천(奉天)으로 이주한다는 부부는, 간단한 일본어밖에 하지 못해서 조사원의 역정을 사는 바람에 신의주에서 하차하라는 명령을 받고 말았다.

철이도 당연히 조사를 받았고, 마지막으로 왜 북경에 가는지 물었다. 신문사의 초청장을 내보이자,

"처음부터 보여줬으면 좋았을 텐데. 위험한 놈들이 왔다 갔다 해서 그랬습니다. 그럼, 실례."

라고 말하고, 헌병은 군대식으로 경례까지 했다. 철이는 그렇게 이 초청장이 가치가 있다면, 한번 그 가치를 시험해보고 싶었다. 헌병에게 자신이 통역을 할 테니까 봉천으로 가는 부부의 재조사를 부탁해봤다.

478

그러자 경찰은 의외로 간단히 승낙하고, 이번에는 월경해도 좋다고 허락하는 것이었다. 부부에게는 일생의 중요한 일인지도 모르는 일이 조사원의 이런 태도로 좌우되는가 하고 생각하니, 철이는 새삼 조선 동포가 처한 처지를 생각하지 않을 수 없었다.

신의주에서 하차한 사람은 얼마 안 되었지만 강제로 내려진 사람이 많아서 압록강을 건너는 기차 안은 휑했다. 달이 없는 밤이어서 강은 잘 보이지 않았지만, 철교의 길이로 추측해 보면 압록강은 두만강보다도 훨씬 큰 것 같았다.

압록강을 건너자 이미 만주의 안동이다. 여기서도 다시 새로운 조사원이 올라타서 조사를 해서, 신의주에서는 통과한 사람들도 몇몇이 귀국명령을 받았다. 신문사의 초청장이 없었다면 북경까지 갈 수 있을지 없을지 모른다고 생각하니, 계신의 우정이 매우 고맙게 여겨졌다.

만주와 중국의 국경인 산해관(山海關)에서의 조사는 더욱 엄중했다. 그러나 운 좋게도 조사단의 우두머리인 듯한 사내가 서류를 들여다보고는 철이가 동창이라는 것을 알고, 대학의 근황 등을 이것저것 물어보기 시작했다. 그런 상황에서, 조사 따위는 이제 뒷전이 되어버렸다.

산해관을 지나자 승객의 대부분은 중국인이어서 기차 안은 냄새까지 바뀐 것 같다. 중국인은 조선인과도 일본인과도 전혀 다른 인상으로, 중국인을 조선인과 똑같은 인종이라고 믿고 있던 철이에게는 전혀 의외였다. 생각해 보면 그의 중국에 관한 지식은 영국이나 미국에 관한 것보다도 훨씬 적었다. 자신과 마찬가지 사람이라고 머릿속에 각인시켜 주의를 하지 않은 것이다. 차창으로 보는 풍경만 하더라도 조선에서나 일본에서도 볼 수 없는 것을 바로 알 수 있다.

지금부터 죽을 때까지 이 나라에 살지도 모른다. 그리고 이 사람들과 이야기하고, 이 사람들과 똑같은 것을 먹고 똑같은 옷을 입는다고 생각하니, 도쿄에서의 10년 동안에 적어도 중국어라도 배워뒀으면 하고 후회했다. 영어나 독일어 등은 거의 쓸 기회가 없을 것이다. 그렇게 생각해 보면 신라가 당과 동맹을 맺고 백제를 멸망시켰을 때, 그들은 어떻게 이야기하고, 어느 정도 의사소통을 하고 있었을까 생각해 보면, 그것들은 전혀 믿을 수 없다는 생각이 든다.

'여하튼, 드디어 중국에 왔다. 앞으로 더욱더 멀리, 운이 좋으면 중경까지 갈지도 모른다. 나는 중국인이 되고, 중국인으로서 죽을지도 모른다.'

그렇게 생각하니, 차창으로 바라보는 한없이 펼쳐지는 벌판이 철이에게는 견딜 수 없이 깊은 친밀감을 느끼는 것 같다.

2

북경역에는 계신이 마중을 나왔다. 학생제복이 양복으로 바뀐 것 말고는 도쿄에서 헤어졌을 때와 하나도 변하지 않았다. 여전히 큰 눈을 두리번거리면서,

"늦었네. 지금까지 뭐한 거야?"

하고 물었다.

"어이, 도망 안 가니?"

"당연하지. 그게 아니고 왜 너를 이런 곳까지 불러들인 줄 아니? 내가 무슨 말을 할 것인지 알고 있었구나."

"직감했어."

"좋아, 놀라지 마. 오늘 밤, 석가장(石家莊) 행 기차에 탈 거야. 지금까지 출장명령을 연기하고 있었으니까, 빠를수록 좋아. 서류도 전부 준비되어 있어."

이 말에 철이도 깜짝 놀랐다. 정신을 차리자 이미 더러운 요릿집 앞에 와 있다.

"밥이라도 먹으면서 이야기할까?"

계신은 앞장서 척척 들어갔다. 저녁식사에는 아직 이른 것일까, 열 개 정도 있는 테이블에는 손님이 거의 없었다.

"신문사에는 얼굴을 비치지 않아도 괜찮니?"

"비치지 않아도 괜찮아. 여기서는 뭐든지 약식이야. 그런데 뭐 먹을 거니?"

"뭐든지 좋아."

철이는 서둘러 마음의 정리를 하지 않으면 안 된다고 생각했다.

충동적이라면 모를까 여하튼 계신이 계획적으로 움직인다고 해도 그는 매우 우유부단했음을 자신도 충분히 알고 있다. 10년간 도쿄에 있었던 것도 말하자면 그것이 원인이 아닌 것은 아니다.

그러나 계신은 전혀 무관심해서 전혀 다른 이야기로 말문을 텄다.

"결혼은 하지 않은 것 같은데."

"하지 않았어. 너는 어떠니?"

"나, 나는 차였어."

"그거 안 됐네."

"진지하게 동정해줘라. 이래도 진심이었어."

테이블로 가져온 뒤에도 아직 탁탁 소리를 내며 펄펄 끓고 있는 냄비

속에서 은색의 작은 생선이 뛰어올랐다. 그것을 쿡쿡 찌르며, 두 사람의 이야기는 끝이 없었다. 아파트의 일본 부인의 이야기, 유치장이나 스기나미 경찰서의 형사들…. 이제 와서 돌이켜 보면 모두 버릴 것 하나 없는 그리운 추억이었다.

"석가장에서는 무슨 일인데?"

하고, 철이는 본론으로 들어갔다.

"석가장에서 더 안으로 들어가."

"태원(太原)이니?"

"아니, 최전선에 나가는 거야. 트럭으로 회양이라는 곳으로 갈 거야. 신황하(新黃河)에 가까운 작은 농촌인 것 같아. 지도에도 잘 실려 있지 않을 정도야."

"왜 그런 곳으로 보내는데?"

"최전선을 보고 오라고 해서야. 무서워서 싫다면, 너하고 함께 가면 어떻겠냐는 거야."

"이야기가 너무 마음에 들어."

그날 밤, 두 사람은 군인을 가득 태운 군용열차를 얻어 타고 석가장으로 향했다. 그런데 석가장에 도착해보니 유격대의 활동이 활발해져서 비전투원의 전선여행은 갑자기 제한되었다. 석가장도 전선이므로 해방구로 나가는 방법도 없는 것은 아니지만, 왕정위 괴뢰정부의 군인도 활동하고 있었다. 일본군과 해방군의 삼파전의 혼란에 휩쓸리면 본전도 못 찾는다는 계신의 의견에 따라 잠시 상황을 지켜보기로 했다.

그래서 철이는 그 틈을 이용해서 중국어나 지리를 배우기 시작했다. 신문사에는 석가장 부근의 정보를 보내면 된다는, 매우 한가로운 상태이다. 이런 상태로 4개월 가까이나 석가장에 있던 두 사람은, 3월 말이 되어서 겨우 회양으로 향하게 되었다.

아무리 달려도 끝이 없는 북지의 벌판을 트럭으로 횡단하여, 며칠이나 걸려서 겨우 회양에 도착했을 때는, 이미 4월이 되었다.

회양은 사방을 높은 성벽으로 둘러싼 작은 마을로, 서쪽으로 문이 딱 하나 있고, 그곳에서 성 밖으로 통하는 외길이 뻗어 있다. 성벽의 바깥 쪽에는 해자(垓字)가 있어서, 밖으로 나가기 위해서는 이 문을 통할 수 밖에 없다. 성 안은 점토를 쌓아 올린 중국인의 주택이 불규칙하게 늘어섰고, 서남의 일곽에 소위가 지휘하는 일개소대가 주둔한 일본의 병영이 있다.

트럭은 보급물자와 철이 일행을 내리자 다시 다른 보급지로 출발했다. 일주일 정도 후에 여기에 들러 다시 두 사람을 태워 석가장으로 돌아가기로 되어 있으므로 탈출계획은 그때까지 실행하지 않으면 안 된다.

회양에 도착한 3일째에 유격대가 밀어닥친다는 정보가 들어왔다. 전 소대가 무장해서 성벽에 달려 올라가고, 긴급사태이므로 철이와 계신도 동원되었다. 비에 젖은 대평원에는 안개가 자욱이 끼어, 눈에 보이는 것 모두가 흐릿하다. 녹색으로 물든 봄밭의 건너편에 지평선도 희미하게 보인다.

처음 얼마 동안은 탕! 탕! 하는 간헐적인 총소리가 들리기만 할 뿐 유격대의 모습은 보이지 않았다. 그러나 점차 총소리가 가까워지고 그 간격도 좁혀옴에 따라, 파란 군복의 중국 군인이 밭 사이에 가물가물 보이기 시작했다. 그러나 불가사의하게, 일정한 거리까지 오면 그 이상 다가오지 않고 총을 쏘는 것도 멈췄다. 그리고 잠시 기분 나쁜 침묵이 이어진 후 유격대는 다시 그림자도 보이지 않았다.

"이건 전쟁이 아니야, 전쟁놀이야."

하고 계신이 웃었다.

"그러나 우리들이 나갈 때까지 기다려주지 않으면 곤란해."

"정말이야, 철아 우물쭈물하고 있을 때가 아니야."

"그러나 저 해자는 어떨까?"

"우선 질퍽해서 안 될 거야. 그러나 해자를 건너지 못한다면, 문으로 나가는 수밖에 없어. 그런데 그곳에는 보초가 있어."

"그렇지."

"저 길을 똑바로 가면 황하가 나오는데."

"보초는 틀림없이 중국인이었지. 뭐, 하룻밤 더 생각해 보자. 방법은 하나 있어. 여하튼 내일 탈출하기로 하자."

계신에게도 이의는 없는 것 같다.

3

그 다음날, 유격대의 불가사의한 공격이 있었던 탓인지 병영 내의 형무소에 갇혀 있던 스파이 용의자인 중국 청년이 갑자기 처형된다고 했다. 큰 키와 얼굴 모양까지 철이와 너무 닮은 그 청년은 군인들에게 둘러싸여, 예상과 달리 견실한 걸음걸이로 성 밖의 낮은 언덕까지 걸어갔다. 일행을 지휘하던 오장〔伍長, 구 일본 육군 계급의 하나로 하사(下士)에 해당〕은 언덕에 도착하자, 청년의 포승줄을 풀고 괭이를 건넸다. 청년에게 자신의 무덤구덩이를 파라는 것이다. 청년은 묵묵히, 안색이 헬쑥한 것 외에는 스스로 자신의 무덤을 파고 있다고는 생각할 수 없을 정도로 냉정하게 구덩이를 계속 팠다. 그리고 무덤구덩이를 다 파자, 오장은 그 가장자리에 청년을 앉혔다. 그는 그때에 처음으로,

"어쩔 수 없네."

하고, 중얼거렸다. 그것뿐이었다.

군인들이 2열로 줄지어 칼을 총에 꽂자, 오장이,

"찔러!"

하고, 호령했다. 제일 앞에 있던 군인 두 명이, 무시무시한 소리를 지르며 돌진해서, 총 끝에 꽂은 칼을 청년의 가슴에 푹 찔러 넣었다. 칼을 빼자 청년은 신음소리도 내지 못하고, 능소화로 만든 허수아비처럼 픽 앞으로 엎어졌다. 그것을 다음 1조가 위에서 푹 찌른다. 그리고 또 다음…. 대충 10조가 똑같은 짓을 반복하고 청년의 양쪽에 준비해둔 양동이의 물로 칼을 씻고 원래의 위치로 돌아와 정렬했다. 이미 하나의 고기 덩어리가 되어 뒹굴고 있는 청년을 오장이 구덩이에 차 떨어뜨리자 군인들이 그 위에 흙을 덮었다. 처형은 끝났다.

군인들은 칼을 빼고, 총을 메고 보조를 맞춰 성 안으로 향했다.

"이기고 온다고 용감하게/맹세하고 나라는 떠나서는/공을 세우지 못하고 죽는가."

조용한 회양의 성 밖이 돌연 용감한 군가로 진동하고, 그 노래에 맞춘 발소리가 마치 반주와 같이 울렸다. 성벽 위에서 지켜보고 있던 사람들 사이에서 "아—악" 하고 우는 소리가 들리고, 그들은 군인들과 교대하듯, 언덕으로 달려가 시체가 묻힌 부근을 맨손으로 파기 시작했다. 아마, 그 중국 청년의 가족일 것이다.

'저런 개죽음도 있네.'

오래 계속된 전란의 시대를 통해서 중국인은 죽음에 대해서 철저한 훈련을 받고 있다고 철이는 생각했다. 성문에 있는 중국인 보초는 돌아오는 군인들에게 싱글벙글 경례하고 있다. 성 안의 시민도 청년의 가족 이외에는 아주 무감각하게 돌아다니고 있다.

　철이는 제1차 세계대전 때, 독일 병사가 무고한 포로의 총살을 지시 받고 거부하여 그 때문에 자신이 총살당하는 이야기를 떠올렸다. 저 잔인한 광경을 목격하면서, 한마디도 항의할 수 없는 자신의 비겁함. 이 이름도 없는 독일 병사가 보인 인간으로서의 용기가 자신에게는 손톱만큼도 없다고 생각하니, 철이는 깊은 부끄러움에 사로 잡혔다.

　"무슨 일이야? 얼굴이 창백해. 저 정도 본 것 가지고 맥을 못 추는 놈이 어디 있냐?"

　계신이 타박하듯 말했다.

　"질린 게 아니라 나 자신에게, 그리고 중국인에게 실망한 거야. 동포가 살해되었는데 아무 일도 없었던 얼굴을 하고 있잖아. 이런 민족이, 이런 사람이, 어떻게 살아남겠어?"

　"정말로 중국인은 죽었어. 인간의 그림자만 움직이고 있는 것 같아. 북경에서도 미국과 일본이 전쟁을 시작했을 때도 전혀 반응이 없었어."

　"그래서 일본이 괴뢰정부를 세우는 데는 절호의 나라인 거야."

　"조선에는 그것조차 없어."

　"우리에게는 임시정부가 있잖아. 우리는 그 정부를 찾아서 중경으로 가는 거지?"

　"너, 중경까지 얼마나 멀고 먼지 알기나 해?"

　"알고 있어."

"기차도 배도 없어."

"알아. 뭐, 1년은 걸릴 거야. 그렇지만, 너는 갈 생각이 없었던 거야?"

"여하튼 나는 단지 탈출하는 것만 생각하고 있었어. 그래서 너한테 연락한 거야. 그런데 어떻게 여기서 빠져나가지?"

"아, 그거 말이야."

철이는 아무 일도 아닌 듯 간단하게 대답했다.

"정문 앞에서 걸어서 나가는 거야."

"야!"

계신이 깜짝 놀라서 걸음을 멈췄다.

"보초는 어떻게 하고."

"알아. 일생일대의 승부를 벌이는 거야. 뭐, 나한테 맡겨."

"괜찮니?"

"괜찮아!"

계신은 여우에 홀린 듯한 얼굴이 되었다.

4

다음날이 되자, 어쨌든 밤이 되는 것이 몹시 기다려졌다. 성벽에서 내려뜨릴 밧줄과 길잡이가 될 나침반 등은 계신이 어느새 준비했다. 그는 게다가 오장에게 잘 말해서 권총 탄환까지 감쪽같이 가져온 것 같다.

소등나팔이 울리고 군인들은 모두 잠들어 고요했다. 소위의 방에만 아직 불이 켜져 있고 이야기 소리도 들린다. 그러나 마음을 다잡고 병영을 빠져나와 성벽에 올랐다. 엎드려서 동정을 살펴보니 별이 총총한 하늘 아래 보초의 모습만 검게 나타나 보였다.

"내가 먼저 내려갈게."

철이는 성벽의 요철 부분에 묶은 밧줄을 타고 주르르 내려갔다. 계신도 뒤를 이었다. 보초가 있는 성문까지는 100미터 정도이다. 두 사람은 성벽과 해자 사이의, 풀이 무성한 길이라고도 할 수 없는 좁은 길을 몰래 나아갔다.

"누구냐!"

겨우 눈치 챈 보초가 중국말로 외쳤다.

"바보 같은 놈!"

철이는 일본어로 틈도 주지 않고 혼신의 힘을 담아 호통 쳤다. 계획된 행동이었다. 일본어로 야단맞아서인지 아니나 다를까 보초들은 총을 겨누면서도 발포는 주저했다. 만약 일본 군인이라도 쏴 죽인다면 큰일이기 때문이다. 이것이 철이 말하는 일생일대의 승부였다.

"계신아, 너 먼저 가. 나는 여차하면 보초를 쏠 거야."

계신은 부리나케 정문을 뒤로 하고 외길을 걷기 시작했다. 보초는 두 사람 중 어느 쪽을 겨누어야 할지 망설이고 있는 것 같다. 계신은 3분 정도 걷고서 멈춰 서자 일본어로 말했다.

"이번은, 내가 엄호해 줄게."

정문 앞에 나온 철이는 천천히 계신에게 다가갔다. 보초의 총이 등 뒤에서 겨누고 있다고 생각하니, 그야말로 마음이 조마조마했는데 그러나 아무 일도 일어나지 않았다. 보초에게 전화라도 있었다면 이렇게 순조롭게 되지 않았을 것이지만, 그런 것이 있을 법한 회양이 아니다. 두 사람은 어깨를 나란히 하고, 가능한 유유히 달려 성벽에서 멀어져

갔다. 얼마나 오래 달렸는지 알 수 없는 긴 시간이었다. 그리고 뒤돌아 봤을 때는 보초의 모습은 이제 보이지도 않고, 다만 검은 성벽이 밤하늘 건너편에 떠 있을 뿐이었다.

성벽이 보이는 사이에 방향을 확인해두려고 나침반을 꺼냈는데, 어두워서 바늘의 방향을 확인할 수 없었다. 어찌할 바를 몰라 문득 하늘을 쳐다보자, 회령에서 보는 것과 똑같은 모양의 북두칠성이 보였다.

"어이, 북두칠성이 보여. 저 안에 직선으로 이으면 남쪽을 가리키는 별이 두 개가 있어!"

"그런데 황하가 나올 때까지는 위치도 바뀔 거야."

"조금은 바뀌겠지. 하지만, 괜찮아. 자, 가자!"

키가 큰 마른 풀 사이를 걷기도 하고, 진창에 빠지기도 하고, 낮은 돌담을 뛰어넘기도 하고…. 두 사람은 별에만 의지하며 남으로 남으로 걸어갔다. 인적도 없을 뿐만 아니라 짐승이나 새 우는 소리 하나 들리지 않고, 다만 한없이 깊은 정적이 그저 걷고 있는 두 사람을 감싸고 있다. 가슴 가득 들이마신 공기를 후 하고 뱉으면 숨이 별빛 속에 희미하고 하얗게 떠올랐다. 밤기운은 역시 차다고는 하지만 봄은 이제 끝났다. 조선이라면 개나리가 만발하고 진달래도 피기 시작할 계절이다. 청진의 항구에서는 범선도 달리고 있을 게 틀림없다. 지금은 새벽 두 시경이니까, 회령이라면 4시쯤 되었을 것이다. 그러나 아무리 걸어도, 황하는 눈앞에 나타나지 않았다.

"틀린 건가?"

철이는 갑자기 불안해져서, 계신과 같은 것을 생각한 듯,

"4시간은 충분히 걸었어."

"그래. 벌써 강 근처까지 왔어야 되는데….."

불안해지자 걸음이 지금보다 빨라졌다. 거의 달리듯이 오직 강만을 기도하며 나아갔는데, 밤기운에 젖은 벌판이 끝없이 이어지기만 할 뿐이다. 그러자 갑자기 찰흙 땅이 모래벌판으로 바뀌었다.

"뭐야, 뭐!"

계신이 정신없이 외친다. 모래벌판 저쪽에 홀연히 나타난 것은 황하이다. 장개석이 철퇴할 때 제방을 무너뜨려서 생긴 신황하로, 강이라기보다 마치 바다 같았다. 파란 달빛 아래 끝없이 펼쳐지는 그 모습은, 영원(永遠)이 갑자기 줄어든 것 같은 느낌이었다.

"멋지네!"

"정말 멋지다."

두 사람은 이구동성으로 감탄하면서, 물빛이 탁한 대황하를 넋을 잃고 보았다. 그러나 어떻게 건널 것인가를 생각하니 철이는 순간 망연자실했다.

"계신아, 어떻게 건너지?"

"수영해야지, 날아갈 수는 없잖아."

"나는 수영을 잘 못해."

"걱정 마. 나한테 붙어 있으면 괜찮아."

하고 말하면서, 계신은 첨벙첨벙 강으로 걸어 들어갔다. 철이도 그의 뒤를 따랐다. 강은 생각보다 얕아서 약간 안심하고 걷자, 갑자기 깊어지고 표면의 흐름은 느리지만 바닥의 흐름은 빨라서 철이는 순식간에 다리가 휩쓸려 강에 빠졌다. 황급히 철이를 끌어올린 계신은, 새파랗게 질려서 기침을 하는 철이를 보자 마지못해 다시 강기슭으로 돌아왔다.

"이렇게 큰 강이라면 어디에 나룻배라도 있을 거야."

라는 계신의 의견으로, 두 사람은 강을 따라 상류로 향했다. 과연, 배는 얼마든지 있었지만, 다 썩었거나 큰 구멍이 뚫려 있거나 흙이 잔뜩 쌓였다. 한 시간 넘게 강기슭을 돌아다녔지만 만족하게 쓸 만한 배는 한 척도 보이지 않았다.

두 사람은 그중에서 가장 쓸 만한 배 하나를 청소하고 뱃머리에 밧줄을 묶어 강으로 들어갔다. 계신이 수영하면서 배를 끌고 철이는 선미(船尾)에 매달려 구멍으로 들어오는 물을 퍼내려는 것이다. 그러자 배는 천천히 불가사의하게도 강을 건너기 시작했다. 그것도 풀처럼 걸쭉한 진흙탕 속을 말이다. 물고기가 두세 번 철이의 다리에 부딪치고 도망갔다. 이런 큰 강이라면 물고기도 엄청 컸겠지 싶다.

"계신아, 물고기가 많아."

"내 바지 속에 들어와서 소란피운 놈도 있어. 물고기라도 잡아서 구워가면서 여행할까?"

계신은 헤엄을 치면서 배를 끌면서 말하는데도 하나도 헐떡이지 않았다. 배는 마침내 황하를 건넜다. 회양 기슭은 안개로 똑똑히 보이지 않는다. 동쪽 하늘이 이미 어슴푸레 밝아지기 시작했다. 흙탕물로 갈색이 된 옷을 벗어서 물을 짜고, 구두를 벗어서 물을 털어내고서 발을 다시 집어넣자, 무슨 이유인지 비로소 자유 중국으로 온 것 같은 기분이 들었다.

"계신아, 저쪽 풀숲에서 자자. 그리고 밤이 되면 다시 걷자."

"마치 우리들을 위해 준비해둔 것 같네."

그들이 터벅터벅 풀숲으로 다가가자, 긴 총을 든 중국 사내 둘이 갑자기 불쑥 일어섰다. 정규군의 복장은 아니지만 그렇다고 농민으로도 보이지 않는다. 속사포로 뭐라고 말을 걸어오지만 전혀 알아들을 수 없었다.

"왕정위(汪精衛)의 군대인지, 장개석의 군대인지 물어봐."

철이는 권총을 손에 쥔 채 계신에게 말했다. 계신은 땅바닥에 웅크리고 앉아 돌멩이로 필담을 시작했다.

"너희들은 왕정위의 군대이냐?

그러자, 두 사람은 그렇다고 끄덕였다. 그러나 그 머리를 흔드는 것이 아무래도 자신이 없는 것 같고, 다른 한 사내는 글씨를 쳐다보지도 않는 것이다.

"그러면 장개석(蔣介石)의 군대인가?"

그들은 이번에도 그렇다고 끄덕였다.

"글을 못 읽는 것 같아, 어쩌지?"

철이와 계신은 얼굴을 마주보며 어찌할 바를 몰랐다. 그것을 보고 있던 중국인들은 손짓으로,

"너희들은 완전히 포위되었다. 살고 싶으면 빨리 권총을 버려라."
라고 하는 듯, 부근의 언덕을 가리키면서 재촉했다.

철이와 계신은 어쨌든 운을 하늘에 맡기기로 하고, 동시에 권총을 던져버렸다. 그러자 그들의 태도는 돌변하여, 한 사람은 총을 철이와 계신에게 들이대고, 또 한 사람은 아마 신호인지 갑자기 공중을 향해서 빵! 빵! 하고 공포를 발사했다. 그리고 윽박지르는 목소리로 무언가 말하면서 걸으라는 듯 몸짓을 했다.

강기슭을 상류 쪽으로 한참 동안 걷자 민가가 있고, 토방 한가운데

탁자를 두고 하사관인 듯한 사내가 앉아 있다. 그 양측에는 총을 든 사내들이 서 있고 집 밖에도 몇 명이 있는 것 같았지만 복장은 모두 가지각색이었다.

"종이와 붓을 주시오."

철이 손짓으로 부탁하자, 곧 종이와 붓이 나왔다.

"너희들은 왕정위의 군대인가, 장개석의 군대인가?"

라고 써서 보여주자, 크게 끄덕였다. 역시 문자를 읽지 못하는 것이다. 철이 서투른 중국어로,

"우리들은 조선인이다."

하고 고함도 쳐봤지만, 하사관 나리는 꿈쩍도 않았다. 구경꾼이 모여들고 빤히 호기심에 가득 찬 눈으로 쳐다봤다. 그러나 회양의 중국인과는 느낌이 많이 달라서, 왠지 모르게 밝고 평화로운 시골 분위기였다. 조금 지나자, 새로운 군인 두 사람이 찾아와서 걸으라는 몸짓을 하며, 아까와 같이 총을 들고 철이와 계신의 앞뒤에 섰다.

"이놈들, 마적인지도 몰라."

하고, 철이가 말하자 계신도 세차게 끄덕였다.

30분이나 걸었을까 오른쪽에 산이 보이고 그 사이에 골짜기가 있다. 철이는 직감적으로 자신들은 그곳에서 총살될 것이라는 기분이 들었다. 그러자 갑자기 정숙이 아니라 어머니가 머리에 떠올랐다. 하다못해 '어디서 죽었는지 정도는 알려주고 싶다'는 공연한 생각이 스쳤다.

골짜기 입구에 다가갔을 때 이제 죽이라는 생각으로 철이 골짜기로 걸음을 향하자 군인 한 사람이 당황해서, 똑바로 걸으라는 몸짓을 했다.

활짝 갠 청명한 날로, 하늘에는 구름 하나 보이지 않고, 회령이었다면 두만강으로 고기낚시라도 가고 싶었을 것이다. 따끈따끈하게 따뜻한 봄볕을 쬐면서 시골길을 한참 걸었다. 점심때를 지나서 다음 병영에 도착하자 두 사람은 갑자기 유치장에 감금되었다. 허리를 구부리지 않으면 들어갈 수 없는 이 상자 같은 곳에서 평생을 지낼지도 모른다고 문득 생각했을 때, 강렬한 공포가 비로소 철이를 덮쳤다. 골짜기로 걸어가려고 했던 평안한 자신이 거짓말 같았다.

"우리 둘 다 처자식이 없어서 다행이야."

계신이 진심으로 말했다. 그 때 군인들이 음식을 갖고 와서 두 사람은 몹시 놀랐다. 회령에서 먹는 소 없는 만두와 같은 것이었는데 아침부터 아무것도 먹지 못해서 아주 맛있었다.

"역시, 조직이 있는 것 같아. 마적이 아닌지도 몰라."

하고, 계신이 말한다.

"우리들이 일본인이 아니라 조선인이라는 것은, 알고 있는 걸까?"

그곳으로 또 호송병이 찾아왔다. 어디로 가든 이 상자보다는 나을 것이므로 두 사람은 기꺼이 밖으로 나왔다. 그러나 생각해 보면 그것도 문제여서, 만약 왕정위의 본영에라도 데려가면 곧바로 북경 근처로 송환되고 만다. 그렇다고 해서, 지금의 입장에서는 아무것도 할 수 없고, 그저 이놈들이 왕정위의 군대도 마적단도 아니기를, 그리고 그 어느 쪽이라면 차라리 마적이기를 기도하는 수밖에 없었던 것이다.

5

밤이 되어서 도착한 다음의 병영은 지금까지 거쳐 온 어디보다도 대규모였다. 유치장만 하더라도 회양의 일본군 병영 정도의 넓이로 오히려 형무소와 같은 느낌이었다. 두 사람이 들어간 곳은 절의 본당과 같은 넓은 방이었다. 붉은 옻으로 칠한 높은 천정은 직경 한 척이나 되는 열 개 정도의 기둥으로 받쳐져 있고 마루는 기름으로 깨끗하게 윤을 냈다.

어젯밤부터 한숨도 자지 못한 데다가 회양에서 여기까지 20시간 넘게 걷기만 했던 두 사람은 배고픔도 잊고 곧 골아 떨어졌다. 그러나 철이는 얼마 지나지 않아 온몸이 참을 수 없을 정도로 가려워서 눈을 떴다. 휘황하게 빛나는 전등이 비친 마루에 빈대가 우글거렸다. 조선의 빈대는 전등을 비추면 도망가는데 여기서는 전혀 그런 기색이 없다.

"계신아, 일어나! 빈대다!"

철이는 엉겁결에 비명을 질렀다. 계신은 졸리는 얼굴로 반 정도 눈을 뜨고,

"무슨 일이야, 빈대가 어째서?"

하고, 께느른하게 말한다.

"봐, 수백 마리나 있어."

"빈대에 물려도 죽지는 않아, 잠이나 자."

"나는 못 자, 어떻게 좀 해봐."

"어쩔 수 없네."

계신이 일어나서 셔츠를 벗어 툭툭 치자, 빈대들은 당황하지도 않고 느릿느릿 판자의 이음매로 들어가 버렸다.

"내가 빈대 보초를 설 테니까, 너는 그 사이에 잠이나 자."

철이는 그 짬에 잤지만, 역시 하룻밤 내내 가려워서 꾸벅꾸벅 졸다 말았다. 그러나 계신은 어느새 태연히 잠들어버린 것 같다. 아침이 되어서 보니 빈대는 거짓말처럼 사라졌다. 어쩌면 빈대들도 전등 빛과 태양 빛의 차이를 알고 있는지도 모른다.

군인이 가져온 아침식사는 옥수수죽뿐으로, 게다가 소금기 하나 없어서 도저히 먹기 힘들었지만, 배가 비어 있어서 전부 먹었다.

'그런데, 앞으로 어떻게 될까?'

하는 생각에 갈팡질팡하고 있자, 어제 두 사람을 방으로 데려와서 자물쇠로 잠근 장교가 복도를 걸어왔다.

"나는 조선인이다."

철이 서툰 중국어로 말을 걸었지만, 반응은 전혀 없다. 공연히 조급해서,

"중국에는 문자를 읽을 수 있는 놈이 없는가!"

하고, 이번에는 조선말로 고함치듯 말하자, 그 장교는 무슨 생각을 했는지, 주머니에서 담배 두 개비를 꺼내서 두 사람에게 건네고, 군대식 경례를 하고 싱글벙글하면서 가버렸다. 놀라서 기가 막혀 있을 때, 다시 호송병이 찾아왔다.

"기다려요, 화장실에 가야 해."

계신이 소변보는 흉내를 내자, 호송병은 양측에 작은 감방이 늘어서 있는 복도를 앞장서 걷기 시작했다. 추레한 중국 죄수들이 왁자지껄하던 이야기를 멈추고 신기한 듯 두 사람을 바라본다.

화장실 안에는 놀랍게도 기관총이 설치되어 있고 그 옆에 군인이 서 있으며 게다가 호송병까지 따라왔다. 이런, 마치 거물 정치범 같은 취

급을 받으면서 한 시간 정도 지나서 도착한 강에는 나룻배가 기다리고 있다. 안에는 농민인 듯한 사내가 이미 여러 명 타고 있다. 철이 일행이 타고, 그 뒤에 여러 명의 장교인 듯한 사내들이 달려와서 뛰어 오르자, 배는 물결에 따라 강을 비스듬하게 건너기 시작했다. 배가 기슭을 벗어나자, 장교들은 호송병을 불러 철이 일행을 가끔 쳐다보면서 뭔가 이야기를 하고 있다.

"아무래도 마적은 아닌 것 같아."

하고, 철이는 계신에게 말했다.

"어떻게 알아?"

"상당한 조직이 있는 것 같고, 형무소에 기관총까지 있어. 저런 젊은 장교도 많아. 이것이 마적이라면 일본군은 비적(匪賊)이야."

"마적과 비적은 어떻게 다른데?"

"왠지 모르게 비적 쪽이 나쁘다는 기분이 들지 않냐?"

두 사람은 얼굴을 쳐다보면서 오랜만에 웃었다.

"한 번 더, 저놈들에게 물어볼까?"

하고, 계신이 말했지만, 철이는 어제부터 아무 반응이 없는 것에 진절머리가 나 있어서 전혀 그럴 기분이 아니었다. 회양을 출발해서 만 하루 이상이 지났는데, 자신들의 이 필사적인 모험의 성공 여부를 아직 전혀 알 수 없고, 또한 언제 알 수 있는지도 모르는 견딜 수 없는 고통이었다. 그러나 계신이 장교들 쪽으로 가자, 철도 역시 그 뒤를 따라 갔다.

이번에는 예상치 못한 일이 일어났다. 계신이 지금까지와 똑같은 질문을 쓰자, 장교 한 사람이 연필을 쥐고 답변을 쓰기 시작한 것이다.

"노장개석 선생적(老蔣介石先生的)"

노(老)라는 것은 존칭이고, 적(的)이라는 것은 소유격이므로 요컨대, "장개석 선생의"라는 의미다.

"야-앗!"

계신이 기쁨의 괴성을 지르며 철이를 돌아본다. 철이도 계신과 눈을 맞추며 할 말을 잃었다.

"우리들은 일본인이 아닌 조선인이다. 우리들은 당신들과 하나가 되어 일본을 괴멸시키기 위해 목숨을 걸고 여기까지 찾아왔다."

철이 쓴 그 문자를 읽은 장교들은 두 사람의 손을 번갈아가며 꼭 쥐었다. 다른 승객들이 흐뭇한 듯 그런 정경을 바라보고 있다. 이야기를 들어보니, 철이 일행은 포로도 아니고 죄수도 아니며 어제 빈대가 나온 큰 방은 형무소의 강당이며 오늘 가는 본영(本營)에서 조사가 끝나고 사실이 확실해지면 혁명동지로서 환영받을 것이라고 했다.

계신은 매우 만족한 듯, 갑자기 상의를 벗고서는, 강으로 첨벙 뛰어들었다.

"무슨 일이야!"

"나는 수영해서 건널 거야."

물속에서 계신은 기쁜 듯 웃으며 배 주위를 돌기도 하고 바닥으로 잠수하기도 하면서 쓱쓱 수영을 계속했다. 그것을 장교들이나 호송병, 그리고 승객까지 배 위에서 응원한다. 주먹을 쥐거나 엄지손가락을 치켜세우는 것은, 아마 "넘버 원"이라는 의미일 것이다. 계신은 득의만면(得意滿面)이다. 철이는 지금으로부터 꼭 10년 전 회령천의 범람으로 두성이 명희를 살렸을 때를 그리운 듯 떠올렸다.

일본의 중국 점령은 이렇게 실제 해방구에 와보니 상상 이상으로 허술한 것이었다. 지도상에서는 넓게 보이지만, 북지의 이 황하 부근조차 일본 점령지역을 한 발자국 벗어나면 엄연히 중국 군대, 그리고 정부가 물샐틈없는 경계망을 구축하고 있는 것이다. 게다가, 회양에서 본 중국인과 해방구의 사람들과의 차이는 어떤가. 중국과 일본의 전쟁은 이미 일본의 패배라고 해도 좋지 않을까 하고 철이는 생각했다.

제4부

양자강 揚子江

추이 推移 · 중경 重慶 · 종전 終戰

추이 推移

1

12월로 접어들었는데도 철이로부터 아무런 소식도 없어서, 역시 또 올해도 돌아오지 않는가 하고 정숙에게는 단념하는 마음이 짙어지고 있었다. 그렇지만 크리스마스가 가까워지자 안절부절못해서 아무것도 손에 잡히지 않는다. 몸속 어딘가에서 철이를 그리는 마음이 머리를 쳐들고 나오는 것이다. 그 덧없는 기대를 저버리고 철이는 아니나 다를까 돌아오지 않았을 뿐만 아니라, 설날이 지나도 전혀 소식이 없다.

금년은 반드시 돌아온다고 했던 너, 편지조차도 쓰기 어려운가. 어차피 머지않아, 1년 더 기다려야 하는 생각을 하고 있는데, 1월 말 어느 날, 열 통 정도의 편지가 수취인 불명으로 한꺼번에 돌아왔다. 따져보니 2개월 이상이나 도쿄의 아파트에 사람이 없었던 것이다. 납득이 가지 않을 뿐만 아니라 가슴이 두근거려 회령에 전화했다. 하지만 부친 쪽에도 소식은 없고 그녀와 마찬가지로 걱정하고 있어서, 갑자기 앉지도 서지도 못하게 되어버렸다.

정숙은 문득 4년 전 도쿄에 갔을 때, 대학 구내에서 철이에게 소개받은 이노우에(井上)라는 친구를 떠올렸다. 아주 친한 친구라고 철이가 말했었고, 졸업 후도 대학의 연구실에 남았다고 들었다. 어쨌든 연구실로 사정을 적어서 편지를 보냈다. 그런데, 1개월 이상 기다려도 답장

뿐만 아니라 편지 그 자체조차도 돌아오지 않는다. 정숙은 마치 도쿄에는 사람이 아무도 살고 있지 않는 듯한 이상한 마음이 들었다.

3월도 앞으로 하루로 끝나는 날, 정숙은 결국 직접 도쿄에 가보자고 결심하고 회령에 전화를 걸었다.

"여기서도 걱정하고 있단다. 어머니는 밤에도 잘 자지도 못하는 것 같구나."

"죄송합니다."

"네가 나쁜 게 아니야. 나쁜 놈은 철이 놈이야. 도쿄에 가보는 것은 좋지만 혼자서 괜찮겠어?"

철이의 아버지는 불안한 것 같다. 그러나 한편으로는 정숙이 가봤으면 하고 생각하고 있는 것이 전화에서도 역력히 느껴졌다. 어머니는 그다지 달갑지는 않았지만 강력히 제지하지도 않았다. 그래서 정숙은 몸차림도 할 겨를도 없이 4월 초에 도쿄로 향했다. 그때는 철이 일행이 석가장에서 회양으로 향할 즈음이었으나 물론 그녀는 알 턱이 없었다.

4년 전 철이를 만나는 것만으로 가슴이 뛰었던 일본 여행에 비하면 이번은 실로 불안하고 쓸쓸한 여행이었다. 철이 도쿄에 있을 가능성은 만에 하나도 없을 것이다. 그 허무한 사실을 자신의 눈으로 확인하는 것만이 목적이었을 줄은…. 봄의 따뜻함과는 정반대로 마음은 냉랭했다.

이것으로 두 번째 방문이 되는 도쿄는 처음 왔던 때보다 더욱 당황스러웠다. 어느 전차를 타야 좋은지도 우선 몰랐고, 겨우 몇 번 갈아타고 나카노(中野) 역에 도착해서도 어슴푸레한 기억의 아파트를 찾는 데 또 고생 좀 했다. 그런 식으로 겨우 길을 묻고 물어 간신히 철이가 살았던 아파트에 도착한 것은 오후 3시를 훨씬 지나서였다. 다행이 이 아파트만은 4년 전과 조금도 변하지 않았고 안으로 들어가자 역시 전에 본 것과 똑같은 사내가 앉아 있다. 정숙은 일단 안심했지만, 사내는 전혀 기억하지 못하는 모습으로,

"어느 분을 찾아오셨습니까?"

하고, 묻는다. 정숙은 가슴이 두근두근했다.

"이철 씨, 계세요?"

"철이 씨? 철이 씨라면 5개월 전에 고향으로 돌아갔습니다."

하고, 태연하게 말한다. 예상은 했지만 이렇게 똑똑히 듣자 눈앞이 캄캄했다. 사내는 의아하게 정숙을 쳐다보다가 갑자기 반갑게,

"맞다. 3, 4년 전에 한 번 오신 적이 있으시죠? 무슨 일입니까?"

하고, 위로하듯 말한다. 그리고 생각난 듯,

"가와이(河井) 씨에게는 물어보셨습니까?"

하고 말했다.

"가와이 씨요?"

"모르십니까? 아주 친한 친구인 듯 여기에서도 자주 묵었습니다. 그분은 지금 교토(京都)에 가셨는데 계신 곳도 알고 있으니까, 연락해보시는 게 어떻습니까? 분명히 뭔가 알고 있을 겁니다."

"철이 씨는 아무 말도 없었나요?"

"예, 새가 떠나듯이 갑작스럽게…. 나머지는 적당히 처분해 달라는 말만 남기고 그날 바로 나가버렸습니다. 나는 틀림없이 조선집으로 돌아가셨다고 생각하고 있었습니다. 그런데, 역시 조선에서 찾아 오셨습니까?"

"예, 오늘 아침, 도쿄에 도착했습니다."

504

"그렇습니까? 저런, 어떡하죠….."

사내는 다음 말이 안 나오는 것 같았다. 정숙도 어떻게 해야 좋은지 알 수 없었는데, 가와이라는 친구의 소식을 저 정도로 알고 있다면 이노우에도 알고 있을지도 모른다는 생각이 나서,

"이노우에 씨라는 분, 모르세요?"

하고, 물어보았다.

"예, 잘 알고 있습니다. 역시, 철이 씨와 친했습니다. 그런데 불쌍하게도 작년에 전사하셨다고 합니다."

"……."

"역시, 가와이 씨밖에 없습니다."

아파트에서 나온 정숙은 긴장하고 있던 마음이 한꺼번에 풀어져 길가의 전신주에 기대고 말았다. 어렴풋이 눈에 비치는 도쿄의 시가는 밝았던 4년 전에 비하면 눈에 띄게 초라해졌다. 여자의 복장부터 색채가 옅어지고 몸뻬 차림이 눈에 띈다. 사내들도 군복 비슷한 국민복이 대세이고 아이들조차 천진난만함을 잃어버린 것 같은 느낌이다. 무엇이든 잿빛이어서 그 속에 푹 싸여버릴 것 같다.

그렇지만, 정신 차리지 않으면 안 된다…. 정숙은 열심히 스스로를 격려하면서 히비야(日比谷)로 돌아와 4년 전에 묵었던 호텔을 먼저 찾았다. 그리고 그 옆의 철이와 자주 갔던 커피숍이 눈에 띄었을 때는 덩실거리고 싶은 기분이 들었다. 가게 안도 4년 전에 비해 변하지 않았고, 두 커플 정도의 남녀가 앉아 있다. 창가의 자리에 앉아서 우연히 시가를 바라보던 정숙은 유리창에 비치는 한쪽 구석의 큰 열대나무 화분 아래 앉아 있는 젊은 처녀를 보고 가슴이 뜨끔했다. 즐거운 듯 이야기

하고 있는 열 일고여덟의 그 처녀의 싱그러운 젊음을 생각하니 자신의
나이가 새삼 의식되었던 것이다.

'왜! 왜! 왜!'

그녀는 유리창 건너편 아득히 먼 철이에게 물었다.

'구박하지 말라, 버리지 말라고 해놓고서는!'

그러나 잘 생각해보면, 철이 자신을 버렸다는 것은 정확하지 않다는
기분도 든다. 아무리 나쁘게 해석해도, 서성 오빠가 새언니를 버렸다
고는 생각되지 않으며, 그것은 이른바 두 사람의 공동 모험이다. 그렇
다고 한다면 철이의 실종도 철이와 자신의 공동 모험이 되지 않으면 안
된다…. 젊은 처녀는 무엇 때문인지 웃고 있다. 뺨에 생긴 보조개가 아
름다웠다.

'젊을 때가 좋긴 좋아.'

조금 안정을 되찾은 정숙은 다 식어버린 홍차를 혼자서 마셨다. 그러
나 전혀 맛이 없었다.

2

교토는 도쿄에 비하면 시골이어서 지도만 잘 살펴보면 길을 잃을 걱정
은 없었다. 역에서 구식 전차를 타고 대학까지 갔다. 가와이는 바로 찾
았고 정숙도 잘 알고 있는 것 같았다.

"지독한 놈이네요. 당신한테도 이야기하지 않고 가버렸습니까?"

이야기를 들은 가와이는 망연자실해서 말했다.

"가와이 씨에게는 무언가 말하지 않았나요?"

"아니요, 아무것도…. 여하튼 적과 아군이 되기 때문에요."

"그런데, 아직 일본을 떠났다는 확증은 없어요."

"떠났습니다. 4, 5개월도 전에 아파트를 비웠다면 벌써 떠났습니다. 만약 일본에서 취직이라도 했다면, 나한테 알리지 않을 리가 없습니다."

가와이는 철이 이미 망명했다고 단정하고 있는 것 같다.

"아마, 조선에도 없을 겁니다. 지금쯤은 중경 부근에서 유유자적하고 있을지도 모릅니다."

"찾을 방법은 없는 거예요?"

"글쎄요. 시모노세키에서 배를 탔을 테니까 선객(船客) 명부를 뒤져 보는 방법이 있습니다. 녀석은 멀미가 심해서 쓰루가(敦賀)에서 배를 탔을 리는 우선 없을 겁니다. 그렇구나. 시모노세키에 친구가 있으니까 부탁해 보겠습니다. 의외로 간단할지도 모릅니다."

그날 밤은 그가 권하는 대로 가와이의 집에서 신세를 졌다. 시모노세키에서는 가와이의 친구가 부두까지 함께 가서 친절하게 보살펴줬다. 사무소와의 교섭 등 정숙이 혼자서는 도저히 이렇게 빨리 해결되지 않았을 것이다. 작년 11월 19일의 선객명부에는 철이의 이름이 정확히 기록되어 있다.

정숙은 가와이의 친구에게 몇 번이나 인사를 하고 연락선에 올랐다. 성과가 있는 듯, 없는 듯한 일본행이었다. 10도 가까이나 기운 배의 침실에 누우니 철이가 정말로 자신의 손이 닿지 않는 곳으로 가버렸다는 실감이 물밀 듯이 밀어닥친다.

'나한테만이라도 왜 이야기해주지 않았어, 철이 씨. 오빠가 미국으로 망명하고부터는 나도 각오하고 있었는데. 그리고 당신이 떠난다고 하면 어떻게 보내드릴까 생각하고 있었는데. 그런데도⋯. 너무해요, 정말로 너무해요⋯."

누워서 하얀 배의 천정을 쳐다보고 있으니 헝클어진 머리카락이 목에 닿아 차가웠다. 둔탁한 엔진소리가 멀리 베개 밑에서 울리고, 파도가 거칠어진 것일까, 배는 좌우로 흔들리며 속도를 늦추고 있다. 이 배 안에서, 철이의 마음을 사로잡은 것은 무엇이었던 것인가⋯. 발을 내디딘 모험 생각만으로 두근두근하고 있었는지, 자신이나 부모나 여동생의 모든 일에 이것저것 생각하고 괴로워했는지⋯ 하고 정숙은 생각했다. 그러나 망명했다는 것은 자신의 지레짐작인지도 모른다. 배에 탄 것은 분명하지만 사고라든가 질병으로 어딘가의 병원에 들어가 있는지도 모른다⋯.

'그렇다, 좀더 찾아보자.'

부산에 도착한 그녀는, 먼저 숙소를 정해 잠시 쉬고 나서, 곧 병원을 찾기 시작했다. 일이 일인 만큼 경찰에 부탁할 수는 없다. 그녀는 전화번호부에서 병원 일람표를 만들고 그것에 의지해서 병원순례를 시작했다.

그러나 생각보다 매우 힘든 일이었다. 2, 3일 전의 일이라면 모를까, 5개월이나 지난 일이 되면 기억도 정확하지 않았고, 게다가 젊은 여자 혼자여서인지 상대방의 대응도 시큰둥하다. 3일간 다리가 뻣뻣해질 정도로 돌아다녔으나 아무런 수확도 없었다.

다음날, 그녀는 경성행 기차를 탈 생각으로 부산역에 갔다. 그런데 출발 직전에 갑자기 예정을 바꾸어 경주로 향했다. 처음 정숙의 집에 나타났을 때, 철이가 경주를 거쳐 왔다고 이야기한 것을 떠올렸기 때문이다. 숙소에 들어가서 투숙객 명부를 뒤져보니 얼마나 운이 좋았는지 철이의 이름이, 그것도 틀림없이 철이의 자필로 써 있는 것이 아닌가. 기쁨과 쓸쓸한 체념이 교차하면서 정숙은 정신이 아찔했다.

"이 사람과 같은 방으로 주세요."

하고 부탁하자, 지배인은 의아한 얼굴을 하면서도 그녀를 23호라는 방으로 안내했다.

"당신, 대체 이 방에서 무슨 생각하고 있었어. 바보야."

정숙은 이불 속에서 같은 말을 되뇌면서, 오래도록 잠들지 못했다. 그리고 내일은 철이 이야기했던 반월성이나 안압지에 가보려고 생각했다.

철이의 발자취를 마구 더듬어 불국사까지 왔을 때, 정숙은 새언니의 거실에 걸려 있던 학생 모습의 서성의 사진 배경이 여기라는 것을 처음으로 알았다. 오빠는 지금 자신이 서 있는 돌계단 위에 앉아 있고, 그 옆에 또 한 사람 역시 학생제복의 사내가 있다. 그 사내는 누구일까. 지금에서야 보니, 아주 가까운 사람이 틀림없는데, 오빠나 새언니도 한 번도 그 사내의 이야기를 해준 적이 없다. 그것 자체가 부자연스럽다는 생각이 든다.

그렇게 생각하기 시작하니 그 외에도 여러 가지 불가사의한 것이 기억에 되살아난다. 먼저, 명희가 그렇다. 그토록 행복한 듯 감사하며 신세지면서 갑자기 모습을 감춘 채 소식도 보내지 않는 것 같다. 또한 그녀를 데려 온 사람은 철이라고 하는데 부탁한 사람은 어떤 사람인지 모른다. 쪽마루의 언니에 대해서도 어째서 정신이상이 되었는지, 남편이 죽기 전인지 후인지 생각해 보면 자세한 이야기는 전혀 듣지 못했던 것이 아닌가….

　정숙은 태어나서 처음으로, 새언니가 자신에게 수많은 비밀을 갖고
있는 것은 아닌가 하고 의심했다. 철이와의 문제에 대해서도, 새언니
의 태도는 지금 생각해보면 지나치게 부자연스러웠고 평소의 새언니답
지 않는 것이 많았다고 생각된다.

　갑자기 한 줄기의 광명이 어둠속으로 들어온 것처럼, 정숙은 일련의
불가해(不可解)한 사실이, 이 사람들이 모두 오빠와 같은 것에 뜻을 두
고 있는 사람이라고 생각하니 오빠처럼 모두 사라져버릴 것 같았다. 오
빠도 철이도 명희도, 사진 속의 사내도, 그리고 쪽마루 언니의 남편조
차도…. 분명히 그런 것이 틀림없다. 그리고 새언니는 이것을 오로지
숨기고 숨겨, 자신을 이 세계로 끌어들이지 않으려고 필사의 노력을 하
고 있었던 것이다.

　"새언니!"

　목청껏 부른 정숙은, 새삼 견딜 수 없을 만큼 새언니가 그리웠다.

　3

경성에 되돌아오자 정숙은 제일 먼저 자신의 집으로 돌아갔다. 집을 지
키고 있던 부부가 놀라서 마중을 나왔다. 응접실도 거실도, 마치 당장
이라도 손님이 있는 것처럼 깨끗하게 청소되어 있고, 정원에는 철쭉이
만개하여, 봄은 지금 한창이라는 느낌이었다. 소파에 앉자 차를 마실
틈도 없이 분주했던 여행의 피로가 한꺼번에 몰려와 정숙은 깊은 잠에
빠졌다. 그리고 몇 번이고 몇 번이고 철이의 꿈을 꾸었다.

　새까만 중국옷을 입은 꿈속의 철이는 아주 잘난 듯이 양손을 앞으로

모아잡고, 하얀 복숭아 꽃밭을 수많은 시녀들에게 시중을 받으며 유연(悠然)히 걷고 있다. 조용히 손을 들자, 자색 옷을 입은 눈이 번쩍 뜨일 정도로 아름다운 중국 여자가 달려와서 철이의 팔을 잡고, 복숭아꽃 저편으로 사라졌다.

"철이 씨, 그러면 약속이 틀리잖아요!"

정숙은 숨어있던 나무그늘에서 달려나와 불렀지만 철이는 돌아보지도 않는다. 정신을 차리자, 시녀들의 모습도 사라지고 복숭아꽃도 흩어져 검은 나뭇가지에 북풍이 세차게 불고 있다. 누더기를 입고 무릎을 꿇고 있는 정숙은 머리카락이 눈처럼 하얗고 손에는 깊은 주름이 몇 개나 골을 파고 있다.

'내가 어느새 이런 할머니가 되어버린 것인가….'

정숙은 지그시 자신의 손을 바라보고 백발을 어루만지면서 초연히 원래의 나무 둥치에 숨었다. 그러자 갑자기 눈이 내리기 시작해서 복숭아나무가 다시 꽃이 핀 것처럼 하얗게 되었다.

'자꾸자꾸 내려라. 언제까지나 내려라. 그리고 내가 죽으면 묻어다오.'

다음날 아침 눈을 뜨자, 그녀는 어느새 담요를 뒤집어쓰고 자고 있었다. 오늘은 도서관에 갈 생각이었다. 철이가 조선을 떠났을까가 아니라, 무사히 떠났을까를 확인하기 위해서였다. 그리고 혹시 무슨 사고가 일어났다면 신문에 나왔을 것이라고 생각한 것이다.

4

정숙은 이틀간 도서관에 다니며 11월 20일 이후의 신문을 구석구석까지 뒤졌지만 철이와 관계가 있을 법한 기사는 하나도 보이지 않았다. 그녀는 안심하고 밖으로 나와 구불구불한 오솔길을 정처 없이 걷고 있었다. 봄이 겨울로 되돌아 간 것 같은 추운 날로 잔뜩 찌푸린 하늘에서 당장이라도 눈이 내릴 것 같았다. 왼편의 큰 성당에서 검은 제복을 입은 수녀들이 어깨를 나란히 하고 나왔다. 바람이 불어서 긴 옷자락을 걷어 올리자 남자 것 같은 구두가 보였다.

정숙은 빨려 들어가듯 안으로 들어갔다. 침침한 성당은 천정이 높아서인지 장엄한 느낌이었다. 설교대의 흔들거리는 등 앞에 무릎을 꿇고 신부가 기도를 드리고 있다. 정숙은 간절한 마음으로 기도했다. 성당 안으로 들어가는 것도 기도를 드리는 것도 태어나서 이번이 처음이었다.

"그 사람은 조국의 자유를 되찾기 위해서, 아버지와 어머니 그리고 나마저 버리고 떠났습니다. 자기의 의사에 따라 인간답게 살기 위해서 모든 것을 걸었습니다. 부디 우리들을 불쌍히 여기시어 은혜의 손길을 뻗어주세요. 용기와 희망을 주세요. 그 사람은 강한 것 같아도 연약합니다. 사실은 온실의 화초같이 곱게 자랐습니다. 조국을 떠나 아는 사람도 의지할 사람도 없는 이국(異國)에서 그 사람은 쓸쓸하고 고통스러울 것이 틀림없습니다. 부디 당신의 능력으로 인도해주세요. 내 힘으로는 더 이상 어떻게 할 수도 없습니다."

제단에서 내려온 신부가, 그녀의 어깨에 살짝 손을 얹고 지나갔다.

"5년 기다려서 그래도 그 사람이 돌아오지 않으면 나는 수녀가 되어서 평생 당신의 종이 되겠습니다. 그러니까 부디 그 사람의 편이 되어

주세요. 만약 그 때문에 내 목숨을 원하신다면 나는 기꺼이 바치겠습니다. 나는 그 사람을 사랑하고 있습니다. 아주 많이 사랑하고 있습니다. 나는 한 무능한 여자에 불과합니다. 그러니까 진심 외에는 아무것도 드릴 것이 없습니다. 제 스스로는 순수한 진심이라고 생각합니다. 부디 가련히 여기시어 받아주세요. 그리고 부디 그 사람을 지켜주세요."

그날 밤 기차로 직접 회령으로 향했다. 밖은 이미 어두워져 아무것도 보이지 않는다. 창에 입김을 불면, 유리창이 하얗게 흐린다. 그곳에 "철이 씨"라고 써봤다.

"용서하세요. 당신이 만약 돌아오더라도 나는 분명히 할머니가 되어 있을 거야. 틀림없이 지금의 나는 아닐 거예요…."

스스로 자신이 한없이 불쌍하게 여겨지고, 인생이 너무나도 짧게 느껴져서 슬펐다. 손가락으로 쓴 글씨가 희미하게 사라졌다.

"앞으로 어떻게 살아갈까. 그 사람 없이 내게 살아나갈 용기가 있을까?"

기차가 작은 역을 지나가는 듯 역무원들의 손에 쥔 전등이 여름밤의 반딧불이처럼 어둠 속에서 흔들렸다. 훨씬 새된 짐승의 우는 소리가 나서 바퀴의 삐걱거리는 소리를 가르고 있다.

회령에 도착한 정숙은 곧바로 철이의 집으로 향했다. 철이 아버지는 벌써 공장에서 돌아와 있고, 어머니는 2층에서 다급하게 내려왔다. 머리에 수건을 쓴 그 모습도 기분 탓인지 초라해 보였다.

"정숙아, 철이 소식은 알아봤나?"

그 목소리는 이미 울먹였다. 정숙은 역시 주저했지만 작심하고 말했다.

"철이 씨는 조선을 떠났어요."

"떠났어? 대체 어디로 떠난 거야?"

"망명한 거예요."

"망명?"

어머니는 정숙의 말을 앵무새처럼 되뇌면서 남편을 쳐다봤다.

"당신은, 정숙이 하는 말을 알아듣겠어요?"

"자, 앉아. 철이는 외국으로 간 거야. 일본과 전쟁을 하기 위해서 다른 나라로 가서, 이제 조선에는 돌아오지 않아. 역시 사내답게 살고 싶었던 거야."

침착한 목소리이기는 했지만, 역시 아연실색하는 표정이었다. 철이 어머니는 갑자기 숄을 걸치고, 분주하게 밖으로 나갔다.

"혜순이 집으로 간 거야."

그리고 아버지는 묵묵히 정숙의 보고에 귀를 기울였다. 가끔 가벼운 미소마저 띠며 만족한 것 같다.

"그런데, 어떻게 거기까지 알았어? 피곤하지?"

"예."

"목욕이라도 하고, 푹 자요."

하고 말하면서, 아버지는 부엌으로 가서 국을 데워서 가져왔다.

"오늘은 추우니까…. 그건 그렇고 요즘 젊은 사람들은 모두 제대로 똑바로 살고 있어. 우리들 젊었을 때와는 전혀 달라."

"……."

"철이라 하더라도, 어쩔 수 없었을 거야…. 10년이나 공부해서 망명! 덕분에 나는 그 녀석 뒷바라지 하느라 완전히 거덜 났어."

아버지는 쓸쓸하게 웃었다. 그때 어머니가 혜순과 달려들어왔다.

"새언니! 앞으로 어떻게 해요?"

"나는 5년 기다리기로 했어요."

"5년?"

"응, 5년만 철이 씨를 기다릴 거예요."

"5년만이에요?"

"5년이 지나면 난 스물아홉이에요. 할머니가 되면 어쩔 수 없잖아
요?"

"너무해! 너무해요!"

혜순의 눈에 눈물이 넘쳤다.

"어째서?"

"그렇잖아요."

"나, 어제 맹세했어요. 5년이 지나도 철이 씨가 돌아오지 않으면…."

"싫어! 싫어! 싫어!"

"너, 그런 소리 하지 마라. 정숙은 아직 젊어요."

하고, 어머니가 딸을 타박했다.

"알고 있어요."

"그렇다, 인연이 없다고 생각하고 포기하는 수밖에 없어요. 그런 매
정한 놈은 잊어버리는 것이 제일 좋아."

아버지는 뱉어버리는 어투로 말했다.

"혜순 씨, 나, 하느님과 약속했어요."

"……."

"5년이 지나서도 철이 씨가 돌아오지 않으면 수녀가 된다고 약속했어

요. 철이 씨를 안전하게 지켜주는 대신에요."

"……."

혜순은 얼빠진 눈으로 정숙을 쳐다보고 있다가 갑자기 그녀의 목에
달라붙어서,

"새언니 심술쟁이."

하고 기쁜 듯이 말했다.

5

회령에서 돌아와서 두 달 정도 지났을 즈음, 장을 보고 돌아오자 새언
니가 평소와 달리 다정한 얼굴로 책 사이에서 두툼한 봉투를 꺼내서,

"아까 온 편지예요."

하고 아무렇지도 않게 건넸다. 받아든 그녀는 순간 놀라서 숨을 멈췄
다. 발신인의 이름조차 없지만 글씨만 보아도 철이의 편지라는 것을 알
수 있다. 봉투를 뜯으려고 했지만 이런 때에 꼭 종이봉투가 가죽으로라
도 되어 있는 것처럼 잘 열리지 않는다. 그새 초조해서 탐욕스럽게 읽
기 시작해 다 읽고 난 것부터 새언니에게 건넸다. 새언니도 묵묵히 읽
어갔다.

벌써 6시에 가까웠지만 해가 길어져서 일몰까지는 아직 시간이 있고
내리쬐는 석양은 카펫 위에 포근한 자취를 남기고 있다. 부엌 쪽에서
노랫소리가 작게 들려온다. 예전부터 오빠 집에서 일하던 여자의 딸이
가끔 어머니를 찾아오는데 그녀는 올 때마다 언제나 같은 노래를 부른
다. 조선의 노래치고는 경쾌한 곡으로 어딘지 모르게 춤추고 싶은 가락
이다.

정숙은 편지를 다 읽자 그때까지의 긴장이 한꺼번에 풀어져 의자에서 일어설 수도 없었다. 다만 무한한 행복으로 저물기 시작하던 태양이 갑자기 거꾸로 떠오르기 시작하는 기분이었다. 생각해 보면 철이로부터는 프러포즈를 받은 적도, 사랑한다는 말을 들은 적도 없다. 그런 것은 말하지 않아도 말한 것과 같다고 생각하고 있었지만 이처럼 분명히 게다가 열정적으로 털어놓았으니 역시 무척이나 기뻤다. 쪽마루에서 보이는 동해까지도 오늘은 특히 아름답고 범선도 파도 사이에서 노래에 맞춰 춤추는 듯한 기분마저 든다.

"그런데, 이 편지, 12월 8일자로 되어 있네요. 어째서 지금에서야 도착한 걸까요?"

무엇인가 골몰하고 있던 희영이 편지지를 다시 살펴보면서 말했다.

"그러고 보니, 그렇네요."

"게다가 대전의 스탬프가 찍혀 있어요. 더욱이 3일 전에 부친 건데요."

그때 회령에서 전화가 걸려왔다. 철이의 아버지였다.

"방금, 철이 씨로부터 편지를 받았어요."

"그래? 이쪽으로도 왔구나. 그래서 전화한 거야. 아무튼, 읽어주마."

아버지는 천천히 편지를 읽어줬다. 혜순 앞으로 온 것도 읽어줬다. 정숙은 자신에게 온 편지가 그것의 몇 배나 길어서 미안하다고 생각했지만 역시 전부 읽기로 했다. 전화의 저쪽에서 철이의 아버지가 쓴웃음을 짓고 있는 것을 알 수 있다. 하지만, 혼신을 다해 읽었다. 가슴이 뛰는 것이 저쪽에 들리는 것도 충분히 알고 있었지만 하나도 부끄럽지 않았다.

"조금 안심이 되는구나."

하고, 아버지가 말한다.

"앞으로는 그저 기다리기만 하면 되네요."

"그렇지도 못해. 나는 나이가 나이인지라…."

"무슨 말씀이세요. 아버님."

"그럴까?"

"당연하지요. 어머님께도 혜순에게도 용기 내라고 말씀 전해주세요."

"회령에는 이제 안 오는 거냐?"

"아니요, 갈 거예요. 귀찮아하실 정도로 갈 거예요."

"그래."

"안녕히 계세요. 아버님."

"그래."

"아버님?"

"왜 그러느냐?"

"아무것도 아니에요. 안녕히 계세요."

전화를 끊은 정숙은 무언가에 홀린 듯 집안을 돌아다녔다. 그 소동에 가정부 여자들이 놀라서 기막혀 했다.

며칠 후 꼬마가 불쑥 찾아왔다. 그는 지금은 결혼해서 정숙의 집에서 그다지 멀지 않은 곳에 살고 있다. 처는 정어리상의 첩의 딸로 결혼해서 얼마 되지도 않았는데 벌써 사람 눈에 뜨일 정도로 배가 크게 불렀다. 정숙은 꼬마를 자신의 방으로 불러 들여서 철이 이야기를 전부 했는데도 꼬마는 별로 놀란 모습도 보이지 않고,

"기회가 있으면 철이에게만 이야기하려고 생각했습니다만···."

하고, 서두를 꺼냈다. 그가 벌목장에서 목격한 유격대원의 활동, 그리고 그때 두성의 용감한 활동을 이야기하기 시작했다. 정숙은 꼬마가 왜 두성의 이야기를 자신에게 하는지 이해할 수 없었으나 듣고 있던 중에 조금씩 알 수 있었다.

"편지로 알려줄 수도 없고, 만약 내가 어떻게 되어도 달리 알고 있는 사람이 있다고 생각하니 마음이 한결 편해집니다."

"잘 기억해두겠어요. 그렇다면 철이 씨는 간도로 도망간 걸까요?"

"간도는 아니라고 생각합니다."

"어째서··· 아세요?"

"그렇다면, 나한테 상의했을 겁니다. 그리고 아마 함께 도망쳤을 겁니다."

"그래요?"

"서성 사장님도 한때는 간도로 도망칠 것을 생각한 것 같습니다."

그런 것은 한 번도 생각해본 적이 없어서 그녀는 또 깜짝 놀랐다. 꼬마는 그 정숙의 모습을 보고 서성 사장과 함께 사냥 갔을 때의 일을 자신의 추리도 섞어서 자세히 말했다. 정숙은 이제야 수수께끼가 풀리기 시작한 것 같은 기분이 들었다. 사진의 친구는 두성이 틀림없다. 그렇다면, 명희도 어떤 관계로 오빠나 두성과 연결되어 있는 것은 아닌가.

"명희 씨는 그 뒤 어떻게 지내고 있을까?"

하고 중얼거리듯 말하자,

"그런데, 어떻게 명희 씨를 아세요?"

하고 꼬마가 물었다.

"어떻게라니, 경성에서는 우리 집에 있었는데요."

"그랬어요?"

꼬마는 갑자기 잠자코 뭔가를 생각하는 모습이었는데 조금 있다가 목소리를 낮추어서,

"이제 이야기해도 될 것 같은데요."

하고 두만강 기슭에서의 결투 이야기를 하기 시작했다. 정숙은 자신이 얼빠진 얼굴을 하고 있을 것이라고 생각하면서도 열중해서 꼬마의 이야기에 귀를 기울였다.

"서성 사장님이 간도로 도망갔다면 분명히 나를 데리고 갔을 거예요."

하고, 꼬마가 말하는 것을 들으면서 정숙은 망명하지 못한 그가 한없이 불쌍하다는 생각이 드는 동시에 자신의 가치판단에 큰 변화가 일어나고 있는 것을 알고 깜짝 놀랐다.

"간도에 가지 않았다고 한다면, 철이 씨는 중국 본토일 거예요."

"거의 틀림없습니다. 내게도 종종 상해 임시정부 이야기를 해주었습니다. 지금은 중경 부근으로 옮겼습니다."

그러고 보니, 교토에서 만났던 가와이도 중경을 거론했었다. 지도에서 찾아보니 중경은 양자강의 훨씬 상류라는 터무니없이 먼 곳이었다. 지도에는 적갈색으로 표시되어 있는 것으로 봐서 험한 산속일 것이다. 정숙은 새삼스레 자신과 철이의 지리적인 거리에 깜짝 놀랐지만, 동시에 이렇게 멀리 떨어져 있어도 바로 옆에 있는 것같이 인간의 마음이 통하는 것이 이해할 수 없었다.

'이것이 신의 섭리라는 것이 틀림없어.'

하고, 그녀는 생각했다.

7월에 들어서 정숙의 어머니는 열이 그렇게 있는 것도 아닌데 먹으면 곧 토하게 되고 급속히 쇠약해졌다. 새언니는 잘 아는 의사 외에도 경성에서 유명한 의사를 불러 치료했지만 발병해서 불과 2주일 만에 갑자기 호흡이 약해지더니 쪽마루 언니의 이름을 부르며 숨을 거두었다.

그리고 꼭 3개월째에 아버지도 돌아가셨다. 밤에 화장실에 다녀오다가 복도에서 쓰러진 채 의식을 되찾지 못하고 새언니, 정숙, 신부님, 그리고 달려온 의사 등 네 사람에게 둘러싸여 잠자듯이 타계했다. 유서가 있었고, 소작인이 있는 토지는 무상으로 그 소작인에게 줄 것, 그 외의 모든 재산은 며느리인 새언니에게 양도한다고 기재되어 있었다. 그리고 정숙에게는 새언니를 잘 보살피도록 부탁했다. 며느리에게 미안하다고 생각하는 마음이 넘치는 유서였다. 새언니는 시아버지로부터 물려받은 재산을 전부 교회에 기부했다. 그러나 그녀는 그후 한 번도 교회에 가지 않았다.

6

정숙이 철이의 편지를 받았을 즈음, 철이와 계신은 중국 정부의 알선으로 조직된 백 명 정도의 집단에 가담해서 중경으로 향했다. 두 사람의 숙박이나 식사비용은 장개석 정부가 부담해주어서 이른바 무전여행이다. 그러나 도중의 주요 도시나 철도 등은 일본군에 점령되어 있어 끊임없이 그 동정을 고려하지 않으면 안 되어서 언제 어디를 출발해서 어디에 묵을지는 그날그날의 정세에 따라 결정되는 매우 불규칙한 여행이었다.

대개는 아침 어슴푸레 하늘이 밝아 올 즈음 출발해서 하루 종일 걷고 어두워지면 잔다. 그리고 날이 밝으면 다시 걷는 되풀이가 계속되었다. 특별한 것도 없는 중국의 대평원은, 산도 보이지 않아 나무도 없고 강조차 거의 없다. 오늘의 경치도 어제와 아주 똑같은 날이 며칠이나 계속되었다.

　일본군이 점령하고 있는 철도선을 넘은 날은 새벽 3시경부터 걷기 시작해 척후(斥候)를 보내기도 하는 등 조심해서 철도를 넘고 나서 2시간이나 계속 뛰었다. 그 후에도 강행군이 계속되어서 그날 밤의 숙박지인 회양을 닮은 성벽이 보이자, 철이는 다리가 굳어서 더 이상 한 발도 앞으로 나아갈 수 없었다. 화창하게 갠 여름의 저녁으로 태양은 아직 저물지 않았다.

　"계신아, 나는 더 이상 못 걸어."

　"좀 쉴까?"

하고, 계신이 싱글싱글하면서 말한다.

　"쉬면 더 이상 일어 설 수 없어."

　"쉬는 것도 걷는 것도 할 수 없으면 곤란해."

　"방법이 없어. 지금부터는 기어서 가."

　철이는 문자 그대로 네 손발로 기어서 성에 도착했다. 낙오하면 끝이다. 새로 중국정부와 연락을 하려고 하면 다시 지나온 경험을 되풀이하지 않으면 안 된다.

　철이도 계신도 운이 좋아 아프지는 않았다. 게다가 젊다는 것은 좋은 것이어서, 푹 자고나면 다음날 아침은 피로가 가시고 거짓말같이 기운이 났다. 맛없는 밥도 익숙하지 않은 강행군도 실은 매우 즐겁고, 매일

축제라도 가는 기분으로 계속 걸었던 것이다.

2개월 정도 걸어서 위험지역을 통과하자 여행은 조금 편해졌다. 안내인이 아침에 그날의 행선지를 통고하므로 그날 중으로 목적지에 도착하기만 하면 반드시 행동을 같이 하지 않아도 되는 것이다. 일행으로부터 떨어지자 두 사람은 길을 잃지 않도록 가끔 오가는 농민들에게 "이 길이 맞는가"라든가, "앞으로 얼마나 남았는가" 등을 물어본다. 대답은 한결같이 똑같았다. "똑 바로 가면 된다", "바로 코앞"이라고 하는 것이다. 그러나 "바로 코앞"이라고 했는데, 두세 시간이나 걸은 적이 종종 있었다.

"중국인의 '바로 코앞'은 대단한 거야."

"백 년, 2백 년을, 불과 어제라고 할지도 몰라."

"그렇다면, 백 년, 2백 년 후는, '이윽고'가 되는 거야."

"일본군이 지는 것도 무리는 아니야. 10년 전쟁을 해도, 중국인은 1년 정도로밖에 느끼지 않는지도 몰라."

조선과 같은 작은 나라 반도에서 좀스럽게 살던 인간에게 그것은 전혀 새로운 경험이었다.

길가는 도중에 보는 중국 농민의 생활은 회양의 그것과 대동소이(大同小異)했다. 점토로 만든 작은 집이 있고, 그 안에 솥이 하나나 둘이 걸려 있는 것뿐, 그 외에는 아무것도 없었다.

"유목시대는 아마 더욱 힘들었을 거야."

"게다가 군벌, 마적, 외국인의 침략. 4억이나 되는 인간이 잘도 살아남았네."

"그야말로 기적이야."

그러나 중국의 광야에도 종점이 있었다. 산이 보이기 시작하면 그 수가 급속히 늘어, 이윽고 산투성이가 되었다. 이제 여름도 끝이 가까워 아침저녁은 상당히 추워서 노숙은 이제 곧 곤란하다. 그런데 앞으로 어떻게 될 것인가를 생각하고 있자 큰 성벽 마을에 도착했다. 몇 개월이나 목욕도 하지 못하고 걸어와서 옷은 이가 득실거렸다. 머리카락은 텁수룩이 자랐고 얼굴은 다박나룻투성이의 거지 같은 모습으로 두 사람은 고성의 문을 들어섰다.

7

성문 안에는 4, 5백 명의 학생들이 길을 메우고 있고 철이와 계신이 들어서자 일제히 손을 들어 뭔가 외치면서 두 사람을 둘러쌌다.

"철아, 아무래도 우리들을 환영해주고 있는 것 같아."

계신은 눈을 크게 떴다. 박수를 치는 사람, 악수를 청하는 사람, 손을 뻗어서 두 사람을 만지려고 하는 사람…. 마치 조국을 구한 장군의 개선(凱旋) 같았다. 그리고 자신들과 같은 풋내기의 행동에서조차, 이 정도로 의미를 찾으려고 하는 중국 젊은이들의 마음에 생각이 미치자, 그들의 절박한 마음이 오싹오싹 몸에 스며든다. 동시에 중국의 청년이 자신들과 똑같은 경우로 조선에 왔다고 하면 조선의 젊은이들이 이 정도로 개방적인 환영을 할 수 있을까 싶어 다시 생각하지 않을 수 없었다.

철이는 이 소동 틈에서도 노년의 신사가 학생들 뒤에서 두 사람을 바라보고 있는 것을 알아차렸다. 가까이 다가가서 인사를 하자,

"잘 왔네. 자, 가세."

하고, 유창한 조선말로 했다. 다시 한 번 학생들의 손을 잡고 나서 걷기

524

시작했는데 이런 곳에서 조선인을 만나리라고는 꿈에도 생각하지 못했기 때문에 두 사람 모두 조금 안심했다.

"나는 임시정부의 연락원이네."

집에 도착하자 신사는 비로소 자기소개를 했다.

"상해 시대에는 종종 자네들같이 임시정부를 찾아오는 청년도 있었지만, 요 수년, 누구 한 사람 찾아오지 않았네."

"대단한 환영을 받았습니다만, 우리들이 그렇게 알려져 있는 겁니까?"

"나도 유격대 본부에서 오늘 아침 막 들었네. 그런데 자네는 평안도라면서."

"평안도는 계신입니다. 저는 함경도 회령입니다."

"회령이라면 나도 잘 알고 있네. 그렇다면 자네, 명희 씨를 알고 있는가?"

하고, 신사는 아무렇지도 않은 얼굴로 물었다.

"명희 씨! 선생은 어떻게 명희 씨를 알고 계세요?"

"그 사람은 지금 중경에 있네. 그렇다면 두성 군도 알겠구먼."

"알고 있는 정도가 아닙니다. 나는 두 사람이 두만강을 건너는 것을 보았습니다."

생각해보면 상당히 옛날의 이야기이다. 그리고 이제 영원히 만나지 못할 것이라고 생각했는데 여기서 다시 오랜만에 우연히 만날 수 있다니…. 감개무량(感慨無量) 했다. 계신은 다만 어안이 벙벙했다. 철이에게 그런 아는 사람이 있었다고는 생각도 해보지 않았던 것이다. 그때, 부엌 쪽에서 식기를 씻는 소리가 났다. 중국 부인이 말할 수 없이 쓸쓸한 안색으로 차를 가져왔다.

"전쟁이 끝나면 나 혼자서 조선으로 돌아간다고 생각하는 모양이야. 요즘 언제나 저런 상태네."

신사가 그 모습을 바라보면서 말했다. 철이도 계신도 대답할 말이 없었다.

"나는 20년 전에 조선을 나왔네. 처도 아이도 있었지. 그러나 지금은 죽었는지 살았는지 몰라."

"부인은 알고 계세요?"

"물론 알고 있네."

신사는 깊은 한숨을 쉬었다.

그날 밤, 두 사람의 환영회가 있었다. 회장에는 시장을 비롯해서 백 명 정도의 중국인이 왔고 좌우의 창으로는 학생들이 우르르 모여들어 들여다보고 있다. 식사 후, 시장이 회양 탈출담을 듣고 싶다고 한다. 몇 번이나 사양했지만 창밖의 무리들이 발을 구르거나 손뼉을 쳐서 재촉한다. 결국 계신이 이야기하기 시작하고 신사가 통역했다. 남경(南京) 빈대의 대목에서는,

"조선에 남경 빈대는 없는가?"

하고, 청중이 이상한 얼굴을 하고 물어서,

"옛날에는 있었지만, 지금은 없다."

라고 대답하자, 누구도 믿지 않았다.

철이는 이 환영회 자리에서 미국의 항공기지가 가까운 곳에 있다는 것을 알았다. 그래서 다음날, 즉시 나가서 중경에 돌아가는 비행기가 있으면 태워달라고 부탁했다. 걸어서 간다면 이 이상 또 몇 개월이 걸

릴지 모른다고 생각한 것이다. 철이는 영어에 자신이 있었는데 이야기해보니 전혀 통하지 않아서 여기서도 또 필담이었다.

"나한테는 그런 허가를 부여할 권한이 없소. 중경에 조회할 테니 내일 다시 찾아오시오."

하고, 상대해준 장교가 써 보여줘서 다음날 다시 가자 전보를 보여주면서,

"중경으로부터의 답변이오. 태워서는 안 된다고 하네요. 아이엠소리."

하고 말했다. 그렇다면 적어도 신문이나 잡지를 읽을 수 있도록 부탁하자 이것은 간단히 승낙해서, 어깨를 움츠리며 그 주변에 흩어져 있는 것을 가리켰다. 두 사람은 3일간 매일 찾아가서 탐욕스럽게 읽었다. 조선을 떠난 지 아직 9개월밖에 되지 않았으며 일본의 대승리를 보도한 신문을 읽은 것이 바로 어제 같은 기분이 드는데, 태평양전선에는 이미 중대한 변화가 일어나고 있다.

먼저, 4월에 들어서서 적의 비행기를 한 대도 본토에 들여놓지 않겠다고 호언장담하던 일본이 공습을 당했다. 도쿄가 받은 피해는 물론 대단한 것은 아니었지만 일본이 받은 충격은 대단한 것이어서 국내방비의 책임자가 파면되었다.

5월이 되자, 호주를 노린 일본 해군과 미국 태평양함대 사이에 코럴해(珊瑚海; Coral Sea, 태평양 남서쪽, 호주 북동 해안에 접한 바다) 해전이 일어났다. 5일간에 걸친 격전 끝에 일본 해군은 패퇴했다. 이어서 6월에는 미드웨이해전(태평양전쟁 초기인 1942년 6월 5일에서 7일에 걸쳐 하와이 북서쪽 미드웨이 앞바다에서 있었던 미·일 양군 사이의 해전)에서

도 일본 연합함대는 다시 대타격을 받았다. 진주만에서 태평양 함대의 주력을 잃은 미국은 1년도 되지 않은 사이에 태평양에선 일본과 대등한 입장에 서게 되어 반격의 기반은 착착 조성되고 있음을 철이는 느꼈다.

성벽 마을에서는 개별적으로 행동하도록 지시받아서, 임시정부의 신사가 지도를 보여주면서 앞으로의 일정이나 중국군 수비대가 있는 곳을 설명해주었다. 두 사람은 가을 시골길을 한 달 가까이 걸어 식량보급을 받으려 중국군 수비대에 가기도 했다.

철이는 태어나서 처음으로 정말로 행복해서, 부모나 정숙도 모두 잊고서 중국의 가을을 만끽하며 중경을 향해 먼 길을 떠났다.

이윽고 양자강 지류에 도착하여 그곳으로부터는 배를 탔다. 물보라가 무시무시한 소리를 내고 있는 바위 사이의 계류(溪流)를 카누와 같은 작은 배로 내려가는 것은 목숨을 건 모험이다. 격류는 비슷한 배들로 강폭이 좁으면 혼잡했다. 중학교를 졸업한 정도의 어린 녀석들이 군대를 지원해서 장사(長沙)로 중경으로 향하고 있는 것이다. 화살처럼 달리는 뗏목이나 작은 배 위에서 노래 등을 부르며, 의기 충만한 그들이 너무나 어려서 철이는 자신이 나올 막(幕)이 아닌 것 같은 열등감을 느꼈을 정도였다.

중경 重慶

1

계류는 내려갈수록 점차 넓고 완만했으며, 드디어 양자강과 합류했다. 이 부근은 상해에서 3천 리나 상류이므로 강폭은 좁지만 그래도 천 톤급의 배가 왕래하고 있다. 큰 배를 타고 철이와 계신은 연말에 꿈에 그리던 중경에 발을 디뎠다. 벌써 회양을 떠난 지 이미 8개월이라는 세월이 흘렀다.

중경은 원래 인구 수만 명의 작은 마을이었는데 장개석 정권이 옮겨오고 나서부터 급속히 성장하여 지금은 인구 백만 명을 넘는 대도시가 되었다. 조선의 임시정부는 이 시내의 연화지(蓮花池)라는 곳에 있으며, 태어나서 처음으로 자신의 정부의 정문을 통과한 두 사람은 만감이 가슴에 복받쳐 해야 할 말도 찾지 못했다.

마중 나온 예순의 임시정부 요원이나 그들의 비서로 보이는 서른 가량의 청년들은, 인사도 하는 둥 마는 둥하고 여러 가지 질문부터 퍼부었다. 오랫동안 고국을 떠나 있어서 현재의 상황이 알고 싶어 궁금했을 것이다. 그리고 놀란 것은 철이와 계신도 이미 임시정부의 요인이 되어, 방도 배치되어 있고 새로 갈아입을 옷까지 준비되어 있다. 방은 전시중의 중경으로서는 그야말로 훌륭한 것으로 튼튼한 자물쇠가 달린 문으로 들어가자 책상도 있고 대나무로 만든 침대도 있다.

이투성이의 옷을 갈아입고 몸도 씻고 수염도 깎은 두 사람은, 주석(主席)의 방으로 갔다. 주석은 다른 사람이 아니라 '상해의 독수리'로, 천황에게 폭탄을 투척한 이봉창이나 상해사건의 윤봉길도 모두 그의 지령으로 파견된 것이다. 얼마나 무서운 사람일까 하고 조심조심 문을 열자 네모난 얼굴을 한 덩치 큰 할아버지가,

"어이!"

하고, 손을 들었다. 남달리 다정한 눈을 하고 있어, 그 유명한 '독수리'라고는 도저히 생각되지 않는다. 그는 일본인뿐만 아니라 조선인 배신자도 많이 처단했다.

두 사람이 중경에 올 때까지 경과를 보고하고, 학력도 포함해서 자기소개를 하자, 그는 책상 서랍에서 종이봉투를 꺼내서,

"읽어보게."

하고, 건넸다. 속에는 임시정부의 약사(略史) 같은 것이 들어 있었다. 좀더 임시정부의 역사를 공부하라는 의미인가 하고, 두 사람은 생각했다.

눈부시게 내리쬐는 태양에 하얗게 빛나고 있는 돌계단, 그리고 그 양측에 선 임시정부의 낡은 건물이 새삼 두 사람에게 무언가 말을 걸고 있는 것 같았다.

임시정부의 역사는 조선인 정신의 최고와 최악의 두 가지 표정의 혼합체라고도 할 수 있다. 숭고한 점만을 볼 때, 그것은 상상을 훨씬 초월하는 한 편의 아름다운 서사시이고, 추악한 면을 들면 수렁에서 허덕이는 암울하고 참혹한 조선인의 모습이었다.

1919년 3·1운동을 계기로 상해에 수립된 임시정부는 처음에는 상당

히 큰 조직으로, 열강과의 사이에서도 비공식적인 교섭이 있었다. 그러나 윌슨 대통령에 의해 제창된 민족자결의 원칙이 식민지 확보를 노리는 유럽열강의 저항에 부딪치고, 또한 조선 국내의 혁명운동도 탄압됨에 따라 급속히 유명무실화했다. 발족해서 7년째는 인재부족으로 괴멸상태에까지 이르렀을 정도이다.

그러나 1931년, 류조호 사건을 계기로 일본의 만주침략이 시작되자 장개석 정권으로부터 원조를 받아 사관학교 등도 개설했다. 하지만 일본의 강렬한 저항에 의해 곧 폐쇄되기는 했다.

한때 임시정부는 일본군에 쫓겨 상해(上海)에서 항주(杭州), 진강(鎭江), 남경(南京)으로 여기저기 옮겨 다니기도 했다. 또한 각의(閣議)라고도 할 수 있는 국무원회의를 탈출도상의 배 위에서 여는 경우도 있었다. 이와 같은 이상한 형식이기는 했지만, 조선의 국가체제는 끊이지 않고 존속했고 1937년의 노구교 사건에 의해 일본의 중국본토 침략이 시작되자 그 중요성은 다시 증가했다.

그리고 장개석 정권과 더불어 중경으로 이전하자, 임시정부의 광복군도 재조직되었다. 제1지대가 산서(山西) 방면, 제2지대가 수원(綏遠) 방면, 제3지대가 산동(山東) 방면으로 파견되어서, 일본군 점령지역 내에서 교란전(攪亂戰)을 하도록 했다.

이것이 철이 일행이 중경에 도착했을 당시 정부의 상태로, 임시정부로서는 제2의 황금시대였다. 재정적으로도 장개석 정권의 막대한 원조가 있었고, 또한 하와이나 멕시코의 조선인 거류민(居留民)의 송금도 있었기 때문에, 1920년경 임시정부의 주석이 그날그날의 끼니를 걱정하며 고생한 것과는 격세지감(隔世之感)이 있었다.

그렇다고는 하지만, 아침은 죽 한 그릇, 점심과 저녁은 밥에 약간의 야채 절임으로, 고기는 한 번도 본 적이 없는 매우 검소한 식단이었다. 철이와 계신의 월급이라고는 미국 돈으로 환산하면 한 달에 약 5달러 정도였다. 이것은 당시의 미국에서 2, 3시간분의 평균임금에 지나지 않았다. 그래도 두 사람은 월급을 받으면 음식점에서 식사를 했다. 얼마 안 되는 잔돈은 이발이나 치약 값으로 사라진다. 사실은 하루하루 살아가는 데는 그 외에 아무것도 필요 없었기 때문이다.

2

중경에 도착한 다음날, 두 사람은 교외의 토교(土橋)를 찾았다. 조선인이 모여 사는 마을로 명희도 여기에 있다는 것이다. 언덕을 양자강 기슭까지 내려가서 강을 건너고 다시 한참 걸었다. 중경에서 상당히 떨어진 시골이었다. 인구가 급격히 늘어 주택난에 허덕이는 시내보다는 훨씬 조용해서 살기 좋은 곳이었다. 그들의 소문은 여기에도 이미 전해졌는지 크게 환영받았다. 명희의 소식은 바로 알 수 있었다.

가르쳐준 집으로 다가가자, 약간만 열려 있는 문틈으로 생선 굽는 냄새가 풍기고, 그 안쪽에 중국옷을 입고 있는 여자의 뒷모습이 보였다. 벌써 점심때가 가까워서 식사준비를 하고 있는 것이다. 여자는 인기척을 느꼈는지 구운 생산을 접시에 담자 무심코 뒤돌아 봤다. 틀림없이 명희였다.

계산해 보면 그녀는 금년에 서른셋일 것이다. 그러나 머리카락을 짧게 자르고 파란 물방울무늬의 앞치마를 걸친 그 모습은, 마치 스물 안팎의 처녀같이 싱그러웠다. 문 입구에 서 있는 두 사람을 보자 도무지 믿을 수 없는 것을 본 것 같은 눈빛으로 우뚝 선 채 움직이지 않는다. 손에 쥔 접시가 마루에 미끄러져 떨어져 소리를 내며 두 조각났다.

"철이 씨! 여기에 어떻게!"

만감 어린 소리를 지른 순간 그녀의 눈에는 순식간에 눈물이 흘러내렸다. 8년 전의 밤, 두만강 기슭에서 헤어질 때 두 번 다시 만날 기회가 있으리라고는 꿈에도 생각하지 못했다. 그리고 토교(土橋)는 말할 것도 없이 중경이라는 이름조차 알지 못했던 두 사람이다. 그들이 지금, 이렇게 마주쳤다. 꿈이라고 하기에는 너무나도 기적 같은 인간의 운명이었다. 문 입구에는 조선 할머니 네댓 명이 서로 고개를 끄덕이면서 이 불가사의한 상봉을 지켜보고 있다. 그 건너편에 유유히 흐르는 양자강의 검은 물결이 보였다.

"두성 형님으로부터는 소식은 없습니까?"

"없어요. 부양(阜陽)으로 갔어요."

"거기까지는 알고 있습니다."

"그런데, 철이 씨는 어떻게 여기까지 왔어요?"

철이는 요점만 간추려서 지금까지의 경과를 이야기했다. 어느새 안으로 들어온 할머니들도 명희와 함께 열중해서 귀를 기울였다. 어느덧 그것은 그리운 조국 조선의 추억이 되어 끝이 없었다. 당연하지만 꼬마의 이야기도 나왔다.

"그때, 두만강 기슭에서 함께 간도로 도망갔으면, 어떻게 되었을까?"

"우리들은 몇 번이나 죽을 뻔했어요. 두성 씨는 다리에 총을 맞아서 절름발이가 되었고요."

"그랬군요."

"게다가 나, 철이 씨는 오지 않았으면 했어요."

"……."

"그런데, 사실은 왔으면 싶기도 했었어요. 그리고 꼭 와주리라고 믿고 있었고요."

"……."

"그런데 철이 씨. 서성 사장은 지금 어디에 계시는지 아세요?"

"미국으로 갔습니다."

그러자 명희는 생각지도 않은 말을 했다.

"그후 말이에요. 지금은 곤명(昆明)에서 OSS라는 미국 특수부대에서 일하고 계세요."

"뭐라고요!"

철이는 깜짝 놀랐다. 말이 안 나왔다. 겨우,

"만났어요?"

하고 묻자,

"아니요, 아직. 비행기 외에는 곤명으로 가는 방법이 없어요."

"그래요?"

"희영은 어떻게 지내고 계세요?"

"나도 수년 전, 도쿄에서 만났을 뿐입니다. 서성 형님이 미국으로 갈 때."

"서성 씨를 한번 만날 수 있었으면 좋겠어요. 편지만으로는 너무 쓸쓸할 거예요."

"……."

"부인도 너무 불쌍해요. 그렇게 좋은 분이. 경성에서는 많은 신세를 졌어요. 그런데도, 편지 한 통 드리지도 못하고….”

  “편지 같은 거, 할 방법이 없지 않았습니까? 부인 대신에 간도에서 일을 했다고 생각하면 됩니다.”

  “…….”

  “편지 따위 보냈다가 오히려 폐를 끼쳤을지도 모릅니다.”

  “그것도 그렇군요. 그런데, 부인은 지금, 어디에 계세요?”

  “아마, 청진이겠죠.”

  “그래요…. 그런데, 그분이라면 틀림없이 괜찮을 거예요.”

  “나도 그렇게 생각해요.”

  “그건 그렇고, 철이 씨! 정숙 씨와 만났어요?”

  “정숙이 말입니까?”

하고 반문하자, 그것만으로 명희는 그것이 여성의 직감이라는 것인지 금세 모든 것을 이해한 듯한 얼굴이 되었다. 그리고 말했다.

  “좋아했군요.”

  “…….”

  “그 사람도, 청진?”

  “예, 편지를 보냈습니다.”

  “그렇다면 당신이 돌아오기를 기다리고 있겠네요. 나, 정숙 씨에게 철이 씨의 이야기를 자주 해줬어요. 경성에 올 때마다. 그랬더니 아주 보고 싶어 했었어요. 정숙 씨, 이제 몇이나 되었을까? 그때는 아직 어렸었는데….”

  명희는 그리운 눈빛으로, 중얼거리듯 말했다.

  “이제, 올드미스입니다.”

"당신, 그런 말을, 내 앞에서."

"……."

"제가 왠지 모르게 당신 두 사람을 연결시키려고 노력하고 있었는지도 몰라요. 만약 그렇게 된다면, 조선 제일의 부부 같은 기분이 들었어요. 그런데 정말로 그렇게 잘될 줄은."

"아직 하나도 잘된 거 없어요."

"조만간, 꼭 잘될 거예요."

계신도 이 마을의 조선인들도, 홀린 듯이 두 사람의 이야기를 듣고 있었다. 백발이 눈에 띄는 노인이 많다. 그런데 그들도 망명 당시는 역시 명희나 자신들처럼 젊었던 것이 틀림없다고 철이는 생각했다.

3

저녁식사 후, 세 사람이 양자강 기슭으로 나갔다. 키 작은 잡목이 드문드문 나 있는 언덕 사이를 별빛을 받으며 마치 긴 뱀같이 흐르는 양자강은, 큰 강이라기보다 인공적인 운하의 느낌조차 든다. 먼 옛날에는 계곡도 그다지 깊지 않았고 강물도 바로 발밑을 흐르고 있었을 것이지만, 긴 세월을 거친 지금은 고층건물 꼭대기에서 내려다보는 인상으로 두만강보다 작은 느낌도 든다.

"양자강에 비하면 두만강은 맑고 아름다워요."

"정말로. 손으로 물을 떠서 마시기도 했어요."

추억을 멀리 생각하며, 세 사람은 제각기 검고 탁한 물결을 내려다보고 있다.

"간도 이야기 해주지 않을래요?"

"이렇다 할 것도 할 수 없었어요. 일본군에게 쫓겨 도망치는 것이 일의 절반 이상이어서….”

"보천보의 습격 때는요?"

"별동대 쪽이었어요. 우리들은 무산(茂山)이나 그 주변의 파출소를 습격했어요. 언제나 밤중에 행동하고 전투가 끝나면 파출소에 불을 지르고 산속으로 도망가는 거예요.”

"당신 외에도 여자들이 있었나요?"

"상당히 많이 있었어요. 두성 씨는 혁명은 여성만이 해야 한다고 했어요. 남자보다 죽을 때가 좋대요. 모두, 간단히 포기하고, 그리고 태연하게 죽어갔어요….”

"……."

"그런데, 나도 좀더 눈부시게 전투하고 싶었어요. 보천보같이. 하긴, 두성 씨는, 그렇게 생각하지 않았던 것 같지만.”

"……."

"그런데, 그럭저럭하는 동안에, 그 수수한 전쟁도 할 수 없었어요…. 일본군에 쫓겨, 독 안에 든 쥐 꼴이 되어서, 그리고 숲속으로 도망쳐서….”

"……."

"그때는, 이제 끝났다고 생각했어요. 그런데 그 주변의 산은 원시림이 많아서 찾는 것은 어렵지만 숨는 것은 쉬워요. 낙엽이 2척이나 쌓여 있는 곳이 얼마든지 있어서, 그런 장소에 파고들면 좀처럼 발각되지 않아요.”

"그런 거, 본 적도 없어요.”

"돌아가면 함께 보러 가요, 모두. 엄청나요. 지구가 생기고 나서, 인간이 한 번도 발을 들여놓지 않은 그런 느낌이 들어요."

"……."

"끝내 일본군은 포기하고, 바깥에서 숲을 향해서 무차별적으로 총을 갈겼어요. 두성 씨는 그 유탄에 다리를 맞았어요. 평소처럼 아무렇지도 않은 얼굴을 했지만 많이 아팠을 거예요. 게다가, 아프다고 소리를 내면 발각되고 말아요."

"그래서?"

"응급조치를 하고, 일본군이 퇴각하는 것을 기다려서, 그리고 중국으로 갔어요."

"그랬군요."

"산속에서 반 지하실과 같은 통나무 오두막을 지어서 그곳에서 살았어요. 일본군도 기를 쓰고 찾는 것 같지만, 웬만큼 가까이까지 오지 않으면 보이지 않아요. 두성 씨는 그곳에서 탄환이나 의약품 등을 사기 위해서 변장하고 나갔어요. 가끔이지만. 봉천(奉天) 근처까지."

"위험천만이네요."

"그래요. 뭐, 언제나 무사히 돌아왔기 때문에 괜찮기는 했지만, 한 번은 무기상인 사내가 일본군의 밀정(密偵)이었대요. 퍼뜩 눈치 챈 순간 양쪽에서 서로 발포한 거예요. 저쪽이 당했고 두성 씨 쪽은 총알이 머리카락을 스친 것 정도로 끝나서 다행이었지만… 아마 두성 씨도, 그때는 정신없이 도망쳤던 것 같아요."

"……."

"그 사이, 저는 역시 먹는 게 시원찮았던 것 같아요. 완전히 쇠약해져서 폐병(肺病)이 아닌가 생각했었어요."

"지금은 어떠세요?"

"이제, 완전히 좋아진 것 같아요."

"그런데, 앞으로 어떻게 합니까?"

"몰라요."

"……."

"결국, 저는 혁명 따위에는 어울리지 않나 봐요."

명희는 자조(自嘲)라도 하는 듯 가벼운 웃음을 띠면서 말했다.

"혁명 따위보다, 언제든 두성 씨를 걱정하고 있었어요."

"……."

배가 두 척, 희미한 불을 켜고 강을 거슬러 올라갔다. 장난감처럼 작게 보이는 그 배는, 아마 성도(成都) 근처로 가는 것이다. 이런 산속에서, 중국인도 잘도 버티고 있다고 철이는 새삼 생각했다.

4

중경으로 와서 이유도 없이 바쁘게 돌아다니던 중 벌써 여름이 왔다. 만날 수는 없었지만 곤명에 있는 서성과도 연락이 닿아 그 후의 사정을 자세히 써서 보냈다.

한 번은 철이와 계신은 성도(成都)에 가보기로 했다. 중경에는 한자뿐인 중국 신문밖에 없어서, 세계정세가 안개에 휩싸인 것처럼 분명하지 않았다. 성도의 대학에 가면 미국이나 일본의 신문이 있다고 했다. 게다가 중국의 대학도 한번 이 눈으로 보고 싶었다.

성도의 중앙대학에서는 회합 때문에 와 있다는 명희를 딱 마주쳤다.

대학의 건물은 전부 목조 막사였지만 교정(校庭)은 넓고 많은 학생들이 어정버정하고 있는 모습은 일본의 대학과 다르지 않았다. 다만 전쟁 중이므로, 사내보다 여학생이 훨씬 많았다. 비교적 화려한 복장에 밝은 얼굴을 하고 있다. 백인 학생도 가끔 보였다. 도서관에는 미국 신문이나 잡지가 충분히 있고, 일본 신문도 있었다. 닥치는 대로 읽어보니, 요 반년 정도 사이에 세계정세는 다시 크게 변했다.

작년 여름, 소련에 대해 전격적 공격을 개시하고, 모스크바까지 앞으로 한 고비라는 압도적인 우세를 자랑하던 독일은, 금년에 들어서 소련군의 반격작전 때문에, 2월에는 스탈린그라드에서 부득이 항복하였다. 그후, 전 전선에서 눈사태를 일으킨 듯, 궤주(潰走)를 시작해 동부전선에서 독일군은 지금 괴멸 직전에 있는 것 같다.

한편, 태평양전선에서는 미국의 반격이 서서히 시작되었다. 호주를 눈앞에 둔 일본군은, 과달카날 섬(남서태평양 솔로몬제도 남동부에 있는 섬)을 포기하지 않을 수 없는 처지에 내몰리고, 또한 북방 알류샨열도에서는 아츠 섬의 수비대가 옥쇄(玉碎)했다. 이들 전투는 보기에 따라서는 일본의 전쟁능력의 한계를 증명하는 것이라고 할 수 있다.

늦게, 명희가 철이 일행도 잘 알고 있는 임시정부 고관인 노인과 함께 도서관으로 찾아왔다. 저녁식사 시간으로 도서관은 텅 비어 있어서 노인은 큰 소리로 말을 걸었다.

"어떤가. 재미있는 뉴스는 있는가?"

"아츠 섬에서 일본군은 전멸했다고 합니다만, 그래도 포로가 11명 있었던 것 같습니다. 이들은 아마 조선인일지도 모릅니다."

"글쎄."

"일본인은 포로가 되면 살해된다고 생각하고 있고, 만약 귀국하더라도, 그 후가 큰일이라고 믿고 있습니다."

"그래?"

"옛날 러시아와의 전쟁 때도, 포로가 된 일본인은 나중에 모두 비참한 꼴을 당한 것 같습니다."

"그런데 자네, 내일, 국무원회의가 있는데, 나오지 않겠는가?"

"나가도 괜찮습니까?"

"내가 초대하면 괜찮아. 전국(戰局)이 예상 이상으로 빨리 변화하고 있어서, 가능한 폭넓은 눈으로 대책을 세울 필요가 있어."

하고 말하고, 노인은 철이 일행을 그날 밤, 대학의 기숙사에 묵을 수 있도록 조치해줬다. 그는 이 중앙대학에서 강의도 하고 있었다.

기숙사는 키가 큰 잡초가 무성한 한가운데에 있고, 안으로 들어가자 속옷 바람의 학생이 많이 있었다. 잠자리에 누우니, 조선에서 본 것과 전혀 비슷하지도 않은 작은 잠자리 같은 모기떼가 습격해 와서 철이의 온몸은 눈 깜짝할 사이에 새빨갛게 부어올랐다. 마치 남경 빈대사건의 재현이다. 철이 비명을 지르자,

"너 같은 놈하고는, 이제 아무 데도 같이 안 가."

하고 계신은 아주 불쾌해했지만, 그래도 어디론가 가서 모기장을 찾아서 갖다 줬다.

"이 안에서는, 더워서 못 잔대."

안심한 것도 순간, 과연 모기장 안은 증기욕 같은 열기여서 철이는 한숨도 못 잤다. 그러나 계신은 모기장 밖에서 쿨쿨 자고 있다. 이런 형편에서 두성 일행과 간도로 갔다면, 자신은 간단히 죽어버렸을 것이 틀

림없다. 두성은 그런 것도 생각해서 자신을 데려가지 않은 것인가 하고 문득 철이는 생각했다.

열려 있는 창으로 중국의 밤하늘이 보였다. 거기에는 조선과 똑같은 달과 똑같은 별이 있다. 처음으로 강렬한 향수(鄕愁)가 철이를 덮쳤다. 생각해 보면, 아버지는 예순을 넘었고 어머니도 금년에 예순이 된다. 일본 제국주의의 야심 때문에 고국에서 멀리 떨어진 많은 섬에서 덧없이 죽은 포로들에게 생각이 미치자, 살아남은 그들의 부모에 대해서도 철이는 무한한 동정을 느꼈다.

5

임시정부의 회의 주제는 전후(戰後)에 정부의 발언권에 대해서였다. 20년 이상 존속하고 있다고는 하지만 주로 정신적 상징으로 영토도 없을 뿐만 아니라 군대다운 군대도 없는 이러한 정부에, 각국이 전후처리에 발언권을 부여하리라고는 도저히 생각할 수 없다.

미국의 특무기관조차 임시정부와의 협력은 주저하는 것이 현실이었다. 조선인 가운데 그들에게 도움이 될 만한 젊은 사내들이 없었기 때문이다. 조국이나 일본에 있는 조선인들은 일본군에 징병되었다. 미국에 있는 조선인은 젊은 녀석들이라면 이미 군대에 들어갔고, 또한 처음 조선인을 일본인으로 간주하던 당국도 그들이 일본에 대해서 자신들 이상의 적개심(敵愾心)을 갖고 있는 것을 알고, 체포해서 수용소에 집어넣기는커녕 전쟁기구 가운데서도 가장 은밀한 특무기관으로 집중적으로 보내줬다.

"중국에서 자란 조선인을 보내서, 후방교란을 도모하면 어떨까?"

라는 안도 나왔지만, 철이나 계신 일행은,

"지리도 잘 모르고, 의사소통에도 어려운 점이 있기 때문에, 효과는 적고 희생은 클 것이다."

라는 의견이었다.

회의는 끝없이 계속되었지만, 탁상공론(卓上空論)이 많고 가끔 현실적인 제안이 있어도 정세의 긴박함에서 볼 때, 시간에 맞출 수 없을 것 같았다. 결국, 아무런 결론도 얻지 못하고 회의는 산회했다. 회의에 참가한 사람들은 철이와 계신을 제외하면 대부분 예순을 넘긴 원로였다. 오랫동안 중국에 살고 있어서 현재 조선의 사정에는 어둡고, 일본인에 대한 태도는 평생 그들에게 쫓겨 다녀서 대단히 경멸적이었다.

"역시, 가장 민첩한 것은 간도의 조선인이야."

회의 후 철이는 계신에게 말했다.

"그들을 중국에서 훈련시켜서 다시 조선으로 되돌려 보내면 돼."

"그렇긴 하지만 우리들이 여기에 오는 데만 1년 가까이 걸렸어. 훈련시킨다고 하면, 아무리 봐도 2년은 걸려. 우선, 안전하게 데리고 올 수 있을지 어쩔지도 몰라."

"비용도 들고."

"좋은 방법이 있어. 미국의 잠수함으로 데리고 오는 거야. 그것이 가장 간단해."

계신이 엉뚱한 말을 했다.

"미국이 잠수함을 내줄 리가 없어."

"아니, 빌리는 거야. 낡은 것도 괜찮아. 조종하는 방법 정도라면 2개월만 있으면 배울 수 있을 거야."

"두성 형님이나 명희 씨 같은 사람을 간도로 보내서 소집을 시작하면 좋겠네."

"응, 그리고 잠수함으로 인도 부근으로 운송하고."

"그곳에서 중경, 그리고 반대로 경성이나 평양으로 보내 주고."

이것은 반드시 불가능한 것은 아니었다. 수수방관하는 것보다는 낫다. '비웃어도 좋아. 게다가 조선인은 피를, 미국인은 무기를 제공하는 것이기 때문에 미국 입장에서도 나쁜 거래는 아닐 거야.' 예상 외로 받아들일지도 모른다고 철이는 생각했다. 그래서 이 안을 중심으로 서성 앞으로 편지를 보냈다.

그런데 서성으로부터 답장이 오기 전에 계신이 말라리아로 열이 났다. 열이 날 때마다 그는 한여름의 더위에도 불구하고 있는 대로 모든 담요를 머리부터 푹 뒤집어쓰고 끙끙 앓았다. 명희가 키니네를 가져다 주었지만, 온몸이 노랗게 될 때까지 마셔도 그다지 효과가 없다. 그러는 사이, 처음에는 하루걸러 올랐던 열이 하루같이 그리고 하루에 몇 번이나 불규칙하게 나게 되었다. 계신은 급격히 쇠약해져서 열이 없을 때도 일어날 수 없었다. 결국 명희가 토교(土橋)에서 옮겨와서 한시도 곁을 떠나지 않고 간병했다.

그런 어느 날, 명희가 항상 입고 있던 감색의 외출복이 아니라 보기에도 싸구려인 중국옷을 입고 돌아왔다. 그날따라 고기만두하고 과자까지 사왔다.

"오늘은 다른 곳의 키니네를 사왔으니까 그걸 시험해 보죠."

"미안해요."

계신은 움푹 팬 눈을 억지로 크게 뜨고 감사해 했다.

"두성 씨가 간도에서 말라리아에 걸렸을 때는 주사 한 방에 나았어요. 그걸 찾았지만, 아무도 몰라. 여기에는 없는 것 같아."

그러나 새로운 키니네도 아무런 효과도 없고, 명희가 단 하나의 외출복을 판 지 이틀째는 끝내 열이 내려가지 않고 말았다. 호흡도 이상해졌고 숨을 쉴 때마다 가슴에서 그렁그렁 소리가 났다. 직감적으로 폐렴이라고 생각한 철이는 결국 정부에 의사를 부탁했다. 그러나 계신의 증상은 날마다 악화되고 의식마저 몽롱해져서 헛소리를 시작했다. 자주 어머니의 이름을 불렀지만, 때로는,

"어이, 꼭 붙잡고 있어!"

하고, 외치기도 했다. 아마, 황하를 수영하고 있는 꿈을 꾸고 있던 것이다.

철이와 명희는 주야 교대로 간병했다. 계신은 가끔 의식이 또렷해지자, 억지로 미소를 지으면서,

"내가 죽어도, 울지 마."

하고 말했다. 그러나 그 웃는 얼굴은 역시 쓸쓸해 보였다. 철이는 외출하면 돌아오는 것이 무서웠다. 자신이 없는 사이에 계신에게 예기치 않은 일이 일어나지는 않았을까. 그래서 언제나 방 밖에서 귀를 기울여 저 끙끙 앓는 고통스러운 소리가 들리면 안심하고 안으로 들어간다.

그런 날들이 계속된 후 달이 밝은 밤이었다. 피곤해서 꾸벅꾸벅 졸고 있던 철이는 방 안이 이상하게 조용한 것을 알아차리고 가슴이 철렁했다. 당황해서 계신에게 다가가자 그렁그렁하던 소리가 들리지 않는 게 아닌가. 귀를 심장에 댔으나 아무런 소리도 나지 않는다. 계신은 죽은 것이다. 철이의 온몸에서 한꺼번에 정기(精氣)가 사라졌다.

"이제 금방인데! 한두 해만 지나면 집으로 돌아갈 수 있는데!" 간병의 피로로 얼굴이 홀쭉해서 자신도 환자 같은 명희가 울면서 몇 번이나 같은 말을 되풀이했다.

두 사람 가운데 만약 어느 한쪽이 죽는다면 그것은 반드시 자신이라고 확신하고 있던 철이에게 이것은 전혀 생각지도 못했던 일이었다. 철이보다 몇 배나 건강해서 생명력이 넘쳐흐르던 계신을 생각하면 아무리 해도 믿을 수 없는 기분이었다. 언젠가는 함께 조선으로 돌아가 고향의 강에서 수영하자고 약속한 그가 이국의 이런 산속에서 죽어버리리라고는….

생각하면 불가사의한 운명이었다. 스기나미 경찰서 유치장에서 우연히 만난 이래 지금까지 꼭 12년. 그동안 많은 일들이 있었다. 경주나 부여를 돌아다녔을 때 두 사람은 아직도 젊었었다. 북경에서의 재회, 푸른 달빛 아래서 저 대황하를 건넜던 밤, 그리고 저 남경빈대사건, 가까이는 이 얄미운 병의 원인이 된 성도(成都)의 기숙사에서 모기의 습격. 그때그때 그의 표정이 주마등처럼 떠올랐다가 사라진다. 생각해 보면 자신은 계신에게 응석을 부리고 있었는지도 모른다. 철이가 화난 표정을 보여도 잘 견뎌냈다고 생각하니 다시 슬퍼졌다.

계신의 묘는 토교 근처에 있다. 그렇다고는 하지만 묘비조차 없는 허술한 것이다. 철이는 종종 그 앞에서 몇 시간이나 멍하니 시간을 보냈다. 모든 것이 너무나 비현실적이어서 계신이 정말로 죽었다고는 생각할 수 없었다. 지금도 예의 큰 눈을 두리번거리면서 나타나지는 않을까 생각하기도 한다. 그런 그가 자유를 되찾은 조국을 보지도 못하고 영원의 사람이 되는 것은 너무나도 원통했다. 그러나 계신은 지구가 회전을 멈추고 우주가 죽은 뒤에도 일어날 수 없는 영원한 잠에 빠져있는 것이었다.

6

계신의 죽음을 슬퍼하고 있는 철이와는 관계없이 세계대전은 그 가야할 곳을 향해서 급속히 나아갔다. 1943년 말, 미국은 남태평양에서 공격에 나서 적도 바로 근처에 있는 길버트제도의 타라와 섬, 마킨 섬에 상륙하여 간단히 점령했다.

이어서 다음 해 1월 말에는 마셜군도의 퀘제린, 루오토 양 환초(環礁, 산호섬의 일종), 더욱이 최서단의 애니웨톡, 엔차비메릴랜 섬도 점령했다. 그리고 5월에는 마리아나제도에 대한 공격을 개시하여, 6월에는 그 중심인 사이판 섬에 상륙했다. 여기에서의 전투는 격렬함이 극에달했는데 제공권과 제해권을 잃은 일본군은 거의 한 달 후에 주력부대가 이른바 "만세돌격"을 하고 전멸했다.

이 섬에는 군대 외에 약 1만 5천 명의 비전투원이 살고 있었고 그 가운데 약 7천 명은 투항했지만, 나머지는 전쟁에 휩쓸려 최후에는 섬의북단에 있는 절벽에서 다수의 여성이 바다로 뛰어들어 자살했다. 마치천 년 전, 신라와 당의 연합군이 백제의 도읍지 부여에 밀어닥쳤을 때, 3천 명의 궁녀가 백마강에 몸을 던져 죽었다는 전설의 재현이다. 이렇게 태평양에서 일본의 방위선은 일거에 무너졌고, 대륙에서의 정세도점차 일본이 우려되는 상태가 되었다.

1944년 3월, 노구교 사건의 책임자였던 무다 구치(牟田口)가 총사령관으로 있는 미얀마 방면군은 미얀마에서 인도를 향해서 진격을 개시했다. 그러나 영국군의 맹렬한 반격을 받아서 좌절하여 장마철에 퇴각하지 않으면 안 되었다. 진창 속의 패주(敗走)는 전투보다도 어려워 퇴로(退路)는 일본 병사의 사체로 메웠다고 한다. 또한 이때 미국은 B29 폭격기의 제작을 완료하여 먼저 시험적으로 성도(成都)에서 이륙하여 규슈(九州)의 야하타(八幡) 제철소〔신니테쓰스미긴(新日鐵住金)의 전신으로, 청일전쟁의 배상금으로 설립하여 1901년에 조업을 개시하였다〕를 폭격했다.

한편, 유럽에서는 6월 6일, 연합군은 대거 프랑스 노르망디에 상륙하여 파리 그리고 베를린을 향해 진격을 개시하고, 동부에서도 소련이 베를린을 목표로 진격을 계속했다. 이러한 상황 속에서 7월, 일본의 도조(東條) 내각은 고이소(小磯) 내각으로 바뀌었다. 앞서 이탈리아의 무솔리니도 실각해서, 개전 당초의 추축동맹국(樞軸同盟國)의 지도자는, 벌써 그 3분의 2가 현장에서 모습을 감추게 된 것이다.

서성한테서 온 편지에 따르면, 잠수함을 빌리는 것은 아마 가능성이 없다는 것으로, 조종이 가능한 것은 벌써 전장에서 활약 중이고 또한 고철로도 쓸 수 없을 것 같은 잠수함조차도 서로 끌려고 야단이라고 쓰여 있었다.

정세의 급격한 전개에 초조감을 품으면서도 방관할 수밖에 없는 날이 계속되고 있던 1944년 말경이다. 어느 날, 아무런 사전예고도 없이 한 무리의 청년이 애국가를 부르면서 임시정부의 정문을 들어왔다.

동해바다가 말라서 골짜기가 되고

백두산이 무너져 사라져도
변하지 않는 우리 조국

　평소 고요한 연화지 일대를 그들의 노랫소리가 뒤흔들었다. 각 방의
문이나 창이 열리고, "독수리" 주석까지 마당으로 나왔다. 그들은 조선
의 대학생으로, 군인 보충에 난처한 일본이 학도병으로 동원해서 각지
에 파견한 것을 전화위복의 기회로 삼아, 일본군을 탈출해서 멀리서 여
기까지 찾아온 것이다. 그들은 1년 가까이나 걸렸기 때문에 철이 일행
이 중경에 도착했을 때보다 더욱 처참한 모습을 하고 있었다.
　여하튼 대소동이 벌어져 중국군으로부터 군복을 빌려서 갈아입히고,
마당에 큰 화톳불을 만들어 입고 있던 이투성이의 옷을 태웠다. 밤하늘
에 불꽃이 흩어지고, 임시정부의 청사가 당장이라도 그 붉은 화염에 휩
싸일 것 같았다. 그리고 "독수리"를 주석을 선두로 정부의 관리들과 학
병 생도들은 불을 둘러싸고 오래도록 조선의 옛 노래를 계속 불렀다.
　다음날, 임시정부는 이 사건을 중국과 미국 양 정부당국에 보고하고
지금부터도 일본군 탈영 학병들이 속속 도착할 것이므로, 우리들도 적
극적으로 전쟁에 참가한다고 선언했다. 중국정부는 매우 감명을 받은
듯 문화협회의 식당에서 환영회를 마련해주었다. 그 자리에서 학도병
들은 말이 통하지 않으므로 탈출담을 즉흥의 오페라 형식으로 공연했
다. 이것은 매우 호평을 받았고, 관객석에서 앙코르가 터져 나왔다.
　그래서 그들 중에서 오페라에 자신이 있는 한 학생이 나와서 몰타를
열창했다. 헐렁헐렁한 파란 중국 군복을 입고 양손을 앞으로 모아잡고
메트로폴리탄의 무대에라도 서 있는 것처럼 혼신을 다해 노래하는 젊고

순진한 모습은 청중에게 깊은 감명을 주어 또다시 앙코르이다. 몇 곡째인가 〈대니보이〉가 나오자, 참석한 세계 각국의 사람들이 합창을 시작했고 무대에 올라가서 "가수"를 부둥켜안는 여성까지 나타났다. 손에 손을 맞잡고 이 세상에서 자유의 박해자를 추방하자는 것이 눈동자도 피부색도 다른 이 사람들을 하나로 묶는 접점이 되었던 것이다.

이렇게 되자 미국 특무기관도 타산적으로 갑자기 적극적으로 나왔다. 서안(西安)에서 훈련을 받고, 훈련이 끝나면 산동성(山東省)에서 잠수함으로 조선으로 건너가 내부교란과 정보를 수집해주기를 바란다고 반대로 제안해온 것이다. 학도병들에게는 더 바랄 나위 없는 이야기였다.

그러나 훈련개시까지는 아무것도 할 것이 없기 때문에 그들은 대거 토교(土橋)의 조선인 마을로 몰려가서 돌아올 생각을 안 했다. 여기가 아직 중국 중경임을 잊은 채 고향으로 돌아온 것 같은 기분이 든 학도병들을 맞아, 토교의 조선인들은 필시 성가셨을 것이다. 하나뿐인 외출복이 다시 많이 팔렸을 것이 틀림없다. 그렇게 생각한 철이는 재무부장을 찾아가서, 재정원조를 해야 한다고 진언(進言)했다.

"자네 기분은 잘 알겠지만, 공금을 그런 것에 쓰는 것은 왠지 그렇다고 생각하네. 밥은 충분히 식당에서 먹여주도록 하고 있어서 말이야."

일흔 가까운 재무부장은 한결같이 일절 감정을 겉으로 드러내지 않고 기뻐하는지 화를 내는지 알 수 없는 얼굴로 말했다. 그리고 이렇게 덧붙였다.

"주석에게 말씀드려 보면 어떤가?"

그래서 철이는 "독수리" 주석의 방으로 갔다. 사정을 설명하고, 재무부에서 거절당한 경과를 보고하자, 큰 미소를 지은 "독수리"는 묵묵히 주머니에 손을 넣고, 이어서 벽에 걸려 있는 옷 속을 뒤져, 있는 돈 전부를 책상 위에 꺼냈다. 지폐 가운데는 달아서 떨어진 것 같은 것도 있어서 꽤 오랫동안 주머니 안에서 잠자고 있었던 것이다. 세어보니 상당한 금액이었다. 철이는 즉시 선전부의 사내를 하나 데리고 토교로 향했다.

"내일쯤, 더 이상 먹을 것이 없는 게 아닙니까? 토교는."

하고, 젊은 사내가 말한다.

"어쨌든, 한창 먹을 때인 녀석들이 저렇게 몰려가 있으니. 견딜 수 없을 거야."

"물건을 판다고 해도, 실은 아무것도 없잖아요. 노인뿐이어서."

"아마 열심히, 그것도 녀석들이 눈치 채지 못하도록 이리저리 변통하고 있을 거요. 지금쯤은 녹초가 되었을 거야. 전혀 물정도 모르는 젊은 놈들이야."

"모두 젊고요. 게다가 비교적 유복한 가정의 녀석들이어서 망명의 의미를 모르고 있습니다."

그러나 토교는 예상과 달리 아직 축제분위기로 할머니들까지도 나들이 온 것처럼 들떠 있다. 그런 가운데 명희를 겨우 찾아내서 이유를 말하고 돈을 건넸다.

"첫날밤은 고기가 먹고 싶으니까 들개사냥을 하자고 말했어요."

"개 말입니까?"

"그래요. 그런데 중국인은 개를 먹지 않으니까, 그런 일을 하면 야만인처럼 생각되지 않겠어요? 무엇보다 대학 졸업생이 무리를 지어 왔다고 해서 대단한 평판이었는데."

"그렇습니까? 개를 먹는 것은 문명국에서는 조선인 정도이니까. 하긴 조선이 문명국인지 어떤지는 모르지만요."

"그리고요."

하고, 명희는 눈을 두리번거리면서 말했다.

"저쪽에서 노래 부르는 사람 있죠?"

"저 사내가 어떻게 했습니까?"

"저 사람이 두 살 때 조선을 떠난 아버지가 말이에요, 부양에 있다는 것을 알았답니다."

"예?"

"거짓말 같은 이야기죠?"

"그런데 어떻게 알았습니까?"

"여기의 할머니 한 분과 이야기하던 중에 알았대요. 저 할머니와 조선에서는 서로 이웃이었대요."

"그렇습니까?"

"할머니가 놀라서, 저 사람에게 아버지의 이름을 몇 번이나 물어봤어요. 그것을 저 사람이 할머니의 얼굴을 뚫어지도록 쳐다보면서, 몇 번이고, 몇 번이고 말했어요. 불가사의한 광경이었어요."

"……."

"아버지는 독립운동을 하기 위해서 상해로 갔다고 어머니가 말하는 것을, 저 사람은 거짓말이라고 생각하고 있었던 것 같아요."

"그렇다면, 어머니 혼자서 저 사람을 키웠다는 거군요."

"그래요. 시집와서 3년째였답니다. 재혼도 하지 않고 혼자서 자식을 키웠답니다."

종전 終戰

1

미국 특무기관과의 교섭을 위해서 선전부장이 곤명으로 날아가기로 했다. 그는 막 마흔을 넘긴, 부장 가운데서는 가장 젊은 사내로, 철이에게 따라오라고 했다. 철이는 태어나서 처음으로 비행기를 타고, 걷는다면 몇 개월이 걸릴지 모르는 곳을 이야기하는 사이에 도착해버렸다. 그리고 특무기관의 본부로 가서, 박사학위를 갖고 있는 백인의 사무실에서 교섭을 시작했다. 박사는 둥근 얼굴의 온후한 사람으로 도무지 특무기관 등과는 인연이 먼 인상이었는데, 이야기를 하자 '역시'라는 생각이 드는 곳이 있다.

태평양전쟁에서 일본군의 맹렬한 저항에서 추측하면 일본 본토에서는 도처에서 시가전이 반복되리라고 예상되기 때문에, 조선인에 의한 후방교란은 중대한 의의를 갖기 시작했다. 이에 대해서는 임시정부도 같은 의견이어서 교섭은 매우 순조롭게 진행되었다.

점심식사 때, 카페테리아에 들어가서 철이는 깜짝 놀랐다. 전선의 병사의 식사가 조선의 일류식당의 그것에 뒤떨어지지 않는 것이다. 또한 회양의 일본 병사가 언제나 배를 곯고 있었던 것에 비하더라도 천양지차였다. 감탄해서 식사를 하면서, 철이는 조선인계로 보이는 미국인 한 사람에게 서성의 소식을 물어봤다.

"아는 사람입니까?"

"네, 형입니다."

"형님. 그렇습니까? 서성은 지금 정찰비행에 나갔습니다. 4시경까지 돌아올 예정입니다."

점심식사 후, 다시 박사의 사무실에서 회의를 계속했다. 산동성(山東省)에서 잠수함으로 가는 계획에 대해서는, 산동성은 일본의 점령지역이어서 위험하다고 철이는 생각했다. 또한 조선의 해안으로부터 안전한 산악지대까지 상당히 떨어져 있어서, 그다지 마음에 들지 않고, 오히려 백두산 부근의 산으로 낙하산으로 내리는 것이 가장 손쉬운 방법같이 생각되었다. 이렇게 하면 중경을 출발해서 그날 안으로 조선에 소식이 닿도록 하는 정보망이 가능한 것이다. 그러나 철이의 제안은 여러 가지 이유로 받아들여지지 않았다. 이야기가 일단락되었을 때 철이는 박사에게,

"형이 지금, 정찰비행을 나가서 4시경에 돌아온다고 하니까, 가능하면 비행장에 가고 싶습니다."

라고 부탁했다. 박사는 깜짝 놀라서,

"정말인가! 조선인은 당나귀를 닮았어. 길들일 수도 없고 협박할 수도 없어. 아무튼 어떻게 해볼 도리가 없다는 이야기를 들은 적이 있지만, 아무래도 정말 맞는 말 같구나."

하고, 칭찬하는 건지 폄하하는 건지 알 수 없는 말을 했다. 그리고 그의 조수에게 지프로 비행장까지 데려다 주도록 했다.

작은 비행장은 뭔가 야단법석이어서, 구급차나 소방차가 분주히 돌아다닌다. 가까이 있는 병사에게 물어보니,

"일본군의 고사포에 맞은 비행기가 비상착륙한다."

고 한다. 철이는 갑자기 가슴이 두근거렸다.

"그건 분명히, 서성의 비행기가 틀림없을 거야."

지프를 내리자, 날개가 균형을 잃은 것 같은 비행기가 눈에 띄었다. 소방차에서 풀려나는 호스를 메고 병사들이 활주로로 달린다. 비행기는 한 번 착륙하는 자세를 취했지만 다시 생각을 바꿨는지 상승하고, 그후 작심한 듯 내려와서 바퀴가 활주로에서 두세 번 튀었던 것 같은데, 순식간에 풀밭 위로 뒤집어졌다. 병사들이 달려들어 조종사를 끌어내 들것에 실어 구급차에 밀어 넣었다. 그 직후, 아직 구급차의 문도 닫기도 전에, 굉연(轟然) 한 폭음이 일어나고 비행기는 순식간에 화염에 휩싸였다.

조종사는 역시 서성이었다. 3시간 가까이 지나서, 그는 간신히 야전병원의 수술실에서 이동침대에 실린 채 나왔다. 쿨쿨 자고 있는 그 얼굴에는 깊은 주름이 패여, 10년도 되지 않았는데 20년, 30년이나 더 나이를 먹은 것처럼 보였다.

무솔리니에게 쫓겨 영국으로 망명한 에티오피아의 황제는 딸이 간호사가 되어 겨우 생활을 유지하고 있다고 들었다. 황제조차 그렇다고 한다면, 일반인의 망명생활은 더욱 고통스러운 상상할 수 없는 그 무엇이 있는 것이 틀림없다. 철이는 자고 있는 서성의 애처로운 모습에 가슴이 뜨거워지고, 자신의 지금까지의 고생 따위는 마치 상대가 되지 않는 것 같은 기분이 들었다.

서성의 경우, 일본정부가 서성의 귀환을 요구한 것은 우선 확실하다고 봐도 좋다. 미국에서 서성의 입장은 매우 위험했을 것이다. 서성의 편지에 있던 군대에 지원했을 때의 정경도 눈에 비치는 듯 떠오른다. 나이를 속이고 지원하니까 담당자가 서성의 백발을 보고 거절했다고 한다.

어떻게든 군인이 되지 않으면 안 된다, 누나가 미쳤을 때 맹세했다고 해서 겨우 특무기관에 들어갈 수 있었다. 쪽마루 누나와 사이가 좋았다는 서성, 그 누나와의 맹세를 최후까지 완수하기 위해서 미국까지도 망명했던 서성이 철에게는 왠지 모르게 다 큰 아이같이 생각되었다.

밤 10시경이 되자, 서성은 점차 마취에서 깨어나기 시작해 가끔 아내의 이름을 불렀다. 감고 있는 눈에서 흘러내린 한 줄기 가는 눈물을 철이는 살짝 닦았다. 새벽 1시경에는 의식이 상당히 또렷해져서 철이를 드디어 알아봤다.

"잘 왔구나. 전쟁이니까 죽는 것은 당연한 거야."

"괜찮습니다. 형님. 전쟁은 이제 얼마 계속되지 않습니다. 그렇게 되면 다시 모두 만날 수 있습니다."

"그럴까?"

"당연하지 않습니까? 형수님이 기다리고 계세요."

"아내에게는 못할 짓을 했어. 아이를 원했었는데, 나는 아이는 절대로 만들지 않기로 했었어."

"……."

"나와 같은 고생을 시키고 싶지 않았던 거야."

"형님, 형수님은 브리지를 배우고 있는 것 같습니다."

"브리지?"

"형님이 꼭 미국에서 배우고 올 거니까, 돌아오면 같이 하기 위해서라고 합니다."

"나는 브리지는 못해."

"그렇다면, 배워두는 것이 좋습니다. 그렇지 않으면 형수님은 분명히 실망하실 겁니다."

"응."

서성의 얼굴에 미소가 떠올랐다. 쓸쓸한 얼굴에 어울리지 않는 그것은 만족스런 미소였다.

날이 가까이 밝아 올 때, 갑자기 심장의 고동(鼓動)이 불규칙해져서 서성은 다시 수술실로 들어갔다. 철이는 수술실 바깥에서 혼자 기도하는 마음으로 내내 서 있었다. 그러나 수술실 문이 열렸을 때, 이동침대는 머리에서 발끝까지 흰 천으로 푹 덮여 있었다.

"형님!"

크게 외치는 소리는 밖으로 나오지 않았다. 형수님의 얼굴이 하얀 천의 저쪽에 어른거려 철이는 자신의 몸이 떨리는 것을 느꼈다. 요코하마의 부두에서 실신한 형수의 모습을 생각하면, 산 채로 심장을 도려내는 기분이었다.

"형님!"

침대가 조용히 병원 안쪽을 향해 움직였다. 곤명은 중경만큼 춥지는 않다. 그러나 지금은 12월이다. 새벽녘이라면 역시 짜릿하게 차가울 터인데 철이는 완전히 감각을 잃었다.

2

비행기가 곤명에서 멀어질수록 철이는 점점 어두운 기분이 되어갔다. 계신이 죽었을 때조차도 저렇게 매일 울면서 지낸 명희에게,

"성은 죽었습니다."

라고는, 도저히 말할 수 없다. 그렇다고 해서,

"형님은 씽씽합니다."

라고도 할 수 없다. 어쨌든 서성의 죽음은 비밀로 해두기로 철이는 결심했다. 아니나 다를까, 명희는 철이가 돌아오기를 학수고대하고 있어서 인사도 하는 둥 마는 둥,

"서성 씨는 어떻게 지내고 계세요?"

하고, 묻는 것이다.

"유감스럽지만, 정찰비행에 나가서 만나지 못했습니다."

"안타깝네요. 거기까지 갔으면서."

"……."

그리고 한 달 정도는 너무 바빠서 저녁도 정해진 시간에 먹을 수 없을 정도였다. 그러나 이것은 철이에게는 더 바랄 나위 없는 것이었다. 서성의 죽음도 바쁜 가운데 잊을 수 있기 때문이다. 그런 어느 날 명희가 다시 찾아왔다.

"서성 씨에게 보낸 편지가 돌아와서요."

철이는 뜨끔했다. 그러나 침착하게,

"전근 간 건가…. 이유는 모르세요?"

"네, 아무것도."

안도하고 있을 때, 전부터 아는 미국인 목사가 지프로 찾아왔다. 명

희를 보자,

"뷰티풀! 뷰티풀!"

하고, 호들갑 떨며 인사한 다음, 일본 군대에서 탈출한 학도병들의 이야기를 듣고 싶다는 잡지기자가 있는데 어떠냐고 물었다. 철이는 며칠 안으로 훈련이 시작되어서 학생들은 서안으로 가야 하니까 빠를수록 좋다고 전제하고, 두 살 때 헤어진 아버지가 있는 곳을 아는 학생의 이야기를 해주었다. 목사는 묵묵히 듣고 있었으나 다음날 다시 들떠서 찾아왔다.

"부양행의 비행기가 있어요. 훈련이 시작되기 전에 데리고 가서 그 학생을 아버지와 만나게 해줍시다."

"정말입니까?"

"정말이오."

선전부장에게 상의하자 그도 크게 기뻐했다. 어렴풋이 상황을 파악한 명희가 옆에서 머뭇머뭇하고 있다. 자신도 가고 싶은 것이다.

"우리들 외에 아무래도 승객이 한 사람 더 늘 것 같은데, 어떻습니까?"

"또 한 사람이란 대체 누구요?"

"그녀입니다."

"그녀? 명희는 왜 부양에는 가고 싶은데?"

"부양에 애인이 있어서요."

"그렇다면 무조건 갈 필요가 있네. 자, 내일 비행장에서 봅시다. 안 된다고 하면 가지 않는 걸로 하고."

목사는 노인답게 아주 태평스럽다.

비행기는 화물로 가득한 화물수송기였으나, 주인공인 학도병을 포함해서 일행 4명은 화물의 틈새에 그럭저럭 앉았다. 무사히 부양 근처의 작은 비행장에 도착해서 지프로 병영에 가자, 제일 먼저 두성이 나왔다. 명희와 철이를 보고도 어제 헤어진 것 같은 얼굴을 하고 있다.

"중경에 무슨 일이 있었어?"

하고 물어서, 철이 간추려서 이유를 이야기하자 과연 깜짝 놀란 듯 서둘러 병영 한쪽으로 사라지더니, 곧 쉰 정도의 민머리 사내를 데리고 돌아왔다. 중국 군복을 입고 있었지만 틀림없이 조선인이다. 그는 학도병 앞까지 오자 묵묵히 그 얼굴을 응시했다. 아들도 또한 잠시 말이 없다. 부자간 20년 만의 재회였다. 이윽고 두 사람은 땅바닥에 책상다리를 하고 앉았다.

"어머니는 잘 있냐?"

"예."

"이름만 아버지였던 게 미안하구나. 필시 나를 원망했겠지."

"……."

"당연하지. 그렇다고 하더라도, 용케도 여기까지 왔구나."

아들은 얼굴을 들고 요령 있게 경위를 설명했다. 곧 조선으로 간다고도 이야기했다. 그러자 부친은 잠시 묵묵히 있다가 이윽고 먼 하늘을 우러러 보며,

"너는 운이 좋아. 시대도 변했구나."

하고, 통절한 어투로 말했다. 동료 병사들이 그런 부자를 둘러싸고, 조용히 부자간의 이야기에 귀를 기울이고 있다. 추워서 모두 코가 빨개졌지만 누구 하나 신경 쓰는 사람은 없다.

가벼운 식사를 한 후에, 두성이 철이의 팔꿈치를 쿡쿡 찌르면서 자못 자랑하듯이 말했다.

　"어이, 서성은 곤명에 와 있어."

　"예⋯."

　건성으로 대답하면서, 철이는 두성에게도 서성의 이야기는 할 수 없다는 것을 알았다. 적어도 지금은 할 수 없다고 생각한 것이다.

　"장사꾼 주제에 격에 맞지도 않게 혁명 따위를 시작해서, 녀석, 푹 빠진 것 같아."

　"⋯⋯."

　"한때는 간도에 오고 싶다고 했었어. 그런데, 나는 오지 말라고 했어."

　"그렇다면, 연락이 있었나요?"

　"물론 있었지. 녀석의 벌목장을 거점으로 종종 돈 등을 보내 받았어. 무기도, 탄환도, 약도, 모두 그 돈으로 샀어."

　"그랬군요."

　"그래서, 녀석이 미국으로 가버려서, 몹시 고생했어. 돈이 없으면 아무것도 할 수 없으니까. 뭐, 나 같은 인간은 전쟁이 끝나면 아무짝에도 쓸모없어."

　"어째서요?

　"무엇보다 지금까지 이상한 정신상태로 살아왔기 때문이야. 어딘가 성격에 결함이 있다고 생각해. 정상적인 세계에는 적응할 수 없을 거야. 그렇지 않니?"

　"⋯⋯."

"서성에게는 딱 좋을 거야."

철이는 두성에게는 서성의 죽음을 보고할 생각이었으나 결국 그 기회를 놓쳤다. 그런 것도 모르고 두성은 기분 좋게 떠들며, 목사에게도 대단히 유창한 영어로 거듭 인사를 했다.

3

학도병들의 훈련에는 예정 이상의 시간이 걸렸다. 그리고 그동안에도 정세는 시시각각 변해갔다. 필리핀 탈환작전을 개시한 미군이 1944년 10월, 먼저 레이테 섬에 상륙하자, 일본 해군은 총력을 이 해역에 집중하여 레이데 만 해전이 시작되었다. 해전은 이틀 만에 끝나고, 일본 측은 처음의 기세에도 불구하고 참패했는데 육상전은 의외로 오래 끌었다.

저 가미가제(神風) 특공대가 처음 모습을 드러낸 것이 바로 이 전투이다. 이것은 제2차 세계대전 때 일본 공군의 특공대들이 연합군의 대형 군함들을 향해 자살공격을 감행한 것을 말한다. '천황을 위하여, 국가를 위하여'라는 구호 아래 17세에서 24세의 젊은이들을 500kg 정도의 폭탄이 실린 전투기에 태우고, 전투기 1대에 미군함 1대를 폭격할 것을 명령했지만, 돌아오는 연료는 주지 않았다.

연말이 되어서 레이테의 일본군이 패하자, 맥아더는 다음해 1월 루손 섬에 상륙하고 곧 마닐라에 입성해서 필리핀 작전은 일단락을 고하였다. 이와 동시에 이오 섬〔硫黃島, 일본 도쿄도(東京都) 남쪽 해상 오가사와라(小笠原) 제도 중앙에 있는 화산섬〕에서 격렬한 전투가 개시된다. 그 무시무시함은 섬의 동남단에 있는 스리바치(摺鉢) 산이 포화로 양상(樣相)이 바뀌었다고 하는 것에서도 알 수 있다.

그러나 미군은 3월에는 이 섬도 점령하고, 4월에는 일본 본토의 일부인 오키나와(沖繩)에 상륙을 개시했다. 그리고 벌써 이때는 대규모 공습이 매일같이 도쿄를 비롯한 일본 본토 전역에서 실시되고 있었던 것이다.

한편, 유럽에서도 전황은 급전개하여, 4월 말경까지 연합군은 독일의 대부분을 점령 5월 8일에는 독일의 무조건 항복이 정식으로 발표되었다. 히틀러는 최후까지 정전명령을 내리지 않고 자살했다고 전해지지만 그 시체는 결국 발견되지 않았다고 한다. 독일의 붕괴가 태평양전쟁에 미치는 영향은 지극히 명료했다.

이러한 국제정세 아래서 임시정부가 태평양전쟁의 귀추(歸趨)와 조선의 장래에 보다 강한 불안을 느끼기 시작한 것은 당연하다. 학도병들의 훈련을 보다 빨리 끝내서, 비록 얼마 안 되는 사람이라도 미군 상륙전에 조선으로 보내지 않으면 안 된다. 밤낮으로 노력한 결과 훈련은 드디어 끝났다. 일본은 아직 항복하지 않고 미군도 조선에 상륙하지 않았다. 약간 안도한 임시정부는 즉각 학도병들을 조선으로 보내도록 하고 1945년 8월 10일 김구 주석은 그들을 배웅하기 위해 서안으로 날아갔다.

철이는 주석의 지시로 특무기관의 미국인과 회담하고 한 발 늦게 다음날 서안으로 향할 예정이었다. 큰 건물의 텅 비어 있는 방에서 회담에 들어갔는데, 태평양전선의 지도를 앞에 두고 있어서 이야기는 걸핏하면 요점을 벗어나 전황의 비판이 되었다. 그런 때에 중국 사내가 들어와서, 철이를 중국인이라고 착각한 듯 귓전에 대고 뭔가 속삭였다. 물론 중국말이어서 처음에는 알아들을 수 없었지만, 되묻는 가운데 조금씩 사내가 무엇을 말하는지 알아차렸다. 사내는 분명하게 말했다.

"일본 무조건 투항."

"일본이 항복했다!"

미국인은 영어로 외치며 의자를 박차고 일어섰다. 창을 열자 귀청을 찢는 소음이 넓은 방에 노도(怒濤)와 같이 흘러들어왔다. 모르는 사람끼리 부둥켜안거나 어깨를 서로 두드리기도 했다. 귀가 먹먹해질 정도의 폭죽 소리도 사방에서 들려온다. 중경 시내는 야단법석이었다. 류조호 사건으로부터 계산하면 14년, 문자대로 와신상담(臥薪嘗膽)의 긴 세월이었기 때문에 당연한 것이다.

"조선으로 돌아간다."

라는 생각이 제일 먼저 철이의 머리에 떠올랐는데, 서안에 간 주석에 생각이 미치자 쓸쓸하지 않은 것도 아니었다. 그도 중국인과 마찬가지로 와신상담의 한평생, 한 번이라도 아무리 작은 군대라도 좋으니까 자신의 부하를 이끌고 싸우고 싶었을 것이다. 그러나 지금은 모든 것이 허무하게 끝난 것이다.

조선이 일본에 항복해서, 노예생활을 시작하고서부터 35년, 길다고 하면 길지만 그저 선잠의 악몽 같은 기분도 들지 않는 것도 아니다. 대동아공영권(大東亞共榮圈)을 주장하고 불과 4년, 기고만장했던 일본의 지배계급이나 군부도 이제부터는 냉엄한 연합국의 그리고 일본국민 자신의 심판을 받게 될 것이다. 해방된 것은 특히 조선인이나 중국인뿐만 아니다. 일본인도 이것으로 해방된 것이다.

새로운 세계의 새벽이 밝아온다. 이제부터 진실한 대동아공영권을 만들지 않으면 안 된다. 긴 역사를 통해서, 진정한 자유도 그리고 행복도 알지 못했던 이들 지역의 유색인종에게 인간다운 생활을 가져오지 않으면 안 된다. 역사는 때로 역전하지만 그때마다 조금씩 끊이지 않고 전진한다. 그리고 이 대세에 거스르는 것은 필연적으로 파멸되지 않으면 안 된다.

계신과 서성의 죽음이 새삼스레 유감스럽다. 만약 계신이 살아있다면, 그 큰 눈을 두리번거리면서 지금쯤 얼마나 야단법석하고 있을까? 그리고 서성은 백발이 된 머리카락을 신경 쓰면서 저 청진의 집 쪽마루로 느릿느릿 구두를 신은 채 올라간다. 부인이 회사에서 돌아온 남편을 마중하듯, 태연히 나무란다.

"당신, 여기는 조선이에요. 조선에서는 자리에 오를 때는 구두를 벗어야 합니다."

혼이 나서 귀찮아하는 서성의 모습조차 눈에 선한 것 같은 기분이 든다. 그런데 그 어느 것도, 지금은 덧없는 망상에 불과했다.

4

일본의 항복을 전후해서, 또 하나의 중대 사건이 일어났다. 소련이 갑자기 국경을 넘어 만주로 침입한 것이다. 이후 조선은 미국과 소련 사이에서 일시적으로 분할되어, 북한에는 공산당계의 정부가 남한에는 미국의 군정이 각각 출현했다. 놀란 임시정부는 미국과 소련에 대해 강력하게 항의했지만, 이것은 완전히 무시되었을 뿐만 아니라 오히려 임시정부에 대한 미국의 태도는 더 강경해져서 본국으로 언제 돌아갈 수 있을지 눈어림조차 할 수 없었다.

자연히 해산된 조선독립군의 학병 출신들도 서안에서 중경으로 철수했다. 그리고 이와 같은 상황을 알게 되자 개중에는 더 이상 기다릴 수 없다는 사람들도 나왔다. 그들은 몇 명씩 조를 짜서 걸어서 조선으로 돌아간다며, 중경을 떠났다. 아무리 전쟁이 끝났다고는 하더라도 수천 리길에 질서도 혼란하고 산적이 출몰하는 지역도 있다는 정보도 나돌았다. 더욱이 먹고 자는 것도 문제여서 위태롭게 보는 사람은 많았지만, 각오하고 떠나는 젊은이들을 붙잡을 수도 없었다.

철이한테도 몇 명의 학병 출신들이 상의하러 왔다. 부양에서 아버지를 우연히 만난 학생도 그 한 사람이었다. 그때마다 철이는 일본인으로 오인하게 되면 사형될지도 모른다는 등 예상되는 위험을 수없이 들어 극력 반대했다. 이대로 중경에서 기다리는 것이 상책이라고 설득했다.

그러나 기다린다고 한다면 하다못해 살아있다는 것만이라도 알리고 싶은 것이 사람 마음인데, 조선과의 사적인 연락은 완전히 단절되어 있었다. 특히, 북한과의 연락 따위는 상상할 수도 없었다. 중경 당국에 대해, 연락이라든가 토교의 노인들도 포함한 귀국원조를 매일같이 청원해도 전혀 반응이 없었다.

"될 대로 돼라, 어떻게 되겠지."

철이는 각오를 단단히 했다. 사실은 해방된 조국에 그다지 돌아가고 싶다고도 생각하지 않았다. 처음의 흥분이 가라앉자 서성이나 계신이 끊이지 않고 마음 한구석에 걸려, 자기 혼자서 살아 돌아간다는 것이 왠지 모르게 뒤가 켕겼던 탓이기도 했다.

중경은 급속히 변모했다. 인구가 줄어서 빈 집이 눈에 띄게 늘고 여관이나 상점도 문을 닫는 곳이 많았다. 모두 연고를 찾아 이동해 가는 것이다. 다만 조선인만이 돌아 갈 곳도 갈 방법도 없어 괴로운 나날을 보내고 있다.

겨울바람이 불기 시작한 어느 날, 철이는 곤명으로 함께 출장 갔던 선전부장에게 불려갔다.

"미국 당국은 임시정부를 승인할 수는 없지만, 개인자격으로 돌아간다면 비행기를 내주겠다고 했다. 우선 귀국하지 않을 수는 없기 때문에 정부요인만 내일 출발한다. 너도 함께 가기로 되어 있으니까 준비해라."

라고 하는 것이다. 입고 있는 옷이 전부이니까 따로 준비 따위는 필요 없었다. 그런데 중경을 떠난다면 계신에게 작별인사를 하지 않으면 안 된다.

11월도 끝날 무렵, 풀도 마른 묘지 주변은 전부 잿빛이었다. 내일부터는 누구 한 사람 찾아오지 않을 이 거친 들판에서 계신은 무척이나 쓸쓸하겠지….

"조국에 돌아간다, 계신아. 용서해줘."

토교의 조선인 마을을 들리자, 할머니들이 기쁜 듯 그러나 부러워하는 얼굴을 하고 이것만이라도 하면서 전언(傳言)을 가지고 왔다. 어떻게든 조국에 살아있다는 것만이라도 알리고 싶다는 마음이 절절히 전해져서 안타까웠다. 명회는 오래도록 그의 손을 잡고 놓지 않았다.

"당신 세상이 되었네요. 장하네요."

"그런가요?"

"조선에 돌아가면 뭐 할 거예요?"

"여하튼, 현실에 적응하려고 생각하고 있어요. 그것만으로도 평생이 걸리지도 모르지만."

"그렇지 않아요."

"그럴까요?"

"예, 그래요."

그녀의 손은 부드럽고 작았다.

"정숙을 만날 거죠?"

가볍게 웃으며 헤어질 때 한 그 말은, 철이의 마음을 가시처럼 푹 질렀다. 아무것도 아닌 인사였는데 정숙을 만나는 것은 또 서성의 부인을 만나는 것이기도 했기 때문이다.

다음날은 사천성(四川省)의 겨울치고는 드물게 보는 화창한 날로, 하늘에는 구름 한 조각 없었다. 상해에 도착하자, 수많은 조선인 거류민이 마중 나와 13년 전 윤봉길 열사가 폭탄을 투척한 그 공원에서 환영회가 열렸다. 그러나 조선의 정정(政情)이 변화한 것을 구실로, 미국 측이 비행기 내주기를 꺼려해서 임시정부 일행은 다시 여기서도 움직일 수 없는 상태가 되어버렸다.

철이는 배당된 프랑스 조계의 아파트에서 대기했다. 방만 하더라도 열 개 이상인 넓고 호화로운 아파트로, 전쟁 중에는 일본 장교가 처와 함께 살았다고 보초 서는 군인이 가르쳐주었다.

"저놈들, 전쟁하고 싶었던 것도 당연하네."

하고, 철이는 생각했다.

상해(上海)에는 상당한 조선인 거류민이 있었다. 어떻게 해서 여기까지 왔는지는 모르겠지만, 개중에는 의심스런 경력을 가진 사람도 많아 당황해서 고액의 헌금을 가져와서 임시정부에 구명운동을 하는 사람까지 나타났다. 시내에는 전쟁이 끝나고 4개월도 지나지 않았는데도 벌써 매춘부가 넘쳐났다.

교섭이 겨우 매듭을 지어 임정요인 일행이 경성으로 향한 것은 12월 말에 가까운 날이다. 비행기가 푸른 하늘을 향해서 날아오르자, 곧 황해가 눈에 들어왔다. 지금부터 단 3시간이면 경성에 도착하는 것이다. 경성! 그래, 정말로 경성에 도착하는 것이었다. 바로 어제까지 불령선인(不逞鮮人) 취급을 받던 한 무리의 조선인들이, 오늘은 구국의 투사로서 당당하게 조국의 수도에 입성하는 것이다. …

창밖은 푸른 하늘과 푸른 바다이다. 철이의 머릿속을 회령에서 시작해서 중경에 이르는 짧은 반생(半生)이 사진처럼 스쳐갔다. 세 나라를 전전하면서 인간으로서 삶을 부여받았기 때문에 인간답게 살아보려고 몸부림친 그 발자취를 생각하니, 자신이 더할 나위 없이 가여워진다. 그리고 대체 무엇이 자신을 이렇게 살게 했을까 생각하니, 스스로 불가사의한 기분이 드는 것이었다.

5

말할 필요도 없이, 조선에도 큰 변화가 일어나고 있었다. 그렇게 많던 일본인이 우선 모습을 감춰버린 것이다. 남하해가는 피난민 무리가 가끔 눈에 띄지만 어느새 그것도 보이지 않았고, 갑자기 조선이 두 배나 넓어진 것 같은 느낌이었다. 머지않아 징병이나 징용으로 외국으로 몰아낸 조선인들이 삼삼오오 돌아오게 되자, 정숙은 더욱더 목 빠지게 철이가 돌아오기를 매일같이 기다리면서 나날을 보내고 있다. 서성의 부인도 마음은 마찬가지였다. 그러나 1월이 되어도 2월이 되어도, 철이도 돌아오지 않고, 서성도 돌아오지 않는다.

"청진에서 기다려서는 안 될지도 몰라요."

하고, 새언니가 정숙에게 말했다.

"어째서요?"

"틀림없이, 미국에서 돌아오는 사람은 북한에는 들어올 수 없어요. 중경에서조차도 아직 한 사람도 돌아오지 않았어요. 돌아온 사람들은 모두 소련이 점령하고 있던 곳에서 왔어요."

"……."

"경성으로 가세요. 우물쭈물하다가는 우리들도 북한에서 나갈 수 없을지도 몰라요."

"새언니!"

"만약 오빠나 철이 씨가 여기까지 올 수 있다면, 경성이라고 갈 수 없는 것도 아니잖아요."

일단 방침을 정하자 희영은 즉시 재산정리를 시작했다. 부동산에서부터 주식, 그리고 가재도구에 이르기까지 전부 처분해버렸다. 정숙은 무서워서 주춤거렸지만, 희영은 마치 기계처럼 능률적이었다. 동시에 꼬마를 회령에 보내 철이의 가족도 경성에 동행하도록 권했다. 꼬마는 닷새 만에, 철의 가족뿐만 아니라 혜순의 가족과 자신의 모친까지 데리고 돌아와서 이들은 순식간에 열네 명의 대가족이 되어버렸다.

10월 말, 이 대가족은 청진에서 기차를 탔다. 기차라고 하더라도 전쟁 통에 창은 부서지고 의자는 사라지고, 마치 화물열차와 마찬가지였다. 게다가 하루에 한 번 달리면 그나마 나은 편이니까, 언제나 초만원이다. 객차의 천정까지 사람이 매달려 있었다. 기차는 중간 중간 서면서 사흘 걸려서 철원에 도착했는데, 그곳에서부터는 더 이상 교통편이 없어서 마냥 걸을 수밖에 없었다.

북한과 남한을 분할하는 38도선에는 벌써 보초가 서 있고 통행금지가 되어 있었으나 보초는 보고도 못 본 척했다. 그리고 다시 계속 걸어서 경성에 도착했을 때의 모습은 차마 눈 뜨고 볼 수가 없었다. 대가족 일행은 우선 흩어져서 자리를 잡았다.

다음날부터 희영과 정숙은 짐작 가는 곳을 돌아다니면서 서성과 철이의 소식을 탐문했지만, 두 사람의 행방은 묘연했다.

희영은 남편의 소식이 없는 것을 알자, 경성의 지점을 재편성해서 건축업을 시작한다면서, 일반인을 대상으로 한 싼 주택을 교외에 짓는 일에 착수했다. 꼬마도 그곳에서 일하게 되었다. 그런 어느 날, 미군 제복을 입은 한 조선인이 희영을 찾아서 서성의 집 현관에 나타났다. 부인이 맞이하자 사내는 약간 주저했지만 곧 작심한 듯 얼굴을 들고 분명히 말했다.

"나쁜 소식을 가지고 왔습니다."

순간, 희영의 얼굴에서 싹 핏기가 사라졌다. 하지만, 그녀는 벽에 손을 짚고 자신의 몸을 지탱하며 눈을 크게 뜨고 의연한 태도를 흐트리지 않았다.

"서성 씨는 중국의 곤명에서 전사하셨습니다."

"……."

"주소가 청진으로 되어 있어서 소식이 늦어져, 정말 죄송합니다. 언젠가 미국 당국에서 정식으로 통지가….."

희영은 끝까지 듣지 않고 조용히 2층으로 올라가서 자신의 침실로 들어가 문을 잠가버렸다.

서성의 집에 괴로운 침묵이 가득했다. 대문에는 빗장이 걸리고 문이라는 문은 다 잠그고 전화 수화기까지 내려놓아버려서 외부와의 연락은 일절 끊어졌다. 밤이 되어도 불을 켜지 않은 이 큰 집은 갑자기 유령의 집이 된 것 같았다. 쫓겨난 집사 부부의 소식으로 혜순과 꼬마가 달려왔으나, 집 주변을 왔다 갔다 할 뿐 아무것도 할 수 없었다.

3일째의 밤, 결국 참지 못한 혜순은 담을 넘어 정원으로 들어가 쇠망치로 현관문을 때려 부수고 정숙을 끌어내서 그녀의 입에 억지로 죽을 밀어 넣었다.

"새언니, 죽기라도 할 작정이에요!"

"⋯⋯."

"새언니가 죽으면 오빠는 어떻게 돼요. 자, 좀더 드세요!"

"철이 씨, 철이 씨는 벌써 죽었을 거예요."

"아니오, 죽지 않아요. 결코 죽지 않았어요."

"어떻게 알아요, 아가씨는?"

"새언니에게 작별도 하지 않고, 죽겠어요?"

"⋯⋯."

"게다가 중경에서는, 아직 한 사람도 돌아오지 않았어요. 중경에 있던 사람이, 모두 죽어버렸다고 생각해요?"

"⋯⋯."

"몇 만 리나 떨어진 먼 곳이에요, 중경은. 그렇게 간단히 돌아올 수 있겠어요? 그렇지 않아요?"

정숙은 어느 정도 안정된 것 같았다. 차를 타고, 과일주스를 만든 혜순은,

"죄송해요, 새언니."

하고, 사과하면서 새삼 정숙에게 권했다. 그리고 따로 쟁반에 죽과 주스를 준비해서, 서성의 부인의 침실을 올려다보면서,

"새언니, 2층에 가져다 줄 거죠?"

하고, 애원하는 눈빛으로 말했다.

6

12월 말이 되자, 희영도 어느 정도 원기를 회복했다. 그녀는 어느새 교회에도 다니게 되었고, 듬쑥한 정숙이 그 눈에 맺히기 시작했다. 건축업도 지금은 궤도에 올랐고 일상의 업무는 거의 꼬마가 도맡아 하고 있어 그녀는 그렇게 바쁘지는 않았다.

그때 임시정부의 일행이 중경에서 돌아온다는 뉴스가 들어왔다. 헛된 희망인지는 알고 있지만 역시 정숙은 공항으로 나갔다. 그러나 비행기는 악천후로 경성에는 착륙하지 못하고 군산으로 향했다고 한다. 정숙은 물론 가슴을 두근거리면서 기다리고 있던 몇 십만의 시민들은 실망해서 집으로 돌아갔다.

철이의 가족도 혜순도 그리고 희영도, 라디오 앞에서 정신이 나간 듯이 앉아 있었다. 희영이 풀이 죽어 돌아온 정숙을 보고 말을 걸었다.

"군산 쪽으로 돌아갔대요."

"무사히 도착하면 좋지."

하고, 철이의 아버지가 중얼거렸다.

"군산에 도착한다면, 오늘은 우선 늦어서 안 되겠네. 내일이라도 가서 물어보자꾸나."

"그런데, 정부도, 돌아와서 처음에는 바쁘지 않겠어요? 아버님."

"그렇구나. 4, 5일 지나서 가는 것이 좋을지도 모르겠네."

내일 찾아가든 4, 5일 뒤에 가든 그렇게 큰 차이는 없다고 생각하는 듯한 침울한 말투였다. 이야기하는 사이에 넌지시 철이를 서로 포기하려고 하는 것이다. 게다가 만약 죽었다면, 그런 소식은 듣고 싶지 않다는 기분도 마음 어딘가에서 움직이고 있었을 것이다.

"그렇다 치더라도, 정숙에게는 정말 못할 짓을 했구나. 저런 놈을 위해서 인생을 망쳐버리게 해서."

"무슨 말씀을 하세요, 당신. 정숙은 아직 스물일곱이에요. 지금부터라도 얼마든지, 좋은 곳으로 시집갈 수 있어요."

"아니, 엄마!"

반발하듯 강한 말투로 대꾸한 혜순을 철이의 어머니는 평소와 다른 단호한 태도로 가로막았다.

"함부로 말하지 마라! 지금까지 기다려준 것만으로도 큰일이야. 너같으면 할 수 없는 일이야. 고맙다고 생각해야지…."

"그런데, 엄마."

"뭐가, 그런데야!"

이야기는 다시 끊어졌다. 고요하고 괴로운 분위기 속에서 시계추가 좌우로 움직이는 소리만이 똑딱똑딱 묘하게 귀에 들린다. 혜순의 강아지도 슬픈 눈을 하고 카펫 위에 누운 채 움직이려 하지 않았다.

어느 정도 시간이 흘렀을까? 창백한 얼굴로 희영의 발밑에 앉아 있던 정숙이, 갑자기 일어서,

"철이 씨!"

574

하고, 흥분한 목소리로 외치며 거실을 튀어나가자 현관에서 정원에 돌로 포장한 긴 길을 향해 쏜살같이 달려갔다. 희미한 가로등 불빛에 나부끼는 검은 머리카락이 비친다. 그러나 밖은 잠잠해서 인기척은 없다. 팔랑팔랑 내리기 시작한 눈 속을 맨발로 달려가는 정숙은 미친 듯이 보였다. 희영이 창백해져서 그 뒤를 좇았다. 그때, 울타리의 쪽문이 살짝 작게, 그리고 다음 순간에는 휙 크게 열리고, 카키색 군복을 입은 사내가 조용히 들어왔다.

"오빠!"

"철아!"

집 안에 있던 사람들이 제각기 외쳤다. 안심한 듯 현관으로 돌아온 희영이, 집사 부부에게 말했다.

"불을 밝히세요. 있는 대로 모든 등을."

큰 집이 그리고 정원이 확 타오르듯 밝아졌다. 그 불빛 속을 틀림없는 철이가 침울한 얼굴로 걸어온다. 서서 꼼짝도 않던 정숙이 달려가다 갑자기 비슬거려 녹은 눈 위에 무릎을 찧으며 쓰러진다. 이마를 내리덮은 젖은 머리카락 아래의 검은 눈은 정신을 놓고 있다. 철이가 당황해서 달려들어 안아 일으켜 양팔로 꽉 부둥켜안아 들었다. 그 팔 안에서 그녀는 아직 믿을 수 없는 듯 지그시 철이의 눈을 바라보고 있다. 그러나 다음 순간, 쑥 팔을 뻗어서 그의 목에 매달렸는가 싶었는데 어깨를 들썩이며 통곡했다.

철이는 위로하듯 흐느껴 우는 정숙을 바라보고 있다. 뭔가 말하려는 것 같았는데 아무 말도 하지 않았다. 옷이 젖어서 몸에 착 달라붙은 정숙은 평소보다 더욱 작아 보인다. 그 작은 떨고 있는 몸 전체가 그녀의 마음속을 휘몰아치는 감정의 폭풍을 여실히 드러내고 있다.

그녀에게서 보면, 도저히 있을 수 없다고 생각하고 있던 꿈이 지금 현실이 된 것이다. 그렇다고는 알지 못하고 발을 들여놓은 세계의 너무나도 가혹한 현실에 몇 번이나 절망하면서 한 가닥의 희망을 버리지 않고 여기까지 끝내 살아온 것 자체가 그녀에게는 꿈같이 생각된 것이 틀림없다.

철이는 그런 정숙을 안고 돌로 포장된 길을 음미하듯 걸어왔다. 그 아들의 어깨와 등을 어머니가 무서운 것이라도 건드리듯이 살짝 만졌다. 집사가 우산을 두 사람 위에 받쳐 주었다. 현관까지 온 철이는 정숙을 내려놓고 무뚝뚝한 감정을 추스르고 있는 아버지에게,

"아버지, 못난 자식 지금 돌아왔습니다."

하고 말했다. 그 모습을 혜순이 눈물에 젖어 초롱초롱하게 반짝이는 눈으로 바라보고 있다. 철이는 조금 떨어져서 조신하게 서 있는 희영을 알아보고 입술을 살짝 떨었다. 그리고 터무니없이 큰소리로 외쳤다.

"서성 형님은 곤명에서 전사하셨습니다."

처음의 큰 목소리에도 불구하고 끝에 가서는 목소리가 쉬어 거의 들리지 않을 정도의 중얼거리는 소리가 되었다.

"철이 씨! 서성을 만났어?"

희영의 목소리에는 어떤 안정된 평온한 표정이 있었다. 필사의 생각으로 서성의 죽음을 입에 담은 철에게 그것은 의외였는지도 모른다. 그러나 지금의 철이에게 그런 것을 생각할 여유가 없다.

"예, 제 손을 잡으면서 돌아가셨습니다."

"어머!"

철이는 주저하면서도 이야기를 계속했다.

"부인의 이름을 부르면서, 우셨습니다."

"……."

"죄송합니다."

"아니오, 철이 씨, 죄송하기는요. 내가 오히려 인사를 하고 싶네요. 그이가 그렇게 된 것은 OSS로부터의 소식으로 알고 있었어요. 그런데 그이 임종 때 철이 씨가 함께 있어 줬다고는….."

"……."

"나, 기뻐요. 정말로 기뻐요. 철이 씨가 있어서 그이가 얼마나 기뻤을까 생각하니 견딜 수 없을 정도로 기뻐요."

"자신이 죽을 때까지, 곁을 떠나서는 안 된다고도 하셨습니다. …"

"……."

"부인이 형님을 위해서 브리지를 배우고 있다고 하니까, 매우 기뻐하셨습니다. 만족하신 듯, 다정한 미소를 지으셨습니다. …"

거기까지 듣자, 희영은 견딜 수 없는 듯 그러나 평소처럼 조용히 2층으로 올라갔다. 혼신을 다해 참고 있는 것이 발소리에서도 잘 알 수 있었다. 반사적으로 정숙이 뒤를 좇으려고 하자,

"가만히 두어라."

라고도 하듯, 철이의 아버지가 다정하게 정숙이를 붙잡았다. 혜순이 생각난 듯 담요를 가져와 정숙의 젖은 어깨를 덮어주고 말했다.

"새언니, 오빠는 정말로 돌아왔네요."

"……."

"기뻐?"

"응."

아이처럼 꾸벅 고개를 끄덕인 정숙은 겨우 미소를 지으면서 철이에게 다가가 팔을 붙잡고 말했다.

"기다리고 있었어요, 나. 알고 있어요?"

그리고 응석부리듯 저 긴 속눈썹의 검은 눈으로 지그시 철이의 얼굴을 들여다봤다.

7

이틀 정도 지나서, 철이는 중경에서 부탁받은 전언을 전해주기 위한 여행에 나서기로 했다. 일일여삼추(一日如三秋)의 심정으로 망명한 육친(肉親)의 안부를 걱정하는 사람들을 생각하니 그렇게 한가로이 있을 수 없었던 것이다. 희영의 회사에서 빌린 지프에는 정숙도 함께 탔다.

도중에 일본인 피난민을 수용하고 있는 큰 절이 있었다. 안에는 2백 명 정도의 일본인이 함께 뒤섞여 자고 있고, 철이 일행이 들어가자 웅성거리면서 이유도 없이 비나리치는 웃음을 보였으나, 구석에서 혼자만이 돌아보려고도 하지 않고 팔짱을 끼고 앉아 있는 사내가 있었다. 초라하기는 하지만 틀림없이 그 옛날 회령의 경찰서 마당에서 철이를 폭행하려는 야마시타 경찰관을 제지하고 철이를 집까지 데려다 준 일본인 경감이었다. 가까이 다가가도 그는 눈을 감은 채 꼼짝도 않는다. 말을 걸어도 좋을지 어떨지 망설이고 있자.

"담배 있습니까?"

하고, 불렀다. 담배를 건네고 불을 붙여주자 맛있게 빨아들여 후 하고 하얀 연기를 내뱉었다. 주위의 일본인들은 의아한 듯 두 사람을 쳐다보고 있다.

"오래간만입니다. 그때는 고마웠습니다."

"어디에 가 있었습니까?"

"중경에서 이틀 전에 돌아왔습니다."

"……."

옛날의 경감은 다시 눈을 감았다. 그에게도 감개무량할 것이다. 그때는 중학교 교복을 입고 있던 철이가 지금은 벌써 서른이 넘은 어른이 되어 눈앞에 있는 것이다.

"만주로 가셨다고 듣고 있었습니다만, 중경은 어땠습니까?"

"형편없는 곳입니다. 친구가 죽었습니다."

"그렇지요. 가족들은?"

"모두 이쪽으로 와있습니다."

"그거 다행이네요."

이야기를 하면서도 그의 눈은 어딘가 먼 곳을 보고 있는 것 같았다. 철이는 나머지 담배를 건네고 밖으로 나왔다. 영락없는 거지꼴로 철수해가는 일본인을 보면 얼마나 통쾌할까도 생각해보지 않은 것도 아니다. 그러나 막상 직면하자 그다지 좋은 기분은 아니었다.

대전 가까이에도 갔기 때문에 중국에 가기 전 자신의 목숨을 구해준 노인부부한테 들러보기로 하고 우선 시장에 가서 선물을 샀다. 전쟁 중의 물자부족이 거짓말처럼 상품이 넘쳐 없는 것이 없었다.

"이 부근, 경치 어때?"

언젠가 걸었을 길을 달리는 차 안에서 철이는 정숙에게 물었다.

"너무 예뻐. 그런데 당신, 이런 곳에서 뭐하고 있었어?"

"어슬렁어슬렁 걸어 돌아다녔지."

"궁리를 하고 있었네."

"뭐, 그런 거야."

"내 생각도 했어?"

"……."

"왜 가만있어?"

"무엇이든 좋지 않니?"

"좋지 않아요. 그럼, 울었어?"

"바보, 울기는."

"거짓말 마."

노부부는 젊은 여자를 데리고 찾아온 철이를 보고 깜짝 놀랐다.

"기억나세요?"

"기억하고 말구. 당신 덕분에, 부산에도 평양에도 갈 수 있었어. 그렇지, 할멈?"

"그래요. 지금은 돈이 있어도 평양에는 갈 수 없어요. 덕분에 고향에도 가봤어요."

"그런데, 정말로 건강해지셨네요."

할아버지도 할머니도 조금도 변하지 않았다. 그렇기는커녕 옛날보다 말쑥해서 오히려 젊어지신 것 같은 느낌마저 든다.

"조카따님은요?"

"조카딸? 저쪽에 와 있소."

돌아보니, 틀림없이 그 처녀가 미소를 가득 띠며 서 있다.

"오래간만이에요. 어디로 가셨나요, 그때 이후로?"

"중경입니다."

"그렇다면, 임시정부와 함께 돌아오셨나요?"

"예."

"분명히 그럴 것이라고 생각하고 있었습니다. 편지, 이분한테 보내신 거군요."

"예, 정숙이라고 합니다."

"당신이 편지를 부쳐주셨군요. 기뻤어요. 정말로 고마워요."

정숙이 감사를 담은 눈빛으로 인사를 했다.

"아니오, 그저 우편함에 넣은 것뿐이에요."

"아직 우체국에 근무하세요?"

하고 묻자, 할아버지가 기쁜 듯이 말했다.

"그게 말이야, 국장이 되었소."

"그거 축하드려요."

"창피해요. 국장이라고 해도, 나 말고 젊은 여자가 또 한 사람 있을 뿐이에요."

그러나 젊은 국장님은 옛날보다 훨씬 명랑하고 그리고 현대적으로 보였다.

돌아오는 길에 충청도에도 들러보기로 했다. 여기에는 부양(阜陽)에서 만났던, 20년 만에 아버지와 재회한 그 학생의 모친이 혼자서 살고 있을 것이다. 특별히 전언은 부탁받지 않았지만 아무래도 아들과 20년이나 헤어진 남편이 무사한 것을 알려주고 싶었다.

"너무 놀라게 하면 안 돼요. 심장마비라도 일으키면 큰일이에요."

"그건 그래. 그러나 아무리 잘 말해도 역시 깜짝 놀랄 거야. 그리고 아마 처음에는 믿지도 않을 거야."

"그래요, 믿지 않을 거예요."

"……."

"그런데, 이걸로 오랫동안의 고생에 꽃이 피는 거야. 마치 영웅 같은 인생이야. 틀림없이 울 거야."

"그래요, 울 거예요."

"조금 정도는 운다고 해도 좋잖아. 학도병의 어머니에게는 이건 틀림 없이 인생에서 가장 근사한 날일 게야. 지금까지의 고생이나 슬픔이 오히려 아름답게 보일 거라고 생각해."

학도병의 집은 비교적 큰 집이었지만 손질이 구석구석 미치지 못해서 담에는 큰 구멍까지 나 있다. 전형적인 농가로 마당에는 볏짚이 몇 군데나 쌓여 있고 가장자리에는 빨갛게 익은 호박이 굴러다니고 있다. 그러나 집 안은 조용하고 부엌의 솥에는 뽀얗게 먼지까지 쌓여 있어 사람이 살고 있는 기미가 전혀 느껴지지 않는다.

"이상해. 마치 빈 집 같아."

하고, 정숙이 고개를 갸웃했다. 마당에서 잠시 기다려 봤지만 역시 아무도 나타나지 않아서 근처의 사람에게 물어보기로 했다. 시골이어서 이웃이라고 해도 상당히 떨어져 있다. 밖으로 나온 할아버지는 의아한 눈으로 젊은 두 사람을 쳐다봤다.

"당신들 누구요?"

"영수(永秀) 군의 어머니에게 아드님의 소식을 전해드리려고 왔습니다만."

"영수는 살아 있소?"

"예, 씽씽합니다. 게다가 20년 전 헤어진 남편도 살아있습니다."

"뭐, 그 사내까지 살아 있어! 대체 어디에 있다는 거요?"

할아버지는 뭐가 뭔지 알 수 없는 것처럼 놀라서 기가 막힌 듯 철이의 얼굴을 쳐다봤다. 그러나 이야기를 듣고 있던 중, 점차 멍한 눈을 깜박거리기 시작했다.

"그런가, 그랬던가. 유감스럽네. 그 할머니는 두 달 전쯤 죽었소."

정숙의 훌쩍거리며 우는 소리도 들리지 않는 듯 할아버지는 이야기를 계속했다.

"아들로부터 소식도 없지. 전쟁이 끝나도 돌아오지도 않지. 틀림없이 긴장했던 마음이 꺾여버린 거야. 10월 말에 덜컥 죽어버렸소."

"……."

"시집와서 2년도 되기 전에 남편이 사라졌어. 열심히 일해서 혼자서 아들을 대학까지 보냈는데. 참 운이 나쁜 사람이야. 하다못해 아들이 살아있다는 것만이라도 알려주고 싶었는데…."

할아버지는 한숨을 쉬면서 철이와 정숙을 불행한 여자의 묘지로 데리고 갔다. 그 부근에 흔히 있는 봉분을 쌓아올린 묘로 작은 나무 묘비가 그 앞에 서 있다. 겨울 태양의 약하디 약한 빛 속에서 철이와 정숙은 무덤 앞에 무릎을 꿇고 묘의 주인에게 고했다. 철이에게는 땅속에서 자고 있는 박복한 여성의 새빨간 심장이 눈에 보이는 것 같았다. 그것은 상처투성이의 작은 심장이었다. 그 심장에는 큰 구멍이 두 개나 뻥 뚫렸다.

할아버지에게 작별인사를 하고 철이와 정숙은 묵묵히 원래 왔던 길을 되돌아갔다.

"인간은 죽는 거야."

철이가 불쑥 말했다. 그러나 이야기는 곧 끊어졌다. 차에 타고서도 침묵은 계속되었다.

잠시 달리고서, 철이는 갑자기 차를 세우고 정숙을 쳐다봤다.

"정숙···."

"예?"

하고 대답하면서도, 그녀는 고개를 숙인 채 가만히 자신의 손을 쳐다보고 있다.

"정숙, 지금 교회로 가자. 오는 도중에 교회가 있었어. 그곳에 가서, 결혼하자."

믿을 수 없다는 얼굴로 그녀는 철이를 돌아봤다. 그리고 그 크고 검은 눈으로 깜빡거리지도 않고 그의 얼굴을 응시하다 곧 들리지 않을 정도로 작은 목소리로 말했다.

"예."

"죽기 전에 결혼하자. 또 어떤 일이 일어날지 모르잖아."

정숙의 눈에서 굵은 눈물이 흘러내렸다. 철이도 역시 가슴 밑에서 뜨거운 것이 복받쳐 오는 것을 느꼈다.

계신의 집은 평양이었기 때문에 연락이 어려웠다. 북한은 중경 임시정부의 관계자를 환영하지 않을 뿐만 아니라, 체포할지도 모른다는 소문까지 나돌고 있다. 그러나 어떻게 하지 않으면 안 된다. 여러 가지 정보를 모으고 있자, 꼬마가 찾아와서 자신만만하게 자기가 갔다 온다고한다. 그리고 그는 말한 대로 한 달도 되기 전에 무사히 돌아왔다.

두성과 명희가 돌아온 것은 벌써 가을바람이 불기 시작할 때였다. 철이와 정숙은 꼬마와 그의 처를 동행해서 두 사람을 인천의 부두에서 마중했다. 두성은 다리가 이전보다 나빠졌는지 아니면 전쟁이 끝나서 긴장이 풀려서인지 심하게 다리를 절면서 명희의 어깨에 기대서 배에서 내려왔다.

"서성은 죽었던 거야?"

"……."

"왜 내게 말하지 않았어?"

"아무래도 말할 수가 없었어요."

"그런가?"

다함께 팔짱을 끼고 부두를 뒤로 했다. 그러나 제각기 마음은 무거웠다.

"서성의 부인은 어떻게 지내고 계시니?"

명희가 쓸쓸히 정숙에게 물었다.

"이럭저럭 견디고 있어요."

"너무해! 너무해요! 정말로 너무해요!"

우는 소리로 신음하면서 명희는 오래도록 입술을 계속 깨물었다.

중경에서 걸어서 출발한 학도병 출신들은 마지막 귀환선 안에도 모습이 보이지 않았다. 그중 몇 사람은 북한의 젊은이들이어서, 그 가족이 교통이 차단된 38도선을 넘어서 경성으로 소식을 들으러 찾아왔다. 그러나 여기저기 온갖 수단을 다해서 찾아봐도 실마리는 찾지 못했다.

3년이 지나도, 5년이 지나도, 그들은 돌아오지 않았다. 가족들도 결국에는 포기하지 않을 수 없었다. 살아있다면, 돌아오지 않을 리가 없다. 살아 있다면, 아마 그들은 기어서라도 돌아왔을 것이다.

후 기

이것은 출판을 목적으로 쓴 책이 아니다. 단지 쓰지 않으면 안 된다고 생각했기 때문에 쓴 책이다. 그것이 출판하게 된 데에는 여러 가지 사정이 있다. 출판하기 위해서 쓴 책이 아닌데도 원고가 완성되자 나는 역시 그 완성도가 궁금했다. 바보 같은 이야기이지만 그것이 나의 장점일 것이다.

그러나 그렇다고 하더라도 나는 이 원고를 처음에 일본인에게 보여줄 용기는 없었다. 친구들에게 상처를 주기가 싫었던 것이다. 그 대신 일본문학 연구로 유명한 윌리엄 테일러(애머스트대학) 씨에게 보여주었다. 테일러 씨는 원고를 읽은 후에 그 이야기를 이타사카 겐(板坂元, 하버드대학) 씨에게 말했다고 했지만, 물론 나는 이 원고를 이타사카 씨에게 보여줄 생각은 털끝만큼도 없었다. 그래서 원고는 내 서고에서 먼지가 쌓이고 있었다.

작년 가을이다. 후쿠오카대학(福岡大學)의 이기미(五十君裕鉉) 씨가 보스턴으로 유학을 왔다. 나의 오랜 친구로 보스턴에 자주 찾아왔기 때문에 내 원고 내용을 어렴풋이 알고 있던 이데 히로유키(井出博之, 히사미츠(久光)제약) 씨로부터 내 원고 이야기를 들은 그는 꼭 보여달라고 부탁했다. 나는 몇 번이나 거절했지만 그는 결국 원고를 내 서고에서 꺼내서 자기 아파트로 돌아갔다.

그리고 4, 5일 지나자 다시 찾아와서 이것은 꼭 일본에서 출판했으면 좋겠다고 했다. 그리고 홀린 듯 2주 가까이 거의 철야로 원고수정을 하기 시작했다. 내 일본어는 너무 예스러우니까 요즘 일본인은 읽기 어려울 것이라는 그의 의견이었다. 그러나 솔직히 말하면, 나는 아직 진지하게 출판할 마음은 없었다. 이런 책을 출판할 회사가 일본에 있을 것이라고는 생각하지 못했기 때문이다.

그런 때에, 이타사카 씨의 제자인 이데 준코(井出純子, 이데 씨의 부인) 씨가 보스턴에 와서 내 집에서 3주 정도 머물렀다. 그리고 이기미 씨가 수정한 원고를 읽었는데 어떤 인상을 받았는가는 분명히 하지 않는다. 어쨌든 준코 씨는 이타사카 부부의 저녁 초대 때, 내 원고 이야기를 했다고 한다. 이타사카 씨에게는 이것은 처음 듣는 이야기는 아니다. 그 이야기는 전에도 테일러 씨로부터 들은 적이 있다.

이타사카 씨는 준코 씨에게 원고를 꼭 보고 싶다고 했다고 한다. 그래서 이기미 씨가 원고를 아타사카 씨에게 가져갔다. 그리고 준코 씨가 이타사카 씨의 소개로 도쿄로 가져가서 고단샤(講談社)의 가토 가츠히사(加藤勝久) 상무에게 건네줬다. 복잡한 이야기이지만 나한테는 재미있는 이야기여서 이렇게 쓰는 것이다. 같은 보스턴에 살면서도 나는 이타사카 씨를 만난 적은 없다.

고단샤는 1,800매의 원고를 600매로 줄여버렸다. 너무하다고 생각했지만 축소판은 사실 원래 원고보다도 잘되었다. 그러나 드디어 출판하게 되었을 때 나는 몇 번이나 주저했다. 출판하고 싶지 않다는 마음이 하고 싶다는 마음보다 강했다. 그런데 여러 의미에서 원고는 이미 내 손을 떠났다고 하지 않을 수 없다. 너무나도 많은 분들에게 신세를 졌던 것이다. 정말이지, 이 원고만큼 출판 전에 많은 사람들이 읽은 원고도 없을 것이다.

그렇다고 하더라도, 이런 책이 일본에서 출판되리라고는 세상도 변한 것이다. 격세지감이 깊다. 세상도 변했고 일본도 변했고 조선도 변했다. 변하지 않은 것은 나뿐인 것 같다.

나의 일본과 일본인에 대한 마음은 꽤 복잡하다. 일본은 내게 "마음의 고향"이다. 그러나 나는 일본에 가는 것은 싫다. 그런데 일본에 가면 역시 고향에 돌아온 기분이다. 그것이 나의 진솔한 고백이다. 나는 옛날 사람이다. 모두가 자주 말하듯이 나는 19세기의 유물인 것 같다. 변하지 않을 것이다.

나는 이 후기를 이데 씨의 집 한 방에서 쓰고 있다. 한밤중에 일어나서 잠을 이루지 못해서 이 후기를 쓰기로 했다. 멀리 지나간 옛날을 생각하면서 매우 센티멘털한 기분이 되었다.

이 책을 원고로 읽은 일본 친구들은 모두 이것을 나의 자서전이라고 생각하겠지만 그것은 정확하지 않다. 이것은 오히려 내가 청년시절에 친하게 교우한 사람들을 극화한 것(*dramatization*)으로 보아야 하며 또한 그렇게 보아주기 바란다.

유전학도인 내게는 대단한 모험이지만 그러나 이 모험을 나는 자신의 수많은 과학논문의 어느 것보다도 더욱 아끼고 있다. 이 원고를 탈고했을 때 나는 갑자기 나이를 먹었다고 생각했다. 숙제를 끝내고 더이상 살아갈 목적을 잃어버린 것 같은 그런 기분이었다.

이 책이 출판될 때까지 앞에서 말한 친구들 외에도 나카지마 미쓰히

사(中島光久), 야마카와 히데키(山川秀機), 나카토미 이치로(中富一郎), 다쓰미 요시노리(辰巳嘉則), 다자와 유조(田澤雄三), 아베 히데오(阿部英雄) 등에게 여러 가지로 많은 신세를 졌다. 이 자리를 빌려 감사를 전한다.

1979년 5월 18일

후쿠오카에서

윤 재 현